Essentials of Services Marketing
3rd Edition

服务营销精要

（原书第3版）

［美］ 约亨·沃茨（Jochen Wirtz） 著
克里斯托弗·洛夫洛克（Christopher Lovelock）

李巍 黄磊 译

机械工业出版社
China Machine Press

图书在版编目（CIP）数据

服务营销精要：原书第3版 /（美）约亨·沃茨（Jochen Wirtz），（美）克里斯托弗·洛夫洛克（Christopher Lovelock）著；李巍，黄磊译. -- 北京：机械工业出版社，2022.5
（营销教材译丛）
书名原文：Essentials of Services Marketing, 3rd Edition
ISBN 978-7-111-70617-5

Ⅰ. ①服… Ⅱ. ①约… ②克… ③李… ④黄… Ⅲ. ①服务营销 Ⅳ. ① F713.3

中国版本图书馆CIP数据核字（2022）第068894号

北京市版权局著作权合同登记　图字：01-2020-4839号。

Jochen Wirtz, Christopher Lovelock. Essentials of Services Marketing, 3rd Edition.
ISBN 978-1-292-08995-9
Copyright © 2018 by Pearson Education, Inc.
Simplified Chinese Edition Copyright © 2022 by China Machine Press.
Published by arrangement with the original publisher, Pearson Education, Inc. This edition is authorized for sale and distribution in the Chinese mainland (excluding Hong Kong SAR, Macao SAR and Taiwan).
No part of this book may be reproduced or transmitted in any form or by any means, electronic or mechanical, including photocopying, recording or any information storage and retrieval system, without permission, in writing, from the publisher.
All rights reserved.

本书中文简体字版由Pearson Education（培生教育出版集团）授权机械工业出版社在中国大陆地区（不包括香港、澳门特别行政区及台湾地区）独家出版发行。未经出版者书面许可，不得以任何方式抄袭、复制或节录本书中的任何部分。

本书封底贴有Pearson Education（培生教育出版集团）激光防伪标签，无标签者不得销售。

本书基于全球视野，从管理视角运用整合框架对服务营销的内容和过程进行系统呈现。全书围绕理解服务市场、服务和顾客，在服务中应用营销组合，管理顾客界面，发展顾客关系，追求卓越服务共五部分进行内容安排，完整刻画了服务营销的理论主线和实践逻辑。

本书强调将新的技术应用整合到全书知识体系中，从应用程序、移动电子商务和社交网络，到机器人、人工智能和生物识别。本书不仅精准地把握住了当今世界的产业及服务市场现状，全面融合了新近服务营销及管理领域学术与管理思想，系统阐述了前沿的服务理念，还着力呈现重要服务营销概念在实际中的应用，并描绘出创新服务型企业的最佳实践。

本书适合高等学校市场营销专业本科生、研究生及服务型企业管理人员学习和阅读。

出版发行：机械工业出版社（北京市西城区百万庄大街22号　邮政编码：100037）
责任编辑：李晓敏　　　　　　　　　　　　　　责任校对：殷　虹
印　　刷：涿州市京南印刷厂　　　　　　　　　版　　次：2022年6月第1版第1次印刷
开　　本：185mm×260mm　1/16　　　　　　　印　　张：23.75
书　　号：ISBN 978-7-111-70617-5　　　　　　定　　价：119.00元

客服电话：（010）88361066　88379833　68326294　　投稿热线：（010）88379007
华章网站：www.hzbook.com　　　　　　　　　　　　　读者信箱：hzjg@hzbook.com

版权所有·侵权必究
封底无防伪标均为盗版

译者序

服务业如今已经成为我国经济的第一大产业,是国民经济发展的重要推动力量。我国经济社会也已迈入服务经济时代,服务业正在不断满足人民对美好生活的需要。事实上,随着网络化、数字化和智能化技术的持续发展、顾客需求和偏好的不断演化,服务业不仅在不断扩大自身版图,更是在持续改造与重塑第一产业和第二产业。如果从体验的视角看,可以说所有的行业都是服务业。服务业,特别是高端服务业,正变得前所未有之重要。然而,我国企业的服务营销及管理仍存在一些不足:一方面,现有的营销理念与方法大都脱胎于传统的市场营销理论,缺乏对服务特性的广泛洞察和深刻理解;另一方面,新兴的服务思想和服务技术还未能系统地融入企业的经营管理实践,更缺乏从战略视角理解服务营销的重要价值的研究。因此,系统地学习并掌握服务营销理论和方法,是我国企业应对服务经济时代竞争的必然要求。

从理论流派上看,服务营销大致可以划分为以克里斯廷·格罗鲁斯为代表的北欧学派和以瓦拉瑞尔·泽丝曼尔、克里斯托弗·洛夫洛克为代表的北美学派。北欧学派注重从服务视角探讨服务营销问题,并根据服务产出、传递等过程的特点,提出了一系列有别于传统市场营销的新概念和工具。而北美学派更注重营销理论体系,将服务营销视为传统市场营销的延伸,更关注服务特性及其对企业营销活动的影响,例如,强调目标市场战略(STP)与服务营销的整合,在4P框架基础上提出了7P范式等。

克里斯托弗·洛夫洛克和约亨·沃茨的服务营销思想和理论集中呈现在《服务营销》和《服务营销精要》两本教材之中。我在2018年撰写《服务营销管理》的过程中,曾参阅过约亨·沃茨和克里斯托弗·洛夫洛克不同版本的服务营销教材;从加拿大不列颠哥伦比亚大学访学归来时,将《服务营销精要》一书飞越重洋带回国。当机械工业出版社张有利编辑询问我是否有兴趣翻译《服务营销精要》(第3版)时,我顿时觉得这是一种冥冥之中的缘分,便欣然答应。然而,许下诺言可能只需要感性与情怀,履行承诺则必须秉持理性和专业。将近一年的翻译工作,让我深刻地理解到:如果想要做好一件事,就绝不会有容易二字。我不确定,这是不是我职业生涯中投入精力最多的一本译著,但绝对是我迄今为止花费时间最长的一次翻译工作。心有所向,无问西东。

本书的翻译是由我和黄磊博士共同完成的。重庆理工大学管理学院硕士研究生冯珠珠、谈丽艳、孙可可、明荷汶、高敏、杨涵、席凡珺同学,以及重庆大学经济与工商管理学院博士生宋建敏、电子科技大学经济管理学院博士生杨雪程参与了初稿翻译、图表绘制及书稿校勘等部分工作；黄磊博士负责了部分章节及案例的审校和重译工作；我在英国华威大学从事学术访问期间，在李雨洋同学的协助下完成了最后的审校、重译、修改及最终统稿工作。华威商学院市场营销系的 Qing Wang 教授也对本书的翻译提出了宝贵的意见。团队的紧密合作和无私奉献是顺利完成书稿翻译工作的保障，对此我满怀感激！最后，感谢机械工业出版社华章分社及张有利编辑的信任和支持，让我们有机会向国内读者呈现世界服务营销领域的优秀著作。

2020 年终究是人类历史上不平凡的一年。在这场艰苦卓绝的全球抗疫斗争中，我有惊无险地从西方回到东方，经历的那些终生难忘的人和事，使我更加深刻地感受和理解了中国精神与中国力量的深邃和磅礴。我深信，包括服务营销在内的所有重要领域，中国文化与中国智慧终将在世界范围释放其独特光芒。我们倾力翻译约亨·沃茨和克里斯托弗·洛夫洛克两位世界知名学者的服务营销作品，希望借此为"学习西方经典著述，建构中国管理思想"的伟大进程贡献微薄力量。由于译者水平有限，疏漏和瑕疵在所难免，恳请广大读者不吝赐教，对不恰当之处予以批评指正。

李 巍
2022 年 2 月于重庆

前言

服务业前所未有地主导着不断扩张的世界经济，技术也在快速地持续发展。随着新商业模式和新产业的出现，现有产业和那些著名的老牌企业会走向衰落甚至逐渐消亡。竞争变得异常激烈，企业采用新战略和新技术来应对顾客不断变化的需求、期望和行为已成为常态。本书是为了应对全球经济向服务业的转变而写的，显而易见，服务营销与服务管理的技能从未像现在这样重要。

随着服务营销领域的发展，这本书也在变化。《服务营销精要》自第 2 版以来已做了重大修订，把握住当今世界的现实，融合了最新的学术与管理思想，并阐述了前沿的服务理念。

本书在《服务营销》（原书第 8 版）的基础上精炼出服务营销的关键议题并进行清晰介绍。此外，本书在案例选择、视觉呈现和编排设计等方面都旨在更好地吸引本科生和研究生学习与阅读。

本书的创新之处

本书相对于上一版做了较大幅度的修订和调整，在内容上致力于反映服务经济的持续发展、技术领域的快速变化以及新近的研究成果，同时也根据阅读者、使用者的反馈意见改进和完善了结构框架与表述方式。

新框架与新主题

（1）在本书中，几乎所有章节都是围绕一个组织有序的框架来构建的，该框架为章节内容和具体观点提供了一个图式化概述。

（2）本书融入了新的技术应用，从应用程序、移动电子商务和社交网络，到机器人、人工智能和生物识别。

（3）全书 15 章中的每一章都做了相应的修订，所有章节都加入了新的案例、引用了新近的研究。章节内容的主要变化如下：

1）在第 1 章 "服务营销导论" 中，我们更深入地探讨了现代服务经济的本质，包括 B2B 服务、服务外包和离岸外包。此外，服务利润链被移到本章中作为全书的指导框架（在上一版中该部分内容放在第 15 章进行介绍）。

2）在第2章"服务情境中的消费行为"中，我们增加了消费后行为的内容，涉及服务质量、服务质量的维度及其测量（包括SERVQUAL评价工具），并讨论了服务质量与顾客忠诚度的关系。该部分内容出现在上一版的第14章当中。

3）在第7章"服务营销传播"中，我们紧紧围绕5W模式组织内容，在服务营销传播漏斗部分增加了新的内容，并扩大了新媒体（包括社交媒体、手机、应用程序和二维码）的讨论范畴。

4）在第8章"设计服务流程"中，我们增加了顾客情感的新内容，并更深入地介绍了服务蓝图。

5）在第11章"员工管理与服务竞争优势"中，我们增加了一个部分探讨服务导向文化，如何营造服务氛围，有效领导服务型企业以及领导风格等内容。该部分内容出现在上一版的第15章中。

6）在第14章"提高服务质量与生产率"中，我们将原附录中的关键概念整合到新版本的正文部分，这些概念包括全面质量管理（TQM）、ISO 9000国际质量管理体系、六西格玛（Six Sigma）、美国国家质量奖和欧洲质量管理奖（EFQM）。

7）在第15章"创建一流的服务型企业"中，我们设计了新的内容结构，对《服务营销》（原书第8版）的关键议题进行概述与整合。本章提供了一个审核工具来评估组织服务所处的层级，强调了顾客满意度对服务型企业长期盈利能力的影响，并以号召大家行动起来作为结束语。

本书的读者对象

本书对于本科生和研究生均适用。在本书中，我们将营销问题置于更广泛的管理情境中进行讨论，也在书中呼吁学生进入服务行业的行政部门或管理岗位开展自己的职业生涯。

无论在服务行业中从事何种工作，每个人都必须了解服务型企业中营销、运营和人力资源职能之间的紧密关联。基于这样的理念，我们对本书进行了精心设计，教师在讲授服务营销或服务管理时，可以根据课程的时长与内容选择使用特定的章节和案例。

本书的特色

新版《服务营销精要》保留了一些使其成功的重要特色，并对其他方面做了改进，以帮助学生更好地理解服务营销。这些特色包括以下方面：

（1）本书从很明显的管理视角出发，但又来源于扎实的学术研究，并辅以过目难忘的框架。我们的目标是弥补理论与现实世界之间经常出现的鸿沟。

（2）本书围绕读者可以快速形成关联的一个整合框架来组织内容，该框架贯穿在整本书中。此外，每一章都以图的形式呈现了简要的章节概述。

（3）我们努力撰写出观点清晰、可读性强、聚焦重点的内容。

（4）本书易于阅读，图文并茂，帮助读者更好地理解重要概念。

（5）本书拥有全球视野，书中的案例是从美国、欧洲和亚洲等不同地区精心挑选的。

（6）本书遵循系统的学习方法。每一章都有明确的学习目标，提供了有助于快速浏览章节内容和论证观点的组织框架，在本章小结部分以重点突出的形式归纳了每一章的核心概念及相关内容。

（7）除第15章外，每一章都设计了开篇案例和穿插在正文中的小专栏，目的是激发学生的兴趣并为课堂讨论创造机会。这些部分阐释了重要的研究成果，呈现了重要的服务营销概念在实际中的应用，并描绘出创新服务型企业的最佳实践。

目录

译者序
前　言

第一部分　理解服务市场、服务和顾客

第1章　服务营销导论 3
学习目标 3
开篇案例　走进服务营销的世界 3
1.1　为什么研究服务 4
1.2　服务业中的主要行业 7
1.3　重塑服务市场的关键力量 8
1.4　B2B服务成为经济发展的核心引擎 9
1.5　什么是服务 10
1.6　基于过程视角的四种服务分类 11
1.7　服务带来独特的营销挑战 13
1.8　服务营销的7P组合策略 15
1.9　营销必须与其他管理职能相结合 18
1.10　服务利润链 19
1.11　制定有效的服务营销战略理论框架 20
本章小结 23
复习题 25
应用练习 25

第2章　服务情境中的消费行为 26
学习目标 26
开篇案例　苏珊·门罗：消费服务的顾客 26
2.1　服务消费的三阶段模型 27
2.2　服务购买前阶段 29
2.3　服务接触阶段 35
2.4　服务接触后阶段 40
本章小结 44
复习题 46
应用练习 47

第3章　竞争市场环境中的服务定位 48
学习目标 48
开篇案例　定位使连锁儿童保育中心在竞争中脱颖而出 48
3.1　顾客驱动的服务营销战略 49
3.2　服务市场细分 52
3.3　目标服务市场 53
3.4　定位服务准则 56
3.5　采用定位地图来规划竞争战略 57
3.6　制定有效的定位战略 62

本章小结 63
复习题 64
应用练习 65

第二部分　在服务中应用营销组合

第 4 章　开发服务产品和品牌 69

学习目标 69
开篇案例　星巴克的服务创新 69
4.1　创造服务产品 70
4.2　服务之花 71
4.3　品牌服务型企业、产品和体验 78
4.4　新服务开发 84
本章小结 87
复习题 89
应用练习 89

第 5 章　实体与电子渠道中的服务分销 90

学习目标 90
开篇案例　全球化：一蹴而就还是日积月累 90
5.1　服务场景下的分销 91
5.2　服务分销的内容 92
5.3　服务分销方式 92
5.4　服务传递地点 97
5.5　服务传递时间 99
5.6　中间商的作用 100
5.7　大型国内市场的服务分销挑战 104
5.8　国际化服务分销 105
本章小结 109

复习题 112
应用练习 112

第 6 章　服务定价与收益管理 113

学习目标 113
开篇案例　动态定价已司空见惯 113
6.1　有效定价是企业财务成功的关键 ... 114
6.2　定价策略的三大基础 114
6.3　收益管理：概念及运作机理 123
6.4　服务定价中的公平和伦理问题 128
6.5　服务定价的实施 132
本章小结 137
复习题 139
应用练习 140

第 7 章　服务营销传播 141

学习目标 141
开篇案例　奥斯卡正在享受快乐时光 ... 141
7.1　整合服务营销传播 142
7.2　界定目标受众 142
7.3　制定营销传播目标 144
7.4　设计有效的服务传播信息 147
7.5　服务营销传播组合 149
7.6　服务营销传播中的时机决策 ... 161
7.7　预算决策与传播计划评估 162
7.8　营销传播中的道德与顾客隐私 ... 162
7.9　企业形象设计的作用 163
7.10　整合营销传播策略 164
本章小结 164
复习题 167
应用练习 167

第三部分 管理顾客界面

第 8 章 设计服务流程 171

学习目标 171

开篇案例 小型医院中的顾客服务再造 171

8.1 什么是服务流程 172

8.2 设计和编制服务流程 172

8.3 服务流程再造 184

8.4 服务流程的顾客参与 186

8.5 自助服务技术 187

本章小结 190

复习题 192

应用练习 193

第 9 章 平衡服务需求与产能 194

学习目标 194

开篇案例 滑雪道上的夏天 194

9.1 服务需求波动影响盈利能力 195

9.2 界定服务产能 197

9.3 管理服务产能 197

9.4 理解需求模式 198

9.5 管理需求 200

9.6 运用市场营销组合要素塑造需求模式 201

9.7 使用排队系统汇总需求 202

9.8 通过预订系统汇总需求 208

9.9 为闲置产能创造替代用途 209

本章小结 210

复习题 212

应用练习 212

第 10 章 打造服务环境 213

学习目标 213

开篇案例 毕尔巴鄂市的古根海姆博物馆 213

10.1 服务环境：服务营销组合的重要元素 214

10.2 服务环境的目标 214

10.3 顾客响应服务环境的心理学理论 218

10.4 服务环境的维度 222

10.5 整合所有服务环境要素 228

本章小结 231

复习题 232

应用练习 232

第 11 章 员工管理与服务竞争优势 234

学习目标 234

开篇案例 科拉·格里菲思：出色的女服务员 234

11.1 服务人员至关重要 235

11.2 充满困难和压力的一线工作 237

11.3 失败、平庸和成功的循环 240

11.4 人力资源管理：如何做到人事相宜 243

11.5 服务文化、氛围和领导力 256

本章小结 260

复习题 262

应用练习 263

第四部分 发展顾客关系

第12章 管理顾客关系与建立顾客忠诚……267
学习目标……267
开篇案例 凯撒娱乐集团的顾客关系管理……267
12.1 顾客忠诚研究……268
12.2 忠诚之轮……274
12.3 建立顾客忠诚的基础……274
12.4 建立顾客忠诚的策略……280
12.5 减少顾客流失的策略……284
12.6 顾客忠诚战略的实施……286
12.7 顾客关系管理……288
本章小结……292
复习题……294
应用练习……294

第13章 顾客抱怨与服务补救……296
学习目标……296
开篇案例 太少、太迟：捷蓝航空公司的服务补救……296
13.1 顾客的抱怨行为……297
13.2 顾客对有效服务补救的反应……301
13.3 有效服务补救系统的原则……302
13.4 服务保证……307
本章小结……313
复习题……314
应用练习……315

第五部分 追求卓越服务

第14章 提高服务质量与生产率……319
学习目标……319
开篇案例 改善轮渡公司的服务质量……319
14.1 整合服务质量及服务生产率战略……320
14.2 什么是服务质量……322
14.3 识别并纠正服务质量问题……322
14.4 测量服务质量……326
14.5 从顾客反馈中学习……326
14.6 服务质量的硬性测量……332
14.7 分析和解决服务质量问题的工具……335
14.8 服务质量的回报……337
14.9 生产率的定义与度量……340
14.10 提高服务生产率……341
14.11 提高服务质量和生产率的集成与系统化方法……344
本章小结……347
复习题……349
应用练习……349

第15章 创建一流的服务型企业……350
学习目标……350
15.1 概述……350
15.2 什么是一流的服务型企业……350
15.3 顾客满意度与组织绩效……354
15.4 结论……355

本章小结 ················· 355
复习题 ··················· 356
应用练习 ················· 356

案例研究

案例 1　苏利文福特汽车世界
案例 2　贝克特医生的牙科诊所
案例 3　悦榕庄：品牌无形性
案例 4　新西兰体验公司
案例 5　阿克拉海滩酒店：高峰时期接受团体预订的能力
案例 6　贡多拉收益管理：保留传统和增加收益之间的平衡
案例 7　澳大利亚宠物狗移动服务有限公司
案例 8　福尔迪斯医院有限公司
案例 9　红龙虾连锁餐厅
案例 10　新加坡航空：具有成本效益和卓越服务的人力资源
案例 11　马海利博士前往伦敦：全球顾客管理
案例 12　皇家餐饮会员计划困境
案例 13　DHL 亚洲顾客资产管理
案例 14　星巴克：传递顾客服务
案例 15　LUX*：立足于服务变革的度假连锁店
案例 16　趣志家：为未来塑造战略服务愿景

术语表 ··················· 357
注释 ····················· 367

○　案例研究请扫二维码查看。
○　注释请扫二维码查看。

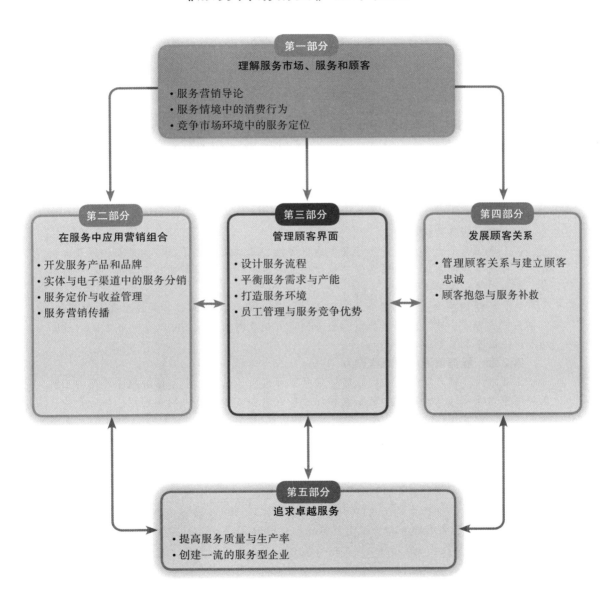

PART 1

第一部分

理解服务市场、服务和顾客

第一部分为学习服务以及学习如何成为一名卓有成效的服务营销者奠定了基础。它由以下三章组成。

第 1 章　服务营销导论

第 1 章强调了服务业在世界经济中的重要性。本章还定义了服务的性质，以及如何在不转移所有权的情况下为顾客创造价值。本章重点介绍了服务营销面临的一些独特挑战，并介绍了服务营销的 7P。

前文所述的基本框架将贯穿本书的始终，因为它构成了本书其他四个部分的基础。它以系统的方式描述了为不同类型的服务制定营销战略所涉及的内容。第 1 章将系统介绍和解释该基本框架。

第 2 章　服务情境中的消费行为

第 2 章为理解与服务相关的顾客需求及行为提供了基础。本章围绕服务消费的三阶段模型进行组织，探讨顾客如何搜索和评估备选服务方案，做出购买决定，体验和响应服务接触，评估服务绩效，以及最终培养顾客忠诚。

第 3 章　竞争市场环境中的服务定位

第 3 章讨论如何制定以顾客为导向的服务营销战略，以及服务价值主张应该如何确定，进而为企业创造竞争优势。本章首先将顾客、竞争对手和企业（通常称为 3C）的分析框架纳入服务型企业的定位战略。然后，围绕定位的三个关键要素——市场细分、目标市场选择和定位（通常称为 STP）进行阐释，并展示服务型企业如何细分服务市场，定位其价值主张，最后集中精力吸引其目标细分市场。

第 1 章

服务营销导论

□ 学习目标

通过学习本章，你能够：
1. 理解服务业对国民经济的贡献；
2. 了解服务业中的主要行业；
3. 识别重塑服务市场的关键力量；
4. 了解B2B服务如何提高企业的生产率并推动经济发展；
5. 运用所有权非转移框架定义服务；
6. 识别以过程为依据的四种服务类型；
7. 熟悉服务的特征及其营销挑战；
8. 了解传统市场营销组合在服务中的应用；
9. 描述运用于顾客接触管理的扩展服务营销组合；
10. 理解服务需要与营销、运营和人力资源管理等职能紧密结合；
11. 理解服务利润链对服务管理的意义；
12. 掌握制定有效服务营销战略的框架。

□ 开篇案例

走进服务营销的世界

和本书的其他读者一样，你也是一位经验丰富的服务消费者。你每天都在使用一系列的服务，尽管有些服务太过日常，比如打电话、刷信用卡、乘坐公共汽车、下载音乐、上网或从ATM机取款，除非出了什么问题，否则你几乎不会注意到它们；但有些服务却可能需要你慎重思考，例如预订邮轮度假、购买理财服务或进行体检。

上大学可能是你一生中最大的一笔服务支出。大学是一个复杂的服务组织，它不仅提供教育服务，还提供图书馆、学生宿舍、医疗、体育设施、博物馆、安保、咨询和职业生涯规划。在校园里，你可以找到书店、银行、邮局、复印店、网吧、杂货店、娱乐设施等服务场所。

你所使用的这些服务都是个体层面或企业对个人（B2C）层面的服务例证。对组织而言，还会使用很多企业对企业（B2B）服务，与个体或家庭服务购买相比，企业对企业的服务涉及更大规模的购买量。

然而，消费者并不总是对他们接受的服务质量和价值感到满意。无论是个人消费者还是企业消费者，都在抱怨违背承诺、价高质次、员工粗鲁又缺乏技能、服务时间不方便、管理程序复杂、无端浪费时间、自助服务技术故障、网站复杂，或者服务方完全不了解自己的需求。

时刻面临激烈竞争的服务提供商，则有着与顾客截然不同的担忧。许多老板和经理抱怨很难找到有技能、充满积极性的员工，很难降低成本并实现盈利，也很难让那些满腹牢骚、要求无理的顾客满意。有趣的是，有些服务型企业知道如何在高效运营、获利丰厚的同时取悦顾客。通常，这些企业的服务是通过易于使用的自助服务技术、网站和应用程序提供的。

你可能会有自己喜欢的服务型企业，在经常光顾它们的同时，你是否思考过，它们是如何成功地为你提供满足需求甚至超出预期的服务的？这本书将向你展示如何对服务型企业进行管理，在让顾客满意的同时获得利润。除了学习服务营销的关键概念、组织框架和营销工具外，你还能了解来自美国和世界各地服务型企业的许多案例。从这些企业的经验中，你可以学到如何在竞争日益激烈的服务市场中取得成功的重要经验。

服务营销概览见图1-1。

1.1 为什么研究服务

有这样一个悖论：我们生活在服务经济时代，然而大多数商学院仍主要从制造业的角度来探讨市场营销学。如果你已经学过市场营销课程，很可能学到的是如何营销制造业产品而不是服务。值得庆幸的是，包括本书作者在内的很多学者、咨询者和教师开始关注服务营销。这本书致力于为你提供应对未来商业环境的知识和技能。

1.1.1 服务业在全球经济中具有主导作用

在世界范围内，各国服务业的规模都在不断扩大。随着经济的发展，农业、工业和服务业之间的相对就业比重发生了巨大变化。[1] 即使在新兴经济体中，服务业产值也至少占到国内生产总值（GDP）的一半。图1-2显示了随着人均国民收入的增长，服务业逐渐在全球经济中占据主导地位。在图1-3中，我们看到服务业产值已经占到全球GDP的近2/3。

图1-4显示了不同经济体中服务业的相对规模。在高度发达的国家或地区，服务业在GDP中的占比为65%～80%。韩国是个例外，它是一个以制造业为主的国家，其服务业仅占GDP的58%。世界上服务主导型经济最典型的代表是泽西岛、巴哈马和百慕大，它们都是经济结构较为相似的小岛国。卢森堡（86%）是欧盟中服务业占GDP比重最高的国家。巴拿马得益于大运河的开通，以及与此相关的集装箱码头、船只登记和自由港区、金融服务、保险和旅游等服务，服务业占GDP的比重高达78%。

由图1-4可知，中国大陆的服务业占GDP比重为46%。㊀作为新兴经济体，中国的国民经济仍然由大量农业以及蓬勃发展的制造业和建筑业所主导。当然，中国经济的持续增长正逐渐带来生产性和消费性服务需求的增加。

㊀ 根据中国商务部数据，2019年，中国服务业占GDP比重已经达到53.9%。——译者注

为什么研究服务
- 服务业在全球经济中具有主导作用
- 服务业创造大量就业机会
- 服务是个人竞争优势的来源

服务的定义
- 服务提供利益但不涉及所有权转移
- 服务是一方对另一方提供的经济活动。这些活动通常建立在时间基础上,能给人、物或其他资产带来预期效果。接受服务的顾客付出金钱、时间和精力,期望从人员劳动、技能、专业知识、商品、设施、网络和系统中获得价值

服务行业
依据对美国GDP的贡献率排序:
- 政府服务
- 不动产和租赁服务
- 商业和专业服务
- 批发和零售贸易服务
- 运输、公用事业和通信服务
- 金融和保险服务
- 医疗服务
- 其他私人服务
- 住宿和餐饮服务
- 艺术、娱乐和休闲服务

依据过程划分服务类别类型
- 个人服务(例如客运、美发)
- 所有物服务(例如货运、维修服务)
- 精神服务(例如教育)
- 信息服务(例如会计)

服务带来独特的营销挑战
服务有四个主要特征:无形性、异质性(质量的可变性)、生产与消费的不可分离性以及服务产出的不可储存性,简称IHIP。这些特征的主要含义包括:
- 大多数服务产品不可储存(易逝性)
- 无形要素通常主导价值创造(服务在形态上是无形的)
- 服务难以观察和理解(服务在精神层面是无形的)
- 顾客参与服务的合作生产(如果涉及个人服务,则服务的生产与消费同时进行)
- 人员(服务员工)是服务产品和体验的一部分
- 服务运营投入和产出差别很大(服务的异质性)
- 时间因素非常重要(如产能管理)
- 服务可以通过无形渠道进行分销(如信息处理服务)

重要趋势
一般趋势
- 政府政策
- 社会变革
- 商业趋势
- 信息技术进步
- 全球化

B2B服务增长
- 外包
- 离岸
- 企业越发关注核心竞争力
- 经济专业化程度不断提高
- 通过研发提高生产率

职能
需要将职能紧密结合,以塑造顾客体验,尤其重要的职能是:
- 营销
- 运营
- 人力资源
- 信息技术

服务利润链
以下要素之间紧密关联:
- 领导力
- 内部质量和信息技术
- 员工参与
- 顾客价值、满意度和忠诚度
- 盈利能力和增长

将服务战略付诸实践
本书围绕服务营销和管理的整合模型构建,主要包括:
- 理解服务产品、顾客和市场
- 4P组合策略在服务营销中的应用
- 使用服务营销组合中独有的3P(服务流程、人员和有形环境)设计和管理顾客界面
- 构建顾客关系
- 追求卓越服务

图1-1 本章概览

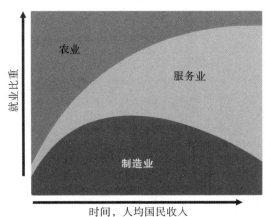

图 1-2　经济发展引起就业结构改变

资料来源：International Monetary Fund, 1997.

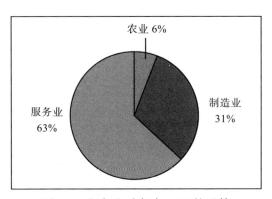

图 1-3　服务业对全球 GDP 的贡献

资料来源：The World Factbook 2015, Central Intelligence Agency, www.cia.gov, 2015-01-22.

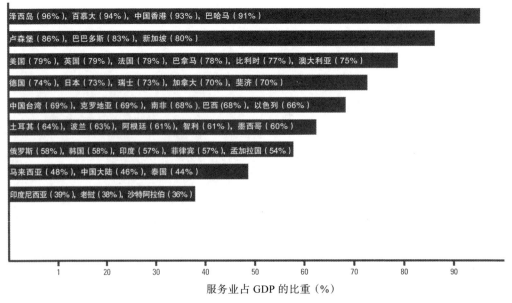

图 1-4　部分国家或地区服务业占 GDP 的比重

资料来源：The World Factbook 2015, Central Intelligence Agency, www.cia.gov, 2015-01-22.

1.1.2 服务业创造大量就业机会

世界上大多数国家的服务业都在迅速增长,因而新就业机会的创造主要来自服务业。服务行业的工作并非指薪酬较低的一线工作;恰恰相反,一些经济发展最为迅猛的行业大都是以知识为基础的服务行业,例如商业和专业服务、教育和医疗,[2]这些高薪工作需要良好的教育背景,相关行业提供有吸引力的职业岗位。

1.1.3 服务是个人竞争优势的来源

本书响应全球经济服务化转型的趋势,对服务的特征以及这些特征如何影响顾客行为和营销战略展开探讨。你在工作中极有可能会花费大量时间与服务组织打交道,通过本书的学习,你所获取的知识或许能为你的职业生涯创造竞争优势,甚至鼓励你考虑创建自己的服务型企业。

1.2 服务业中的主要行业

服务业由哪些行业组成?最大的是哪个行业?第二个问题的答案可能与你所想的有所区别,因为服务业中有多个行业是为企业顾客提供服务的,除非你恰好在这些行业中工作,否则你平时很难细致地了解这些行业。

服务业对 GDP 的贡献

图 1-5 显示了主要服务业对美国 GDP 增加值的贡献水平。2013 年,美国创造最大价值的服务行业是不动产和租赁,在该年美国 GDP 中的占比为 13%,超过 1/8 的份额。其中,90% 以上的价值由以下服务创造:租用住宅或商业地产;为方便购买、销售和租赁提供物业服务;评估财产以确定其优劣和价值。剩余 10% 的价值由租赁或出租各种各样的其他制成品创造,其范围从重型建筑设备到办公家具、帐篷和派对用品。服务业中另一个规模较大的行业是有形产品的分销,包括批发和零售贸易,该行业约占 GDP 的 11.8%。

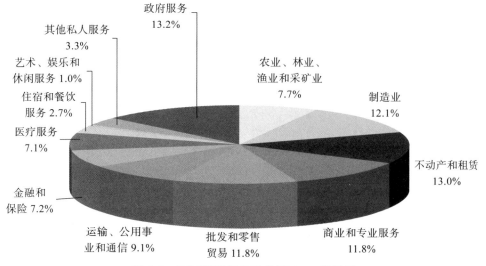

图 1-5　不同服务行业对美国 GDP 的贡献

资料来源:U.S Department of Commerce, Bureau of Economic Analysis, GDP by Industry Accounts for 2013.

其他重要的行业或子行业包括商业和专业服务（11.8%）、金融和保险（7.2%）以及医疗服务（7.1%），住宿和餐饮服务占 GDP 的 2.7%。艺术、娱乐和休闲服务总共只占 GDP 的 1%，这些行业包括体育比赛转播、健身中心、滑雪设施、博物馆和动物园、音乐会、赌场、高尔夫球场、码头和主题公园等深受消费者欢迎的服务，尽管这些行业占比很低，但在美国这样一个 GDP 超过 17.1 万亿美元的经济体中，其在 2013 年所创造的价值仍高达令人惊叹的 1 640 亿美元。

1.3 重塑服务市场的关键力量

有哪些因素推动服务业的快速增长？从图 1-6 中可以看出，政府政策、社会变革、商业趋势、信息技术进步以及全球化都是影响当今服务市场的关键力量。这些因素共同作用，重塑了需求、供给甚至顾客购买和使用服务的方式。

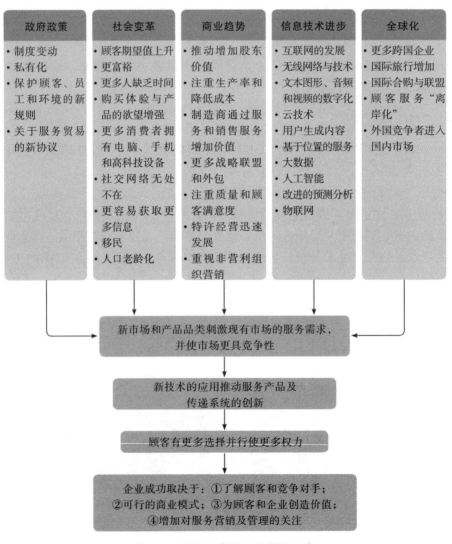

图 1-6　服务经济转型的促进因素

在上述因素中,信息技术的迅猛发展最为重要。大数据、云计算、用户生成内容、移动通信、网络技术、人工智能、物联网以及越来越多的基于应用的自助服务技术不断创新,对服务市场产生了重大影响。这些技术使服务型企业能够与顾客紧密相连,提供多途径的信息渠道和更加个性化的服务,并提高企业的生产能力和盈利能力。[3] 更重要的是,这些新技术也催生了大量高度创新的商业模式,这些商业模式包括:点对点服务,如爱彼迎(Airbnb)短期住宿和贷款俱乐部(Lending Club)的个人贷款;集成平台,如优步(Uber)通过应用程序连接乘客与司机;众包服务提供商,如 crowdSPRING 是标志和图形设计服务的领先供应商。

1.4　B2B 服务成为经济发展的核心引擎[4]

经济繁荣的一个关键驱动力是由先进的、具有竞争力和创新的商业服务所构成的生态系统。你可能会问:"为什么商业服务能够提高制造业和整个经济的生产率?"假如有一家制造型企业自己经营食堂,你认为它在采购食材、烹饪、运作厨房、管理厨师团队、控制食堂的质量和成本方面能够做得好吗?答案可能是否定的,这家企业也许无法提供美味的饭菜,因为食堂运营管理在该企业现有业务量中的占比微乎其微,而且对该企业整体业务的影响也可以忽略不计。

许多制造型企业已经认识到这个问题,因此将食堂业务外包出去,并每隔几年进行一次重新招标。中标者一般是拥有多个分支机构的专业餐饮企业,这类企业关注的是在控制成本效益结构的同时提供高质量的食物和相关服务。对企业而言,为流程改进和研发投入的成本可以从多个方面获得收益与回报,那些通常被制造型企业忽视的支持性活动也因此成为独立服务提供商的核心竞争力。同样的逻辑适用于大部分非核心活动、资产、商品和服务,图 1-7 显示了企业如何从第三方供应商处获得更划算的服务。麦肯锡

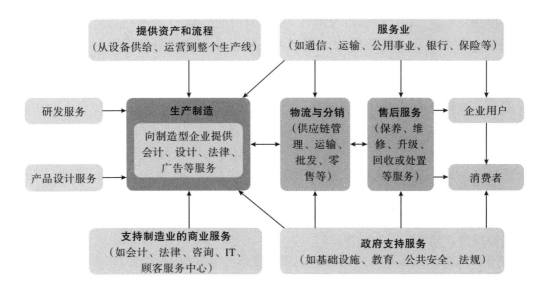

图 1-7　外包是服务业增长的重要驱动力

（McKinsey）的调查表明，这类服务对制造业产出的贡献为20%～25%，为扩展更多外包业务提供了可能。[5]这种发展趋势提升了整体生产率和生活水平，并提高了经济的专业化程度。

1.5 什么是服务

到目前为止，本书对服务的讨论集中在不同类型的服务行业及其发展上。现在需要回答这样一个问题：服务到底是什么？

1.5.1 只有利益没有所有权

服务涵盖了大量的复杂活动，因此很难对其做出准确界定。最初，服务这个词的含义是仆人为主人所做的工作。后来这个词具有了更广泛的含义："提供服务、帮助或有益于他人的行为，这种行为的实施能为另一方带来福利或好处。"[6]早期的市场营销学将服务定义为"行动、行为、表现或努力"，并认为服务具有不同于产品的特征，而产品的定义是"物品、设备、材料、物体或事物"。[7]但是，我们认为服务需要有自己的定义，而不应当仅仅局限于服务与产品的关系。关于服务，有一个短小精辟、脍炙人口的定义是"有些东西可以买卖，但不能收入囊中"，[8]这个定义既生动有趣又令人难忘，但在指导营销策略的时候并没有太大作用。针对上述不足，我们对于服务的定义将集中在购买服务时不涉及所有权转移这一问题上。

设想一下这些情境：你上周末所入住酒店房间的所有权并不属于你，为你治疗受伤的膝盖的理疗师也不归你所有，你对刚刚参加的音乐会同样没有所有权。如果你没有获得所有权转让，那么你上一次购买到底买到了什么？

克里斯托弗·洛夫洛克和埃弗特·古梅松认为，服务是顾客通过租赁的方式获取利益。[9]我们用"租金"这个普通词语来描述人们通过付费从而可以临时使用某些东西，或是获取技能和专业知识、设施以及网络（通常有时间限制），而不是直接买走。

采用服务的所有权非转移框架，我们可以将服务划分为五种类别：①劳务、技能和专业知识租用服务；②～④不同程度地使用产品和设施（排他性、限定性或共有性）；⑤网络与系统的获取和使用服务。

①劳务、技能和专业知识租用服务。这类服务指的是雇用其他人来完成顾客不能或不愿意自己做的工作，例如，汽车修理、体检、管理咨询。

②货物租用服务。这类服务可以使顾客在有限时间内获得某些有形产品的独占权，而这些产品并不是顾客想购买拥有的，例如，船、化装舞会的服装、建筑及挖掘设备。

③特定场地及设施的租用服务。这类服务是指顾客可以使用诸如建筑物、运输工具或区域等的指定部分，一般他们会与其他顾客共同使用这一设施，例如，飞机上的座位、办公楼里的套房、仓库中的仓储柜。

④共享设施服务。这类服务是指顾客租用室内、室外以及虚拟公用设施的权利，例如，主题公园、高尔夫俱乐部、收费公路。

⑤网络与系统的获取和使用服务。这类服务是指顾客通过租用获得进入指定网络的

权利,服务提供者根据顾客的需要提供各种访问和使用条款。例如,电信、公用事业与银行、社交网络和网络游戏(如《英雄联盟》)。

所有权能否转移对营销战略有重要影响。例如,当某样东西被租用而不是被拥有时,顾客选择服务的标准是不同的。想要在夏威夷租车度假的顾客可能会把重点放在预约的便利性、租车地点和时间、服务人员的表现以及车辆的保养上。但如果消费者想拥有一辆汽车,那么他们更有可能考虑诸如价格、品牌形象、易于维护、使用成本、设计、颜色和内饰等因素。

1.5.2 定义服务

基于所有权非转移视角,我们对服务的定义如下:

> 服务是一方向另一方提供的经济活动。在特定时间范围内,服务能够为接受方(人、物、其他资产)带来预期效果或价值。顾客通过付出金钱、时间和精力,希望获得劳动力、技能、专业知识、设施、网络和系统等方面的价值。但是,顾客无法获得服务过程中所有有形要素或资产的所有权。[10]

需要注意的是,我们将服务定义为双方之间的经济活动,这意味着市场上卖方和买方之间的价值交换。我们将服务视为一种在大多数情况下具有时效性的"表演"。同时,我们还强调顾客为了获得预期效果而购买服务。事实上,许多企业明确地将其服务作为"解决方案"来满足潜在顾客的需求。最后,该定义强调顾客付出金钱、时间和精力购买服务以换取期望的价值,这种价值源于顾客可以接触和使用创造价值的各类要素,而不是通过所有权转移占有这些要素。

1.5.3 服务产品、顾客服务和售后服务

随着服务经济的发展,以及有形产品越来越需要提高服务比重来增加附加价值,服务业与制造业的界限更加模糊。很多传统意义上的制造型企业,从汽车制造商丰田、航空发动机制造商通用电气和劳斯莱斯,到高科技设备制造商三星和西门子,都在积极进军服务业。很多企业不再简单地将附加服务与有形产品捆绑在一起,而是强化独特的服务元素,并将其作为独立的服务推向市场。

服务营销中讨论的主要观点同样适用于制造型企业对产品中附加服务的管理。正如西奥多·莱维特长期观察所总结的:"所有的行业都是服务业,区别仅在于服务所占比重的高低。每个行业都离不开服务。"[11]

1.6 基于过程视角的四种服务分类

你是否留意到这样一些信息,服务的定义不仅强调通过租赁和使用来创造价值,也涉及可以为服务接受者带来的预期结果。服务之间的主要差别体现为服务过程的不同。服务对象可以是人、有形物体和数据,服务的过程可以是有形的,也可以是无形的。有

形服务过程的对象是人体或人们的有形所有物；无形服务过程的对象则是人们的思维或他们的无形资产。以此为依据，服务可以宽泛地划分为四种类型：个人服务、所有物服务、精神服务和信息服务（见图1-8）。[12] 接下来，让我们来讨论一下为什么这四种不同类型的服务通常对营销、运营和人力资源管理有独特的意义。

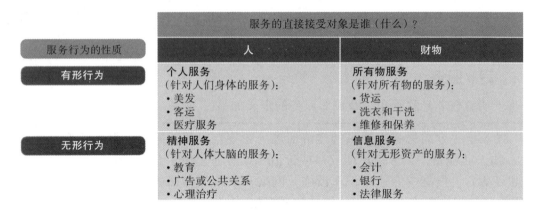

图1-8　四种服务类型

1.6.1　个人服务

自远古时代，人们就在寻找自己所需要的服务，包括出行、吃饭、住宿、保持健康、让自己看起来更美丽等。要获得这些服务，顾客必须出现在服务现场，由服务提供者通过人工、器械或二者兼具的方式，为这些在场的顾客创造并交付服务利益。在有些情况下，服务提供者也会携带所需工具，在顾客选择的地点创造服务价值。

个人服务的特点在于：

- 这类服务的生产和消费是同时进行的，这意味着顾客必须亲临服务现场。
- 顾客需要积极参与和配合。例如，在美甲服务中，你需要配合美甲师，具体说明你的需要，一动不动地坐着，并按美甲师的要求伸出你的手指。
- 服务管理者需要站在顾客的角度，慎重考虑服务地点、服务流程与服务环境的设计、服务供需平衡的管理等问题。

1.6.2　所有物服务

通常情况下，顾客会要求服务机构为其所有物提供有形的服务，比如为房子杀虫，修理故障电梯，修理破碎的智能手机屏幕，寄运包裹到另一个城市或治疗生病的宠物。

所有物服务的特点在于：

- 这类服务的生产和消费不一定同时发生，因此服务型企业可以采取更灵活的方式设计这类服务，以实现成本效益。
- 顾客在这些服务中的参与度往往较低，他们的参与可能仅限于交付或收集物品，此时这类服务的生产和消费是可分离的。在其他情况下，顾客可能希望提供服务时在场,例如,他们可能会监督工人修剪树篱,或者在一旁安抚自己正在宠物医院注射疫苗的宠物狗。

1.6.3 精神服务

精神服务的内容包括教育、新闻资讯、专业建议和一些宗教活动,顾客需要投入一定的时间和精力才能从这些服务中获取利益。当然,这类服务不一定需要顾客时刻待在服务现场。例如,你可以在飞机上呼呼大睡,这不会妨碍你顺利到达目的地;但如果你在网络课堂上学习时睡着了,那么你在课程结束后将什么也学不到。

由于精神服务的核心内容以信息为基础,因此可以将其数字化,并通过下载获取。例如,顾客想观看波士顿交响乐团的音乐会,既可以亲临现场聆听,也可以在电视上观看,还可以购买音乐会的数字视频。精神服务的主要特征包括:

- 顾客不需要亲临服务现场,在需要的时候他们可以远程获取信息。
- 这类服务可以储存以便之后进行消费,也可以重复消费。

1.6.4 信息服务

信息服务往往由信息和通信技术(information and communications technology,ICT)或专业人员提供。尽管信息服务的结果是无形的,但它可以转换为更持久和有形的形式,如信件、报告、书籍或各种格式的文件。一些财务类或专业性的服务高度依赖于信息的有效收集和处理,如会计、法律、市场营销研究、管理咨询和医疗诊断。

在某些场景中,很难区分信息服务和精神服务的区别。例如,如果股票经纪人分析顾客的交易情况,这看起来像是信息服务;但是,当分析结果用于为其投资战略提供合理建议时,这似乎又是一种精神服务。因此,为了便于理解,本书把精神服务和信息服务统称为基于信息的服务。

1.7 服务带来独特的营销挑战

基于制造业发展起来的营销理论与实践,能否适用于以非所有权转移为特征的服务业?答案是否定的。服务往往具有不同于产品的特征,主要包括以下四个特征:无形性(intangibility)、异质性(heterogeneity)、生产与消费的不可分离性(inseparability)以及服务产出的不可储存性(perishability),[13] 简称 IHIP。表 1-1 阐释了这些特征以及服务和产品之间的其他区别。总而言之,这些差异使得服务的营销与有形产品的营销在许多方面存在明显不同。

需要注意的是,服务与有形产品的差异在广泛意义上是有用的,但并不意味着可以照搬到所有服务当中。例如,无形性特征在有形产品和无形服务中都会有所体现(图 1-9 展示了各种示例)。[14] 我们在上一节中讨论的四类服务之间也存在着显著差异。例如,只有当顾客与服务人员直接接触时,他们才会成为服务体验的一部分,但这通常适用于个人服务,而不适用于网上银行交易这样的信息服务。

表 1-1 服务的八个主要特征的管理含义

特 征	含 义	与市场营销相关的主题
大多数服务产品不可储存（易逝性）	• 顾客可能离开或等待	• 通过促销、动态定价和预订使需求平稳 • 与运营部门合作调整产能
无形要素通常主导价值创造（服务在形态上是无形的）	• 顾客无法品尝、闻到或触摸这些要素，并且可能无法观察或聆听它们 • 难以对服务进行评估并与竞争对手进行区分	• 通过重视有形要素使服务有形化 • 在广告、品牌中使用具体的隐喻技术和生动的图像
服务难以观察和理解（服务在精神层面是无形的）	• 顾客感受到更大的风险和不确定性	• 指导顾客做出正确的选择，向他们解释要寻找的信息，记录绩效，并提供保障
顾客参与服务的合作生产（如果涉及个人服务，则服务生产与消费同时进行）	• 顾客与供应商的设备、设施和系统进行互动 • 顾客不积极参与会影响服务效率，破坏服务体验并减少顾客收益	• 开发对用户友好的设备、设施和系统 • 培训顾客更好地参与服务，为顾客提供支持
人员是服务体验的一部分	• 服务人员与其他顾客的外表、态度和行为会影响顾客的服务体验和满意度	• 招聘、培训和奖励员工，以强化员工对服务理念的认识 • 在正确的时间选择合适的顾客；塑造顾客行为
服务运营投入和产出差别很大（例如服务的异质性）	• 难以保持一致性、可靠性和服务质量，也难以通过提高生产率降低成本 • 难以保障顾客免受服务未能履行的影响	• 根据顾客期望制定质量标准；重新设计产品要素，尽量简洁，避免失误 • 建立良好的服务补救程序 • 使顾客与供应商自动互动，在顾客不在时完成工作
时间因素非常重要	• 顾客将时间视为一种稀缺资源，不喜欢无谓等待，并希望在便利的时候获得服务	• 找到提高交付速度、减少等待时间、延长服务时间的方法
服务可以通过无形渠道进行分销	• 基于信息的服务可以通过互联网或语音电信等电子渠道提供，但涉及有形活动或产品的核心产品则不能	• 努力创建对用户友好且安全的网站，并能免费访问 • 确保所有基于信息的服务要素都可以从网站下载

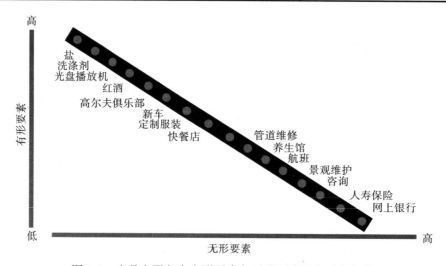

图 1-9 产品和服务中有形要素与无形要素的相对增加值

资料来源：SHOSTACK L. Breaking free from product marketing[J]. Journal of Marketing, 1977, 41(4): 73-80.

1.8 服务营销的 7P 组合策略

营销人员在制定有形产品的营销策略时,通常会考虑四个基本要素:产品、渠道(或分销)、价格和促销(或沟通)。这四个要素一般被称为 4P 营销组合。从表 1-1 可以看出,服务的特征对市场营销提出了不同的挑战。因此,有必要对传统的 4P 营销组合加以调整,否则难以解决营销服务中出现的问题。我们将结合服务的特征,重新回顾传统的 4P 营销组合。

此外,传统的营销组合忽略了与顾客接触的相关问题,所以我们需要增加三个以字母 P 开头的词扩展营销组合,这三个词都与服务交付相关,即服务流程(process)、有形环境(physical environment)和人员(people)。这七个要素统称为服务营销的"7P"。现在,我们对服务营销的 7P 组合策略进行逐一分析。

1.8.1 传统营销组合理论在服务业中的应用

1. 产品

服务产品在企业营销战略中处于核心地位。如果服务产品设计得很差,即使服务营销组合中其他几个要素做得很好,企业也难以为顾客创造出较高的价值。因此,营销组合的第一步是创建服务产品,这个服务产品要能为目标顾客提供价值,并比竞争对手更好地满足顾客的需求。服务产品通常包括满足顾客关键需求的核心产品,以及帮助顾客更有效地使用核心产品的各种附加服务要素。附加服务要素包括提供信息、咨询、接受订单、接待及对意外情况的处理等。

2. 地点和时间

根据服务性质的不同,服务可以通过实体或电子渠道(或两者兼而有之)进行分销(见表 1-1)。例如,现在的银行为顾客提供了多样化的办理业务的方式,顾客可以到银行网点办理,也可以使用 ATM 机、电话银行、网上银行以及在智能手机上使用应用程序办理。尤其是随着互联网的普及,许多基于信息的服务可以即时传送到世界上任何能够上网的地方。此外,企业既可以向终端用户直接提供服务,也可以通过中间商提供服务,企业只需要向中间商支付一定的费用或佣金,中间商就会完成销售、服务以及与顾客接触等相关任务。对服务型企业而言,需要做的是决定何时何地,以及使用何种方法与渠道将服务传递给顾客。

核心服务和附加服务的分销。 互联网的出现,使得众多行业需要重新制定分销策略。互联网有助于企业交付基于信息的核心产品(那些响应顾客主要需求的产品),也能应用于附加服务,提高购买和使用有形产品的便利性。可汗学院(Khan Academy)和课程时代(Coursera)提供的在线教育课程,以及前进意外保险公司(Progressive Casualty)提供的汽车保险都属于基于信息的核心产品的典型例子。

相比之下,如果你在网上购买户外用品或预订机票,核心产品的实际交付必须通过实体渠道完成;如果你在休闲设备公司(Recreational Equipment Inc.)购买了帐篷和睡袋,也需要通过实体渠道送到你家里;如果你要乘坐联合航空公司的航班,你则需要亲自到机场去。很多以信息传递、预订和支付为基础的附加服务与电子商务活动密切相关，但是核心产品通过电子商务则无法完成。

时间因素的重要性。地点便利性和服务速度对于有效分销和传递服务有重要影响（见表1-1）。大多数服务都是在顾客亲临现场的情况下实时提供的，而现今的顾客对时间非常敏感，他们可能愿意支付额外的费用来节省时间，例如花更多钱乘坐出租车而不是公交车。时至今日，许多忙碌的顾客希望能在自己方便的时候而不是在企业方便的时候获取服务。如果一家企业响应慢了，竞争对手便会以更快的速度提供服务。现在，越来越多的企业能够实现每周7天全天候24小时的服务交付，并且提供丰富的交付渠道。

3. 价格和其他顾客支出

只要有价值交换活动发生，支出就变得非常重要。企业的价格战略直接影响企业的预期收益，而价格水平通常会在不同时段，根据顾客细分市场、交付时间和地点、需求水平和产能等因素进行调整，因此价格战略呈现高度动态性的特征。

对于顾客而言，价格是其获得预期收益所必须承担的成本的关键部分。为了计算出某项服务是否"物有所值"，顾客不仅要衡量所支付的金钱，还要考虑需要花费多少时间和精力。服务营销人员不仅要设计出目标顾客愿意和能够支付的价格，还必须理解顾客在使用服务过程中产生的其他成本，并在可能的情况下设法将其最小化。这些成本支出包括额外的货币成本、时间成本、不必要的精神和体力上的成本，以及负面的感官体验。

大多数服务产品不可储存。由于服务是系列的行为或"表演"，因此它们是短暂的、不可储存的。这意味着服务很难被储存起来以供将来使用（见表1-1）。尽管设施、设备和服务人员可以提前做好为顾客提供服务的准备，但这仅是生产服务所需的要素，而不是服务产品本身。当供大于求时，闲置的服务产能就会被浪费，企业也就失去了从这些资产中创造价值的机会；当供不应求时，顾客要么被拒之门外，要么只能等待。因此，服务营销人员必须想方设法利用动态价格战略，实现需求水平与服务供给的平衡。

4. 促销和顾客教育

如果缺乏有效的沟通，营销活动将很难取得成功。营销沟通扮演着三个重要角色：①提供必要的信息和建议；②说服目标顾客购买服务产品；③鼓励顾客在特定的时间购买产品或服务。在服务营销中，大多数沟通都具有教育属性，对新顾客尤其如此。服务型企业需要向顾客介绍服务的好处，在什么时间和什么地点可以获得服务，以及教会顾客参与服务流程以获得优质的服务体验。

服务难以观察和理解，无形要素是服务价值创造的关键。服务无形性包括精神维度和物质维度。其中，精神无形性是指顾客在购买某项服务之前，很难提前知道能够获得的价值和好处；相反，物质无形性是指服务摸不着，也难以被其他感官所体验。[15]服务价值的大小主要取决于无形要素，例如服务流程、网上交易、服务人员的专业知识和态度。在无法品尝、闻、触摸、观察或聆听这些要素的情况下（当服务是物理无形的时候），顾客很难在购买前评估服务的特征，也很难预判服务质量的好坏。

基于此，服务型企业的一项重要任务是要在企业经历、业务资历和员工专业技能等方面让顾客树立信心。例如，服务型企业可以充分运用有形图像和隐喻技术来呈现自身服务效果和展示服务能力。服务型企业还必须拥有受过良好培训的服务人员，通过他们帮助潜在顾客做出正确的选择，引导顾客在服务过程和服务结束之后实现正确的预期，以及帮助顾客顺利地享受服务过程。为了让顾客对服务放心，企业还可以采取一些额外的手段，例如将服务过程记录在案，对做了什么以及为什么做进行具体解释，或者针对服务做出承诺和担保。如果能够促使顾客对服务产品赞赏有加，服务型企业则可以从中受益良多。总而言之，如果顾客知道如何更好地利用服务，不仅会获得更好的服务体验和结果，还可以提升服务型企业的生产率，降低企业成本，而顾客也可以相应地降低自己获取服务所需支付的费用。

顾客之间的互动影响服务体验。当你在服务场所遇到其他顾客时，他们也会影响你的满意度。他们的衣着打扮、身份地位、言行举止可以强化或弱化服务型企业的形象，以及该企业希望创造的体验。由此可见，服务型企业需要使用营销沟通来吸引正确的顾客群体与服务设施有效匹配，并教育顾客在服务过程中实施恰如其分的行为。

1.8.2 扩展服务营销组合以管理顾客界面

1. 服务流程

聪明的管理者清楚：在服务领域，企业如何提供服务与提供何种服务是同等重要的。因此，为了创造和传递优质服务，企业应当对服务流程进行设计并确保有效执行；而设计糟糕的服务流程会导致服务交付缓慢低效，浪费顾客大量时间，最终导致顾客对服务体验大失所望。

服务运营的投入和产出可能相差很大。服务运营的投入和产出往往差别很大，这使得顾客服务流程管理面临严峻挑战（见表1-1）。当服务是面对面交付时，服务的生产与消费同步发生，最终的"集成"则必须实时进行，然而运营通常分布在很多场所或分店。在这种情况下，服务型企业很难保证有效交付服务、控制服务质量以及提高服务生产效率。一位曾经在商品包装行业工作的营销人员到假日酒店任职后，会发现当前的工作与之前的工作迥然不同：

我们无法像宝洁（P&G）生产线上的工程师那样控制我们的产品质量，例如你需要买一盒汰渍洗衣粉，你有把握判断这盒洗衣粉能把你的衣服洗干净；但如果你预订假日酒店的房间，你就无法确定自己能否在这个房间里睡个好觉，因为酒店里可能会有人吵架，可能会有人敲打墙壁发出噪声，任何糟糕的事情都有可能发生。[16]

然而，通过精心设计顾客服务流程，采用标准化的程序和设备，执行严格的服务质量管理，用心培训员工，以及将原有的人工化操作转变为自动化，最佳的服务型企业能够在减少服务流程不确定性方面取得显著进展。

顾客参与服务的合作生产。有些服务离不开顾客的参与，这些服务产品是由顾客和供应商共同生产完成的（见表1-1）。例如，顾客要想获得银行投资顾问的有效帮助，就要让投资顾问了解顾客的需求、愿意承担的风险以及预期的回报，这样银行投资顾问才能更好地为顾客的投资理财提供专业建议。随着由智能机器、通信技术和互联网构成的自助服务技术（SST）逐渐普及使用，现在的顾客开始更多地以自助的形式参与到服务生产中来。由此可见，设计良好的顾客服务流程对促进服务顺利交付已必不可少。

平衡顾客需求和企业产能。制造型企业可以通过库存原材料和零部件，来保证生产流程的顺利实施；但在服务业，同样的做法只会让顾客在服务流程中等待。因此，有效的服务流程管理还需要考虑平衡需求与服务产能、精心设计顾客等候系统，以及对顾客等候心理影响进行管理。

2. 有形环境

如果你从事的服务工作要求顾客亲临现场，那么需要投入时间来营造良好的"服务场景"。[17]通过建筑物、景观美化、车辆、室内陈设、设备、工作人员制服、标志、印刷材料和其他可视化线索的呈现，能为企业的服务质量提供有形依据。良好的服务场景还有助于简化服务交付，并指导顾客完成服务流程。考虑到服务场景对顾客满意度和服务效率方面的深远影响，服务型企业需要认真仔细地对服务场景进行管理。

3. 人员

尽管技术不断进步，但许多服务始终离不开顾客和服务人员的互动（见表1-1）。你在很多场合都可以观察到，两家服务型企业在员工态度和服务技能方面存在明显的差别。服务型企业需要与其人力资源部门密切合作，致力于共同遴选、培训和激励服务人员。除了具备必要的技术技能，服务人员还需要拥有良好的人际交往能力和积极的态度。

1.9 营销必须与其他管理职能相结合

通过上述对服务营销7P组合策略的讨论可以发现，如果缺少其他管理职能的支撑配合，服务营销人员很难有效开展服务工作。在诸多管理职能中，营销管理、运营管理、人力资源管理和信息技术管理在满足顾客服务需求方面发挥着关键作用。图1-10阐述了这些职能之间的相互依赖关系。

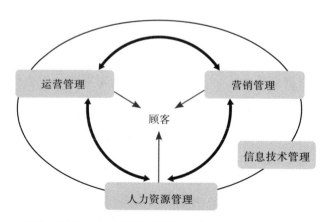

图1-10　营销、运营、人力资源以及信息技术部门必须协同为顾客服务

在服务型企业中，运营职能主要是通过设备、设施、系统以及一线员工来完成服务传递工作。此外，在大多数服务组织中，运营管理者都会积极参与服务产品和服务流程的设计，并参与提高生产率和服务质量的规划。

人力资源管理职能通常是对员工的管理，主要负责职位界定、招聘、培训、激励员工以及提升工作质量。然而，在运营良好的服务型企业中，人力资源经理应当从战略高度来看待这些活动，例如，他们必须知道一线员工的服务质量和忠诚度对服务型企业获取竞争优势至关重要。此外，服务型企业的人力资源经理同样需要了解顾客。当员工拥有必备技能和接受专门培训，明白如何提升并保持顾客满意度时，服务型企业的营销和运营活动将会事半功倍。

考虑到大部分服务流程拥有海量信息，信息技术管理同样是服务型企业的关键职能。几乎每个顾客接触点都需要提供实时信息（从顾客数据到价格和可用资源）。运营、人力资源和营销在很大程度上需要利用信息技术开展工作并为顾客创造价值。

基于这些原因，本书不会将讨论范围仅限于营销领域。在接下来的章节中，我们将结合服务运营管理、人力资源管理和信息技术管理三个职能对服务营销展开阐述。

1.10　服务利润链

服务利润链是一个概念框架，系统展示了一个高绩效的服务组织如何实现营销、运营、人力资源和信息技术的有机整合。哈佛大学的詹姆斯·海斯科特和他的同事认为，如果一个服务型企业能将员工和顾客放在首位，那么该企业管理和衡量成功的方式也会发生重大变化。在这个框架中，企业盈利能力、顾客忠诚度、顾客满意度与高效员工创造的价值以及围绕顾客和员工的运营与技术支持相互联系：

优秀服务组织的高层管理者很少花时间设定目标或关注市场份额。相反，他们认为在新的服务经济中，一线员工和顾客的需求才是管理者关注的核心。成功的服务组织管理者会关注促进盈利的因素：对人员的投资、支持一线员工的技术、改进的招聘和培训实践以及与各级员工绩效紧密关联的薪酬。

根据对成功的服务组织进行分析而构建的服务利润链，将"硬"价值置于"软"措施之上。服务利润链能帮助管理者为新的资源投入确立目标，以设计服务和提高顾客和员工满意度，并最大限度地提高企业竞争力，扩大企业与主要竞争对手之间的差距。[18]

服务利润链（见图1-11）阐释了管理过程与服务型企业成功之间的逻辑关联。

表1-2总结了服务管理者有效管理服务组织的具体行动，这些行动由相互关联的八个环节构成。其中，环节1和环节2关注顾客，强调识别和理解顾客需求，投入成本来维护顾客忠诚度，并采用新的绩效衡量方法来追踪诸如顾客和员工的满意度、忠诚度等关键指标的变化。环节3则侧重于通过服务理念创造顾客价值，并强调要不断投资来逐渐提高服务质量和生产水平。环节4～7强调领导者与员工之间的关系，包括组织应当关注一线员工，工作设计应该考虑为员工提供更大的自由，并培养具有潜力的管理人员。这种关系还强调一种观点：综合考虑营业额降低、生产率提升及服务质量提高等因素，

支付更高工资来留住关键员工能够带来劳动力成本的降低。最后一个成功环节（环节8）强调高层管理者在服务利润链中的基础地位。服务利润链是本书的重要指导思想，我们将在核心章节中说明如何更好地利用服务利润链创造出更大价值。

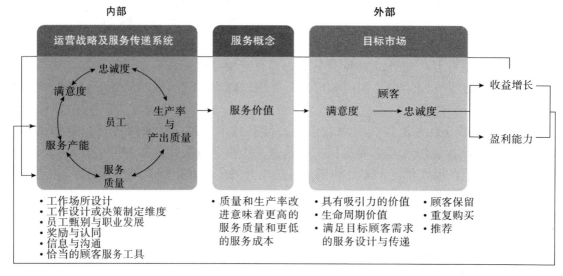

图 1-11　服务利润链

资料来源：J. L. Heskett, T. O. Jones, G. W. Loveman, W. E. Sasser Jr., and L. A. Schlesinger, "Putting the Service-Profit Chain to Work," Harvard Business School, 1994, p.166.

表 1-2　服务利润链中的关键环节

环节 1	顾客忠诚度驱动盈利能力和收益增长
环节 2	顾客满意度驱动顾客忠诚度
环节 3	价值驱动顾客满意度
环节 4	质量和生产率驱动价值
环节 5	员工忠诚度驱动服务质量和生产率
环节 6	员工满意度驱动员工忠诚度
环节 7	运营和 IT 提供的内部服务质量驱动员工满意度
环节 8	高层管理者的领导是服务利润链成功的基础

资料来源：J. L. Heskett, T. O. Jones, G. W. Loveman, W. E. Sasser Jr., and L. A. Schlesinger, "Putting the Service-Profit Chain to Work," Harvard Business School, 1994.

1.11　制定有效的服务营销战略理论框架

本书将服务营销 7P 组合策略与服务利润链整合为一个更宽泛的组织框架，框架中各章主题都密切关联。如图 1-12 所示，全书共分为五个部分。第一部分：理解服务市场、服务和顾客；第二部分：在服务中应用营销组合；第三部分：管理顾客界面（如服务营销组合中独有的 3P）；第四部分：发展顾客关系；第五部分：追求卓越服务。在研究该框架时，需要注意不同部分之间的相互依赖，一部分决策与另一部分的决策制定相匹配和一致，以实现各个战略要素之间的相互促进和彼此强化。

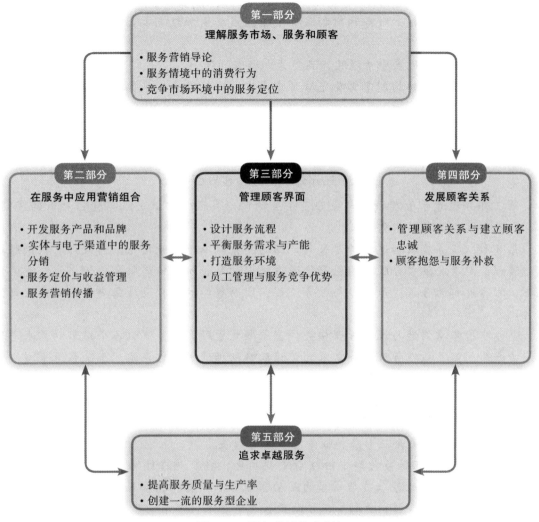

图1-12 服务营销基本框架

本书五部分的关键内容概括如下。

第一部分　理解服务市场、服务和顾客

第一部分为学习服务营销，以及学会怎样成为有效的服务营销者奠定理论框架基础。

第1章：定义服务，并阐释在不涉及所有权转移的条件下，如何为顾客创造价值。

第2章：分别探讨高接触和低接触服务中的顾客行为，提出服务消费的三阶段模型，进而揭示顾客怎样搜寻服务，对服务价值进行评估，做出服务购买决策，体验和响应服务接触以及评价服务绩效。

第3章：讨论服务价值主张在市场上应如何确定，以为服务型企业构建竞争优势。本章涵盖服务型企业如何细分服务市场、定位价值主张以及吸引目标市场顾客。

第二部分 在服务中应用营销组合

第二部分回顾了传统的4P营销组合策略,进而拓展4P以契合和适应服务的特征。

第4章:产品由核心服务和附加服务要素组成。附加服务要素对核心服务产品起到支撑和强化作用。

第5章:时间与地点要素涉及产品要素向顾客的传递。

第6章:服务价格的制定需要充分考虑成本、市场竞争、服务价值以及收益管理等多方面因素。

第7章:促销与顾客教育阐释了营销沟通的教育本质,即帮助顾客学会如何有效参与服务流程,并达成预期收益。

第三部分 管理顾客界面

第三部分聚焦于管理顾客与服务型企业的沟通界面,它涵盖服务营销独有的3P策略,即服务流程、有形环境和人员。

第8章:服务流程创造和传递服务产品的要素。本章首先讨论如何设计有效的服务传递流程,尤其关注整合服务运营和传递系统以向目标市场传递服务价值主张。通常情况下,顾客也作为合作生产者参与服务流程,因而科学的流程设计需要考虑顾客互动的因素。

第9章:本章仍然与流程管理相关,重点聚焦于顾客服务流程各个环节的需求与供给能力平衡问题。旨在管理服务需求的营销战略包括通过预订系统、排队系统来减缓需求波动,达到存储和控制需求的目的。

第10章:本章探讨服务的有形环境,也称为服务场景。服务场景环境设计必须与相应的服务相匹配,要给顾客留下深刻的印象,还要有利于服务传递活动的顺利开展。服务场景为顾客提供有关企业形象和服务质量的有形展示。

第11章:人员在服务营销中扮演着重要角色,特别是在顾客与服务人员产生直接互动的服务活动中。服务人员与顾客的互动深刻影响顾客的感知服务质量。因此,服务型企业必须在招聘、培训和激励员工方面投入大量资源。本章构建的服务人才循环模型,阐释了服务型企业如何进行有效的人员管理。

第四部分 发展顾客关系

第四部分聚焦于顾客关系的构建,以及顾客忠诚的塑造。

第12章:服务型企业要获得盈利就需要与正确的顾客建立正确的关系,并通过有效措施建立和强化顾客忠诚。本章引入忠诚之轮的概念,阐释在塑造顾客忠诚时的三个系统步骤。最后,本章讨论了顾客关系管理(CRM)系统。

第13章:顾客忠诚大都建立在有效的顾客抱怨管理和服务补救的基础之上。服务担保被视为制度化服务补救的有力手段,也是一项展示高质量服务的有效营销工具。

第五部分 追求卓越服务

第五部分集中探讨如何使一家服务型企业通过持续进步和变革提供卓越服务。

第14章:对于服务型企业而言,服务生产率和服务质量与财务绩效密切关联。本章关注服务质量，运用差距模型来找出影响服务质量的因素，并阐述了怎样缩小服务差距。顾客反馈系统是服务型企业系统倾听和了解顾客的重要工具。最后，本章引入服务生产率概念，强调在竞争激烈的服务市场，服务生产率和服务质量同等重要。

第15章：本章聚焦于服务型企业在营销、人力资源、运营等各个职能领域如何获取高水平的绩效。

➜ 本章小结

1. 服务业对世界经济发展的贡献举足轻重，服务业产值在GDP中占比最高，而且从全球角度看，绝大多数新的就业机会来自服务业。
2. 服务业中的支撑性行业板块（按照对GDP的贡献率排序）：
   （1）政府服务。
   （2）不动产和租赁。
   （3）商业和专业服务。
   （4）批发和零售贸易。
   （5）运输、公用事业和通信。
   （6）金融和保险。
   （7）医疗服务。
   （8）住宿和餐饮服务。
   （9）艺术、娱乐和休闲服务。
3. 众多因素正在促使经济发生剧烈的变革，使其趋于服务导向。这些因素包括政府政策、社会变革、商业趋势、信息技术的进步和全球化。
4. 专业服务为制造业和其他服务组织外包非核心业务活动、流程和资产创造了条件。这种好处在于：
   （1）企业可以享受规模经济和范围经济带来的好处，即高质量和高生产率。
   （2）可以有更严格的质量和成本管控（可以多渠道获取标准化运作模式）。
   （3）由于上述原因，流程改进和研发可以很快得到应用。
   商业服务的迅速增长导致发达经济体日益专业化，在总体生产率和生活水平方面都有显著提高。
5. 到底什么是服务？服务与有形产品最重要的区别是：服务是一种租赁，不牵涉所有权的转移。接受服务的顾客获得了与这项服务相关的员工、员工技能的使用权，也获得了在特定时间内的一些有形物品或空间，或者是共享某些设施、网络和系统的权利。服务就是向顾客提供他们所期望的结果或体验。
6. 服务类别非常多，我们可以根据服务的内在特性对服务进行分类，可以分为四大类，分别是：
   （1）个人服务。
   （2）所有物服务。
   （3）精神服务。
   （4）信息服务。

精神服务和信息服务也可以合并，称为基于信息的服务。
7. 服务具有与产品不同的独特特性：
   （1）很多服务产品无法储存（易逝性）。
   （2）价值创造主要源于无形要素（如物质无形）。
   （3）服务通常难以视觉化、难以理解（如精神无形）。
   （4）顾客可能会参与服务的生产（如果是针对人体的服务，人和服务过程就无法分离）。
   （5）人是服务经历的一部分。
   （6）运营投入和产出存在很大差异（如服务的差异性）。
   （7）时间因素在服务中具有极其重要的作用。
   （8）可以利用无形渠道进行分销（特别是信息加工一类的服务）。
8. 由于服务自身特性，我们需要对传统的4P进行修正。修正的内容包括：
   （1）产品不仅应包括核心要素，还应包括附加服务，如咨询服务、顾客接待和顾客期望管理。
   （2）地点和时间要素是向顾客交付产品的要素。
   （3）定价要考虑非成本因素和收益管理。
   （4）促销在很大程度上就是沟通和引导服务流程顺利进行的顾客教育，而不是单纯的促销和广告。
9. 服务营销组合加入了三个新的要素，以更好地进行顾客接触管理。这三个要素分别是：
   （1）服务流程：对顾客服务过程的设计与管理，包括服务需求与供给之间平衡的管理和与服务流程相关的顾客等待管理。
   （2）有形环境：也称为服务环境，对服务产品传递起到支撑作用，而且可以将企业形象与服务质量等无形要素有形化。
   （3）人员：包括对服务人员的招聘、培训和激励，以促使服务人员为顾客提供质量良好的服务，提高服务生产率。
10. 为了在市场竞争中赢得先机，企业必须将营销、运营、人力资源和信息技术管理有机整合起来。这里的整合指的是上述管理职能要素之间不仅要匹配，还要相互强化。
11. 服务利润链阐释的是一个成功的企业应当怎样整合关键管理职能，以不断提升组织绩效：
    （1）必须对顾客关系进行有效管理，并制定有效的战略，以构建具有长久性的顾客忠诚。
    （2）在向目标顾客传递价值时，必须让顾客知道企业所给予他们的价值远胜于竞争对手所能提供的价值。
    （3）必须通过服务流程、系统、管理工具和信息技术的持续改进，提高服务质量和服务生产率。
    （4）必须向一线员工授权，并有效激励员工。
    （5）高层管理者需要对有利于优化服务利润链的相关要素给予坚定的支持。
12. 本书提出一个服务营销战略理论框架。该框架由相互关联的五个部分构成：

第一部分：介绍服务型企业了解市场、顾客和竞争的重要性。
第二部分：讲述如何将市场营销中的传统 4P 理论应用于服务营销管理。
第三部分：研究服务营销组合中增加的 3P 以及如何管理顾客界面。
第四部分：阐释如何通过忠诚之轮、有效的顾客抱怨管理和服务补救来构建长久的顾客关系。
第五部分：讨论怎样提升服务质量和服务生产率。本部分最后研究了管理和领导方式的变革如何促进企业成为服务市场领导者。

复习题

1. 服务业在全球主要经济体中比重不断上升的主要原因是什么？
2. 促使服务业变革的五个最重要的因素是什么？它们对服务经济的影响如何？
3. 为什么说专业服务会提升单个企业和整个行业的生产效率？
4. "服务是租借而不是拥有。"请解释这句话的含义并举例证明你的观点。
5. 简单说明四大服务类型并对各类服务举例说明。
6. 服务的哪些特征决定了服务营销必须有新的策略？
7. "对服务型企业来说，在制定营销组合战略时，4P 是不可或缺的方法。"对这一观点，试提出反面观点并证明你的结论。
8. 为什么在服务业中营销管理、运营管理、人力资源管理和信息技术管理四个管理职能之间的关联性比制造业要紧密得多？试举例说明。
9. 简单阐述服务利润链对服务管理的意义。
10. 对于构建有效的服务营销战略理论框架，最关键的因素有哪些？

应用练习

1. 请登录下列国家或地区的统计局网站：美国经济分析局（www.bea.gov）、欧洲统计局（http://europa.eu.int/en/comm/eurostat/web/national-accounts/database）和你所在国家的统计局。第一，从每个网站采集服务业产值占各国 GDP 比重的最新数据；第二，采集服务业就业人数占全部就业人数的比重的数据；第三，按行业分解上述两组数据；第四，采集服务业进出口数据。对整个经济结构变动、不同服务行业变动的长期趋势进行分析。
2. 试举例说明互联网和通信技术（如移动商务及应用程序）怎样改变了你所使用的服务。
3. 请选择一家你熟悉的服务型企业，探讨服务营销组合 7P 中的每个要素在特定产品中是怎样应用的。
4. 请简单说明第 1 章中的概念如何应用于宗教组织和非营利组织（如世界野生动物基金会）。

第 2 章

服务情境中的消费行为

□ 学习目标

通过学习本章，你能够：
1. 理解服务消费的三阶段模型；
2. 运用多重属性模型理解顾客如何评价和选择服务备选方案；
3. 掌握顾客尤其是拥有丰富经验和信任属性的顾客难以评价服务的原因；
4. 认识顾客服务消费时面临的感知风险，以及企业降低顾客风险感知的策略；
5. 理解顾客如何形成服务期望以及服务期望的构成要素；
6. 理解"关键时刻"的比喻；
7. 对比顾客对高接触服务与低接触服务的体验与评价；
8. 熟悉服务生产模型，并理解构成服务体验的一系列互动；
9. 从剧场中的服务接触获得启示；
10. 了解角色、脚本及感知控制理论如何有助于更好地理解服务接触；
11. 掌握顾客如何评价服务，以及决定顾客满意的因素；
12. 理解服务质量及其维度与测量，以及服务质量如何影响顾客忠诚。

□ 开篇案例

苏珊·门罗：消费服务的顾客 [1]

商学院毕业生苏珊·门罗吃完早餐后，查看了手机上的天气应用软件。上面显示为雨天，所以她在出门前带上雨伞。在去公交车站的路上，她将一封信投进了信箱。公交车准时到达。还是往常的司机，当她出示通勤卡时，司机认出了她，并愉快地向她问好。

到达目的地后，苏珊步行到商学院。她和其他学生一起，在上市场营销课的教室里找到座位。教授是一个充满活力的人，他强调与学生进行积极的对话。苏珊积极参与讨论，她觉得自己在听取别人的分析和意见中学到了很多。

下课后，苏珊和她的朋友们在最近才装修一新的学生活动中心吃午饭。这是一个装修华丽的美食广场，有各种各样的小商店，既有当地的供应商，也有提供不同种类美食的知名快餐连锁店。这里有卖三明治、薄饼、保健食品、各种亚洲美食和甜点的商店。虽然苏珊想吃三明治，但赛百味（Subway）店外排了很长的队。因此，她和朋友们一起去了汉堡王（Burger King），然后在一家名为 Have-a-Java 的咖啡馆里喝了一杯拿铁。也许是下雨的原因，美食广场并没有平时那么拥挤。苏珊和朋友们终于找到一张空桌子，但他们不得不将桌上的脏盘子收拾干净。"真是个懒汉。"她的朋友马克评价上一位在这里用餐的顾客。

午饭后，苏珊在提款机前停了下来，插入她的银行卡，取了一些钱。她想起这周末有一个面试，于是给她的发型师打电话预约下午过去做发型。当她离开学生活动中心时，雨已经停了，并且阳光明媚。

苏珊满怀期望地来到美发沙龙。这家店的装潢明亮时尚，工作人员都很友善。遗憾的是，苏珊预约的发型师迟到了，她不得不等待20分钟。苏珊利用这段时间复习了人力资源的课程，其他一些等候的顾客正在阅读店里提供的杂志。

在洗完头发后，发型师建议苏珊把头发做一些稍微的改变。苏珊以前从未尝试过"提亮"发色，也不确定会是什么样子，而且她不想在面试之前冒险，所以她否定了这个建议，但同意了发型师的其他提议。苏珊安静地坐在椅子上，在镜子里看着发型整理的过程，并在需要的时候配合发型师转动头部。苏珊对新发型非常满意，并称赞了发型师，给了发型师小费后，她在前台付了款。

回家的路上，苏珊顺路去干洗店拿衣服。干洗店内非常阴暗，有一股清洁液的味道，墙壁也有些破旧。她看到这些非常生气，尽管她的丝绸衬衫按时洗好了，但是面试需要的套装却没有准备好。留着脏指甲的工作人员用一种不真诚的语气向她道歉。虽然这家店的地理位置很方便，衣服洗得很干净，但苏珊认为工作人员并不友好，也不太乐意主动帮助顾客，因此对他们的服务并不满意。然而，她别无选择，因为附近没有其他的干洗店。

回到公寓楼里，她打开大厅里的信箱，里面有保险公司的账单。但是，她不需要做什么，因为这些费用已自动从她的信用卡中扣除。她正要扔掉这些垃圾信件时，注意到附近一家新的干洗店的宣传单，里面还有一张优惠券。于是她决定去新干洗店试一试，所以保留了优惠券。

今天轮到苏珊准备晚饭，她到厨房里看看有什么食物。当她发现这里没有多少食材时，叹了口气。她决定做一份沙拉，再打电话订一个大比萨。

作为一名服务消费者，"苏珊的一天"故事将贯穿本章，以解释与服务相关的消费行为概念和理论。

2.1 服务消费的三阶段模型

苏珊·门罗的故事展现了各种服务情境和不同消费阶段的顾客行为。在市场营销中，理解顾客行为背后的原因很重要。顾客如何做出购买和接受服务的决定？哪些因素决定了他们消费后的满意度？如果企业没有很好地理解这些问题，就很难创造和传递可以满足顾客需求的服务。

服务消费可以分为三个主要阶段：服务购买前阶段、服务接触阶段和服务接触后阶段。图 2-1 展示了每个服务消费阶段包含的若干步骤。服务购买前阶段包括需求意识、信息搜寻、备选方案评估以及做出服务购买决策并经常进行修订等环节；服务接触阶段包括顾客初步接触、服务体验和消费服务；服务接触后阶段主要包括服务表现评价，顾客对服务表现的评价决定了其是否会继续购买该服务或是产生向他人推荐的意愿。本章的其余部分将围绕服务消费的三个阶段及相关的关键概念进行阐释。

服务消费阶段	主要概念
1. 服务购买前阶段 需求意识 • 信息搜寻 • 明确需求 • 探索解决方案 • 确定替代服务产品和提供商	需求唤起 诱发集合
备选方案评估（包括解决方案和提供商） • 审查提供商信息 （例如广告、手册、网站） • 审查来自第三方的信息 （例如公开评论、评价、网络评论、博客、对公共机构的投诉、满意度评价、获奖情况） • 与服务人员讨论 • 从第三方顾问和其他顾客那里获得建议和反馈	考虑集 多重属性模型 搜寻属性、体验属性和信任属性 感知风险 服务期望 • 理想服务 • 预期服务 • 适当服务 • 容忍域
做出服务购买决策并经常进行预订	
2. 服务接触阶段 向选定的提供商提出服务请求或进行自助服务（可提前付款或稍后付款） 人员传递服务或自助服务	服务生产系统 剧院作为隐喻 角色与脚本理论 感知控制理论
3. 服务接触后阶段 服务表现评价	符合/不符合期望 不满意、满意、愉悦、服务质量
未来意图和行为	口碑 重复购买 忠诚

图 2-1　本章概览

2.2 服务购买前阶段

服务购买前阶段以需求意识为开端,进而通过信息搜寻对备选方案进行评估,以决定是否购买特定的服务。

2.2.1 需求意识

个人或组织购买和使用服务的决定,是由其潜在需求或需求唤起所引发的。在决定购买之前,顾客的需求意识将会引导服务信息搜寻和方案评估。服务需求的产生可能由以下因素引起:

- 个人潜意识(如个人的身份和抱负)。
- 生理因素(如饥饿感促使苏珊·门罗到汉堡王用餐)。
- 外部因素(如社交媒体或服务型企业的营销活动)。

例如,当苏珊·门罗想起周末有一个面试,就产生了对美发造型的需求,因为她想要在面试中呈现最佳状态。需求和需要会不断发展,人们对于新奇和创新服务体验的需求与日俱增,如对包括滑翔伞在内的极限运动的需求。

2.2.2 信息搜寻

一旦顾客意识到自己的需求,就会产生动力去搜寻信息以满足需求。顾客可能会想到很多备选方案,这些备选方案形成了诱发集合。诱发集合的形成可能来源于顾客过去的经验或外部因素,如社交媒体、在线评论与搜索、广告、零售展示、新闻报道,以及服务营销人员、朋友和亲戚的推荐。但是,顾客不可能依据诱发集合中的所有方案来进行决策,只有少数备选方案会被选择出来做进一步思考,这些方案形成了考虑集。在苏珊的例子中,她将赛百味和汉堡王作为便捷午餐的考虑集。在服务信息搜寻的过程中,顾客也可以了解服务的相关属性,并形成对企业如何完成服务的期望。

2.2.3 备选方案评估

当顾客建立了自己的考虑集并理解服务的关键属性之后,就会做出购买决策。在市场营销中,我们经常用多重属性模型来模拟顾客的决策过程。

1. 多重属性模型

根据多重属性模型的观点,顾客依据服务产品不同属性对自身的重要性程度,来评价和对比考虑集中的备选方案。每种服务属性都有各自的权重,权重越高,表示对顾客而言越重要。例如,假设苏珊在她的考虑集中有三家干洗店可供选择,表2-1列出了这三个备选方案以及苏珊可用来比较的服务属性。从表中可以看出,干洗质量对苏珊来说是最重要的,其次是地理位置的便利性,最后是价格。苏珊最终的消费决策可以用简单的线性补偿规则来制定,也可以用更加复杂但也接近实际情况的联结式规则来制定。根据相同的信息,当苏珊使用不同的决策规则时,她做出的购买决策也会不一样。因此,对服务型企业而言，通过全面的市场调查了解目标顾客使用的决策规则至关重要。

表 2-1　顾客选择模型——苏珊·门罗选择干洗店的多重属性模型

服务属性	备选方案得分			重要性权重 /%
	现有干洗店	校园干洗店	新干洗店	
干洗质量	9	10	10	30
地理位置的便利性	10	8	9	25
价格	8	10	8	20
营业时间	6	10	9	10
准时交货的可靠性	2	9	9	5
友善的员工	2	8	8	5
商店设计	2	7	8	5
总分	7.7	9.2	9.0	100

如果使用线性补偿规则，苏珊会在心里计算每家干洗店的总分，得分范围为 1～10。这是通过将每个属性的得分与对应的权重相乘，然后把分数相加得出结果。例如，现有干洗店的总分计算公式为：9×30%（干洗质量属性得分）+10×25%（地理位置的便利性属性得分）+8×20%（价格属性得分）+ 其他各个属性的得分 × 各自的比重。对这三家干洗店进行计算，现有干洗店得分为 7.7 分，校园干洗店得分为 9.2 分，新干洗店得分为 9.0 分。因此，苏珊最终会选择校园干洗店。

在联结式规则中，顾客会将总分以及一个或多个服务属性的最低临界值结合起来考虑，依此制定购买决策。例如，如果苏珊只考虑干洗店的地理位置是否便利，那么她会选择地理位置的便利性属性得分大于等于 9 的干洗店，因为她不想带着衣服走太远的路。在这种情况下，苏珊会在距离自己较近的现有干洗店和新干洗店中做出选择，并最终选择新干洗店，因为它的总分比现有干洗店更高。如果任何一个干洗店都不能满足联结式规则中最低临界值的条件，那么苏珊可能会延迟做出选择，改变决策规则或调整最低临界值。

服务型企业可以通过多种措施影响目标顾客的决策过程，以提高它们被顾客选中的机会：

- 企业需要确保自己的服务在顾客的考虑集中，如果企业没有在顾客的考虑集中，也就不可能被顾客选择。企业可以通过广告或者病毒式营销使自己进入顾客的考虑集（具体内容见第 7 章）。
- 企业可以改变并调整顾客的感知。例如，一家诊所在个性化和特殊护理方面做得很好，但顾客并没有意识到。在这种情况下，诊所可以将沟通重点放在如何调整顾客的感知上。
- 企业可以改变服务属性的权重。通过与顾客进行沟通交流，企业可以提高自己优势属性的权重，降低劣势属性的权重。
- 企业还可以引入新的服务属性。例如，赫兹（Hertz）为环保汽车做宣传，让有环保意识的顾客在选择租车公司时会更多地考虑环保因素的影响。

2. 服务属性

多重属性模型假设顾客在做出购买决策之前能够对所有属性进行评估。但是，这一假设不能适用于所有情况，因为有些属性相较于其他属性更难做出评价。产品属性有以下三种类型。[2]

搜寻属性。搜寻属性是顾客在购买前能够评估的有形特征。例如，饭店的搜寻属性包括食物的种类、餐厅的地理位置、餐厅的风格以及餐厅的价位。这些有形属性有助于顾客更好地理解和评价服务，并降低不确定性感知和购买风险。

体验属性。体验属性是顾客在购买前无法评估的服务属性。诸如可靠性、易用性和用户支持等服务属性，顾客只有在体验服务之后才能做出评估。餐厅服务是一个典型的例子，顾客只有在餐厅进行实际体验之后，才能知道自己是否喜欢餐厅的食物、服务员的服务水平如何、餐厅的环境氛围是否令人满意。

度假、现场娱乐表演以及许多医疗项目都有很高的体验属性。虽然人们可以浏览度假胜地的网站、观看旅行电影、阅读旅行专家评论或者倾听亲朋好友的经验分享，但是只有亲自在落基山脉体验徒步旅行、在加勒比海体验潜水之后，才能够切实感受到旅游服务带来的震撼之美。

用户评论与朋友推荐无法考虑实际服务的特殊情况。例如，你本打算享受浪漫的烛光晚餐，但餐厅最优秀的主厨却恰好休假，又或者邻桌正在举办喧闹的生日派对，这些突发情况都会破坏你的用餐体验。

信任属性。信任属性是顾客在消费后都难以进行评估的服务属性。在这种情况下，顾客只能选择相信某些服务是在商家所承诺的质量水平上完成的。以餐厅为例，信任属性包括厨房里的卫生条件和烹饪食材的营养品质（如餐厅是否使用更贵的橄榄油烹饪食品）。

对于车主来说，很难判断汽车维修保养服务的好坏；对于患者来说，通常无法评价牙医在复杂牙科手术中的表现。顾客之所以搜寻和购买诸如咨询服务、外科手术和法律咨询等专业服务，是因为顾客本身并没有经过相关的服务培训，缺乏该领域的专业经验。那么顾客到底如何判断这些专业服务的完成质量呢？通常情况下，顾客对于专业服务的评价最终取决于对服务提供者的技能和专业水平的信任。

所有产品都可以放在一个从"容易评估"到"难以评估"的连续集中，所处具体位置取决于产品在搜寻属性、体验属性和信任属性方面的显著程度。在图 2-2 中，大多数有形产品都位于连续集的左侧区域，因为有形产品的搜寻属性更显著；相反，大多数服务都位于连续谱的中间至右侧区域，因为服务具有较显著的体验属性和信任属性。

顾客评估服务越困难，在制定购买决策时的感知风险就越高。接下来我们将围绕感知风险展开讨论。

3. 感知风险

如果顾客对购买的有形产品感到不满意，可以退货或者换货；但如果对服务不满意，退换则很难实现。当发型师建议苏珊把头发颜色染得更浅时，她拒绝了，因为她不确定染出来的效果是否好看。不确定性增加了苏珊的感知风险。通常情况下，体验属性和信任属性较高的服务感知风险会更大,并且初次使用者可能面临更大的不确定性。回忆一下你第一次针对自己不熟悉的服务做决定时的感受,尤其是选择结果对你而言至关重要的服务,比如选择就读的大学或购买医疗保险,这种情况下你很有可能会担心没有做出最佳选择。服务可能产生的结果越糟糕,以及这种结果出现的概率越高,顾客的感知风险就越大。表2-2显示了七种类型的感知风险。

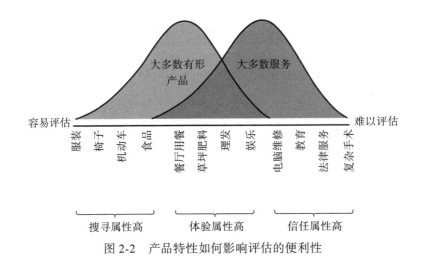

图 2-2 产品特性如何影响评估的便利性

资料来源:James H. Donnelly, et al., *Marketing of Services*, reproduced with permission of the American Marketing Association.

表 2-2 购买和使用服务的感知风险

风险类型	顾客关注的例子
功能(表现结果不令人满意)	• 这门培训课程能让我获得更好的工作所需的技能吗? • 如果我在本网站注册,我的信用卡信息是否会被盗? • 干洗店能清除这件夹克上的污渍吗?
财务(货币损失,意外成本)	• 如果采纳股票经纪人推荐的投资,我会赔钱吗? • 如果我在网上购物,我的身份会被泄露吗? • 修理我的汽车的成本是否会高于最初的估计?
时间(浪费时间,延误的后果)	• 在参加展览之前,我是否需要排队等候很长时间? • 这家餐厅的服务是否会很慢,以至于下午的会议我会迟到? • 在我们的朋友来和我们待在一起之前,我们的浴室装修能否完成?
物质(人身伤害或财产损坏)	• 如果我去做这个整容手术会有并发症或疤痕吗? • 邮件中的内容是否会被破坏? • 如果我在国外度假,我会生病吗? • 如果我在路边小摊吃饭,我会肚子不舒服吗?
心理(个人恐惧和情绪)	• 我如何确定这架飞机不会坠毁? • 顾问会让我感到尴尬或讨厌吗? • 医生的诊断会让我不安吗?
社交(别人如何思考和反应)	• 如果我的朋友知道我注册了婚介服务,他们会怎么看我? • 我的亲戚会同意我为家庭团圆饭选择的餐厅吗? • 我的同事是否会反对我选择一家不出名的律师事务所?

（续）

风险类型	顾客关注的例子
感官（对五种感官中任何一种都有多余的影响）	• 我能从餐厅的桌子上看到停车场而不是海滩吗？ • 隔壁房间的顾客会吵醒我吗？ • 我的房间会有烟味吗？

通常，人们面临感知风险时会感到不适，并使用各种方法来降低感知风险。这些方法包括：

- 向自己信任和尊重的人际资源寻求信息，如家人、朋友和同事。
- 在网络上对服务提供商进行比较，搜寻用户评论和评分，浏览社交媒体上的用户讨论。
- 依赖声誉良好的企业。
- 寻找保证与担保。
- 查看服务设施，在购买前试用几种服务功能，检索有形证据，例如服务环境的外观以及带来的感受，或者企业已经获得的荣誉和奖项。
- 向专业知识丰富的员工询问竞争性服务的情况。

在规避风险方面，所有顾客都是趋向一致的，即他们都会选择感知风险较低的服务。因此，企业要主动降低顾客的感知风险。根据服务性质的不同，企业可以采取的相应策略包括：

- 鼓励潜在顾客在消费前通过浏览网站、观看视频以及查看设施对服务进行了解。
- 对于体验属性较显著的服务，企业可以为顾客提供免费试用。在顾客预订婚宴之前，许多婚宴服务商和饭店会为他们提供免费试餐。
- 对于具有信任属性和顾客参与度较高的服务而言，投放广告非常重要。广告有助于企业和顾客就服务的好处和服务的使用进行沟通，还可以告知顾客如何才能获得最佳服务效果。例如，Zurich 作为一家保险公司，使用广告可以帮助顾客更好地了解自己能够为他们做什么。
- 资格证书展示。医生、建筑师和律师等专业人士为了让顾客相信他们有资格提供专业服务，通常会向顾客出具学位证书和其他资质证明。许多专业公司的网站在向潜在顾客介绍服务时，会重点突出企业服务的专业性，甚至展示参与过的成功案例。
- 使用证据管理。这种策略能够有组织地向顾客呈现一系列与企业目标形象和价值主张相一致的有形证据，包括陈列、设施设备、员工的服饰与行为。例如，虽然苏珊·门罗是第一次来到这家美发沙龙，但店里明亮时尚的装潢风格吸引她选择了这里的服务，而且这一因素还有可能使她对最后的服务结果感到满意，即使发型师让她等了 20 分钟。
- 设计能够建立顾客信心和信任的可视化安全流程。
- 让顾客可以从网上获取订单或流程状态的信息。
- 提供服务保证，如退款保证和品质保证。

当企业擅长管理潜在顾客的感知风险时,就会降低顾客的不确定性,并增加企业成为顾客首选服务提供商的机会。

4. 服务期望

顾客期望是在信息搜寻和决策过程中形成的,顾客期望的形成在很大程度上取决于信息搜寻和对备选服务方案的评估。如果之前没有任何购买该服务的经验,顾客可以根据线上搜索和评论、口碑、新闻报道或企业营销活动形成购买前的服务期望。

服务期望包含几个因素,分别是理想服务、适当服务、预期服务,以及介于理想服务和适当服务之间的容忍域。[3] 图2-3中的模型显示了影响顾客期望水平的几种因素。

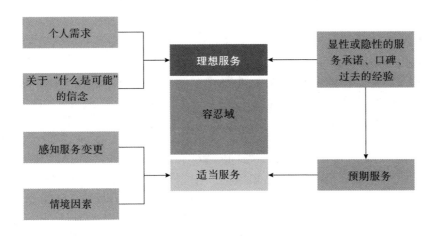

图2-3 影响顾客对服务期望的因素

资料来源:Valarie A. Zeithaml, Leonard L. Berry and A. Parasuraman, "The Nature and Determinants of Customer Expectations of Service," *Journal of the Academy of Marketing Science*. Springer 1993, pp. 1-12.

理想服务。理想服务是一种顾客"希望获得的"服务水平,也是顾客根据自身需求认为服务提供商能够和应当传递的服务结合体。理想服务可能受到服务提供商显性或隐性的服务承诺、口碑和过去的经验的影响。[4] 然而,大多数顾客是很现实的,他们很清楚地意识到企业不可能总是提供"希望的"高水平服务。因此,顾客会产生一个称为适当服务的期望临界值,也是顾客所预期的服务水平。

适当服务。适当服务是顾客在没有不满意的情况下可接受的最低服务水平。

预期服务。预期服务是顾客实际期望得到的服务水平。服务提供商的承诺、口碑和过去的经验也可以影响顾客的预期服务。在这种情况下,预期服务水平会直接影响顾客如何定义"适当服务":高预期服务的适当水平将会高于低预期服务的适当水平。

通常,顾客对服务的预期取决于服务的具体情境。例如,在炎热的夏季,天气阴沉时去博物馆的人数多于天气晴朗时的人数。所以,在凉爽多雨的夏天花10分钟排队买票得到的服务并不会低于顾客的适当服务水平。此外,顾客对备选服务提供商服务水平的期望也是影响现有适当服务预判的另一个因素。

容忍域。对于服务型企业而言,很难保证在多个服务传递渠道以及数千名员工在所有服务接触点上为顾客提供完全一致的服务,即使是同一个服务员工的表现也可能因时而异。由于服务是变化的，顾客愿意接受这种变化的程度被称为容忍域。低于容忍域的糟糕服务表现会导致顾客的不满和失望，而超过容忍域的服务表现则会给顾客带来惊喜。另一种对服务容忍域的观测方法是将其视为顾客没有明确关注服务表现结果的服务范围，[5]当服务水平超出这个范围时，顾客会相应地产生积极或消极的反应。

预期服务水平是顾客对服务进行选择时最重要的依据，理想服务、适当服务和容忍域则是顾客满意度的重要决定因素。

2.2.4 制定购买决策

面对服务备选方案时，顾客通过比较竞争性服务提供商的表现，评估每项服务的感知风险，形成关于理想服务、适当服务和预期服务的期望，进而着手选择最佳方案。

对于经常购买的服务，顾客可以迅速、简捷、不假思索地做出购买决策，因为这些服务感知风险低、备选方案明晰，加上顾客曾经使用过这些服务，所以对这类服务的特性了然于胸。然而，在很多情况下，顾客制定服务购买决策时需要进行利弊权衡，其中价格通常是关键因素。例如，在剧院观看演出时，为一个拥有更佳视觉效果或更舒适座椅的大包间支付额外费用是否物有所值。

在制定更复杂的决策时，顾客可能需要对多种服务属性进行权衡，这一点我们在多重属性模型部分已对顾客的选择过程做出解释。一旦做出购买决定，顾客就准备进入服务接触阶段。

2.3 服务接触阶段

顾客在做出购买决策之后，就进入到服务体验的核心环节。服务接触阶段包括顾客与服务型企业的直接互动。我们采用几个模型和框架来理解顾客在服务接触阶段的行为和体验。

2.3.1 服务接触是"关键时刻"

理查德·诺曼借用斗牛中的"关键时刻"来比喻，用以阐述企业与顾客之间接触点的重要性：

我们可以说感知质量在关键时刻才能实现，所谓关键时刻，就是服务提供者和顾客在市场面对面进行接触的时刻。在接触的一刻，企业与顾客都是彼此独立的，是企业所具备的技能、动机和工具，加上顾客的期望与行为，共同创造了服务传递的过程。[6]

在斗牛比赛中，公牛和斗牛士的生命时刻处于危险之中。在服务情境中，企业与顾客接触的节点也是类似的关键时刻，二者的关系从彼此接触开始就随时有破裂的危险。

斯堪的纳维亚航空公司（SAS）前首席执行官简·卡尔森以"关键时刻"作为参考点，将 SAS 从业务驱动型航空公司转变为顾客驱动型航空公司。卡尔森对他的航空公司发表了以下评论：

去年，平均每5名SAS员工会与1 000万名顾客发生接触，每次接触时间平均持续15秒，因此，SAS每年有5 000万次接触，每次接触时间为15秒。SAS的这5 000万个"关键时刻"最终决定了公司的成败。在这些时刻，我们必须向顾客证明，SAS是他们的最佳选择。[7]

2.3.2 从高接触到低接触的服务接触范围

在服务过程中，顾客与服务的各个环节会产生不同程度的接触。在这个过程当中，一些接触只需要经过简单的步骤就能完成，如顾客给客服中心打电话或在手机上使用服务应用程序；但有的接触需要花费较长时间，涵盖了不同复杂程度的多种互动，如游客可能会在主题公园待上一整天。在图2-4中，我们将服务划分为三种不同程度的顾客接触，不同程度的接触反映了顾客与服务人员的互动、与有形服务要素的互动或二者兼有。虽然顾客与企业的接触范围很广，但是了解高接触服务和低接触服务之间的差异是很有意义的。

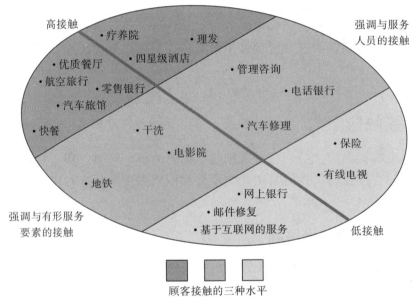

图2-4 顾客与服务型企业的接触程度

高接触服务。在高接触服务中，整个服务传递过程体现了顾客和企业之间的直接联系。当顾客进入提供服务的场所时，他们就进入了服务"工厂"，从这个角度看，医院是一个医疗护理工厂，餐厅是一个餐饮服务工厂。这些厂商都专注于对人提供加工服务，而不是制造无生命的物件。因此，服务型企业的营销挑战在于依靠物理环境以及顾客与服务人员的互动，创造出对顾客具有足够吸引力的服务体验。在提供服务的过程中，顾客通常会接触到关于企业的很多有形证据，如服务场所的内外部环境、设备和设施、服务人员的外表和行为，甚至包括其他顾客的行为。在苏珊·门罗的例子中，店内阴暗的光线和破旧的墙壁都是干洗店的有形证据，而这些线索都让她产生糟糕的服务体验。

低接触服务。低接触服务在服务接触范围的末端,在这类服务中,顾客与服务型企业之间极少甚至几乎没有任何实质性的接触。顾客与企业间的联系被远距离接触所取代,这种接触通过电子渠道或其他分销渠道来实现。例如,顾客通过邮件、电话和互联网来完成保险购买和银行交易;顾客还可以从网上购买各类信息化服务。事实上,由于便捷性在顾客的选择中起着越来越重要的作用,因此许多高接触服务和中接触服务正在向低接触服务转变,而低接触服务也体现出了快速增长的趋势。

2.3.3 服务系统

法国学者皮埃尔·艾格理尔和埃里克·兰吉尔德首次将服务型企业的业务界定为一个整合了营销、运营和顾客的系统,并在此基础上提出了服务生产系统这个新的专业术语,该术语包含服务与生产两个词语,用来描述服务组织中对顾客可见的和可体验的有形环境。[8] 图 2-5 的服务生产模型展示了在高接触服务中构成顾客体验的所有互动环节。顾客与服务环境、服务人员,甚至与服务现场中的其他顾客都会产生相互作用。每种互动可能会创造价值(例如,舒服的环境、友好和称职的员工以及其他看起来很有趣的顾客),也可能会破坏价值(例如,观看电影时有人挡住了你的视线),企业必须对所有互动进行精心设计和处理,以确保顾客能够得到他们想要的服务体验。

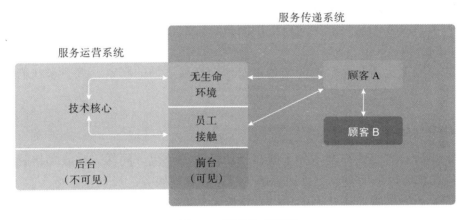

图 2-5 服务生产系统

资料来源:改编自 Eric Langeard and Pierre Eiglier, " Services as Systems: Marketing Implications," in Pierre Eiglier, Eric Langeard, Christopher H. Lovelock, John E. G. Bateson, and Robert F. Young (eds.), Marketing Consumer Services: New Insights (Cambridge, MA: Marketing Science Institute, Report 77-115, November 1977): 83-103.

服务生产系统由技术核心和服务传递系统组成:

技术核心——企业处理服务所需投入,创造服务产品的要素。技术核心部分通常在企业后台执行,顾客难以直接观察到(例如餐厅的厨房)。当顾客在剧院里看戏时,看不到的部分称为"后台",而可以观察到的部分称为"前台"。[9] 顾客通常对后台发生的事情不感兴趣,除非后台运作直接影响到了前台的行为表现。例如,如果厨房看错了顾客下的订单,那么用餐者就会感到很沮丧。

服务传递系统——服务在这里集成"组装",并交付到顾客手里。作为服务生产的子系统,服务传递系统包括服务运营系统的可见部分。以剧院为例,可见的前台就是舞台现场,正在上演的一切为顾客提供了服务体验。

在服务整体运营中,顾客可见部分的比例随着顾客接触程度不同而变化。对于有顾客直接参与的高接触服务来说,整个服务运营包含了大量清晰可见的可视化要素;相比之下,低接触服务的后台操作系统则占有较大比例。在低接触服务中,前台服务要素仅限于网络、电话和邮件等接触方式,由于顾客通常看不到服务运营的"加工现场",这会使企业对服务设施的设计和管理变得相对容易。例如,信用卡用户可能没必要到银行网点办理业务,他们通常在网上进行交易,就算出现问题他们也只是拨打客服电话。

2.3.4 以剧院为喻解读服务传递:整合的视角

服务传递由一系列事件构成,这些事件中顾客体验可视为一种行为表现。因此,剧院成为理解在服务生产系统中创造服务体验的一个很好的比喻,该比喻尤其适用于高接触服务提供者。[10] 剧院的比喻包括剧院的舞台(即服务设施)和演员(即服务人员)两个要素:

服务设施。可以把服务设施想象成戏剧中需要在舞台上呈现的所有东西。

服务人员。服务人员类似于戏剧中的演员,他们正在扮演戏剧中的角色,并需要后台制作团队的支持。

剧院的比喻也包括在舞台上的角色以及他们必须遵循的脚本,接下来我们将对此进行探讨。

2.3.5 角色与脚本理论

剧场中的演员需要熟知剧本并了解自己所扮演的角色。同样,在服务接触中,角色和脚本理论知识可以帮助企业更好地理解、设计和管理服务人员及顾客行为。

角色理论。如果我们从戏剧的角度看待服务传递,那么服务人员和顾客都是在舞台上表演预先设定的角色。史蒂芬·格洛夫和雷蒙德·菲斯克将角色定义为"为了最大限度地实现目标,个人在特定社会互动中通过经验和交流所学到的一组行为模式"。[11] 角色也被定义为在特定环境和背景下,指导行为的社会线索或期望的组合。[12] 在服务接触过程中,顾客与服务人员的满意度和工作效率,取决于双方对既定角色完成扮演的程度(这也称为角色一致性)。

服务人员必须根据顾客的期望来履行自己的职责,以降低顾客不满意的风险;而顾客同样必须"遵守规则",以避免给企业、服务人员甚至其他顾客带来麻烦。

脚本理论。类似于电影脚本,服务脚本规定了服务人员和顾客在服务传递过程中需要学习和遵循的一些行为。在对服务脚本进行学习时,服务人员主要通过正式培训来完成,而顾客依赖于经验、与他人沟通以及与企业对话和培训来完成。[13] 任何偏离服务脚本的行为都可能会让顾客与服务人员受挫和失望。

许多服务与戏剧一样,都是严格按照脚本进行编排的(如客机经济舱乘务员的脚本），按照脚本编排能够减少服务的不稳定性并确保服务质量的统一。高度定制化服务提供者（如设计师、教育者、咨询师）的脚本更灵活多变，也可能因环境和顾客的不同而有差异。

角色理论和脚本理论相辅相成。设想一下你在课堂上看到的教授与学生各自扮演的角色。通常情况下，教授的角色是围绕关键议题开展一场结构缜密、妙趣横生的课堂讲授，并让学生参与讨论；学生的角色是做好上课准备并按时到达、认真听讲、参与讨论以及不要扰乱课堂秩序。

相比之下，课堂脚本的开始部分就描述了双方要采取的具体行动。例如，学生应该在上课之前进入阶梯教室，找位子坐下，打开笔记本电脑。教授随后进入教室，将讲义放在桌上，打开笔记本电脑和液晶投影仪，向学生问好，做课前介绍，然后准时上课。可见，角色和脚本两个理论的结构框架是互补的，并且从两个不同角度描述了接触过程中的正确做法。

2.3.6 感知控制理论[14]

感知控制理论认为，顾客在服务接触过程中需要对服务有控制感，服务情境中顾客感知到的可控性越高，其满意度就越高。[15]感知控制分为行为控制、决策控制和认知控制三种类型。

行为控制允许顾客要求企业定制服务产品来改变服务场景（如要求一线服务人员为浪漫的烛光晚餐做出特别的安排）。决策控制是指在不改变任何服务选项内容的情况下，顾客可以选择两个或多个标准化选项（如在餐厅选择两张桌子中的一张就餐）。认知控制是指顾客要理解某些事情发生的原因（如由于飞机出现技术故障，所以航班推迟），并且知道即将发生什么（也称为可预测控制，如知道航班要晚点多长时间）。当服务提供者随时告知我们事情的发展进度时，我们的情绪就会得到缓解。[16]

感知控制理论也适用于在线服务。网络服务用户想要知道他们正处于网站什么位置，想了解他们的交易是否正在处理，或网址是否已经瘫痪（这就是为什么网站通常有一个移动的图标或进度条来显示他们正在处理交易）。即使是像ATM机这样的自助服务机器，也可以让用户体验到控制感，你是否留意到ATM机通常会发出声音，以提示你银行卡正在正常处理而没有出现吞卡事故？其实自助服务机器本身在运行的时候是很安静的，而这些声音通常是由芯片发出的。

总之，在服务接触过程中对感知控制进行设计是很重要的。如果服务的流程、脚本和角色都有严格限制，那么企业可以为顾客提供的行为控制就很有限。尽管如此，企业仍然可以为顾客提供决策控制（如提供两个或多个固定选项）、认知控制（如在类似于医疗护理这样的高参与度服务中，向顾客解释事情发展的进度及原因），以及可预测控制（如告知顾客可能需要等待的时间）。大多数情况下，不同类型的感知控制可以相互弥补，当行为控制减少时，企业可以通过更高程度的决策控制和认知控制来补偿。

2.4 服务接触后阶段[17]

服务消费的最后一步是接触后阶段,即顾客对服务体验的态度和行为反应。接触后阶段包括顾客满意度、服务质量感知、重复购买和顾客忠诚度。

2.4.1 顾客满意度

在接触后阶段,顾客会对他们体验到的服务表现进行评价,并与消费前的期望进行比较。

满意度期望 – 差距模型。满意度是顾客和产品进行一系列互动之后做出的一种判断。大多数关于顾客满意度的研究都是以期望 – 差距模型作为基础的(见图 2-6)。[18] 在该模型中,服务体验与消费前期望的一致或不一致是满意度的重要决定因素。

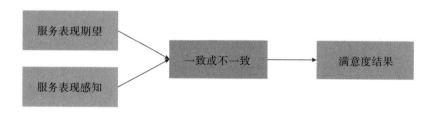

图 2-6 满意度期望 – 差距模型

资料来源:Richard L. Oliver and M.E. Sharpe, *Satisfaction: A Behavioral Perspective on the Consumer*. 2nd ed., 2010, p. 120, © Jochen Wirtz.

那么,满意度期望 – 差距模型中的服务表现期望从何而来?在购买决策过程中,顾客会评估与服务产品相关的属性和风险,同时他们也会对所选择的服务产生期望(例如预期服务、理想服务和适当服务的水平)。如果顾客的期望与购买决策过程中的重要属性密切相关,那么容忍域就会变得狭窄和固定。例如,如果某位乘客为直达航班额外支付了 350 美元,而没有选择中途停留 4 小时的航班,那么对该乘客而言,直达航班延误 6 小时是不可接受的。

在服务消费过程中和消费之后,顾客都会就服务体验与他们的期望进行比较,最后依据比较结果形成满意度的评判。如果顾客感到服务表现比预期的差,就称为负向差距。在苏珊的例子中,当她去干洗店取回衣服时,店员还没有将她的衬衫准备好,就会形成负向差距,这导致了她的不满意,并打算以后选择另一家干洗店。如果服务表现比预期好,就称为正向差距。如果服务表现与预期的一致,那么就称为期望一致。

只要服务表现处于容忍域中,即在适当服务水平之上,顾客就会感到满意。如果服务表现接近或超过理想服务水平,顾客就会感到非常愉悦。感到满意的顾客很可能重复购买,保持忠诚度,并形成正向的口碑传播。但是,如果服务体验没有达到顾客的期望,他们也许会默默忍受,也许会抱怨服务质量差,或者在下一次购买时选择其他服务提供商。

顾客在对满意度进行评价时,会再次使用购买决策过程中出现的属性。顾客将单个属性的满意度评价结果相加，就会得到整体顾客满意度评价结果。多重属性模型有助于我们理解顾客满意度是如何形成的。具体而言，多重属性模型能够帮助服务管理者识别出对整体满意度有重要影响的属性，尤其当顾客对某些属性满意、但是对某些属性不满意时，多重属性模型的运用就显得极为重要。理解多重属性模型的作用，管理者才能够强化企业服务的现有优势，同时专注于改进服务当中的薄弱环节。

2.4.2 服务质量

服务的无形性使得它们比有形产品更难评估。此外，顾客经常能体验到服务生产过程，因此有必要对服务传递过程和服务实际产出（或服务结果）进行区分。[19] 卓越的服务质量被定义为始终满足或超过顾客期望的高标准的服务表现。诸如餐厅等许多服务实践表明，服务质量很难有效管理。尽管如此，由于服务质量是口碑、重复购买以及忠诚度等重要顾客行为的关键驱动因素，因此提高服务质量并使其保持在较高水准是企业的重中之重。

1. 顾客满意度与服务质量

顾客满意度和服务质量都取决于顾客对服务期望与服务表现感知的比较结果，但满意度和服务质量并不相同。具体而言，满意度是对单次消费体验的评价，这种评价是顾客对该次服务体验直接的、即时性的反应，因此也可视为一种暂时性的评价。相反，服务质量是顾客对企业相对稳定的态度和信念。例如，在你最喜欢的星巴克，你可能对某次消费不满意，但是你仍然认为星巴克的咖啡和服务很有吸引力。当然，满意度与服务质量是相互关联的。虽然顾客对企业的整体服务质量感知相对稳定，但久而久之，服务质量会与多次交易的满意度评价变化方向趋于一致，[20] 服务质量进而也能影响顾客的重复购买意愿。

有时，人们谈及服务质量指的是交易质量（如食物质量、服务人员的友好态度、餐厅氛围），这些要素都与服务具体属性的满意度有关（如对餐厅食物和服务的满意度）。交易质量与属性满意度都是针对特定交易而言的，两者共同决定了整体顾客满意度，进而形成关于服务质量的信念（无论是属性层面还是总体层面）。这些词交替使用经常使人们难以理解，但如果我们能将特定交易的判断与较稳定的信念、态度区分开来，这些词在含义上的区别就会逐渐清晰。

需要注意的是，顾客的重复购买意愿受到他们关于企业服务质量的整体信念的影响，而消费期间和消费后即时形成的单次、特定交易的满意度评价，对顾客重复购买意愿的影响较小。顾客会尝试预测下一次所购买服务的好坏。例如，如果顾客认为某位发型师总体上很出色，即使上一次服务消费并不愉快，也还会再次找该发型师，顾客会把上次糟糕的体验看作一次例外。但是，如果顾客第二次甚至第三次做出不满意的评价，就会大大降低企业的整体服务感知质量，同时减少重复购买（见图2-7）。

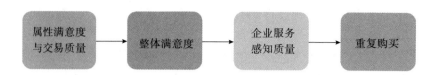

图 2-7 从属性满意度与交易质量到重复购买

2. 服务质量的维度

瓦拉瑞尔·泽丝曼尔、伦纳德·贝里和帕拉休拉曼已经识别出顾客用于服务质量评估的十个维度（见表 2-3）。在之后的研究中，他们发现这些变量之间存在高度相关性，所以他们将这些变量合并为五大维度：

- 有形性（实体要素的外观）。
- 可靠性（服务表现的可信赖性和准确性）。
- 响应性（及时的、有帮助的）。
- 保证性（可信度、安全、能力、礼貌）。
- 移情性（容易接近、良好的沟通、理解顾客）。[21]

表 2-3 顾客用于评估服务质量的通用维度

服务质量维度	定　义	举　例
有形性	物理设施、设备、人员和通信材料的外观	酒店的设施有吸引力吗？ 我的会计师穿着得体吗？ 我的银行对账单容易理解吗？
可靠性	能够可靠、准确地履行所承诺的服务	我的律师会像他承诺的那样给我回电话吗？ 我的电话账单有错误吗？ 我的电视机第一次就修好了吗？
响应性	愿意帮助顾客，提供及时的服务	当出现问题时，公司是否能迅速解决？ 我的股票经纪人愿意回答我的问题吗？ 有线电视公司愿意给我一个具体的安装时间吗？
保证性 • 可信度	服务商值得信赖、可靠、诚实	医院有良好的声誉吗？ 我的股票经纪人是否不给我施压要求我进行股票交易？ 维修公司能否保证其工作结果？
• 安全	免于危险、风险或怀疑	我晚上使用银行的 ATM 机安全吗？ 我的信用卡能防止未经授权的使用吗？ 我能确定我的保险单提供了完整的保险范围吗？
• 能力	掌握完成服务所需的技能和知识	银行出纳员可以不笨手笨脚地处理我的交易吗？ 我的健康保险顾问能在我打电话时提供我需要的信息吗？ 牙医看起来能够胜任吗？
• 礼貌	礼貌、尊重、体贴、友好的联系人员	空乘人员是否有令人愉快的举止？ 当接听我的电话时，电话接线员是否一直很有礼貌？ 管道工在踩我的地毯前是否脱下了泥泞的鞋子？
移情性 • 容易接近	容易接近和接触	当我遇到问题时，与主管交谈容易吗？ 航空公司是否有 24 小时免费电话？ 酒店位置便利吗？

服务质量维度	定 义	举 例
• 良好的沟通	倾听顾客的声音并以他们能够理解的语言告知他们	经理是否愿意倾听我的抱怨？ 我的医生是否避免使用专业术语？ 当电工不能按时赴约时，他会打电话给我吗？
• 理解顾客	努力理解顾客及其需求	酒店有人认出我是常客吗？ 我的财务顾问是否努力确定我的具体财务目标？ 搬家公司是否愿意接受我的日程安排？

3. 服务质量的测量

为了测量服务质量，瓦拉瑞尔·泽丝曼尔和她的同事开发了名为 SERVQUAL 的评价工具。[22] 该工具遵循的假设前提在于，顾客是通过比较服务感知和自身期望，从而对服务质量进行评价。SERVQUAL 是一种通用的测量工具，适用于范围广泛的服务行业。其基本形式是，受访者回答 21 个问项（item），这些问项可以测量出他们对特定服务行业的期望，这些问题涵盖了一系列具体的服务特征（见表 2-4）。接着，顾客需要就围绕他们使用过的某个具体企业，就该企业的服务感知回答一组问题。当感知的服务表现评分低于期望值，那么该企业的服务质量较差；反之，企业的服务质量较好。

如表 2-4 所示，SERVQUAL 的基本形式可以被广泛应用，但很多管理者也意识到，如果该测量工具要适用于特定的行业和服务情境，还需要仔细斟酌这些问项。因此，很多研究者在运用该工具测量服务质量时，都对表格中的表述进行了删减、增加或修订。[23]

表 2-4 SERVQUAL 模型

SERVQUAL 模型包括五个维度：有形性、可靠性、响应性、保证性和移情性。每个维度都包含几个测量问项。SERVQUAL 有多种使用形式，我们展示了最基本的 21 个问项。每个问项都采用七分制，从"非常不同意=1"到"非常同意=7"。

企业的绩效是通过重新编制相同的问项来测量的（例如，"XYZ 企业拥有现代化的设备"）。计算每个维度各问项与整体服务质量的得分之差，并作为评估企业服务质量水平的指标。

如果由于访谈期间的时间限制而无法同时测量理想（或预期）和实际绩效感知，那么可以将两种测量结合起来。通过使用相同的 21 个问项（例如，"拥有现代化的设备"）和测量标准"低于我想要的服务水平""与我想要的服务水平相同""高于我想要的服务水平"。

有形性
- 优秀的银行（在整个问卷中参考有线电视公司、医院或相应的服务业务）会拥有现代化的设备。
- 优秀银行的有形设施会具有视觉吸引力。
- 优秀银行的员工外表整洁。
- 与服务相关的材料（如小册子或声明）会在优秀的银行中具有视觉吸引力。

可靠性
- 当优秀的银行承诺在某个时间做某事时，它们会这样做。
- 优秀的银行会在第一时间提供服务。
- 优秀的银行会在它们承诺的时间内提供服务。
- 优秀的银行会坚持无差错记录。

响应性
- 优秀银行的员工会准确告知顾客何时提供服务。
- 优秀银行的员工会为顾客提供及时的服务。
- 优秀银行的员工总是愿意帮助顾客。
- 优秀银行的员工永远不会因为太忙而忽视顾客的要求。

(续)

保证性
- 优秀银行员工的行为会给顾客带来信心。
- 优秀银行的顾客在交易过程中会有安全感。
- 优秀银行的员工会始终对顾客保持礼貌。
- 优秀银行的员工具备回答顾客问题所需的知识。

移情性
- 优秀的银行会给予顾客特别的关注。
- 优秀的银行会有方便所有顾客的营业时间。
- 优秀的银行会有员工给予顾客个人关注。
- 优秀的银行将顾客的最大利益放在心上。
- 优秀银行的员工会了解其客户的具体需求。

资料来源：A. Parasuraman, V. A. Zeithaml, and L. Berry, " SERVQUAL: A Multiple-Item Scale for Measuring Consumer Perceptions of Service Quality," *Journal of Retailing* 64 (1988): 12-40, © Jochen Writz.

2.4.3 顾客忠诚度

忠诚度是顾客在长时间内光顾一家企业，尤其是独此一家，且向朋友和同事进行推荐的意愿。忠诚度是顾客满意的重要表现，顾客并非一开始就对任何一家企业表示忠诚；相反，企业要想吸引顾客购买并留住顾客，都需要有充分的理由。提供良好的服务体验以满足顾客，同时为他们建立服务质量感知是树立起忠诚度的第一步，也可能是最重要的一步。在本书的后面章节，我们将讨论构建忠诚度的策略和工具，例如第 12 章提到的"忠诚之轮"和第 13 章中的抱怨管理与服务补救。

▶本章小结

1. 服务消费可以分为以下三个阶段：①服务购买前阶段；②服务接触阶段；③服务接触后阶段。

   服务购买前阶段包括以下四步：①需求意识；②信息搜寻；③备选方案评估；④做出服务购买决策并经常进行修订。

2. 以下理论有助于我们理解服务购买前阶段中的顾客行为：

   （1）顾客意识到需求，就会产生动力去搜索信息以满足需求。顾客可能会想到几种备选方案，这些备选方案形成了诱发集合。诱发集合进一步缩小为可供顾客选择的方案，形成考虑集。

   （2）在搜寻信息过程中，顾客逐渐了解他们应该考虑的服务属性，并且对考虑集中企业各个服务属性方面的表现形成期望。

   （3）多重属性模型。许多购买决策涉及对服务属性进行复杂的权衡。多重属性模型通过将顾客对考虑集中企业各种服务属性表现的期望和每种服务属性的权重结合起来，最终做出购买决策。

   （4）在多重属性模型中，线性补偿规则和联结式规则是做出购买决策的两种常用规则，在服务属性得分相同的情况下，顾客使用不同的决策规则，做出的购买决策也会不一样。

（5）企业应该采取积极措施，对多重属性模型中的关键变量进行管理，以此来增加企业被顾客选中的机会。

3. 服务属性。顾客通常很难对服务进行评估，因为服务的搜寻属性较低，而体验属性和信任属性较高。因此，有形证据就变得很重要，企业必须细致地管理有形证据，形成顾客对体验属性和信任属性的体验与感知。

4. 感知风险。与购买有形产品相比，顾客购买服务的感知风险更大。由于顾客不喜欢承受风险，因此成功的企业应当制定降低风险的策略，例如为顾客提供免费试用和保证。

5. 服务期望。信息搜寻和服务属性评估形成顾客的服务期望。影响服务期望的因素包括理想服务水平、适当服务水平和预期服务水平。容忍域介于理想服务水平和适当服务水平之间，这是顾客愿意接受服务水平变动的范围。

   制定购买决策。服务购买前阶段的结果是制定购买决策，这在很大程度上是以顾客的期望服务水平和感知风险为基础的。在很多情况下，顾客制定服务购买决策时需要对服务属性进行复杂的利弊权衡，其中最关键的是价格属性。

6. 在服务接触阶段，顾客开始接触服务、体验服务和消费服务。一些概念和模型可以帮助我们更好地理解服务接触阶段中的顾客行为。

   "关键时刻"的比喻是指企业与顾客之间的接触点，可以促进或者破坏与顾客的关系。

7. 我们区分了高接触服务和低接触服务。高接触服务很有挑战性，因为企业必须对许多接触点和关键时刻进行管理。与之相反，低接触服务大多数是通过网站、设备（如ATM机）或呼叫中心等几乎没有接触的方式来传递服务。

8. 服务生产系统由技术核心和服务传递系统组成。

   （1）技术核心部分在企业后台执行，顾客难以直接观察到，但后台的运作可能会影响前台的活动质量。因此，后台运行必须与前台活动相协调。

   （2）服务传递系统表现为前台活动，是顾客可以看到的部分。它包括了为顾客创造服务体验的所有互动过程。在高接触服务中，服务传递过程包括顾客与服务环境、服务人员以及其他顾客之间的互动。每种互动类型都能创造或破坏价值，企业必须精心设计这些互动过程来创造令顾客满意的服务体验。

9. 以剧院的比喻来理解服务传递过程。企业可以将服务看作有道具和演员的表演"舞台"，并对它进行管理。舞台道具是服务设施，剧中演员则是服务人员和顾客。

10. 为了将服务更好地表现出来，服务人员需要理解自身的角色与脚本。企业可以利用角色与脚本理论来更好地设计、培训、沟通以及管理服务人员和顾客的行为。

    （1）顾客需要对服务有控制感。在服务接触过程中，感知控制可以分为以下三种类型：行为控制（顾客可以根据自身需求来改变服务接触）、决策控制（顾客可以在标准化选项中进行选择），以及认知控制（顾客要知道发生了什么事情、事情发生的原因，并且知道即将发生什么，认知控制也称为可预测控制）。

    （2）如果服务的流程、脚本和角色都有严格控制（如快餐店或个人银行），那么顾客的行为控制范围也会受到限制。在这种情况下，企业可以专注于为顾客提供更多的决策控制、认知控制和可预测控制。
11. 在服务接触后阶段，顾客会对他们体验到的服务表现进行评价，并将其与消费前的期望进行比较。

（1）满意度的期望-差距模型是通过比较服务表现期望与服务表现感知来形成满意度的评判。

（2）满意度是从非常满意到极其不满意的一个连续集。只要顾客感到服务表现处于容忍域中（即在适当服务水平之上），顾客就会感到满意。如果服务表现接近或超过理想水平，顾客就会感到非常满意。他们会对出乎意料的高水平服务表现感到高兴。低于适当服务水平的服务表现会导致顾客的不满意。

12. 卓越的服务质量意味着企业的服务表现始终满足或超过顾客期望。

（1）尽管顾客满意度是发生在特定交易中的，并且是一种单一的服务体验，但服务质量是顾客对于企业整体服务表现的信念和态度。

（2）顾客从五个维度来评估服务质量：①有形性；②可靠性；③响应性；④保证性；⑤移情性。

（3）在顾客满意度和服务质量相悖的情况下（如"我认为企业整体服务表现较好，但最后一次服务体验很糟糕"），顾客会使用比较稳定的服务质量形成对下一次服务表现的期望。然而，第二次甚至第三次的不满意，就会大大降低顾客感知的企业整体服务质量，同时减少重复购买。

（4）SERVQUAL 是一个有 21 个问项的评价工具，用来测量服务质量的五个维度。该测量工具要根据特定的行业和服务情境（如网上购物和线上服务）进行调整。

复习题

1. 请阐述服务消费的三阶段模型。
2. 顾客如何在他们的考虑集当中选择？
3. 线性补偿规则和联结式规则的区别是什么？
4. 简单阐述搜寻属性、体验属性和信任属性，并对每个属性举例进行说明。
5. 解释为什么服务比有形产品更难评估。
6. 为什么顾客感知风险在选择备选方案时至关重要？企业如何降低顾客的感知风险？
7. 顾客对服务表现的期望是如何形成的？请根据你最近的服务体验，解释一下理想服务和适当服务的区别。
8. 什么是"关键时刻"？
9. 说明高接触服务和低接触服务的区别，并阐述顾客对两种服务的体验的不同特点。
10. 如何从剧院的理念出发，通过角色理论和脚本理论深刻理解服务接触过程中的顾客行为？
11. 描述顾客期望和顾客满意度之间的关系。
12. 什么是服务质量？它与顾客满意度有什么不同？
13. 评估服务质量的五个维度是什么？
14. 如何测量服务质量？

应用练习

1. 假设你要举办一个家庭聚会，请你构建一个多重属性模型来对三家餐厅进行比较，并应用两种不同的决策规则来确定最终的选择。
2. 请说出下列服务组织的后台要素：①汽车修理厂；②航空公司；③大学；④咨询公司。在什么情况下，允许顾客查看后台部分运作是合适的，甚至是可取的？你将如何做？
3. 当你认为同一行业中两家相互竞争的服务型企业有不同的服务方式时，请你查看这两家企业的服务设施（如银行、餐厅或加油站），使用本章中合适的框架来比较它们的服务方式。
4. 请将角色与脚本理论运用到你所选择的服务中。你可以获得哪些对管理工作有用的见解？
5. 企业如何将感知控制应用到服务接触中？请你尝试在一次面对面服务和一次线上接触服务当中运用感知控制。
6. 请你从以下两个方面描述最近一次不满意的服务接触：①使用电子邮件、信件和电话提供服务的低接触服务；②面对面提供服务的高接触服务。你对这些服务接触不满意的原因是什么？在每个实例中，服务提供者改进服务的措施是什么？
7. 在手机或电信服务提供商为你提供的查询和资讯服务过程中，你如何定义"卓越服务质量"？请你打电话给一个服务组织，然后根据你对卓越服务的定义，对服务体验进行评价。

第 3 章

竞争市场环境中的服务定位

□ 学习目标

通过学习本章,你能够:
1. 理解如何应用顾客分析、竞争者分析和企业分析制定顾客驱动的服务营销战略;
2. 认识定位战略(STP)的核心要素并解释其对服务型企业的重要价值;
3. 在运用其他基本要素进一步识别和描述细分市场之前,先对顾客需求进行市场细分;
4. 区分市场细分的重要属性和决定性属性;
5. 运用不同的服务水平进行市场细分;
6. 运用获取竞争优势的四种聚焦战略锁定目标顾客;
7. 定位一种服务使其区别于竞争对手;
8. 理解如何使用定位地图来分析和开发竞争战略;
9. 制定一项行之有效的定位战略。

□ 开篇案例

定位使连锁儿童保育中心在竞争中脱颖而出 [1]

罗杰·布朗和琳达·梅森在商学院相识,他们都具备管理咨询的经验。毕业后,他们在柬埔寨针对难民儿童开办救助项目,并在东非开展"救救孩子们"的救济行动。当他们回到美国后,他们意识到随着教育环境的变化,儿童保育这个行业存在巨大的市场需求,因为父母们迫切需要一个能让自己放心,也能使孩子得到良好照顾、悉心教育的儿童保育中心。

通过调研分析,他们发现美国的儿童保育行业存在很多弱点:缺乏监管,进入壁垒低,利润率和规模经济都很低,劳动密集度高,没有明显的品牌差异化。基于此,布朗和梅森创办了一个名为明亮地平线(Bright Horizons,BH)的公司,该公司秉承的服务理念可以将上述行业弱点转化为自己企业的优势。具体而言,BH 公司没有采用直接面向家长的服务营销模式,因为这种服务每次只能与一个家长接触,它们选择与一些企业建立合作关系,为有小孩的员工在工作场所提供儿童日托服务。这种服务模式的优势在于:

(1)有利于建立强大的、低成本的营销渠道。

(2)合作伙伴或顾客愿意提供资金和配套设施来建立保育中心,他们也愿意帮助 BH 公司实现其提供高质量护理的目标。

(3)能够有效解决儿童家长的后顾之忧,形成巨大吸引力而使家长们放弃选择其他竞争者,原因在于该保育中心离这些家长的工作地点很近,不仅能减少接送孩子的时间,也能让他们更放心。

BH公司通过提供较高的薪酬和福利待遇吸引优秀的专业人才加入，从而保证高质量的儿童保育服务，这是该行业其他竞争对手所缺乏的。大多数传统的儿童保育中心缺乏量身定制的培育计划，导致保育方法太过死板或千篇一律，因此BH公司开发了一套灵活的保育方案，名为"世界触手可及"。这套保育方案有课程大纲，但赋予教师具体规划每天的保育活动的权力。

BH公司获得了美国国家幼儿教育组织（National Association for the Education of Young Children，NAEYC）的认证，并积极推广其保育服务。由于重视服务质量，BH公司提供的保育服务达到或超过了地方和国家级别的认证标准。因此，严格的监管成为BH公司的机会而非危机，这也成为BH公司的竞争优势。

BH公司的顾客也为其多种创新技术的开发提供了支持和帮助，这些顾客中不乏高科技企业，这些创新技术包括将保育班级录像传送到家长的电脑上；数字扫描或拍摄孩子们的手工制品；电子张贴保育中心的菜单、日程表和学生评估表；学生能力在线评估工具等。所有这些创新技术的采用都有助于BH公司实现差异化，并帮助其在竞争中保持领先地位。

BH公司将劳动力视为一种竞争优势，并致力于招募和留住最优秀的人才。截至2014年，企业已经第14次被《财富》杂志选入"美国最适合工作的100家公司"榜单。当时，BH公司在全球拥有约2万名员工，在美国、加拿大和欧洲为超过700家雇主提供服务，这些雇主包括世界领先的企业、医院、大学和政府机构。BH公司的顾客愿意成为BH公司的商业合作伙伴，因为他们知道自己可以信任BH公司的员工。

3.1 顾客驱动的服务营销战略

在进入壁垒低、竞争激烈的行业中，BH公司成功地找到了细分市场定位并使自己与同行区分开来。随着服务领域竞争的加剧，服务机构以对顾客有意义的方式来实现差异化日益重要。

管理者需要系统地考虑服务提供的所有方面，以及强化企业的竞争优势，这些竞争优势在于让目标细分市场中的顾客能够感受到价值。要实现该目标，一种常用的系统方法是从顾客（customer）、竞争者（competitor）和企业（company）着手进行分析，称为3C分析法。这一方法有助于企业确定其服务定位战略的关键要素，即市场细分（segmentation）、目标市场（targeting）和市场定位（positioning），营销专业术语称为STP。本章概览如图3-1所示。

3.1.1 顾客、竞争者和企业分析法（3C分析法）

1. 顾客分析

顾客分析是3C分析法的第一步，内容包括首先对整体市场特征进行研究，接着对顾客需求及相关顾客特征与行为展开深入探索。

市场分析试图在整个市场和潜在细分市场中形成一种吸引力。具体而言，市场分析考虑了市场总体规模和增长、利润率和利润潜力、需求水平和发展趋势等影响市场的因素。例如，在旅游行业中有一种细分市场呈现增长趋势，这个细分市场由退休的、收入较高的人群组成，他们对旅游很感兴趣，希望获得行程不太费力且个性化定制的旅游路线。因此，应该考虑细分市场的其他方法，并且评估细分市场的规模和潜力。

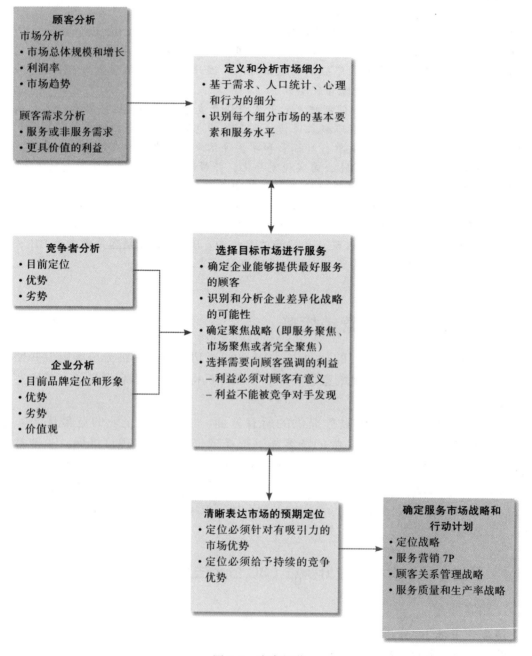

图 3-1　本章概览

顾客需求分析应考虑以下几个问题：从人口统计学和心理学角度来看，谁是市场上的顾客？他们有什么需求和痛点？潜在的不同顾客群体是否具有不同的需求？他们是否需要不同的服务产品或具有差异的服务水平？每个顾客群体最看重的服务价值是什么？用旅游业例子来看，富裕的退休人员最看重舒适和安全，对价格的敏感度远低于年轻家庭。有时候，分析报告会显示某些细分市场"服务不足"，这意味着现有供应商不能很好地满足市场需求。

2. 竞争者分析

对企业竞争者进行识别和分析，可以在营销策略制定时提供关于竞争者优势和劣势的判断。把竞争者分析和企业内部分析结合起来，有助于发现实现差异化战略和获得竞争优势的机会，也能帮助管理者决定向特定的目标细分市场强调相对应的利益。

3. 企业分析

企业分析的目的是根据企业当前的品牌定位和形象，以及企业所拥有的资源（财务、人力和有形资产），明确自身的优势。企业分析还可以明确企业的限制或约束条件，以及企业如何在商业活动中形成价值观。利用企业分析的洞察结果，管理层能够选择有限数量的目标细分市场，为其提供现有服务或新的服务。企业分析的核心议题在于：我们的企业和我们的服务能在多大程度上解决每个细分顾客群体的需求和痛点？

3.1.2 市场细分、目标市场和市场定位（STP）

将顾客分析、竞争者分析与企业分析结合起来有助于服务型企业制定有效的定位战略。确定合适的市场定位和制定战略的基本步骤如下。

- 市场细分：将顾客群体划分为不同的细分市场。细分市场由一组具有共同特征、需求、购买行为或消费方式的购买者组成，将具有相似需求的顾客归纳为一个群体的话，就可以使用人口、地理、心理和行为等变量来对其进行描述。同一细分群体的顾客需求应尽可能相似；相反，不同细分群体的顾客需求应该尽可能形成差异。
- 目标市场：企业的顾客被划分为不同群体后，企业应该评估每个细分群体的吸引力，并决定哪个细分群体最有可能对企业的服务感兴趣，然后专注于如何更好地为他们提供服务。
- 市场定位：这是企业或其服务在顾客心智中占据的独特位置。为了给顾客服务创造一个独一无二的定位，企业必须将其服务与竞争对手提供的服务区分开来。

表 3-1 展示了服务定位战略的要素和核心概念以及其他相关概念。我们将在本章的其余部分讨论每个概念。

表 3-1 服务定位战略的要素和核心概念

定位战略的要素	核心概念

市场细分	• 服务市场细分
	• 服务属性与市场细分相关的服务水平
	  - 重要属性与决定性属性
	  - 建立服务水平

(续)

定位战略的要素	核心概念
目标市场	• 目标服务市场的四种聚焦战略 　– 完全聚焦 　– 市场聚焦 　– 服务聚焦 　– 非聚焦
市场定位	• 在竞争市场中定位服务 • 采用定位地图来规划竞争战略 • 制定有效的定位战略

3.2 服务市场细分

市场细分是市场营销中最重要的概念之一。服务型企业为不同类型顾客提供服务的能力千差万别。因此，企业应该采取市场细分的战略，而不是试图在整个市场上参与竞争，这需要企业识别出自己能提供最好服务的顾客群体和细分市场。

细分某个市场的方法有很多种，市场营销专家通常会结合使用几种方法对市场进行细分。传统上，常用的方法是人口统计细分，如以年龄、性别和收入作为细分依据。然而，在人口统计数据完全相同，两个人可能表现出差异很大的购买行为时，这种细分不会有任何意义。因此，心理细分越来越受欢迎，因为这种细分方法反映了人们的生活方式、态度和人生目标。心理细分对于加强品牌认同，创建顾客与品牌的情感联系等具有显著作用，但是这种细分方法可能在行为和销售方面并不适用。行为细分解决了上述缺陷，因为它关注的是可观察的行为，如非用户、低频用户或高频用户。基于需求的细分主要关注顾客在服务中真正需要什么，这与我们在第2章中讨论的多属性决策模型密切相关。

需要注意的是，在一般情况下，人们有不同的需求和决策制定依据，这取决于：

- 使用服务的目的。
- 决策者。
- 使用服务的时机（天、周、季度当中的时间点）。
- 是个体使用服务产品还是一群人一起使用；如果是后者，还取决于群体成员的结构。

企业若想有效地细分市场，最好首先深入了解顾客的需求。使用大数据和云端市场分析能帮助市场营销人员收集到更准确、更详细的个体消费数据，进而开展非常精准且翔实的细节分析。[2] 在此基础上，营销人员可以加入人口统计学、心理学、行为学和消费情境等变量，从而进一步定义和描述市场中的关键细分。[3]

康智奇假日（Contiki Holiday）旅游公司（以下简称"康智奇"）以基于需求的细分为基础，然后参考其他类型的细分进行微调。结果表明，它们正在服务于一群特殊的群体，这个群体由单身人士构成，他们不愿意加入有家庭参与的旅行团，而更喜欢参加可以遇到有相似偏好的人的旅行（基于需求的细分）。康智奇主要服务于18～35岁年龄段（人口细分）旅行市场。有些旅行团的假日套餐针对喜欢玩乐的年轻人，但是康智奇进一步细分了市场以迎合拥有不同生活方式和预算的顾客群体（心理细分）。例如，想去欧洲旅行的顾客可以选择"露营游"（适合性格外向且不介意长途跋涉、日夜兼程的人）、"廉价概念游"（适合更在乎旅行预算的人）或"顶级深度游"（包含数量众多的观光景点、大量自由活动的时间，额外的路线安排，并安排在顶级的旅游酒店住宿）。

3.2.1 重要属性与决定性属性

顾客通常将不同服务产品间的感知差异性作为服务选择的依据。然而，有些用于与竞争者的服务相区分属性并不总是重要属性。例如，许多旅客把"安全性"列为他们选择航空公司的重要影响因素，他们往往避免乘坐在安全性方面口碑很差的航空公司班机，但在主要航线上仍然可能有几家被认为同样安全的航空公司可供选择。因此，这时的"安全性"通常不会成为影响顾客选择的因素。

决定性属性，即那些实际上决定购买者在服务竞争品中做出选择的因素，这些属性对购买者而言往往不是很重要的因素，却能帮助顾客识别出竞争产品之间存在的显著差异。例如，起飞和降落时间的便利性、里程积分的可用性和是否有顾客忠诚计划的优惠、机上餐饮的质量、订票的便利性，这些都可能是商务旅行者选择航空公司时的决定性属性。另外，对于精打细算的度假旅行者来说，价格可能是他们最看重的属性。

在第2章中，我们已经认识到即使重要属性相同，顾客也可能会使用不同的决策规则制定不同的决策。例如，在表2-1中，最重要的属性是干洗质量。然而，如果顾客使用了联结式决策规则，那么决定性属性实际上可能是价格，这原本是第三重要的属性。因此，确定决定性属性对于有效定位至关重要，它可以使企业的服务在目标顾客心智中占据有利位置。

3.2.2 基于服务水平的市场细分

在确定了用于市场细分的服务属性之后，还应该就每个属性提供何种水平的服务做出决策。一些服务属性很容易量化，而另一些属性则是定性的。例如，价格是一个可量化的属性，但酒店的个性化服务质量和提供的豪华程度等特征则属于定性属性。企业可以根据顾客为获得更低的价格而放弃某些服务水平来对顾客进行细分。对价格不敏感的顾客愿意支付相对较高的价格，从而在他们看重的服务属性上获得更高水平的服务。相比之下，对价格敏感的顾客会寻找在许多关键属性上水平相对较低的廉价服务。

3.3 目标服务市场

企业试图吸引市场中所有的潜在顾客通常是不现实的，因为顾客的需求、购买行为和消费模式存在巨大差异，此外，顾客数量众多而且很分散。服务型企业为不同细分顾客提供服务的能力也各不相同。因此，为了获得竞争优势，每个企业都应该把精力集中在那些能提供最佳服务的顾客群体身上，也就是目标细分市场。[4]

通过聚焦实现竞争优势

在营销术语中，聚焦意味着为特定的目标市场提供相对较窄的产品组合。企业需要在服务运营中识别出具有战略重要性的要素，并把资源集中在这些要素上。企业聚焦的范畴可以用两个维度来描述：市场聚焦和服务聚焦。[5] 市场聚焦是指企业所服务市场的数量多少，而服务聚焦是指企业提供多少种服务。这两个维度定义了四种基本聚焦战略（见图3-2）。

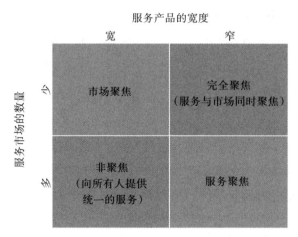

图3-2　服务的基本聚焦战略

资料来源：Robert Johnston, "Achieving Focus in Service Organisations," in *The Service Industries Journal* 16(1), pp.10-20. Published by Taylor and Francis, © 1996.

完全聚焦。采用完全聚焦战略的企业完全专注于为一个狭窄的、特定的细分市场提供有限的服务种类（也许只提供单一的核心服务产品）。例如，私人飞机包机服务可能聚焦于具有高净值的人士或公司。在一个清晰明确的利基市场中培养出众所周知的专业技术，这样的聚焦可以让企业获取高额利润，同时可以抵御潜在竞争对手的威胁。例如，肖尔代斯医院（Shouldice Hospital）是一家采用完全聚焦战略的医院，这家医院主要针对有疝气病症但身体健康的患者（主要是年龄为40～60岁的男性）提供疝气手术。正是因为采取完全聚焦战略，所以这家医院的手术效果和服务质量都是一流的。采用完全聚焦的战略也存在一些风险。对于企业而言，市场规模太小就意味着销售额过低，无法保证财务收入。当新的替代产品或技术取代企业自身的产品或技术时，采用完全聚焦战略的企业也会变得脆弱。

市场聚焦。采用市场聚焦战略的企业专注于为一个窄小的细分市场提供广泛的服务。服务洞察3-1描述了提供B2B服务的能多洁公司（Rentokil Initial）的例子。受益于设备维护外包服务日益增长的趋势，能多洁公司已经能为其顾客开展大范围的服务。采用市场聚焦战略通常听起来很有吸引力，因为企业可以向一个顾客销售多种服务，但在选择市场聚焦战略之前，管理者需要确保企业能够有效地提供各种不同的服务。

服务聚焦。采用服务聚焦战略的企业会面向相当广泛的市场提供有限的服务种类。激光眼科诊所（Lasik eye surgery clinics）和星巴克（Starbucks）都采用这种战略，以标准化的产品服务于广泛的客户群。但是，随着新的细分市场的增加，企业需要具备为这些细分市场开发新的服务的专业知识和技能。此外，采用服务聚焦战略的企业往往需要付出更多的销售努力，并在营销沟通方面做出更大投入，尤其是在B2B市场。

非聚焦。许多服务提供者因为试图针对广泛的市场提供广泛的服务而陷入了非聚焦状态。采用非聚焦战略的企业往往是"门门精通，样样稀松"。一般而言，尽管公共服务和政府机构不得不采用非聚焦策略，但这并不是明智之举。

无论是细分市场还是服务，企业都应当采取一些聚焦战略。企业应当如何在三种聚焦战略中进行选择呢？这取决于市场细分和目标市场。例如，市场聚焦战略一般适用于以下情况：①顾客重视一站式购物的便利性；②企业有能力提供比竞争对手更优质的多项服务；③对同一顾客销售的多项服务能形成显著的协同效应（B2B服务通常是这样，见服务洞察3-1中的能多洁案例），这将有助于企业降低成本或者提供更优质的服务。

如果企业有独特的能力和资源提供优质或划算的特定服务，那么采用服务聚焦战略可以发挥最佳效果。企业可能会希望利用这样的优势拓展更广泛的市场（进行更多的顾客细分）。

如果某一特定细分市场有非常明确的需求，并且要求对服务环境、服务流程以及与一线服务人员的互动进行独特的设计，则可以采用完全聚焦战略，以较低的成本提供高质量的服务。

聚焦和卓越本质上是一样的。弗朗西丝·弗莱和安妮·莫里斯认为，服务型企业中有很多觉得自己必须成为在所有事情上都做到最好的"英雄"。然而，这样的尝试都会不可避免地导致平庸。他们还认为卓越需要牺牲（从另一个角度审视聚焦），服务型企业应该在关键领域出类拔萃。例如，梅奥诊所（Mayo Clinic）⊖致力于缩短患者预约医生、接受检查和接受诊断的时间（不超过24小时），这对焦虑的患者来说很重要，因为他们想尽快知道自己哪里出了问题。然而，专注于提高就诊速度意味着患者难以选择特定的医生或治疗方式。企业决定哪些领域不需要表现得很好（即顾客并不重视的服务方面）是很重要的，这些认知能帮助企业利用资源在目标顾客最看重的方面做得更好。[6]

服务洞察 3-1

能多洁：提供多种服务塑造市场聚焦的品牌

能多洁（Rentokil Initial）是世界上最大的业务支持服务提供商之一，2015年收入超过23亿英镑。能多洁企业在全世界50多个国家拥有约2.7万名员工，在这些国家中，Rentokil和Initial品牌已经成为创新、深度专业和服务质量稳定的代名词。这家总部位于英国的企业是从一家生产灭鼠药和杀虫剂的公司发展起来的，当意识到提供灭虫服务比销售产品更能赚钱时，能多洁就把业务转向提供控制和消灭害虫的服务。

⊖ 2020年11月14日，官方中文名改为"妙佑医疗国际"。

通过良性的成长和收购，能多洁开发出多种产品系列，包括测试和安全服务、防护服务、包裹递送、室内植物景观美化（包括出售或租赁热带植物）、专业清洁服务、害虫防治、制服租赁和清洁、临床废物收集和处理、人员服务、洗手间解决方案服务（卫浴配件、自动设施、消耗品的供应和维护）。企业将其核心竞争力描述为"依靠精心选拔、训练有素和充满激情的员工队伍，在前人经验的基础上为顾客提供高质量的服务"。

为现有顾客提供附加服务是企业的一个重要战略。能多洁集成服务为顾客提供了有别于传统"捆绑式"概念的全面集成服务，即把来自同一个供应商的几份独立配套服务合同结合起来。当顾客购买特定的解决方案时，可以享受到多种服务，但其服务特色仍然是"一张发票、一名客户经理、一个帮助平台、一份合同和一个热情洋溢的服务团队"。

前首席执行官克莱夫·汤姆森先生曾说："我们的目标是创造一个良性循环。我们以同一品牌名称在工商业活动中提供高质量的服务，因此对能多洁某一项服务满意的顾客可能会成为对其他服务也满意的潜在顾客……尽管这在当时被认为有些不可思议，但我们进入室内热带植物行业（提供和维护）的原因之一，就是为了把品牌直接展示在顾客面前。顾客可以看到我们的服务人员在前门修剪植物，而这与害虫控制形成了鲜明对比，在害虫控制方面，除非我们失败，否则没有人会真正意识到我们的存在……这个品牌代表着诚信、可靠、稳定、完整和技术领先。"

能多洁在研发上的投入确保了其众多服务项目的持续改进。例如，公司已经建立了雷达智能捕鼠器。雷达将老鼠吸引到一个可密封的空间里，通过注射二氧化碳将它们人道地杀死。使用公司独特的"害虫追踪"技术，当捕捉到老鼠时，设备会将电子邮件发送给顾客和最近的分支机构。此外，公司的技术人员还会收到短信，确定哪个建筑物里有老鼠，并做到精确定位。"害虫追踪"装置可以全天候运作，每隔10分钟自动对每个雷达装置进行检测。技术人员实时获取信息以确保能够及时清除被杀死的老鼠，还能对将来的虫害做出更有效的控制。

能多洁的成功在于，它能够根据公司的核心品牌价值对众多业务服务中的每一项进行定位，这些价值包括提供一流的顾客服务标准和应用最先进的技术服务及产品。在这个过程中，公司通过有形展示进一步强化品牌形象，这些有形展示包括识别度高的工作制服、车辆色彩搭配方案和企业标识的应用。

资料来源：Clive Thompson, "Rentokil Initial: Building a Strong Corporate Brand for Growth and Diversity," in F.Gilmore (ed.), *Brand Warriors*.London: HarperCollinsBusiness, 1997, pp.g g 123-124.

3.4 定位服务准则

定位战略关注的是创造、传递和保持区别于竞争者的独特差异性，这些差异性是企业最希望建立长期关系的顾客群体所能注意和重视的。杰克·特劳特将定位的精髓提炼为以下四条准则：[7]

（1）企业必须在目标顾客心中确立一个定位；

（2）定位应该是独一无二的，能为顾客提供简单而一致的信息；

（3）定位必须使企业有别于其他竞争者；

（4）企业不可能为所有顾客提供一切服务，因此定位必须集中精力。

上述准则适用于任何一类为争夺顾客而竞争的企业。企业必须理解定位的准则，以建立有效的竞争地位。定位理论能督促管理者分析企业现有的产品并详细回答以下六个问题，从而提供有价值的启示：

（1）我们在现有顾客和潜在顾客心中是什么形象？

（2）我们现在为哪些顾客提供服务或产品？未来我们的目标顾客是谁？

（3）我们目前提供的每项服务或产品的价值主张是什么？每项服务或产品的细分市场是什么？

（4）我们的服务或产品与竞争对手的有何不同？

（5）目标顾客对我们提供的服务或产品是否满意？

（6）为了加强在目标市场中的竞争地位，我们需要对我们的服务或产品做出哪些调整？

制定具有可行性的定位战略的挑战之一，是避免在容易被复制的差异特性上过度投资。我们在本章开篇案例中已经介绍了罗杰·布朗和琳达·梅森创办BH连锁儿童保育中心的特色和优势，他们在建立自己的服务理念和商业模式之前，对儿童保育行业进行了长期认真的考察。布朗和梅森发现，大多数以营利为目的的儿童保育企业都采用了低成本的策略，所以他们选择了一种竞争对手很难模仿的方式。

再举一个关于定位服务的例子。以前，需要审计服务的大企业通常会考虑全球知名的四大会计师事务所（见图3-3）。但是现在，越来越多的企业转向"二级"会计师事务所，以寻求更好的服务或更低的成本，或者获得更好服务的同时也能降低成本[8]。致同会计师事务所（Grant Thornton）是会计行业排名第五的事务所，它成功地将自己定位于为顾客提供便捷服务以及"对会计行业充满热情"的公司。致同会计师事务所的广告宣传了自己获得的奖项，该奖项是由 J.D.Powers 评估机构授予的"会计行业年收入高达120亿美元的优秀企业"奖。

图 3-3　四大会计师事务所

3.5　采用定位地图来规划竞争战略

定位地图是一种很有用的工具，可以使企业围绕服务营销战略关键要素建立起来的竞争定位形象化，可以绘制不同时期的发展情况，也可以刻画出潜在竞争者的反应场景。制作定位地图（有时称为感知地图）是把顾客对可相互替代产品的感知用图形呈现出来的有效方式。尽管三维模型可以呈现三种不同属性，但一般情况下定位地图只显示两种属性。当需要应用超过三个维度来描述产品在某个既定市场中的表现时，就需要绘制一系列独立的图形。

关于某个产品的定位信息，既可以从市场数据中推断出来，也可以来自有代表性的顾客评价，当然也可以两个方面兼而有之。如果顾客对服务特征的感知与管理层所定义的"真实情况"截然不同，就需要通过沟通努力来改变这些感知。我们将在第 7 章讨论这个问题。

3.5.1 酒店行业应用定位地图的实例

酒店行业存在激烈的竞争，特别是在客房供过于求的淡季。到大城市旅游的顾客会发现，无论他们考虑哪个级别的酒店都会有很多选择。实体设施的豪华程度与舒适度会成为一个选择标准；其他选择标准可能包括地理位置，安全性，会议室、商务中心、餐厅、游泳池和健身房等的可用性，以及常客的忠诚度计划。

让我们通过一个实例来了解在现实情况中如何应用定位地图。作为一家成功的四星级酒店，皇宫酒店（PALACE）管理层通过绘制定位地图将它们的酒店与竞争对手放在一起，这样能更好地了解在贝尔维尔（Belleville）这个大城市里，皇宫酒店现有市场地位中的潜在威胁。

皇宫酒店位于繁荣的金融区边缘，是一家环境幽雅、历史悠久的酒店，几年前进行过翻新和现代化改建。皇宫酒店的竞争对手包括 8 家四星级酒店和这座城市中历史最悠久的一家五星级格兰大酒店（Grand）。近年来，皇宫酒店盈利颇丰，入住率高于平均水平。一年中有好几个月，该酒店的客房在工作日都能销售一空，说明它对商务旅行者有很强的吸引力，相较于游客或会议客人，商务旅行者愿意支付更高的客房价格。然而，酒店总经理和他的员工却看到了即将出现的问题：最近，该市又有 4 家大型新酒店获得修建批准，而格兰大酒店也开始了大规模的翻新和扩建，包括修建一座新的建筑。竞争对手的变化，可能引发顾客认为皇宫酒店落后于其他酒店的风险。

为了更好地认识到竞争威胁的本质，皇宫酒店的管理团队与一名咨询顾问合作绘制了一张定位地图。定位地图显示了在新的竞争来临前后，皇宫酒店在商务旅行市场上的地位。研究内容包括四个关键属性：价格、服务水平、实体设施豪华程度和地理位置。

1. 数据资料

在存在竞争威胁的情况下，管理层没有进行新的顾客研究，而是从不同来源获取顾客感知数据：

（1）公开信息；

（2）酒店过去的调查数据；

（3）经常与顾客打交道的旅行社和经验丰富的酒店工作人员的研究报告。

2. 打分与酒店等级评定

在确定关键属性后，需要对每个属性进行打分，并根据这些属性对酒店进行等级评价，然后绘制定位地图：

（1）价格属性易于评价，因为每家酒店对商务旅行者收取的标准间平均价格已经被量化了。

（2）客房与员工的比例可以作为评判服务质量水平的基准，比例越低说明服务水平越高，然后根据主要竞争对手的服务水平信息对这个比例进行调整。

（3）实体设施豪华程度则是较为主观的属性，管理团队要确定一家成员们都认可的最豪华的酒店——格兰大酒店和一致认为基础设施简朴的四星级酒店（Airport Plaza），其他四星级酒店都以这两家酒店为基准来确定各自的豪华程度。

（4）地理位置的打分根据酒店与位于金融区中心的证券交易所大楼的距离来衡量，从以往的研究来看，入住皇宫酒店的大多数商务客人都是在这一区域范围内活动。因此，根据每家酒店与证券交易所大楼的距离对这些酒店的地理位置进行评分，互有激烈竞争关系的10家酒店均坐落在半径为4英里①的扇形区域内，从证券交易所大楼穿过城市的主要零售商业区（会议中心也坐落在这里），一直延伸到近郊和附近的机场。

按照上述步骤绘制的两幅定位地图呈现出目前的竞争情况。第一张（见图3-4）显示了10家酒店的价格和服务水平；第二张（见图3-5）显示了它们的地理位置和实体设施豪华程度。

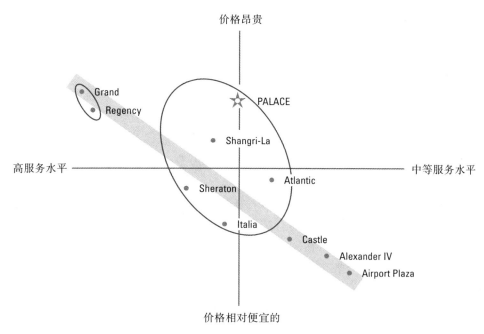

图3-4 贝尔维尔主要商务酒店的定位地图：按服务水平与价格定位

3. 结论

两幅定位地图反映的结论有一部分是创新性的，而另一些则提供了有价值的启示：

（1）图3-4显示了价格和服务水平两个属性之间有显著相关性——服务水平较高的酒店价格相对更高。图中从左上角到右下角的阴影带反映了这种相关性，这一结果并不意外（可以预料到，把该斜线向下延伸至三星级和评级较低的酒店，这种相关性同样存在）。

---

① 1英里=1.609千米。

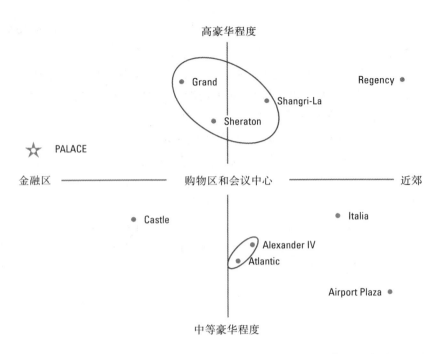

图3-5 贝尔维尔主要商务酒店的定位地图：按地理位置和实体设施豪华程度定位

（2）进一步的分析显示，在高档次市场中有三类酒店。在阴影带顶端有一家四星级丽晶酒店，它紧挨着五星级的格兰大酒店；在中间区域，皇宫酒店与其他四家酒店聚集在一起；在底部还有另外三家酒店。从这张图中可以发现，皇宫酒店收取的费用似乎远远（或者相对而言）高于其服务水平。但是，这也可视为是合理的，因为它的入住率一直很高，客人们似乎很愿意支付现有的价格。

（3）图3-5表明皇宫酒店和其他竞争者在地理位置和实体设施豪华程度方面的定位情况。我们并不认为这两个属性之间有关联，从定位地图上看也确实如此。该定位地图的一个重要发现在于，皇宫酒店在图上处于相对空白的区域，它是金融区唯一的一家酒店，这也解释了为何它的价格高于其应有的服务水平和实体设施豪华程度还被客人认为是合理的。

（4）在购物区和会议中心附近有两组酒店（见图3-6）：第一组是以格兰大酒店为首的3家相对豪华的酒店，第二组则包括两家豪华程度中等的酒店。

3.5.2 描绘未来场景有助于识别潜在的竞争性反应

皇宫酒店的管理团队接下来尝试预测正在贝尔维尔建造的4家新酒店的定位，以及大酒店可能的重新定位（见图3-6和图3-7）。对于绘制定位地图的专家团队而言，预测这4家新酒店的定位并不困难，特别是新酒店修建的初步细节已经向城市规划局和商业媒体公布。

新酒店的建造位置是已知的：两家酒店位于金融区，两家酒店在会议中心附近。格兰大酒店发布的新闻稿已经表明了其管理层的意图：新格兰大酒店（New Grand）不仅比原有的更大，而且更加豪华，同时还计划增加新的服务功能。新开的酒店中有三家隶属于国际连锁集团,它们的策略可以通过考察这些连锁集团近期在其他城市开设的酒店来推测,其中有两家酒店的所有者已经表明态度,他们计划将酒店定位为五星级水平。

定价也很容易预测。新酒店一般使用一个公式来设定房价(通常是在旺季的工作日晚上向客人收取的价格)。这个价格与每间客房的平均建造成本挂钩,对于每1 000美元的建造成本而言,对应要收取每晚1美元。因此,一个造价8 000万美元(包括土地成本)、拥有200间客房的酒店,其平均客房成本为40万美元,每晚每间客房的价格需要设定为400美元。根据这个公式,皇宫酒店的管理人员推算出结论,这四家新酒店的定价将远远高于格兰大酒店和丽晶酒店(Regency),这无异于在现有价格水平上设定一个**价格保护伞**(price umbrella),从而给竞争对手提高自己价格的机会。为了使自己高昂的价格看起来更合理,新开的酒店必须为顾客提供高标准的服务质量和豪华的设施。与此同时,新格兰大酒店也需要提高自己的价格,以回收由于装修、修建新建筑和提升服务水平所带来的成本(见图3-6)。

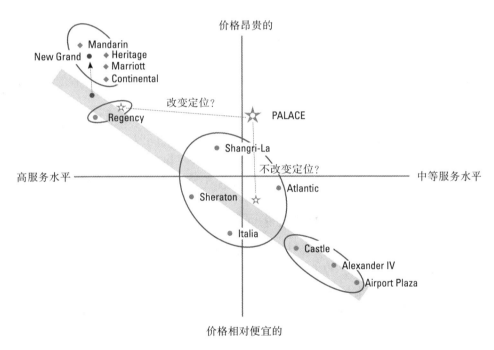

图3-6　贝尔维尔商务酒店的未来定位地图:按服务水平与价格定位

假设皇宫酒店和其他酒店都没有发生变化,市场上的新竞争者也显然会对皇宫酒店构成严重的威胁:

- 皇宫酒店将失去其独特的区位优势,成为未来紧邻金融区的三家酒店之一(见图3-7)。
- 销售人员预测,皇宫酒店现有的很多商务客人将会被大陆酒店(Continental)和文华酒店(Mandarin)所吸引,并会为了获得这两家酒店提供的附加利益而愿意支付更高的费用。

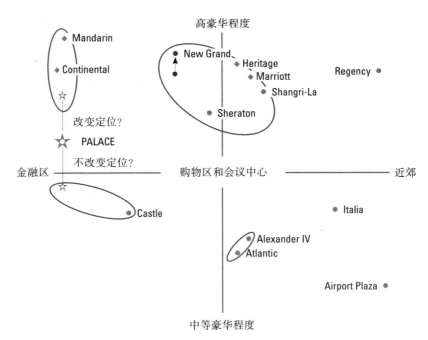

图 3-7 贝尔维尔商务酒店的未来定位地图：按地理位置和实体设施豪华程度定位

另外两家新开的酒店会对位于购物区和会议中心区域的香格里拉（Shangri-La）、喜来登（Sheraton）和新格兰大酒店构成更严重的威胁。与此同时，新格兰大酒店和 4 家新开的酒店将在市场顶端形成一个高价格、高服务质量（和高豪华程度）的集群，将丽晶酒店留在一个可能与众不同的（因此也是有防御能力的）空间。

3.5.3 定位地图有助于管理者将战略可视化

皇宫酒店的例子说明了将竞争态势可视化的意义。通过检验竞争环境中的预期变化将如何改变现有的定位地图，皇宫酒店的管理团队意识到一旦失去了地理位置的优势，酒店就不可能保持目前的市场地位。除非管理团队主动提高酒店的服务水平和实体设施豪华程度，并提高价格来平衡这些改进，否则皇宫酒店很可能会被推到一个更低的价格水平区间，从而很难维持当前的服务水平和设施档次。

3.6 制定有效的定位战略

既然我们已经理解了聚焦的重要性和定位准则，也利用定位地图实现了竞争定位可视化，那么接下来我们讨论应该如何制定一个有效的定位战略。服务型企业的实践表明，可以将 STP 战略与 3C（顾客、竞争者和企业）分析相结合，用以指导服务营销战略和行动计划。基于这些分析，定位能帮助服务型企业回答以下问题："我们的服务产品是什么？""谁是我们的顾客？""我们想让它变成什么？""我们必须采取什么行动才能实现目标？"

例如，领英（LinkedIn）一直致力于专业网络领域，并将自己定位于区别 Facebook

等其他社交网络。领英致力于建立用户的工作经验档案，而不是一个将假日和派对快照集中存放的图库。领英选择了一种类似于在线简历的、更简洁的界面设计，领英的重点顾客是专业人士，将这部分人群与其年收入生成模型并关联起来，可以向访问该模型的招聘人员收取费用，而且广告商有机会针对高级专业目标客户投放广告，这些客户群体是通过其他渠道难以接触到的。[9] 这一定位战略是成功的，截至2015年，领英在200多个国家和地区拥有超过3亿名会员，远远超过了竞争对手，包括法国的伟豆（Viadeo）和德国的侨兴环球（XING），这两家公司分别拥有7 000万和1 000万会员。

提出有效的定位主张需要有四个基本要素[10]，运用领英的例子解释如下：

- 目标受众——企业希望销售和服务的特定人群（例如，专业人士作为首要目标顾客，雇主和广告商作为次要目标顾客）。
- 参考标准——企业的竞争领域（例如，在社交网络领域）。
- 差异点——企业能提供的、有别于竞争对手的、最引人注目的优势（例如，专业人士和招聘人员能帮助你发展职业生涯、培养商业头脑、提升行业知识与能力）。
- 信任理由——企业能够证明自己可以为顾客提供那些承诺过的利益（例如，大多数情况下，我们的网络覆盖面比竞争对手大很多）。

将3C分析和STP战略整合的结果就是定位的描述，它确定了企业在市场中所期望的位置。基于这样的理解，企业营销人员可以制订下一步具体的行动计划，包括服务营销的7P组合策略、顾客关系管理与忠诚度策略，以及服务质量和生产率策略。本书其余章节将会讲述如何去做。

本章小结

1. 结合3C（顾客、竞争者和企业）分析，制定有效的定位战略：
   （1）市场分析关注的是市场吸引力（例如市场规模、市场发展及趋势）和顾客需求（例如需求服务水平、接触程度、传递渠道、消费时间及价格敏感度）。
   （2）竞争者分析考察的是竞争对手当前定位、优势和劣势，以发现本企业的机会。
   （3）企业分析聚焦于企业自身的品牌定位和形象、企业的优势和劣势，以及企业在商业活动中形成的价值观。
2. 制定顾客驱动的服务营销战略的关键要素是市场细分、目标市场和市场定位，通常称为STP。
3. 市场细分是将一个市场分成不同群体。同一细分市场中的顾客有着相同的服务需求。顾客需求是市场细分的重要前提，明确顾客需求能帮助企业重点关注顾客真正想要的是什么、什么决定了他们的购买决策；在此基础上，人口统计学、心理学和消费者行为因素等变量可用来进一步定义和描述关键市场细分。
4. 了解细分顾客可选择的重要属性和决定性属性的区别非常重要。
   （1）重要属性对顾客而言是很重要的，但对实际的购买决策可能并不重要（例如，安全性很重要，但旅行者可能会默认所有航空公司的航班都是安全的）。在这种情况下，不应将此类属性作为市场细分的基础。

（2）决定性属性通常在顾客重要性属性的排序中处于靠后的位置，但是这些属性能让顾客看到可供选择的竞争性服务之间存在的显著差异（例如，航班起降时间的便利性、飞机上的服务质量）。因此，顾客的决定性属性对于细分市场至关重要。

5. 明确了重要属性和决定性属性，管理者需要就在每个属性上提供何种水平的服务做出决策。根据顾客在价格和服务水平之间的权衡，服务水平通常被用作进行市场细分的重要属性。

6. 每个企业都需要把精力聚焦在那些能提供最佳服务的顾客群体身上，也就是企业的目标细分市场。企业必须具有目标顾客认可的竞争优势。为了获得竞争优势，企业可以遵循以下聚焦战略。

（1）完全聚焦：企业专注于为一个狭窄的目标细分群体提供有限的服务种类（也许只有一种核心产品或一项服务，如正文中的肖尔代斯医院）。

（2）市场聚焦：企业专注于为一个狭窄的细分市场提供广泛的服务，以满足该细分市场的多种需求（如能多洁企业）。

（3）服务聚焦：企业为较为广阔的市场提供种类有限的服务（如激光眼科诊所、星巴克或领英）。

（4）非聚焦。事实上，选择该战略对企业而言往往是不明智的，因为这会分散资源而使企业丧失竞争力（如百货商店）。

7. 一旦明确了目标顾客的决定性属性和相关服务水平，就可以决定如何在市场上进行定位。定位可以为企业或其产品建立和维持独特的差异性。定位的准则如下：
（1）企业必须在目标顾客心中确立一个定位；
（2）定位应该是独一无二的，能为顾客提供简单而一致的信息；
（3）定位必须使企业有别于其他竞争者；
（4）企业不可能为所有顾客提供一切服务，因此定位必须集中精力。

8. 定位地图是一种可以帮助企业制定定位战略的重要工具。它提供了一种形象化的方式，用以呈现顾客对可相互替代产品的感知，也可以帮助企业明确在哪里重新定位，甚至能够对竞争对手的行动进行预测。

9. 将3C分析和STP战略整合的结果就是对定位的描述，它能清晰表述该企业在市场中所期望的位置。在此基础上，企业就可以制订下一步具体的行动计划，包括服务营销的7P组合策略、顾客关系管理与忠诚度策略、服务质量与生产率策略。

复习题

1. 顾客驱动型服务营销战略的要素是什么？
2. 在市场细分中，最常用的市场细分基础有哪些？请举出实例对每个细分基础进行说明。
3. 在顾客的购买决策中，重要属性和决定性属性的区别是什么？
4. 为什么服务型企业要聚焦？描述基本的聚焦战略，并举例说明。
5. 制定有效定位战略时要考虑的问题有哪些？

6. 定位地图如何帮助管理者更好地理解和回应竞争动态性？
7. 描述定位战略的含义，并说明市场、顾客、企业和竞争者分析是如何影响定位战略的。

➡应用练习

1. 选择一家企业，识别这家企业使用什么变量进行市场细分，并用例子来支持你的结论。
2. 列举两个利用服务等级评定法（航空公司、酒店和租车行业除外）来实现产品差异化的服务型企业。阐述这两个企业如何利用市场定位的决定性属性和服务水平来实现与其他公司的差异化定位。
3. 试举出本章所讨论的四种聚焦战略所对应的例子。
4. 假设你已被皇宫酒店聘为咨询顾问，需要为该酒店提供咨询建议。根据定位地图（图3-5和图3-6）中的四个属性考虑皇宫酒店所面临的选项，你对皇宫酒店有什么建议？请对你的建议进行解释和说明。
5. 选择一个你熟悉的行业（如手机服务、信用卡或在线音乐商店），绘制一幅能反映该行业不同服务提供商竞争地位的定位地图。采用你认为具有决定性特征的属性，寻找市场空白，并为潜在的"蓝海"战略提供思路。

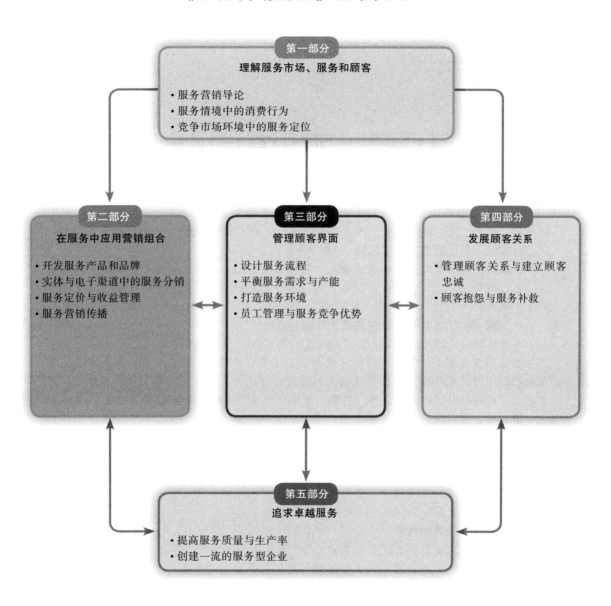

PART 2

第二部分

在服务中应用营销组合

第二部分回顾了传统营销组合的 4P（产品、价格、渠道和促销）。然而，4P 组合需要扩展，以考虑服务不同于有形产品营销的特殊属性。本部分由以下四章组成。

第 4 章 开发服务产品和品牌

本章讨论极具重要意义的服务概念，包含核心和附加要素。附加要素促进和加强了核心服务的提供。本章也涵盖了品牌、分层服务产品等内容，并解释了服务型企业如何建立品牌资产。

第 5 章 实体与电子渠道中的服务分销

本章考察时间和地点要素。制造商通常需要实体分销渠道来运送它们的产品。然而，有些服务型企业能够使用电子渠道来提供全部（或至少部分）服务要素。对于顾客在服务现场的实时服务传递，地点的便利性和时间的快速性已成为有效传递服务的重要决定因素。本章还讨论了中间商、特许经营、国际分销与市场进入的角色。

第 6 章 服务定价与收益管理

本章从企业与顾客的视角讨论了定价的概念。对于企业来说，定价策略决定了收益的产生。服务型企业需要实施收益管理，以在任何给定的时间里从可用的产能中实现收益的最大化。从顾客的角度来看，价格是其为获得预期利益而必须付出成本的一个关键部分。然而，顾客的成本通常还包括重要的非货币成本。本章还讨论了服务定价中的伦理和公平议题，以及如何制定一项有效的定价策略。

第 7 章 服务营销传播

本章讨论了服务型企业应如何通过宣传和教育就其提供的服务与目标顾客进行沟通。由于顾客是共同生产者，并对其他顾客如何体验服务表现有重要影响，因此，服务营销中的许多传播活动本质上是教育，目的是教会顾客有效地参与服务传递流程。本章涵盖了服务营销传播漏斗、服务营销传播组合，以及通过在线、移动和社交网络进行传播等内容。

第 4 章

开发服务产品和品牌

□ 学习目标

通过学习本章，你能够：
1. 理解服务产品的构成；
2. 熟悉服务之花模型；
3. 了解便利性附加服务与核心产品之间的关系；
4. 了解增强性附加服务与核心产品的关系；
5. 理解企业与单个服务产品的品牌化；
6. 探究服务型企业如何采用不同的品牌化战略；
7. 理解品牌化如何用于区分服务产品；
8. 讨论企业如何建立品牌资产；
9. 理解传递品牌化服务体验的要求；
10. 列举从简单风格变换到主体创新的新服务开发种类；
11. 描述企业如何在新服务开发中取得成功。

□ 开篇案例

星巴克的服务创新[1]

当你回想一个有特色的咖啡品牌时，马上出现在脑海中的名字极有可能是星巴克。星巴克将其成功归功于三个核心组成部分：①它认为其提供的是世界上最优质的咖啡；②其顾客服务目标是顾客每次走进门都能享受到一次令人振奋的体验；③其门店为那些流连忘返的人营造了一个高档且诱人的氛围。

星巴克已经进行了许多与咖啡本身毫不相关的零售与服务创新。它是世界上第一批在门店提供免费无线宽带的咖啡连锁店之一。之后，它与苹果公司的 iTunes Wi-Fi 音乐商店合作，以便顾客可以无限浏览在星巴克播放的歌曲，并且可以购买和下载到顾客的 iPhone 或 iPad 上。星巴克不断尝试提供顾客在享用咖啡时可能想要享用的那些创新服务。它推出了星巴克数字网络，提供独家电影预告片和优质视频及其他媒体内容。星巴克的移动应用程序允许顾客进行支付，查询支付卡余额及充值，查询星级和兑换奖励；顾客可以在咖啡师那里留下数字记录，寻找并使用定制化服务，查看菜单和营养成分，等等。最近，星巴克将 Spotify 纳入其移动应用程序，允许咖啡师和顾客挑选在咖啡店播放的歌曲。正如星巴克首席执行官霍华德·舒尔茨所言，"通过将 Spotify 的世界级流媒体平台与我们世界一流的咖啡店和数字生态系统联系起来，我们正在重塑数百万顾客发现音乐的方式"。

星巴克是一家致力于服务创新并取得巨大成功的公司。然而，面对激烈的竞争，星巴克必须继续重塑自我以维持竞争优势。

4.1 创造服务产品

近年来，越来越多的服务型企业开始谈论它们的产品——以往更多地与制造型产品相关联的一个术语。**产品**意味着能够区别于其他产出的、有着明确定义且统一的"产出集合"。在制造业情境中，产品的概念更易于理解和可视化。事实上，服务型企业也能效仿制造型企业通过提供各种产品"模型"来区分它们的产品。例如，快餐店用以展示其产品的菜单就是非常有形的。

许多无形服务的提供商也提供各种产品"模型"。通常，这些"模型"代表了围绕核心产品建立的、精心设计的增值附加服务的集合。例如，信用卡公司开发不同的卡种，每种卡都带有一系列不同的利益与费用。同样，保险公司提供不同类型的保险条款，大学提供不同的学位课程，包括必修和选修课程。产品开发的目标是设计出与众不同的且易区别于其他产品的产出组合。

所有服务型企业都面临着选择，即选择向市场提供的产品类型以及向顾客传递产品的方式。为了更好地理解服务的本质，需要进一步区分核心产品，以及旨在方便核心产品使用和增强核心产品价值的附加要素。

服务产品的构成要素

服务产品包括能够为顾客创造价值的服务表现所涵盖的全部有形和无形要素。经验丰富的服务营销人员明白，必须全面掌握企业希望顾客体验的整个服务表现。价值主张必须体现并整合为三个要素：①核心产品；②附加服务；③传递流程。

核心产品。核心产品是顾客真正要购买的"东西"。在酒店住宿一晚，核心产品是住宿和安全。在付款邮寄包裹时，核心产品是要保证包裹及时、完整地邮寄到正确地点。因此，核心产品是顾客寻求的那些提供基本效用、解决方案或体验的关键要素。事实上，某些核心产品是高度无形的。例如，信用卡和旅游保险产品，以及它们在功能、特色及定价方面的创新设计。

附加服务。核心产品的传递通常伴随着被统称为附加服务的其他系列服务相关活动。这些相关活动能够增强核心产品，促进其功效并强化其价值。[2] 随着行业的成熟和竞争的加剧，核心产品趋于同质化。为了获取竞争优势，服务型企业通常更强调附加服务，使其在区隔竞争服务、实现核心产品差异化方面扮演重要角色。

传递流程。服务产品的第三个构成要素是用以传递核心产品和附加服务的过程。服务传递流程的设计必须解决以下问题：

- 如何将不同的服务要素传递给顾客？
- 在服务传递流程中顾客角色的本质是什么？
- 传递需要持续多久？
- 所提供服务的既定水平和风格是什么样？

图 4-1 展示了一家豪华酒店提供的住宿服务的全部要素，是核心产品、附加服务和传递流程的整合。其中，核心产品，即房间的整夜租赁是由不同维度构成的，包括服务水平、协调安排（在下一位顾客付款之前可以使用房间的时长）、流程的特点（在本案例中指服务人员的过程处理），以及顾客的角色，即顾客需要自己做什么和酒店将为他们做什么（例如，铺床、提供浴室的毛巾和打扫房间）。

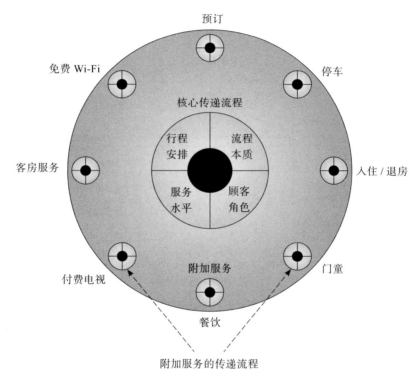

图 4-1 酒店提供的住宿服务的要素

围绕核心产品的是各类附加服务，涵盖预订、餐饮以及客房服务等要素。酒店越豪华，每个要素所要求的服务水平就越高。例如，对非常重要的客人，酒店可能会安排豪华轿车提供接机服务；客人可以在前往酒店的路上办理入住手续；当客人到达酒店时，会有专人将其护送到房间，那里有管家为他们提供服务。

本章结构概览如图 4-2 所示。

4.2 服务之花[3]

服务之花由核心服务和一系列附加服务构成。虽然可能存在数十种不同的附加服务，但几乎所有的附加服务都可以被归为八种类别（见表 4-1）；而不同类别又可以划分为便利性服务和增强性服务。便利性附加服务对服务传递或使用核心服务而言是必需的。增强性附加服务能够为顾客带来额外价值或吸引力。例如，咨询和接待是医疗保健服务中非常重要的附加服务。

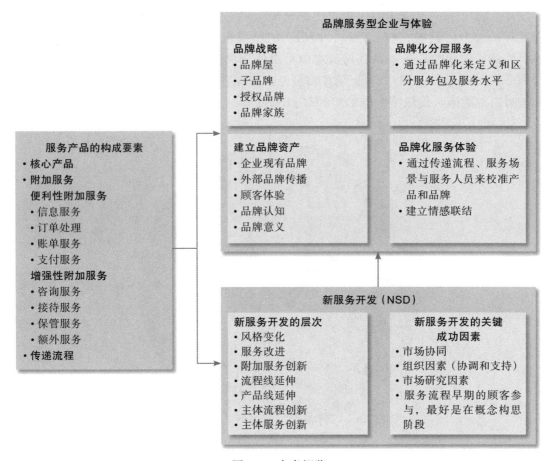

图 4-2 本章概览

表 4-1 为核心产品提供价值的便利性附加服务和增强性附加服务

便利性附加服务	增强性附加服务
·信息服务	·咨询服务
·订单处理	·接待服务
·账单服务	·保管服务
·支付服务	·额外服务

在图 4-3 中，八个分类像花瓣一样围绕着核心产品这一花蕊，便构成了"服务之花"。根据顾客接触附加服务的一般情况，花瓣按照顺时针方向以"信息服务"开头进行排列。在精心设计和管理优良的服务产品中，"服务之花"的花瓣和花蕊清新鲜活且形状良好。相反，设计糟糕或交付拙劣的服务就像花瓣缺失、枯萎或失色的花朵。此时，即使核心产品是完美的，服务之花看上去也会缺乏吸引力。

4.2.1 便利性附加服务

1. 信息服务

为了获取产品或服务的全部价值，顾客需要相关的信息。信息服务包括以下内容：

- 服务地点的说明。
- 服务安排或服务时长。
- 价格信息。
- 销售或服务条款和条件（见图4-4）。
- 最大化获取服务价值的建议。
- 避免潜在问题的警告和建议。
- 预订确认。
- 收据和门票。
- 变更通知。
- 账目明细。

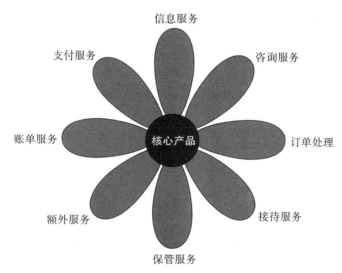

图4-3　服务之花：附加服务环绕的核心产品

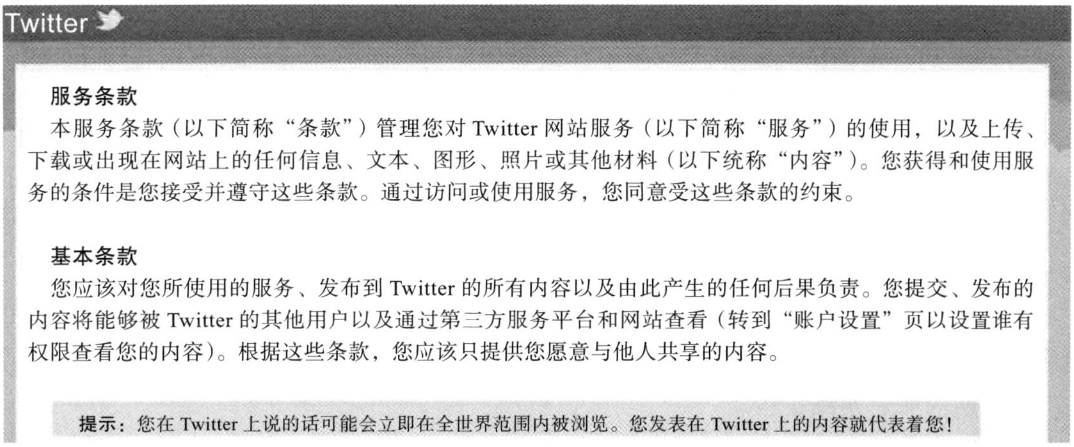

服务条款

本服务条款（以下简称"条款"）管理您对Twitter网站服务（以下简称"服务"）的使用，以及上传、下载或出现在网站上的任何信息、文本、图形、照片或其他材料（以下统称"内容"）。您获得和使用服务的条件是您接受并遵守这些条款。通过访问或使用服务，您同意受这些条款的约束。

基本条款

您应该对您所使用的服务、发布到Twitter的所有内容以及由此产生的任何后果负责。您提交、发布的内容将能够被Twitter的其他用户以及通过第三方服务平台和网站查看（转到"账户设置"页以设置谁有权限查看您的内容）。根据这些条款，您应该只提供您愿意与他人共享的内容。

提示：您在Twitter上说的话可能会立即在全世界范围内被浏览。您发表在Twitter上的内容就代表着您！

图4-4　Twitter为用户提供的服务条款

资料来源：Twitter.com © Twitter Inc.

传统的信息提供方式包括使用企业官方网站、移动应用程序、一线员工告知、自助服务机、指示牌、纸质通知单和小册子等。许多物流公司向顾客提供即时追踪包裹的服务，即每件包裹都配置唯一的识别号码。例如，亚马逊（Amazon）为顾客提供一个用以追踪包裹的识别码，使顾客能清楚地知道包裹的派送时间。

2. 订单处理

一旦顾客准备购买，一个关键的附加服务要素——订单处理就开始发挥作用。订单处理主要包括以下内容。

（1）订单输入：

- 现场订单输入。
- 邮件、电话、电子邮件、网站、移动应用程序订单。

（2）预订或登记入住：

- 座位、餐桌、房间。
- 车辆或设备租赁。
- 专业人士预约（如专业 DJ、心理咨询师）。

（3）申请：

- 俱乐部或项目的会员资格。
- 签约服务（如水、电、气等公用服务）。
- 基于准入条件的服务（如金融信贷、大学入学申请）。

订单可以通过销售人员、电话和电子邮件、网络或其他各种方式来实现。订单处理的过程应确保友好、快捷和准确，从而不会使顾客浪费时间或付出不必要的脑力或体力。

服务预订（包括预约和登记入住）是一种特殊的订单处理方式，它使顾客能够选择特定的服务内容。技术能够帮助顾客和服务型企业更早、更快地进行预订和订单处理。例如，航空公司现在采用依托电子邮件和移动应用程序的无纸化订票系统。顾客在成功预订后会收到一个确认码，并且只需要在机场出示身份证件（或移动应用程序上的电子机票）就能获取座位信息及登机牌。银行、保险公司和公共服务机构要求潜在顾客完成服务申请流程，以便它们能够收集相关信息，并筛选和排除不符合基本注册标准的申请者。

3. 账单服务

几乎所有的服务产品都会涉及账单服务。及时的账单服务能够鼓励顾客尽快地支付。账单服务的内容主要涵盖：

- 定期的账户明细报告。
- 个人交易的发票。
- 口头告知账户金额变更。
- 自助付款交易时，在线或机器显示账户金额变更。

也许最简单的方法是自助账单,即顾客自己计算服务订单的费用,然后授权进行信用卡或网络支付。在这种情况下,虽然服务型企业仍需要核实账单以确保准确性,但账单服务和支付服务已经合二为一。

顾客通常期望收到清晰且信息丰富的账单,上面清楚地罗列着消费记录和费用总额。毫无疑问,那些不加解释的晦涩符号就好比古埃及墓碑上的象形文字(只有具备专业财务知识或数据处理技能的高级"祭司"才能理解),无法在顾客心目中建立良好的形象。

繁忙的顾客不愿意在酒店、餐厅或租车场所等待服务人员开列账单。许多酒店和汽车租赁公司已经创建了快速结账选项,即提前获取顾客的信用卡信息,然后通过电子邮件向顾客索取费用。然而,账单的准确性是最重要的。即使顾客愿意使用快速结账方式以节省时间,他们也绝对不希望随后在更正消费金额和退款上面浪费时间。

一些汽车租赁公司还使用了另一种快速结账的方式。服务人员在顾客还车时接待顾客,并检查汽车的行驶里程数和油表读数,然后使用便携式无线终端现场打印账单。

4. 支付服务

在大多数情况下,账单都需要顾客直接进行支付。当然,银行账单与其他一些直接借记支付的服务除外,因为这些服务的费用将从顾客账户中直接扣除。事实上,有许多支付方式可供选择,顾客更倾向于选择方便易用的方式。这些支付方式包括:

(1)自助支付:

- 将卡、现金或代币插入机器。
- 电子转账。
- 邮寄支票。
- 网上输入信用卡号。
- 在线支付系统。

(2)直接或间接支付:

- 现金处理或找零。
- 支票处理。
- 信用卡、收费单、借记卡处理。
- 优惠券兑换。

(3)账户存款自动扣除:

- 自动化系统(如入口的自动检票机)。
- 通过直接付款预先安排自动扣除账单支付(如银行贷款和后付费手机订阅计划)。

事实上,自助支付系统需要顾客在机器中投入硬币、钞票、代币或插入银行卡。但是,设备故障会影响系统的功能,因而良好的维护和及时的故障排除至关重要。许多服务仍采用现金或信用卡支付的形式,其他替代方式包括优惠券、代金券及预付券,以及在网络购物时能够提供免费且安全的电子支付方式。

4.2.2 增强性附加服务

1. 咨询服务

最简单的咨询是具备专业知识的服务人员响应顾客的要求:"你有什么建议?"例如,理发时,你可能会向发型师询问有关发型与护发产品的建议。有效的咨询服务要求服务人员在提供合适的解决方案之前,深入理解顾客的当前状况。咨询服务的主要类型包括:

- 定制化建议。
- 一对一的专业咨询。
- 服务过程中的辅导或培训。
- 管理或技术咨询。

咨询服务比一般的服务更细致和更具针对性。它要求服务人员帮助顾客更好地了解他们自己的状况,进而让顾客提出并决定"自己的"解决方案和行动计划。这种专业的咨询方式对某些服务来讲是很有价值的附加服务,如医疗服务中面临的一大挑战便是帮助顾客用长远的眼光看待自身的健康问题,并说服他们采取更健康的生活方式。例如,像慧俪轻体(Weight Watchers)这样的减肥中心通过提供专业的咨询服务帮助顾客改变饮食习惯,进而保证在减肥初步奏效后继续维持减肥效果。

更加正式和专业的咨询服务是向企业客户提供管理和技术类咨询,包括与昂贵的工业设备及服务相关的"销售解决方案"。销售工程师对企业客户的现状进行研判,并提供有关"什么样的特定设备和系统将产生最佳绩效"的建议。

2. 接待服务

理想的接待服务应该为新顾客的到来和老顾客的再次光顾营造一种愉悦的氛围。管理有素的服务型企业总是试图确保其员工以迎接宾客的方式对待顾客。无论是在面对面的顾客接触中,还是在电话沟通中,礼貌和周到地对待顾客都非常重要。接待服务包括以下内容。

(1)问候顾客。
(2)提供食物和饮料。
(3)提供休息室与洗手间。
(4)提供等候设施与待客设施:

- 休息室、等候区、座位。
- 预防天气不好的措施。
- 杂志、娱乐、报纸。

(5)通勤服务。

接待服务在面对面的顾客接触中体现得最为充分。在某些情况下,接待服务是以接送顾客到某一服务场所作为起始和终结的。如果顾客在接受服务前必须在户外等候,那么体贴的服务提供商应该提供必要的保护措施,以避免顾客遭受恶劣天气影响;如果顾客必须在室内等候,那么就应该提供带有座位甚至娱乐设施(电视、报纸或杂志)的等候区，以帮助顾客打发时间。例如，全球服装零售商阿贝克隆比 & 费奇（Abercrombie & Fitch）的购物者，即使没有购买任何东西，也会在进出商店时享受到热情的问候："您好"和"谢谢"。

服务型企业提供的接待服务的质量在决定顾客满意度方面扮演着重要角色，特别是有人员参与的服务过程，因为在核心服务交付之前，顾客无法轻易地离开服务场所。例如，私立医院通常试图提供堪比高级酒店的高水平病房服务来增强市场吸引力。

3. 保管服务

当顾客光临服务场所时，他们通常希望妥善保管好个人财物。事实上，顾客根本不会去光顾一些没有提供特定保管服务的服务场所。保管服务包括：

- 儿童托管、宠物看管。
- 提供停车场、代客泊车。
- 衣帽间服务。
- 行李保管。
- 储存服务。
- 保险箱。
- 安保人员。

负责任的服务型企业会密切关注到访服务场所的顾客，并为其提供人身安全和财产保管服务。富国银行（Wells Fargo Bank）在向顾客邮寄账单的同时，还会派发小册子介绍如何安全使用 ATM 机，并向顾客宣传如何保护好他们的银行卡以及如何避免被盗或受到人身伤害。同时，银行还需要确保在光线良好和引人注目的位置放置 ATM 机，并且安装视频监控设备。

同样，许多服务型企业涉及敏感信息（如医疗保健服务和金融服务）处理，必须确保顾客的无形金融资产和个人隐私得到精心保护。

4. 额外服务

额外服务是指常规服务传递以外的附加服务。精明的服务型企业能够预料意外情况的发生，并事先制订应急方案和指导方针。这样，当顾客需要特殊的帮助时，服务人员就不会因为没有事先准备而显得惊讶和手足无措。设计良好的服务流程使服务人员更容易及时、有效地对顾客需求做出反应。额外服务大致可以分为以下类型：

（1）特殊要求。顾客可能会要求有别于常规服务流程的服务。这些特殊要求通常与个人需求有关，比如照顾儿童、饮食要求、医疗需求、宗教信仰以及与身体残疾相关的需求等。这些特殊要求在旅游和酒店业尤为普遍。

（2）解决问题。有时常规的服务传递（或产品功效）会因为事故、延迟、设备故障或顾客使用困难等而无法顺利开展或实现，这时就产生了解决问题的额外服务需求。

（3）处理投诉、建议或表扬。这些活动需要设计良好的流程。服务型企业应该让顾客表达不满、提出改进建议或给予表扬变得更加容易，还应该对顾客意见或反馈给予快速而适当的回应（见第 13 章关于投诉处理和服务补救的内容）。

（4）赔偿。在遭遇严重的服务失误或产品问题后，许多顾客希望得到赔偿。赔偿的形式包括保质期内的维修、司法调解、退款、免费服务或任何其他形式的赔偿。

服务型企业需要密切关注顾客的额外服务需求。过多的额外服务需求可能表明原有的标准化服务流程需要改进。例如，如果一家餐厅不断收到顾客请求，要求增加菜单上没有的素食，这就意味着是时候考虑在菜单上增加一两种素食菜品了。事实上，灵活处理顾客的额外需求不失为一种好的方法，因为这反映了服务型企业对顾客需求的快速响应。但也需要注意，过多的额外服务可能会降低服务的规范性和可靠性，进而对其他顾客产生负面影响，也会使服务人员负担过重。

4.2.3 管理意义

构成"服务之花"的八类附加服务共同为增强核心产品提供了多种选择。大部分附加服务都（或应该）体现服务型企业对顾客需求的响应。如前所述，便利性附加服务如信息服务和预订服务等，能够使顾客更有效地使用核心产品，而另外一些则是增强核心产品或降低非财务成本的"额外"服务，例如餐饮、杂志和娱乐都是帮助顾客打发等待时间的接待要素。一些要素，尤其是账单服务和支付服务，都是由服务型企业主动提供的，即使顾客并没有主动要求得到这些服务，这些要素也是整体服务体验的重要构成部分。任何要素处理不当，都会对顾客的感知服务质量产生负面影响。"服务之花"中的"信息服务"和"咨询服务"两片花瓣充分显示了本书强调的服务顾客沟通中教育与促销的重要性（见第7章关于服务营销传播的内容）。

服务型企业的市场定位战略决定着企业应该提供哪些附加服务。一项旨在提升顾客服务质量感知的战略比一项聚焦价格竞争的战略需要更多的附加服务。此外，围绕共同的核心产品渐进性地提升附加服务的水平是形成服务产品线差异化的重要基础，例如，航空公司根据不同舱位提供不同的航空服务。

"服务之花"的不同构成要素就像一个清单，可以帮助服务型企业不断探寻新的途径来增强现有核心产品和设计新的服务。无论企业决定提供哪些附加服务，都应该对"服务之花"所涵盖的服务要素给予充分的重视，从而持续地满足既定的服务标准。只有这样，"服务之花"才能始终保持鲜艳诱人的形象。

4.3 品牌服务型企业、产品和体验

品牌在服务中扮演着重要角色，正如伦纳德·贝里所言：

> 强势品牌能够使顾客更好地理解无形产品。它们可以降低顾客在购买服务时对货币、社会或安全风险的感知，而这些风险在购买之前难以评估。当企业声明不能触摸衣服面料、不能试穿裤子、不能仔细检查西瓜或苹果、不能试驾汽车时，强势品牌就是替身。[4]

几乎所有的服务型企业都可以在企业和产品层面实现品牌化。在经营良好的服务型企业中，企业品牌不仅容易被识别，而且对顾客有特殊的意义，能够代表一种特定的经

营方式。对个别产品赋予不同的品牌名称，能够使企业在与目标市场沟通时，帮助顾客形成基于特定服务理念的差异化服务体验和利益。

服务品牌化有助于实现服务产品的差异化。典型的案例便是悦榕酒店度假村集团（Banyan Tree Hotels & Resorts）（详见书后案例3），它为不同的目标顾客精心打造差异化服务产品，并对这些服务产品赋予"天堂蜜月""温泉放纵""亲密时刻"等不同的品牌名称。[5] 后者是专为庆祝结婚纪念日的夫妇而特别设计的：当发现他们的别墅装饰着点燃的蜡烛、燃烧的熏香，花瓣遍布整个房间，床上铺着绸缎床单，还有冰镇香槟或葡萄酒，以及一个备有鲜花、蜡烛和各种芳香精油的私人室外游泳池时……这对他们来说简直就是惊喜。将这一系列服务产品组合进行品牌化，悦榕酒店可以通过网站、分销商和预订中心进行服务产品销售，并在酒店中对服务人员进行针对性培训。毫无疑问，如果不给服务产品进行命名或准确界定服务产品的价值和利益，会导致市场营销、销售及服务传递等后续活动失去效果。接下来让我们来学习可供服务型企业选择的品牌化战略。

4.3.1 服务品牌战略

大多数服务型企业都会提供一条服务产品线，而非单一的服务产品。因此，企业必须在四种宽泛的品牌化战略中进行选择：品牌屋（如使用单一品牌覆盖所有产品和服务）、品牌家族（如每项服务产品都使用独立的品牌）、子品牌和授权品牌（这两种都是将以上方法相结合）。[6] 这些品牌化战略构成了如图4-5所示的一个光谱，我们将在后续章节中讨论。

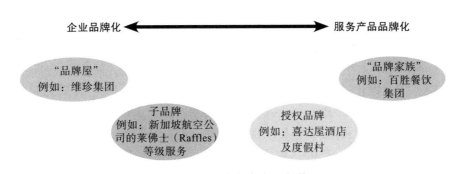

图4-5　品牌化战略的光谱

资料来源：James Devlin, "Brand Architecture in Services: The Example of Retail Financial Services" *Journal of Marketing Management* 19(9-10) (2003): 1046, © Jochen Wirtz.

品牌屋。品牌屋一词用于描述像维珍集团（Virgin Group）这样的企业，它们将品牌名称应用于不同的服务产品中，甚至是不相关的服务领域。[7] 维珍集团的核心业务领域是旅游、娱乐和生活，但它也提供金融服务、医疗保健服务，以及媒体和电信服务。这种品牌化战略的不足之处在于，品牌的过度扩张会导致品牌影响力被逐渐稀释。

子品牌。对子品牌而言，企业品牌或主品牌是主要的参照点，但每个产品都有一个独特的名称。联邦快递（FedEx）已经成功地运用了子品牌战略。当企业决定重塑其并购的地面运送业务时，便选择了联邦陆运（FedEx Ground）这个品牌名称，并更换了企业标识中的颜色（用紫色和绿色代替紫色和橙色），其目的是将航空运输服务中的可靠性和及时性等正面形象延伸到低成本、小包裹的陆运服务中。著名的航空运输服务此后也更名为"FedEx Express"。联邦快递品牌家族中的其他子品牌还包括"FedEx Home Delivery"（对美国住宅的上门递送服务）、"FedEx Freight"（低于卡车载重量的区域性重型货物运输服务）、"FedEx Custom Critical"（不停歇的门对门急件运输服务）、"FedEx Trade Networks"（报关、国际货运代理和贸易便利化服务）、"FedEx Supply Chain"（商品同步流动的综合解决方案服务），以及"FedEx Office"（办公室和印刷服务、技术服务、航运服务以及城市与郊区零售店的包装服务）。[8]

授权品牌。就授权品牌来说，产品品牌占据主导地位，但授权企业的品牌仍然需要加以标识。许多酒店便是采用这种方式，它们拥有一系列子品牌或授权品牌。例如，洲际酒店集团（Intercontinental Hotel Group）是知名企业，它的产品品牌同样居于强势地位，这些品牌包括：洲际酒店及度假村（Intercontinental Hotels & Resorts）、皇冠假日酒店及度假村（Crowne Plaza Hotels & Resorts）、英迪格假日酒店（Hotel Indigo）、假日酒店（Holiday Inn）、假日酒店度假俱乐部（Holiday Inn Club Vacations）、假日酒店度假村（Holiday Inn Resort）、假日快捷酒店（Holiday Inn Express）、斯普林希尔套房酒店（Staybridge Suites）、坎特伍德套房酒店（Candlewood Suites）、逸衡酒店（Even Hotels）、华邑酒店（Hualuxe）及其顾客忠诚计划——优悦会（IHG Rewards Club）。[9]

多品牌战略要取得成功，每个品牌必须针对不同的顾客细分市场提出差异化的价值主张。需要注意的是，在某些情况下，顾客细分市场是高度情境化的。例如，同一顾客在不同的情境下（同家人旅行或公务出差）可能会产生不同的需求（和支付意愿）。多品牌战略旨在鼓励顾客在品牌家族内持续地消费。顾客忠诚计划便是为此而设计的。例如，顾客因公务出差时在某子品牌进行消费而获取的忠诚积分，可以在旅游休闲时通过其他子品牌进行兑换使用。

品牌家族。在品牌化战略光谱的最右端是品牌家族战略。一个典型的服务型企业范例便是百胜餐饮集团（Yum! Brands Inc.），该企业在125个国家拥有超过40 000家餐厅，年销售额达130亿美元。虽然很多人可能没有听说过百胜品牌，但人们肯定熟悉它们的餐厅品牌——塔可钟（Taco Bell）、肯德基（KFC）、必胜客（Pizza Hut）。这些品牌都以相互独立的方式进行市场推广。

4.3.2 利用品牌推广服务产品

在服务行业中，品牌化不仅用于区分核心产品，还用于区分不同的服务水平。这种现象被称为服务分层，它在住宿、航空、汽车租赁以及计算机硬件和软件支持等行业中十分常见。表4-2显示了这些行业进行服务分层的示例。服务分层的其他示例包括医疗保险、有线电视和信用卡服务。

在航空业中，不同的航空公司决定着不同舱位的服务应该具备的服务水平。事实上，像英国航空公司（British Airways）和维珍航空公司（Virgin Atlantic）这样具备高度创新性的航空公司正在不断尝试增加新的服务功能，例如为熬夜飞行配备可折叠床铺的商务舱座位。在其他行业，服务分层通常反映不同企业的服务组合策略，即将服务要素整合到数量有限且单独定价的不同服务组合中。我们来看看以下几个例子。

表 4-2 服务分层的示例

行 业	分 层	分层中使用的关键服务属性和实体因素
住宿	星级或钻石级（从 5 级到 1 级）	建筑；园林绿化；房间大小、家具和装饰；餐厅设施和菜单；客房服务时间；服务和体育设施；员工服务水平；服务人员的能力和态度
航空	等级（洲际）：头等舱、商务舱、豪华经济舱、经济舱①	座位间距（前后距离）、座位宽度和能否平躺；餐饮服务；人员配备比例；登机速度；出发和到达休息室；行李检查速度
汽车租赁	车辆等级②	根据车辆尺寸（从微型车到大型车）、豪华程度，以及特殊车型（小型货车、运动型多功能车、敞篷车）
计算机硬件和软件支持	支持等级	服务的时间；响应速度；部件更换的速度；是技术人员服务还是自助服务；附加服务的可得性

① 只有少数几家航空公司提供多达四个级别舱位的洲际服务，国内服务通常只有一到两个级别的舱位。
② 安飞士（Avis）和赫兹租车公司基于汽车尺寸和豪华程度提供七种等级的服务，以及几种特殊车型。

安飞士。 安飞士专注于两类顾客——普通消费者和企业客户。针对普通消费者，安飞士依据不同汽车的类别和等级（如微型汽车、小型汽车、中型汽车、标准型汽车、全尺寸汽车、专业型汽车、优质汽车、豪华型汽车、标准型精英 SUV、中型 SUV、全尺寸 SUV、优质 SUV、敞篷车、小型货车和客车）来对服务进行分层。例如，顾客如果不想自己开车，他们可以选择安飞士代驾服务，代驾司机不仅负责驾驶汽车，还可以充当移动礼宾服务人员。安飞士的企业客户有四类：中小企业、娱乐与生产企业、会议与团体用户、政府及军事机构。[10]

英国航空公司。 英国航空公司是航空业中运用强势子品牌以区分服务等级的综合范例，它推出了许多与众不同的航空旅行产品，包括：头等舱（高级服务）、欧洲俱乐部（欧洲航班商务舱）、世界俱乐部（长途国际航班商务舱）、伦敦城市俱乐部（伦敦城与纽约肯尼迪机场之间的航班商务舱）、高级世界旅游者（高级经济舱）、世界旅游者（长途国际航班经济舱）、欧洲旅游者（欧洲航班经济舱）和英国本岛穿梭机（英国航班经济舱）。英国航空公司的每个子品牌都代表一个特定的服务理念以及一系列明确的服务特性，清楚地描述飞行前、飞行中以及到达后的各项服务要素。为了聚焦于产品、定价和营销沟通，每项服务的开发和管理都由相互独立的管理团队负责。通过内部培训和外部沟通，员工和乘客都能了解每项服务的特点。除了国内航班以外，英国航空公司的绝大多数飞机都可以提供多种等级的航空服务。例如，英国航空 777-300s 洲际机队可以提供头等舱、世界俱乐部、高级世界旅游者、世界旅游者等多种航空旅行服务产品。

在任何航线上，所有乘坐特定航班的乘客都会获得相同的核心产品服务，如从美国洛杉矶到英国伦敦的 10 小时飞行服务，但绝大多数附加服务要素在性质和内容上差异很大，无论是在地面还是在空中的服务皆是如此。就像世界俱乐部的乘客，不仅可以从更好的有形服务要素中受益，还可以从航空服务人员那里获得更个性化的服务。此外，这些乘客还能享受更快捷的伦敦地面票检和签证服务（针对某些特定航班），以及行李提取服务（优先处理）。头等舱的乘客还能享受到更多、更好的服务。[11]

太阳微系统的硬件与软件支持服务。太阳微系统是甲骨文公司的一个品牌,它展示了如何在高科技领域及 B2B 市场运用品牌化战略打造不同层次的专业服务。太阳微系统在一个名为"太阳光谱支持"(SunSpectrum Support)的品牌项目中提供了全面的硬件及软件支持服务。[12] 企业提供四个等级的专业服务(见图 4-6),分别命名为从铂金级到青铜级的子品牌,其目的是让客户按照组织的需要(和购买意愿)灵活地选择合适的服务等级,包括从企业级昂贵的、关键任务支持(铂金级服务计划)到相对便宜的自助式维护支持(青铜级服务计划)。

铂金级:提供全天候的所有现场服务支持,2 小时内服务响应。

黄金级:提供周一至周五上午 8 点至晚上 8 点关键任务的现场服务支持;全天候电话服务;4 小时内服务响应。

白银级:提供周一至周五上午 8 点至下午 5 点基础的现场服务支持;周一至周五上午 8 点至晚上 8 点的电话服务;4 小时内服务响应。

青铜级:提供早上 8 点到下午 5 点的自助电话服务。

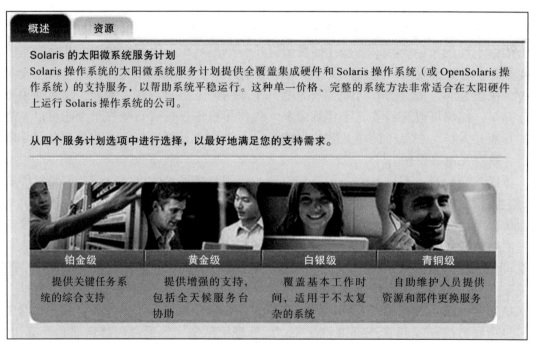

图 4-6　太阳微系统的服务计划明确区分了服务级别

资料来源:Oracle.com © Sun Microsystems, Inc.

4.3.3　建立品牌资产

为了建立一个强势品牌,我们需要理解品牌资产的基本构成。品牌资产是品牌带来的价值溢价,它反映的是顾客愿意为购买品牌服务而非没有品牌的类似服务所支付的额外金额。图 4-7 展示了构成品牌的六个关键要素:

- 企业现有品牌——主要通过广告、服务设施和服务人员。
- 外部品牌传播——口碑与公众评价,这些是企业无法控制的部分。
- 顾客体验——顾客在光顾企业时所经历的事情及感受。
- 品牌认知——顾客在接受提示后识别和回想起品牌的能力。
- 品牌意义——当品牌被提及时,顾客脑海中产生的想法。
- 品牌资产——品牌相较于竞争者的营销优势水平。

从图 4-7 中可以发现,企业的营销及外部品牌传播有助于建立品牌知名度。然而,顾客对品牌的真实体验在建立品牌资产方面作用更显著。

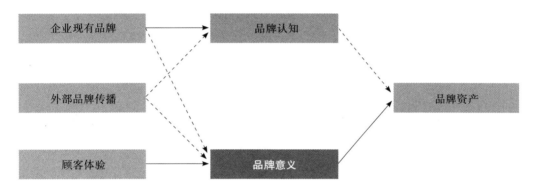

图 4-7 服务品牌化模型

注:实线箭头代表关联性强,虚线箭头代表关联性弱。
资料来源:Leonard L. Berry, "A Service-Branding Model," *Journal of Academy of Marketing Science* 28(1): 130; published by Springer © 2000.

4.3.4 提供品牌化服务体验

在全球范围内,许多金融服务企业都在不断地开发和创新品牌,以将其服务与主要竞争对手区隔。它们的目标是将一系列的服务要素和流程转化为一种稳定的、可识别的服务体验,进而在既定价格条件下提供确定的、可预测的服务产品。遗憾的是,除了品牌名称之外,大多数品牌之间并没有显著的差异:不同企业提供的服务雷同,且它们的价值主张也不够清晰。唐·舒尔茨强调:"品牌承诺或价值主张不是体现在一张标签、一个图标、一种颜色或图形元素上,尽管所有这些可能都有所贡献。相反,品牌承诺或价值主张是品牌的核心和灵魂。"[13]

服务营销人员的一个重要角色是要成为"品牌拥护者",熟悉并负责塑造顾客体验的各个方面。我们可以将品牌化服务体验的概念与"服务之花"的比喻联系起来,强调每片花瓣的颜色和结构的一致性。

除了设计优质的服务产品并赋予它们品牌名称之外,我们如何传递品牌化服务体验?[14] 首先,我们必须使服务产品、品牌与传递流程,服务场景、服务人员与品牌主张保持一致。为实现这一目标,关键在于构建优质的服务流程(见第 8 章设计服务流程)。

此外，服务的情感体验可以通过服务场景有效构建（见第 10 章打造服务环境）。创建情感体验最困难的部分是建立人际关系，即在顾客与服务人员之间建立信任。[15] 因此，我们需要投资于能够传递品牌化服务体验，进而创造顾客忠诚的优秀服务人员（见第 11 章员工管理与服务竞争优势）。

4.4 新服务开发

激烈的竞争和日益上升的顾客期望正在对几乎所有的服务行业产生影响。优秀的服务型企业及服务品牌不会满足于提供现有的服务产品，它们还通过创新及创造新的服务手段来持续进步。[16]

4.4.1 新服务类别的层次结构

对服务型企业而言，有多种方法和路径进行服务创新。我们提出七种类别的服务创新，涵盖从简单的风格变化到主体服务创新各个层次。

风格变化。风格变化是最简单的服务创新类型，一般不会涉及流程或服务表现的变化。然而，风格变化的影响往往是最明显的，能够激发顾客的兴趣，有助于调动服务人员的积极性。例如，重新设计零售店面、网站或为员工配备新的工作服。

服务改进。服务改进是最常见的服务创新类型，它涉及对现有产品的性能进行细微调整，包括对核心产品或现有附加服务的改进。例如，斯德哥尔摩的利德玛酒店装有许多小按钮，顾客可以从摇滚、乡村爵士、R&B 音乐中选择他们喜欢的类型。这是一个简单但独特的改进，可以强化顾客的体验。[17]

附加服务创新。附加服务创新是指在现有核心产品中增加便利性或增强性的服务要素，或者是大幅改进现有的附加服务。对现有服务进行低技术含量的创新比较简单，例如，在零售店增加一个停车场，或开始接受手机移动支付。像雨林咖啡（Rainforest Café）这样的主题餐厅正努力用全新体验提升核心餐饮服务：咖啡馆的设计与布置让顾客可以尽情享受自然风情，有水族馆、活鹦鹉、瀑布、玻璃纤维的猴子、会说话的树木以及定时的雷暴和闪电等。

流程线延伸。流程线延伸通常代表了一种新的服务传递过程。其目的是为现有顾客提供不同的和更便捷的服务体验，或吸引那些对原有服务不感兴趣的新顾客。通常情况下，这种服务创新包括在现有高接触渠道中增加低接触分销渠道，例如，由自助服务对人工服务进行补充，或建立在线及移动应用端服务。

产品线延伸。产品线延伸是对企业现有产品线进行补充。率先在市场上提供某类产品的企业可能被视为革新者。这些新服务可能聚焦于现有顾客更广泛的需求，或旨在吸引具有不同需求的新顾客，抑或两者兼备。例如，一家餐厅进行产品线延伸，为爱狗人士的宠物狗提供餐饮服务，这样一来主人和他们的狗便可以在同一家餐厅用餐。

主体流程创新。主体流程创新主要是指运用新的服务流程来传递现有核心产品，以增加额外利益。例如，在线课程正在利用互联网和智能设备等尖端技术革新着高等教育。赛巴斯蒂安·特伦是斯坦福大学的终身教授，在 2012 年创立了营利性教育机构——

优达学城。同时，同样来自斯坦福大学的吴恩达和达芙妮·科勒创办了非营利机构——课程时代，它是一个运用大规模开放在线课程（MOOCS）来完全重新设计教育的竞争者。

事实上，在线学习以往主要的创新是使在线课程更加有效和成功，而如今这些课程充分利用了在线视频、简短作业布置、模拟和论坛的交互性。学生可以根据需要随时观看和学习课程的任何部分，直至他们完全掌握。正如可汗学院创始人兼前对冲基金分析师萨尔曼·可汗所言："如果人们见面，他们就不需要演讲；如果不想让他们相互影响，那么信息应该只存在于视频或备忘录中。"[18] 在线教育对世界各地的大学来说无疑意味着巨变；对学生而言，教育模式也将发生深刻改变。

主体服务创新。这是针对以前尚未明确的市场推出新的核心产品，它们通常包括新的服务特征以及崭新的服务流程。例如，亚马逊实施多元化创新，推出按需计算服务并成为云计算服务领域的领导者（见图4-8）。其他例子还包括希望推出亚轨道太空旅行服务的维珍银河（Virgin Galactic）和美国航天公司（XCOR Aerospace）。太空探险公司（Space Adventures）是航天飞行行业的领先企业，它于2001年使用俄罗斯联盟号宇宙飞船将第一位太空旅游者送往国际空间站。如今，该企业提供不同的太空体验服务，包括月球探险、轨道太空飞行、亚轨道太空飞行和太空漫步项目。毫无疑问，这些服务并不便宜：亚轨道太空飞行起价超过10万美元，月球探险的每个座位费用为1亿美元。[19]

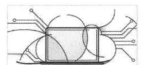

云计算是什么
了解随需应变的IT资源和现收现付定价的好处

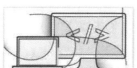

自学实验室
访问免费自定步调的实验室和教学视频

开始使用AWS
学习如何在几分钟内开始使用AWS

软件免费试用
免费试用AWS市场上的顶级软件产品

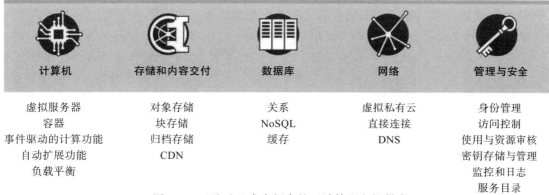

图4-8 亚马逊已成为领先的云计算服务提供商

资料来源：Amazon.com © Amazon.com, Inc.

事实上，服务型企业进行主体服务创新相对较少，更常见的是运用新技术以全新的方式向顾客提供现有服务，或增强和创造新的附加服务，并通过服务流程的重新设计提升现有服务的表现及价值。然而，技术进步如此之快，我们很快可以看到服务型企业积极推动主体服务创新（见服务洞察4-1）。

 服务洞察 4-1

科技推动主体服务创新

数字化初创企业正在以惊人的多样性不断涌现在各类服务之中，并逐渐渗透到我们经济生活的每个角落，重塑着整个行业。硅谷风险投资家马克·安德森称，"软件正在吞噬世界"。想想最近的成功服务，如优步的出租车、私家车和拼车服务以及允许人们在假期出租房屋和短期住宿的爱彼迎平台。数字化狂热已经引发了一场全球运动，许多大城市（从伦敦到柏林，从新加坡到上海）都形成了大规模的创业生态系统。在这些创业生态系统中，有成百上千的创业学校（如"孵化器"）和成千上万的共享办公室，这些众创空间里坐满了20岁至30多岁的辛勤工作者，弯着腰在电脑前工作。这些生态系统都高度关联，进而形成了一个全球性群体。人们从一个城市走向另一个城市，一些人花费一个学期的时间待在"海上疯人院"，这是一艘装有加速器的环游世界的轮船，乘客们在船上研究他们的商业模式并编写代码。伦敦的风险投资家西蒙·莱文曾说："世界任何地方的任何一个编写代码的人都能成为企业家。"

今天的创业热潮是建立在坚实的基础之上的，这使得它们可能在可预见的未来继续繁荣。数字服务的基本构架，或者如哈佛商学院乔希·勒纳所说的"新创企业生成所需的技术"正在变得成熟、廉价和无所不在，以至于企业家们可以很容易地对它们进行组合、构建和重新配置。这些基本构架包括：可以从互联网上自由下载的代码片段、简单易学的编程框架（如 Ruby on Rails）、寻找开发者服务（如 eLance 和 oDesk）、共享代码（如 GitHub）、可用性测试（UserTesting.com）、应用程序接口（APIs）以及其他可以用作投入的服务，如语音电话（Twilio）、地图（谷歌）和支付方式（PayPal）。也许最重要的是平台服务，它可以主导创业服务（如亚马逊的云计算），也可以对它们进行分类（如苹果、三星和谷歌的应用商店），并进行营销（如 Facebook、Twitter、LinkedIn）。

通过互联网，人们可以轻易地获取有关如何创办企业的信息。从投资意向书到商业计划，所有与初创企业相关的事务都开始有了全球标准。

创新并不局限于虚拟世界。从处理器、摄像头到传感器，这些硬件变得越来越优质、越来越小、越来越便宜！机器人、无人机、穿戴式电脑和传感器、自动驾驶汽车、虚拟现实、语音识别、生物识别、人工智能和互联网等技术将为广泛的服务创新带来机遇，而这些创新将极大地改善顾客体验、服务质量和生产效率。

例如，日本长崎市的亨娜酒店就是由机器人运营的。它的目标是90%的酒店服务由机器人提供，包括门房服务、房间打扫、前台以及其他可以降低成本但确保舒适的服务。同时，其他服务也经过重新设计，如使用人脸识别进入酒店、房间和使用其他设施，这些都能够对低效的房卡系统进行有效替代。

技术的发展从来没有像现在这样迅速和广泛！这需要能够深刻理解服务顾客和服务营销

的高技能管理者，将这些机会转化为精心设计的服务产品。

资料来源："A Cambrian Moment," *Economist*, January 18, 2014: 4; "The Third Great Wave," *The Economist*, October 4, 2014: 3; "Japan Opens Hotel Run by Robots That Will Welcome Guests, Carry Bags and Even Clean Your Room," *Mail Online*, http://www.dailymail.co.uk/sciencetech/article-2946103/FAULTY-towers-Japan-opens-hotelmulti-ingual-ROBOTS-welcome-guestscarry-bags-clean-room.html, accessed on February 17, 2015.

4.4.2 在新服务开发中取得成功

消费品的失败率非常高，每年推出的3万种新产品中，有90%以上会以失败告终。[20] 同样，服务产品开发也不能避免高失败率。例如，达美航空作为几家主流航空公司之一，试图推出一家独立的低成本航空公司，旨在与捷蓝航空、西南航空等廉价航空公司竞争，但均以失败而告终。又如，许多银行都试图销售保险产品，希望增加与现有顾客的盈利关系，但这些服务产品的扩展也常常失败。

失败的原因有很多，如不能满足顾客的需求、无法从收入中弥补成本以及糟糕的服务运营。例如，一项对餐饮行业的研究发现，第一年的失败率约为26%，但在接下来的三年内失败率飙升至60%。[21] 那么，我们如何才能成功地开发新服务呢？许多研究发现，以下三个因素对成功的新服务开发影响最大：[22]

（1）市场协同效应——新产品与企业的现有形象、专业技术及资源能有效匹配。企业能更好地理解顾客的购买行为，因而在满足顾客需求方面，比竞争产品更具优势。此外，在新服务开发期间及推向市场之后，新服务开发能够得到企业及其分支机构的强力支持。

（2）组织因素——服务型企业具有较强的跨部门合作与协调能力。服务开发人员充分意识到他们的角色与职责，并能够深刻地理解新服务开发对企业的重要性。

（3）市场研究因素——在服务开发的早期阶段进行详细和科学的市场研究，并清楚地了解要获得的市场信息类型。同时，在开展大规模调查之前，需要对服务产品的理念进行准确界定。

此外，研究人员发现，在创意生成阶段，所提交创意的特征存在很大不同，这取决于它们是由专业服务开发人员创造的，还是由顾客创造的。顾客的想法被认为更具原创性，同时对顾客也具有更高的感知价值。然而，这些想法通常难以转化为商业化的服务产品。[23] 作为创新合作伙伴，群体的出现为更具成本效益的创新提供了额外机会，能够为服务开发带来新突破。[24] 我们将在第8章（设计服务流程）和第14章（提高服务质量与生产率）中详细地讨论顾客反馈在改善和开发（新）服务中的作用。

本章小结

1. 服务产品包含三个要素：
   （1）核心产品，传递顾客所寻求的核心利益和解决方案。
   （2）附加服务，促进和增强核心产品。

（3）传递流程，决定核心产品和附加服务要素如何传递给顾客。
2. "服务之花"由两部分组成：核心产品和附加服务。

由于核心产品通常变得同质化，因此附加服务能够在核心产品的差异化和定位中发挥重要作用。
3. "服务之花"理念将附加服务分为便利性附加服务和增强性附加服务：便利性附加服务用于服务传递或帮助顾客使用核心产品，包括信息服务、订单处理、账单服务和支付服务；增强性附加服务可以为顾客增加价值，包括咨询服务、接待服务、保管服务和额外服务。
4. 品牌化可以用于企业和服务产品两个层面：

（1）企业品牌不仅容易识别，而且对顾客也有特殊意义，因为它代表着一种特定的经营方式。

（2）个别服务产品的品牌化有助于企业将一类服务产品与其他服务进行区隔。大多数服务型企业提供一系列服务产品，每种产品都具有不同的服务属性和各自的性能水平。个别服务产品的品牌化能够增加服务产品和价值主张的有形性。
5. 服务型企业可以采取一系列品牌化战略，包括：

（1）品牌屋——将一个品牌应用于多种通常是不相关的服务（如维珍集团）。

（2）子品牌——使用一个主品牌（通常是公司名称）加上一个特定的服务品牌（如联邦陆运服务）。

（3）授权品牌——产品品牌占主导地位，但企业品牌仍得到体现（如喜达屋酒店及度假村）；

（4）品牌家族——在没有企业品牌的情况下，不同服务独立地运用自己的品牌进行运营（如百胜集团旗下的肯德基）。
6. 在许多服务行业，品牌化不仅用于区分核心产品，也用于区隔不同的服务等级，这被称为服务分层。服务分层在住宿、航空、汽车租赁和信用卡等行业中尤为常见。
7. 品牌化不仅仅是与众不同的品牌名称和市场沟通，还包括：

（1）在建立品牌认知方面，服务型企业的品牌表现（如通过广告）比品牌资产的效果更明显。

（2）在建立品牌资产方面，顾客对品牌的服务体验（即关键时刻）具有终极影响力。
8. 品牌服务体验将一系列服务要素和流程转变为一致且可识别的服务体验。它将服务产品、品牌与传递流程结合起来，使服务场景、服务人员与品牌主张保持一致。
9. 服务型企业需要改进和开发新服务以维持竞争优势。在新服务开发的层次结构中，共有七个层次。

（1）风格变化：引入高度可见的变化，创造新奇但通常不涉及服务性能或流程的变化。

（2）服务改进：对当前服务产品的性能及功效进行适度调整。

（3）附加服务创新：显著改善或增加新的便利性或增强性服务要素。

（4）流程线延伸：开发新的方法以更好地传递现有服务产品，如创建自助服务选项。

（5）产品线延伸：增加一些新服务，能够多样化地传递同样的核心产品，同时满足不同的顾客服务需求。

（6）主体流程创新：使用新流程传递现有服务产品，如为传统的课堂讲授增加在线课程。

（7）主体服务创新：开发市场上未曾出现和定义过的新核心服务。对服务型企业而言，主体服务创新相对比较稀缺，更多的是运用新技术以新的方式提供现有服务，增强或创建新的附加服务，抑或通过流程再造显著地提升现有服务的性能或效用水平。然而，数字初创公司、快速改进的硬件设施（从处理器和摄像头到传感器）以及新技术为服务创新带来了机会。这将极大地提升顾客体验、服务质量和生产率。

复习题

1. 请解释核心产品和附加服务的含义。
2. 请解释"服务之花"模型的概念，并确定每片花瓣的含义。这一概念对服务营销人员提供了哪些启示？
3. 增强性附加服务和便利性附加服务有哪些区别？根据你最近的服务消费经历，为每种附加服务类型举出几个例子。
4. 品牌化如何应用于服务营销领域？在服务业中，企业品牌与服务品牌之间的关系是怎样的，如万豪酒店与其旗下的各类子品牌？
5. 服务型企业如何建立品牌资产？
6. 如何运用品牌对服务产品进行分层？
7. 企业可以采取何种方法来创造新的服务？
8. 为什么开发新服务容易失败？成功的新服务开发与哪些因素密切相关？

应用练习

1. 选择一种你熟悉的服务，并识别其核心服务和附加服务，然后再选择一个与之有竞争性的服务，分析两者在核心产品和附加服务方面的差异。
2. 找出金融业中的两个品牌化服务案例（如特定类型的零售银行账户或保险单），并说明其特征。这些品牌对顾客的意义是什么？
3. 选择一家你认为非常成功并且品牌资产很高的服务型企业，进行几次访谈以理解顾客如何体验其服务。运用你的发现，找出能够帮助服务型企业提升品牌资产的关键因素。
4. 选择一家你所熟悉的企业，分析它在当前市场或新市场进行产品线延伸可能具有哪些机会？这些延伸可能对其现有服务产生什么影响？
5. 找出新服务开发的两个失败案例，并分析它们失败的原因。
6. 选择一个你认为优秀的服务品牌，解释你认为它很优秀的原因，同时探寻这个品牌的弱点（你应该选择一个你非常熟悉的企业）。

第 5 章

实体与电子渠道中的服务分销

□ **学习目标**

通过学习本章,你能够:
1. 认识构成服务分销战略的四个基本问题,即内容、方式、地点和时间;
2. 描述三种相互联结的分销流及其分销内容;
3. 掌握如何运用三种方式进行服务分销,理解并区分核心与附加服务分销的重要性;
4. 认识通过电子渠道进行服务分销的问题,并讨论促进网络服务分销的因素;
5. 理解顾客渠道偏好的决定因素;
6. 了解渠道整合的重要性;
7. 描述实体分销渠道的地点决策,熟悉地点分销战略与策略的影响因素;
8. 描述实体渠道的时间决策以及延长运营时间的影响因素;
9. 理解服务分销过程中中间商的角色、价值与成本;
10. 了解为什么特许经营是向终端用户提供服务的常见方式;
11. 理解在大型国内市场进行服务分销面临的挑战;
12. 熟悉驱动服务型企业国际化的因素;
13. 认识国际化市场中服务分销面临的特殊挑战;
14. 理解国际市场进入策略的决定因素。

□ **开篇案例**

全球化:一蹴而就还是日积月累 [1]

有些服务的传播像燎原之火,速度惊人。例如,劳伦·卢克(Lauren Luke)的"panacea81"在不到 12 个月的时间里就成为 YouTube 上最受欢迎的频道之一。如今,它的浏览量已超过 1.35 亿人次。卢克的短视频教程向观众展示了如何在各种场合化妆,这使她迅速成为网红。她也被《诱惑力》(Allure)杂志评为最有影响力的化妆师。其相关的服务,包括这位英国化妆师的网站,都取得了巨大的成功。与之类似,爱彼迎、优步、猫途鹰和课程时代(Coursera)等多样化的商业模式在短短几年内走向全球市场。

然而,其他服务可能需要数十年时间才能实现全球分销。想想星巴克,或诸如联邦快递(FedEx)、敦豪速递(DHL)等供应链解决方案提供商,花了多长时间才最终实现跻身全球市场的目标?这些对比鲜明的例子显示了服务行业的多样性,以及将服务区分为信息服务、个人服务和所有物服务的重要性。信息服务可以实现迅速分销,但个人服务和所有物服务的分销却需要在各个目标市场建立服务设施。此外,服务型企业在不断壮大的同时,还需要应对当地劳工、建筑、食品卫生法规等系列问题。这需要耗费大量的财务资源和管理时间!只需想想星巴克将服务扩展到全球范围需要做出的所有决策，就可以洞悉这些服务型企业进入全球市场必须面对的各类挑战。

5.1 服务场景下的分销

什么内容？什么方式？什么地点？什么时间？对这四个问题的回答构成了服务分销战略的基础，它们共同决定了顾客的服务体验，体现"服务之花"中不同要素的功能是如何通过实体和电子渠道进行分销和传递的。我们将这些问题总结在服务分销的流模型中（见图5-1）。"what"决定了分销渠道中流动的内容（如信息与促销、谈判沟通以及

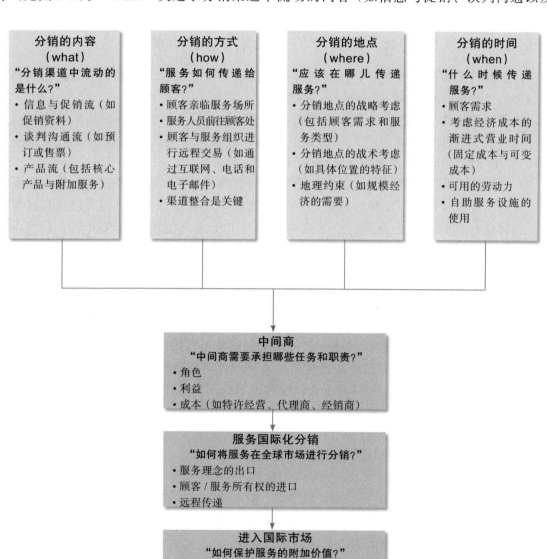

图 5-1　本章概览

核心服务与附加服务）。服务分销战略需要涵盖每一种服务流，因而还需要对其余三个问题进行回答：方式、地点和时间。服务分销流模型是本章的框架，接下来的内容描述了该模型的各个构成要素。

5.2 服务分销的内容

当提到分销时，很多人可能会想到通过实体渠道先把货物送到分销商和零售商处，再由他们卖给最终顾客。然而，在服务分销中通常没有可以转移的实物。服务体验、服务价值和解决方案都不能通过实体形式进行运输和存储。同时，信息交互及传输越来越多地通过电子渠道来进行。那么分销在服务场景中如何运行呢？在典型的销售周期中，分销包含三种相关的服务流，它们回答了服务分销内容这一问题。

- **信息与促销流**：服务信息和促销材料的传递与服务供应密切关联，信息与促销流的目的是引起顾客对服务的购买兴趣。
- **谈判沟通流**：在谈判沟通中，服务各方就服务特征、内容、承诺条款等协议达成一致，以此来完成服务购买合同。通常，谈判沟通流的目的是出售某项服务的"使用权"（例如，开展服务预订或门票销售）。
- **产品流**：许多服务，尤其是个人服务或所有物服务需要实体设施才能实现服务传递。在这种情况下实施分销战略，要求建立本地服务网点。对网上银行和远程教育这样的信息服务而言，产品流可以通过电子渠道使用一个或多个中心站点来实现。

在服务分销中，区分核心服务和附加服务非常重要。许多核心服务需要有实体地点才能传递，这就严重限制了分销。例如，你只能在地中海俱乐部（Club Med Villages）才可以享受到地中海俱乐部假期服务，你只有在曼哈顿的剧院里才能观看百老汇歌舞剧的现场表演（除非进行巡回演出）。然而，许多附加服务可以通过其他方式进行大范围、低成本的分销。地中海俱乐部的潜在顾客可以通过与旅游代理面对面、网络、电话或者电子邮件等方式获得信息服务和咨询服务，顾客也可以利用上述任意方式进行预订。同样，顾客可以通过票务代理订购剧院的入场券，而无须前往剧院所在地购买。

5.3 服务分销方式

如何进行服务分销？一个关键的问题是：服务或服务组织的定位战略是否需要顾客与服务人员、服务设备及服务场所直接接触？（正如第1章所述，服务接触是个人服务无法避免的，但是对其他类型的服务来说是可以选择的）。如果有必要发生接触，那么顾客是否需要亲自到访服务场所，还是服务组织将服务人员和设备送到顾客处提供服务？换言之，服务组织与顾客是否可以通过电子或实体分销渠道完成交易？（表5-1的第一栏罗列了这三种可能的选择）。对于这三种选择，服务组织是仅仅保持使用单一的服务网点为顾客提供服务，还是应该在不同地点通过多样化的服务网点向顾客提供服务？

表 5-1 服务传递的六种选择

顾客与服务组织的接触本质	服务网点的可行性	
	单一网点	多个网点
顾客亲临服务场所	・剧院 ・汽车服务公司	・咖啡连锁店 ・汽车租赁连锁店
服务组织前往顾客处	・房屋粉刷 ・汽车清洗	・邮件递送 ・汽车俱乐部道路服务
顾客与服务组织进行远程交易（邮件或电子沟通）	・信用卡公司 ・地方电视台	・广播网络 ・电话公司

5.3.1 顾客亲临服务场所

对需要顾客亲临服务场所的服务而言，服务组织需要考虑的关键因素包括：成本（如租金）、顾客聚集区域、为顾客提供服务网点的方便性以及营业时间。服务组织可以运用细致的统计分析（包括零售引力模型）来做出重要决策，例如在潜在顾客居住或工作的场所附近开设超市或类似的大型商店等。

5.3.2 服务组织前往顾客处

对于某些类型的服务，服务组织或服务人员会前往顾客处提供服务。那么，什么时候服务组织需要前往顾客处呢？

（1）当服务的对象是不可移动的实物时，服务型企业或服务人员前往顾客处提供服务便是不可避免的。例如需要修剪的树木，或者需要进行害虫防治的房屋等。

（2）可能存在着一个有利可图的利基市场，因为有的顾客愿意支付一定的额外费用以获取上门服务的便利性。例如，达美乐比萨的配送服务以及星巴克为写字楼提供的配送服务。星巴克从 2015 年开始为西雅图和曼哈顿的写字楼提供配送服务，那些在帝国大厦工作的白领成为第一批可以在办公桌前享用自己最爱的浓缩星冰乐咖啡的星巴克顾客。另一个例子是一名年轻的兽医通过提供家庭宠物医疗服务而获得成功，她发现，与前往挤满很多宠物及焦虑的主人的兽医诊所相比，顾客愿意花费更多的金钱以节约自己的时间，同时缓解宠物的就医压力。

（3）在一些偏远的地方，如阿拉斯加州和加拿大西北地区，服务人员通常飞往顾客处提供服务，因为地域偏僻、交通不便等，顾客很难前往服务场所接受服务。澳大利亚以其皇家飞行医生服务而闻名，在这一服务模式下，医生经常到内陆的农场和放羊站提供上门医疗服务。

（4）总体而言，服务型企业更倾向于前往企业客户所在地而非在个体顾客住所提供服务，这反映出大量的上门服务是与商业服务（B2B）密切相关的。

目前快速增长的一种服务是：在特定的场合或针对高峰期需要临时扩大产能的客户，提供设备和人力的租赁服务。服务洞察 5-1 描述了亚力克公司（Aggreko）提供的 B2B 服务，这是一家在全球范围内提供发电与冷却设备租赁服务的国际化企业。

服务洞察 5-1

电力输出和温度控制租赁服务

或许你会认为电力是来自遥远的发电站的,而空调和供暖设备是固定安装的。那么,你将如何应对以下挑战呢?

- 在国际足联 2014 年巴西世界杯比赛中,组织者需要临时的电力供应,以支持覆盖全世界 30 亿观众、在 12 个主办城市的 64 场比赛转播。
- 一场热带飓风席卷了澳大利亚西部的矿业小镇潘那沃尼加,在飓风所经之路上,一切都被摧毁,包括输电线,因而必须尽快恢复电力供应,才能使小镇及其基础设施得以重建。
- 在阿姆斯特丹,世界室内帆船锦标赛的组织者需要为 27 台安装在室内巨型泳池边上的涡轮机的运转提供电力保障,使其能够持续提供 32~48 千米/时的风速。
- 当一艘美国海军潜艇停靠在遥远的挪威港口时,它需要获得岸上的电力补充。
- 由于连续两年季风降雨不足,斯里兰卡主要的大型水电站水位降到了警戒线以下,使该国正面临着严重的电力供应不足问题。
- 飓风给佛罗里达州的酒店带来了水灾,酒店需要尽快把水抽干。
- 俄克拉何马州的一个大型发电厂紧急寻求一套临时设备,以便替换在前一天龙卷风中受损的冷却塔。
- 加勒比海中的博纳尔岛的主要发电厂被大火损毁,导致全国大规模停电,该国急需一个临时发电站来稳定电力供应。

以上都是一家名为亚力克的公司曾经遇到的挑战,它将自己视为"临时公共设施租赁解决方案的世界领先者"。亚力克公司为全世界的客户提供服务,创造了 24 亿美元的收入。它出租了一支由移动发电机、无油空气压缩机以及从冷水机和工业空调到大型加热器和除湿机的温度控制设备组成的"舰队"。

亚力克的客户主要是大型企业和政府部门。尽管其大部分业务来自可预测的需求,例如在工厂维护期间或"007"系列电影拍摄期间提供备用电源,但企业也时刻准备着解决突发事件或自然灾害引发的各类意外问题。

亚力克的大部分租赁设备都装在隔音箱里,以便运输到世界各地,为顾客提供其所需的特定类型和等级的电力输出或温度控制服务。咨询、安装和持续的技术支持可以为企业的核心服务增加价值。企业经营的重点是解决顾客的问题,而不是简单的租赁设备。虽然有些顾客提前对自己的需求有明确的认识,但有些顾客则需要得到建议,以便为他们的特殊问题找到创新性和低成本的解决方案,还有一些顾客则是遭遇突发事故想迅速恢复电力供应。面对最后一种情况,速度至关重要,因为电力缺失可能造成严重的损失,亚力克的反应速度甚至能挽救生命。

为提供服务,亚力克必须将其设备运输到顾客所在的地点。在潘那沃尼加飓风过后,亚力克的西澳大利亚团队开始行动,迅速运送了功率从 60 千瓦到 750 千瓦不等的 30 台发电机,还有电缆、油罐和其他设备。发电机由四辆"公路列车"进行运输,每辆列车都由一个巨大的车头来牵引3节13米长的拖车。技术人员和其他设备由两架"大力神"飞机运到。亚力克的技术人员在现场停留6周,在城镇重建期间提供全天候的服务。

资料来源:Aggreko's "International Magazine," 1997, www.aggreko.com, accessed February 21, 2015.

5.3.3 顾客与服务组织进行远程交易

移动通信、网络科技以及成熟物流体系的发展催生了大量新型的服务传递方式。当顾客远程与服务型企业进行交易时,顾客可能永远不会看到服务设备,也不会面对面地与服务人员进行交流。顾客与服务人员的服务接触可能是通过顾客服务中心、信件、电子邮件、聊天室或Twitter等方式实现的。如果有些实体产品、文件或者其他有形物品(如信用卡或者会员卡)需要传递给顾客,那么就需要物流企业提供综合的、可靠的且经济高效的解决方案。远程进行服务交易的例子包括:

- 小件设备的维修服务有时需要顾客将产品邮寄到维修地点进行维修,然后再寄回给顾客(顾客可以选择为快递运输支付额外的费用)。许多服务型企业在联邦快递、TNT快递或联合包裹(UPS)等综合物流企业的帮助下为顾客提供系统的解决方案。这些解决方案涵盖从飞机零部件的存储和运输(B2B服务),到前往顾客家中收取损坏的手机,然后将修好的手机寄还给顾客(B2C取货与派送服务,也称为"逆向物流")。
- 任何基于信息的服务产品都可以通过互联网即时地发送到智能设备(如手机和平板电脑)的应用程序上。

从"服务之花"的八片花瓣不难看出,至少五种附加服务是以信息为基础的(见图5-2)。信息服务、咨询服务、订单处理、账单服务及支付服务(如通过信用卡)都可以使用在线渠道进行传递。事实上,随着移动互联网技术的发展,即使那些涉及实体核心产品的服务型企业(如零售业和维修业)也开始逐渐关闭线下的实体店,并将大量附加服务的传递转移到互联网上,充分运用快速的商业物流来实现与顾客进行远程交易的发展战略。

通过互联网和应用程序提供的服务变得越来越专业,用户界面也越来越友好。这些技术经常模拟一位消息灵通的销售助理,引导顾客购买可能感兴趣的服务产品,有些甚至通过电子邮件或网络聊天为顾客提供与服务人员"实时"对话的机会。吸引顾客使用在线服务的重要因素包括:

- 便利性;
- 易于搜索(获取信息及搜索所需的产品或服务);
- 更广泛的选择;
- 可能更低的价格;
- 一周7天或每天24小时的全天候服务及即时递送,这一点对于那些生活忙碌而没有太多时间的顾客特别有吸引力。

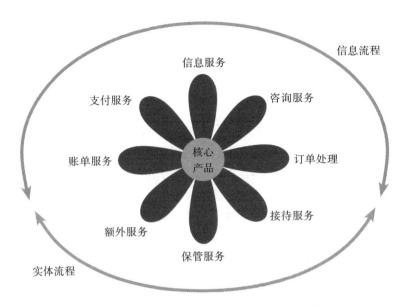

图 5-2 "服务之花"的信息流程与实体流程

在一些全球性的服务行业（如酒店业、航空业和汽车租赁行业）中，信息服务、咨询服务和订单服务（或预订和门票销售）的传递已经高度专业和成熟，可以针对关键目标顾客群体精心设计一系列的整合式渠道。例如，喜达屋酒店及度假村集团旗下有1 200家酒店，包括圣瑞吉斯酒店、W酒店、威斯汀酒店、艾美酒店和喜来登酒店等品牌，它在世界范围拥有超过33家全球销售办公室（GSOs）来管理全球协议伙伴的顾客关系，向全球的商务旅行组织者、批发商、会议组织者、促销商和主要旅行机构提供一站式解决方案。[2] 该集团还在全球范围内建立战略层面的顾客服务中心，以覆盖所有时区并满足主要的语种需求。顾客只需拨打一个统一的免费电话，就可以预订喜达屋旗下任意一家酒店，顾客也可以选择电子渠道以及酒店官方应用程序"SPG"预订房间，成为喜达屋优先顾客。

5.3.4 顾客对渠道的不同偏好

对服务型企业来说，使用不同的渠道来传递相同的服务会极大地影响顾客服务体验的性质和水平。虽然电子自助服务渠道往往是最具成本效益的，但并不是所有顾客都喜欢使用这种方式。这就意味着，如果企业想把顾客从传统渠道转移到新的电子渠道上来，需要针对不同的细分市场采取不同的策略。[3] 同时，服务型企业也需要意识到，部分顾客不会自愿地从其熟悉的高接触服务传递渠道转换到电子服务渠道。近期的研究考察了顾客如何在人际渠道、非人际渠道和自助服务渠道中做出选择，并识别出以下关键因素。[4]

- 对于复杂且具有高感知风险的服务，顾客倾向于依赖人际渠道。例如，顾客很乐意使用远程渠道来完成信用卡的申请，但在获取购房贷款时则更喜欢面对面的交易服务。
- 对某项服务或传递渠道具有更多信任、更多了解的顾客会更倾向于使用非人际渠道及自助服务渠道。
- 注重服务功能价值的顾客更看中服务的便利性，这也意味着他们会倾向于使用非人际渠道和自助服务渠道；而具有社交动机的顾客则往往更喜欢使用人际渠道。
- 便利性是大多数顾客选择渠道时的关键影响因素。顾客寻求的便利性并不局限于核心服务的购买，而且延伸到购买时间、地点的便利性方面；顾客同样希望能够获得便利的附加服务，特别是信息服务、订单服务和问题解决服务。

5.3.5 渠道整合是关键

渠道整合对运用多渠道成功传递服务至关重要。[5]除了传统渠道（如自动柜员机、银行分支机构和呼叫中心），顾客正大量使用智能设备。因此，对服务型企业而言，为顾客跨渠道提供流畅、一致的服务消费体验至关重要。新的服务传递渠道经常为许多顾客带来不一致、脱节的服务体验。

服务型企业针对不同渠道制定不同价格的时候，需要特别注意：越来越多的顾客开始利用不同渠道和市场之间的差价来为自己获取利益。这种策略被称为渠道套利。[6]例如，顾客可以向提供全方位服务但价格昂贵的服务经纪人询问建议（也许可以下一个小额订单），然后通过低价的折扣经纪人进行大部分交易。服务型企业应该制定有效的价格策略，使其能够通过适当的渠道传递并获取价值。

5.4 服务传递地点 [7]

有形的服务传递渠道需要大量的投资和长期租赁，因而服务型企业无法轻易地将其迁移到其他地方。即使沉没成本可以被冲抵，但转移到新的地方可能也会导致企业流失一部分忠诚的顾客和员工。

那么，服务型企业如何决定服务传递地点呢？通常，可以通过两个步骤进行决策：第一步，确定地点选择的战略要素，以帮助服务型企业确定服务网点的大致类型；第二步，运用选址策略在相似的服务网点中进行选择，并注意与整体的服务战略保持一致。

5.4.1 服务传递地点选择的战略要素

在制定服务传递地点的战略时，服务型企业首先需要理解顾客的需求和期望、竞争活动以及服务运营的性质。如前所述，用于某些附加服务要素分销的战略可能与传递核心服务的战略不同。例如，作为顾客，你可能愿意在特定时间和地点参加一项体育或娱乐活动，但是，当你提前预订座位时，可能需要更大的灵活性和便利性，因此，你可能希望预订服务的开放时段可以延长，并能够通过电话或网络进行预订和用信用卡支付，订票之后可以通过邮寄或电子渠道拿到门票。

同样，竞争性行业的企业应该让顾客能够轻松获取经常购买的服务。[8]例如，零售银行、快餐店。然而，顾客也可能愿意从住所或工作场所长途跋涉，去感受某些特别的服务体验或经历。

总之，服务型企业必须在顾客获取服务的便利性与企业提供这些便利性所需的成本之间进行权衡。企业可以根据服务可获得性的偏好与价格敏感程度对市场进行细分。一些细分市场的顾客愿意为服务的可获得性和便利性而支付额外费用，但有些顾客则愿意花费时间和精力以获取较低的服务价格。

5.4.2 服务传递地点选择的策略要素

在进行服务地点选择的第二步时，需要考虑的关键因素包括：

- 人口规模和特征（例如，评估可能去服务地点接受服务的目标顾客密度和数量）；
- 行人、车辆交通流量及其特征（例如，评估经过服务地点的可能接受服务的目标顾客数量）；
- 顾客接受服务的便利性（例如，公共交通、停车场的情况）；
- 区域内的竞争者；
- 附近的企业及商铺的性质；
- 劳动力的可获得性；
- 服务场地的可获得性、租赁费用和合同条件（例如，租约的长短、法律限制），以及其他规定（例如，时区以及营业时间）。

服务型企业经常使用地理信息系统（GIS）工具来找到理想的服务地点，并测算出这些地点的销售潜力。这类工具将地图与关键位置数据相结合，包括人口统计数据、购买数据以及当前和潜在竞争对手位置等数据。例如，星巴克将 GIS 软件作为其选址的重要工具之一。星巴克的全球市场规划经理帕特里克·奥哈根表示：

我的团队为我们的地产合作伙伴提供分析、决策支持、商业信息和地理空间情报……我们需要提供决策支持的有效工具来回答这些关键问题：这个商圈的发展如何？这个区域的总体零售趋势是什么？这个区域有哪些竞争者？竞争者位于何处？业务来源于哪里？哪里的交通流量最高？人们住在哪些区域？他们在哪些区域工作？他们采用哪些主要交通方式去上班？[9]

5.4.3 创新性的地点选择战略

创新性的服务分销策略已成为强大的新服务模式的核心。我们将在下文重点介绍微型商店和多功能服务场所的地点选择战略。服务的可获得性是这两类服务价值主张的关键要素。

微型商店。在多地点的服务型企业中，一个有趣的创新是创建众多小型服务场所，以实现最大化的地理区域覆盖。典型例子包括：

- 自动柜员机通过自助服务系统提供银行分支机构的许多服务功能，可以将其放置于商店、医院、学院、机场和办公楼内，以提供基础的金融服务。另外，顾客还可以使用自动售货机来购买邮票和支付账单。
- 将服务运营的前后阶段进行分离。例如，塔可钟创新的淡化厨房战略便是建立没有厨房的餐厅。[10] 食物在中央厨房进行准备，然后直接送往各个餐厅及其他服务网点。
- 越来越多的服务型企业开始向提供互补服务的其他企业购买服务空间。你也许已经注意到超市和餐饮店里的小型银行分支机构，例如，赛百味与汉堡王这样的快餐店共享空间。

多功能服务场所。对顾客服务而言，最佳的选址就是靠近顾客生活或工作的场所。现代建筑通常是多用途的，不仅能提供办公室或生产空间，还可以为一些服务提供场所，如银行、餐厅、发廊、商店以及健身俱乐部。

目前，新的商业模式大都基于托管战略。例如，美国的连锁药房沃尔格林（Walgreens）越来越多地将药房设在购物中心里，以提供便利和低成本的健康服务。沃尔格林的药房看起来像医生的诊所，但运营方式截然不同。患者可以在到店之前在线查看需要等待的时间，在私人空间里接受护士的检查，还可以在自助服务终端使用触摸屏来获取处方并完成支付。驻店药剂师将大量的时间用于回答患者的问题，药房的文书工作则是在另外的地点集中完成。一些医生认为这样的药房无法提供符合标准的医疗服务，但是，几乎没有什么证据可以证明这一点。兰德公司的一项研究发现，零售药房处理常见健康问题的成本相对较低，而且质量并没有明显下降。[11]

目前，服务型企业越来越倾向于在交通线路、公共汽车、铁路和航站楼等地点设立零售点或其他服务点。大多数大型石油公司都在服务站点设立各类小型零售连锁店，以完善它们的服务。这些加油站点能够为顾客提供便利的一站式购物，产品涉及燃料、汽车用品、食品以及精选的各类家居用品。主要高速公路上的服务区除了提供各种车辆的保养及维修服务，还会提供洗衣中心、卫生间、ATM 机、网络、餐厅和便宜的住宿服务。

5.5　服务传递时间

过去，工业化国家的大多数零售和专业服务都遵循行业惯例，每周的工作时间为 40～50 小时。这种行业惯例反映了社会规范（甚至是法律要求或工会协议），即人们工作和企业营业的合适时间。纵观历史，在基督教文化主导的国家强烈反对周日营业，且常常通过法律禁止，这反映了基于宗教的长期习俗。但是，这却给工作的人们带来不便，他们如果有采购需求，就不得不在每天的午餐时间或周六进行购物。如今，这种情况已经发生了变化。对于那些需要迅速响应的专业服务，7×24 的全天候服务已经成为全球标准。

服务营业时间的关键决定因素包括：①顾客需求和欲望；②营业时间的经济性。营业时间的经济性依赖两个方面：一是服务设施的固定成本和延长开放时间的可变成本（包括劳动力和能源成本）；二是销量的增加与潜在的营业收益（例如，将需求从高峰期转移到延长期营业时间）所带来的预期贡献。服务型企业需要在二者之间进行权衡。想要了解更多延长服务营业时间的影响因素，请参考服务洞察 5-2。

服务洞察 5-2

促使营业时间延长的因素

至少有五个因素促使服务型企业开始向延长营业时间、提供全天候服务转变。这一趋势起源于美国和加拿大,现已扩散到世界其他的国家。

- **来自顾客的压力。**双职工家庭和独居的工薪阶层需要在工作以外的时间来购物,享受其他服务。有些顾客喜欢享受服务的便利性,希望可以在周日或每周的任何时间进行服务消费。当某区域的一家商店或企业延长营业时间以满足这些细分市场顾客的需求时,竞争对手往往就会模仿。连锁商店经常就是这一做法的领导者。

- **法律的变化。**不论何种宗教信仰,传统的宗教观点认为,要有一天(在基督教文化主导的社会中是星期日)是法定的个人及全国休息日,而支持这种观点的人数在不断减少。在多元文化社会中,将哪一天设定为特殊休息日仍然是一个有争议的话题:对于虔诚的犹太教徒来说,星期六是安息日;对穆斯林而言,星期五是圣日;而不可知论者和无神论者可能对此并不关心。近年来,西方国家的此类立法正在逐渐消亡。

- **提高资产利用率的经济动力。**由于服务设施通常占用大量的资本,而相比之下延长营业时间所增加的成本相对较少。如果延长营业时间能够减少拥挤并且增加收入,那么这就非常具有经济吸引力。例如超市,虽然温度控制和一些照明设备必须整晚运行,安保人员的薪酬也必须按照 7×24 的模式支付,但是经常开关服务设备往往会产生更大的成本。因此,虽然延长营业时间增加的顾客可能很少,但 24 小时营业仍然具备运营和营销方面的优势。

- **愿意在"非社交"时间工作的劳动力。**不断变化的生活方式和对兼职工作的渴望产生了越来越多愿意在晚上工作的劳动力,其中包括寻找课余时间兼职的学生、从事第二份工作的人、兼顾照看孩子的年轻父母以及那些只喜欢晚上工作而白天休息或睡觉的人。

- **自助服务设备的使用。**自助服务设备正变得越来越可靠和友好。现在许多自助设备不仅接受硬币和钞票,还接受银行卡和手机支付。因此,对于那些不方便雇用服务人员的服务场所,安装无人值守的服务设备可能是一个经济可行的替代方案。除非这些机器设备需要频繁维修或者极易损坏,否则从有限营业时间变为 24 小时营业所增加的成本是极小的。实际上,让机器持续运行可能比频繁地开关更简单。

5.6 中间商的作用

服务型企业应该独自承担所有服务的传递任务,还是应该让中间商参与部分服务要素的传递活动?事实上,许多服务型企业发现,将服务分销的某些方面进行外包可以实现成本效益。绝大多数情况下,这些服务中间商关注的焦点在附加服务要素上。例如,虽然邮轮公司和度假村酒店越来越多地使用电话呼叫中心和互联网,但它们仍非常依赖旅行社处理大部分的顾客沟通与互动事务,包括提供信息、接受预订、提供支付渠道及售票。

5.6.1 分销渠道的价值与成本

服务型企业应如何与一个或多个服务中间商建立合作关系，进而为顾客提供完整的服务包？在图 5-3 中，我们运用"服务之花"模型来展示核心产品和某些由服务型企业传递的特定附加服务，如信息服务、咨询服务和额外服务，而其他附加服务则委托给服务中间商来完成对顾客服务体验的构建。服务型企业面临的挑战是充当整个服务传递流程的有效监督者，确保服务中间商提供的每个服务要素符合整体服务理念，以创建一致且无缝的品牌化服务体验。

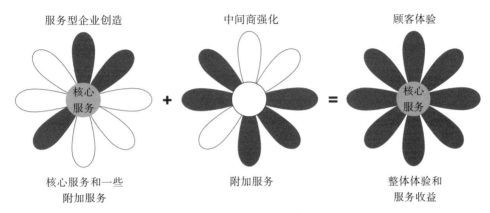

图 5-3　服务传递的职责分割

服务中间商还经常通过增加覆盖面来拓展业务。以旅游行业为例：旅游业使用各种销售和预订渠道（见图 5-4），每个渠道都有不同的优势，成本也各不相同。其中，成本最低的分销渠道是服务型企业的自建网站（每笔交易所增加的成本通常低于 1 美元），其次是基于呼叫中心的企业中央预订系统（每笔交易的成本通常在 5 美元到 25 美元之间，请注意，一笔交易可能涉及多个电话）。零售旅行社通常收取 10% 的佣金，而旅游运营商通常会增加 20%～30% 的交易价格。最昂贵的渠道通常是在线分销商，如 Expedia 和 Priceline，它们会收取最高达交易价格的 30% 的佣金。因此，许多具有较高品牌资产的服务型企业开始将顾客与销售转移到成本较低的渠道，以规避或取消服务中间商。这个过程也被称为**去中介化**。

瑞士酒店度假村便是"去中介化"的典型案例。企业通过增加在线预订，特别是针对重要的商务旅行群体，实施了一项将业务转向直接分销渠道的活动。在活动推出后的七个月内，其改版网站的在线收入增加了一倍以上。除了强化的快速预订功能（点击次数更少）、友好的导航界面以及在线促销和奖励外，酒店的"最优惠价格保证"是其成功的关键驱动因素。[12]

领先的廉价航空公司通常依靠直销渠道来使分销成本最小化。例如，易捷航空声称几乎 100% 的顾客都是通过其网站预订机票的，并且"保证提供超过 140 个目的地的最优惠价格"。同样，西南航空公司表示，公司官方网站是"在线查询西南航空票价的唯一渠道"。[13]

总之，服务型企业在设计服务分销战略时，必须仔细考虑各类中间商的角色、价值和成本。特许经营是服务业中最常用的分销战略之一，下面我们对其进行详细讨论。

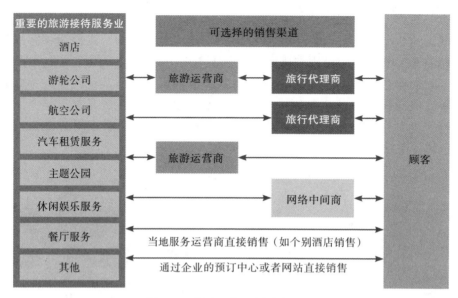

图 5-4 旅游业的不同销售渠道

5.6.2 特许经营

特许经营已经成为一种流行的服务传递方式，它可以将涵盖 7P（见第 1 章）要素的服务理念有效地扩展到多个服务地点。特许经营企业招募那些愿意投入时间、精力和资本的企业共同经营已经成熟的服务理念。作为回报，特许经营企业为加盟企业提供培训，内容包括如何运营、怎样销售产品和服务并在全国或区域范围内提供推广支持。本地营销活动通常由加盟企业全权负责，但必须使用特许经营企业规定的方式和媒体。[14]

国际特许经营协会（The International Franchise Association）是世界上历史最悠久、规模最大的代表全球特许经营的组织，它对特许经营的定义是：

特许经营是两个合法的独立实体之间达成的协议或许可，它赋予：①一方的个体或组织（特许加盟方）使用另一个企业的商标或商标名称（特许经营方）销售产品或服务的权利；②特许加盟方使用特许经营方的经营方法销售产品或服务的权利；③特许加盟方有义务为以上权利向特许经营方支付费用；④特许经营方有义务向特许加盟方提供一定的权利和支持。[15]

特许经营对服务型企业来说是一项特别有吸引力的战略，尤其是在以下情况下：

- 企业的资源非常有限，但是快速增长是抢占市场先机的必要条件。服务型企业几乎没有什么可以受到保护的，因为除了品牌，企业所做的其他事情几乎都可以被其他企业复制和模仿。在特定品类的目标市场中，获得最高品牌认知度的企业往往会成为长期的市场领导者。
- 特许加盟方的长期承诺至关重要。特许加盟方需要有足够的动力以确保高水平的顾客满意度，构建顾客忠诚，并实行高质量的服务运营。

- 本地的知识经验尤其重要。特许加盟方往往来自当地社区,因此在处理与地方部门(例如,在基础设施的建造和翻新期间)、劳动力市场、媒体和顾客等方面的事务时非常有效。

虽然特许经营通常出现在快餐连锁行业,但这种理念与模式开始广泛应用于顾客和商业服务领域,现已拓展到300多种不同的产品及服务类别。增长最快的服务类别包括健身保健、出版、安全和顾客服务等。在美国,特许经营行业产值几乎占据了商业零售与服务总额的50%。每12家企业中就有一家采用特许经营模式。美国约有90万家特许经营企业为超过1 800万人提供就业机会,创造了超过2.1万亿美元的经济价值。表5-2所示为2015年美国十大特许经营企业及其启动费用。本书书后的案例8"澳洲宠物狗移动服务公司"(Aussie Pooch Mobile)便描述了在澳大利亚十分成功的一项针对宠物狗清洗的特许经营服务。作为顾客,你光顾的特许经营企业可能比你想象的要多得多。

表5-2 2015年美国十大特许经营企业及其启动费用

排 名	特许经营企业	领域	启动费用/千美元
1	希尔顿	酒店	4 000 ~ 14 000
2	Anytime健身中心	健身	79 ~ 371
3	赛百味	快餐	117 ~ 263
4	Jack in the Box	快餐	1 000 ~ 2 000
5	Supercuts	美发	114 ~ 234
6	Jimmy John's Franchise, LLC	餐饮	331 ~ 520
7	Servpro	清理和灾后重建	139 ~ 187
8	Denny's Inc.	餐饮	1 000 ~ 3 000
9	必胜客	餐饮	297 ~ 2 000
10	7-11	便利店	37 ~ 2 000

资料来源:"Top Franchises from Entrepreneur's Franchise 500 List," https://www.entrepreneur.com/franchise 500, © Jochen Wirtz.

从特许经营加盟方的角度看,一项针对餐饮行业的纵向研究表明,从平均水平来看,购买特许经营权比创办一家独立餐厅更有利可图。[16]然而,在特许经营体系构建的初期,特许经营企业的失败率非常高。有近1/3的特许经营体系在开始的4年内崩溃,超过3/4的特许经营企业在12年后不复存在。[17]特许经营企业的成功因素包括:

- 能够运用品牌影响力扩大企业规模,实现品牌与规模的良性互动;
- 为特许加盟方提供的支持服务较少,但合同期限较长;
- 每个服务网点的开销较低;
- 针对特许经营的预期特征以及可能的支持,向加盟方提供准确的、实事求是的信息;
- 与特许加盟方建立合作关系,而不是控制关系。[18]

因为增长对于实现有效的经营规模尤其重要,所以一些特许经营企业开始采用一种被称为**代理特许经营**（master franchising）的战略。代理特许经营方通常是已成功经营一个或多个特许经营店的个体或组织，他们负责在特定的地理区域内招募、培训和支持特许加盟方。

特许经营有许多成功的例子，但它也有一些缺点：

- 将服务活动委托给加盟方会导致丧失对部分服务传递的控制，从而影响对顾客实际服务体验的管控。
- 很难确保特许加盟方完全按照特许经营方的服务流程和标准运营，但这对有效控制服务质量至关重要。中间商很难采用与特许经营方规定的完全相同的服务流程，但它对有效的质量控制至关重要。特许经营企业通常试图运用合同来对服务过程及结果的各个方面进行控制，合同规定了特许加盟方必须严格遵守的服务标准、流程、脚本和有形展示。
- 随着特许加盟方的经验日益丰富，他们可能会开始向特许经营方支付各种费用表示不满，并相信如果没有合同的约束他们可以更好地经营业务，由此产生的纠纷往往会导致双方之间的法律争端。

5.6.3 其他中间商

按照角色、结构、法律地位以及与服务型企业的关系（通常称为"原则"），服务中间商能够以多种形式存在。特许经营是最常见的服务分销战略之一，但也有其他类型的分销中间商可供服务型企业选择。一种选择是许可其他服务提供商代表原始供应商传递核心产品。例如，货运企业会使用独立的服务代理商，而不是分布在不同城市的企业自有服务分支机构，同时，企业也可以选择与使用自有运输车辆的独立个体运输商签订合同。

其他的服务分销协议可以是契约型协议，例如，金融服务业中使用的分销协议。那些寻求进入投资服务领域的银行通常会成为投资企业创建的共同基金产品分销商，因为这些投资企业缺乏广泛的自有分销渠道。许多银行还出售由保险公司承保的保险产品；它们根据销售情况收取佣金，但通常不会涉及理赔事宜。

5.7　大型国内市场的服务分销挑战

在有限的地理范围内开展营销服务，与在覆盖大范围地理面积的联邦国家（如美国、加拿大或澳大利亚）营销服务产品之间存在重要差异。在覆盖区域比较广泛的国家，因为地理空间广袤、时区分布有差异，实体性的服务传递给大多数类型的服务带来巨大挑战。由于移民比例的不断增加以及本地居民的存在，多元文化主义也是一个需要重视的问题。例如，在加拿大全国范围内经营的企业必须使用两种官方语言——英语和法语（魁北克全省使用法语，法语是唯一的官方语言；新布伦瑞克省部分地区使用两种官方语言；安大略省的东北部也将法语作为官方语言）。在每个国家中，各州或省的法律和税率存在各种差异，各州或省与联邦政府的法规之间也存在差异，然而，与美国这样的大型经济体相比，服务型企业在澳大利亚和加拿大面临的挑战却相形见绌。

到美国旅游的海外游客常常被这个幅员辽阔的国家所震撼，对其人口的多元化感到惊讶，也惊叹于其气候和地理风貌的多样性，同时为一些商业活动的规模和范围所深深折服。根据相关的统计数据，在美国本土48个州开展营销活动涉及3亿人口，以及超过4000公里的地理跨度。如果算上夏威夷州和阿拉斯加州，这个市场的范围便更加辽阔：跨越6个时区，令人难以置信的各种地貌，从北极到热带的所有气候带。从物流的角度来看，如果美国没有非常发达的通信、交通和分销基础设施，那么为所有50个州的顾客提供服务就与向整个欧洲、北非以及中东的顾客提供服务一样复杂。

美国不像典型的国家那样具有高度的同一性。作为一个联邦制国家，它有各式各样的政府行为模式。除了要遵守联邦法律和缴纳联邦税外，在全国范围内经营服务的企业还需要遵守各州及市的法律，并应对各州不同的税收政策。但是，在美国多个州开展业务的律师事务所在海外扩张时可能会发现，在国内多州的业务经历变成了一种优势。由于美国许多州的城市、县和特区（如区域交通管理部门）都有征税权，因此美国各地的销售税率也不一样！

随着美国人口流动性越来越强，文化越来越多元，对在全国范围内经营的服务型企业来说，市场细分问题也变得更加复杂。企业会遇到越来越多的使用多种语言的移民（以及来访的游客）。

美国经济统计数据显示，美国家庭收入和个人财富存在巨大的差距，这种差距几乎超过了世界上其他的所有国家。面对庞大而多样化的国内市场，大多数美国服务型企业通过锁定特定的细分市场来简化其营销和管理工作（见第3章）。有些服务型企业根据地理位置进行市场细分，还有些服务型企业则根据人口统计特征、生活方式、需求或行业类型和企业规模来锁定目标市场。希望在全国范围内开展业务的小型企业通常选择相对狭窄的市场定位，而如今无处不在的互联网使得这一目标变得更容易。然而，大型的服务型企业则面临着巨大的挑战，因为他们在广泛的地理区域内服务多个细分市场。它们必须依据7P原则对所有服务要素进行标准化管理，同时又要适应不同的细分市场和当地市场条件。当涉及顾客到访服务场所消费的高接触服务时，权衡服务标准化与市场适应性之间的决策尤其具有挑战性。

5.8 国际化服务分销

许多服务型企业在国际市场上进行服务分销，包括美国有线新闻网、英国路透社、谷歌、美国证券交易所、星巴克、赫兹、花旗银行和麦肯锡。那么促使这些企业走向国际乃至全球的驱动因素是什么？服务型企业又应该如何进入新市场呢？

5.8.1 驱动企业采取跨国战略的因素

多种力量或行业因素影响着全球化的趋势，也影响着企业跨国整合战略的制定。[19]具体到服务业，这些驱动因素包括：市场驱动、竞争驱动、技术驱动、成本驱动和政府驱动。这些因素的相对重要性随着服务类型的不同而存在差异。

市场驱动。激励服务型企业建立跨国战略的市场因素包括：①各国顾客的共同需求；②世界各地的顾客需要服务型企业在全球提供一致、稳定的服务；③以有效的实体供应链或电子网络为形式的国际渠道。

随着大型的企业客户走向全球化，服务型企业试图对全球各地的供应商进行标准化和简化，以便其能够提供广泛的B2B服务。例如，它们可能会寻求最大限度地减少其在全球范围内的审计服务数量，而更加倾向于使用四大会计师事务所（普华永道、德勤、安永和毕马威）提供的服务，因为"四大"一直使用统一的审计方法（在各个国家规定的审计规则范围内）。同样，随着敦豪速递、联邦快递、联合包裹等国际物流企业的全球物流及供应链管理能力的发展，许多制造型企业将其物流职能全部外包给某一单个企业。总之，以上每一个例子都能体现国际化服务所具备的标准统一、使用便利、信息一致以及责任明确等优点。

竞争驱动。不同国家竞争者的存在、各国之间的相互依赖以及竞争者自身的跨国策略是重要的竞争驱动因素，在许多服务行业中发挥着强大的影响力。为了保护自身的市场位势，服务型企业可能不得不跟随竞争对手进入新的市场。

技术驱动。技术驱动往往以信息技术的进步为核心。例如，移动通信、计算机和软件不断增强的性能；设备的小型化，以及语音、视频和文本的数字化，进而可以运用计算机的数字语言存储、操作和传输所有内容。对信息化服务而言，宽带通信渠道的日益普及以及海量数据的高速传输能力对开拓新市场发挥着重要作用。

成本驱动。服务型企业在全球范围内经营可能会获得规模经济。在某些国家，有利的物流和较低的成本也提高了采购效率。改进通信手段及运输性能和降低运营成本有助于进入国际市场。这些驱动因素会因为进入不同行业所需固定成本的不同以及成本节约潜力的差异而产生不同的影响。然而，成本驱动可能不太适用于以人为主要服务对象的行业。当服务型企业的大部分要素需要在不同的地点进行复制时，规模经济的效果往往就不太明显，经验曲线也会相对平缓。

政府驱动。政府政策可以鼓励或阻碍企业制定跨国整合战略。这些驱动因素包括：优惠的贸易政策、兼容的技术标准和共同的市场规范。例如，欧洲委员会在整个欧盟建立单一市场而采取的各项行动，刺激了许多行业泛欧（pan-European）服务战略的形成。

此外，世界贸易组织（WTO）对国际化服务的重视推动了世界各国或各地区政府为跨国服务战略的实施创造更有利的政策法规环境。从服务洞察5-3所描述的从澳大利亚航空进入中国香港的案例，我们可以认识到国际化驱动因素的强大力量。

服务洞察 5-3

飞向中国香港的航班：全球化的快照

一架红白相间的波音777-300ER飞机，机体上印着澳大利亚航空公司的袋鼠标志，正在拥挤的香港港口上空盘旋下降，即将结束它从澳大利亚开始的10小时飞行之旅。飞机着陆后，会滑过一群绘有各种各样图案的尾翼，这些尾翼上的图案代表着来自几个大洲的十几个不同国家的航空公司——这只是为这座非凡的城市提供航空服务的所有航空公司的一个剪影。

飞机上的乘客包括商务旅客、观光游客和返回香港的本地居民。在经过移民局和海关检查后，大部分游客都会首先前往他们预订的酒店，这些酒店大多数都是全球连锁酒店（其中一些酒店的总部位于香港）。一些旅客会先在机场取到预先在赫兹或其他知名租车公司预订的汽车，然后开车前往目的地，其他旅客则搭乘快速列车进入香港地区的中心。自助旅行的游客非常期望能享受到香港地区著名的粤菜。然而，带孩子的父母不得不根据孩子的需求，带他们去在家里就能找到的快餐连锁店吃饭。许多较为富裕的游客则计划购物，他们不仅光顾具有中国特色的珠宝和古董店，还会去在全世界各个大都市都能找到的国际奢侈品牌专卖店。

是什么让商务旅客来到中国的这个特别行政区呢？许多商务旅客是来洽谈工业制成品的供应合同的，产品范围从服装、玩具到电脑元器件；有些商务旅客则是来销售他们商品和服务的；一些人从事航运或建筑业；而其他人则在电信、娱乐和国际法律等各类服务行业工作。一家大型的澳大利亚旅游公司的管理者前来洽谈昆士兰著名黄金海岸的度假协议。一位驻布鲁塞尔的加拿大籍某四大会计师事务所的高级合伙人正在进行一场艰苦的环球旅行，他的任务是说服一家国际企业将其全球范围的审计业务交给他所在的事务所处理。一位美籍高管和她的英国籍同事正在为一家大型欧美电信企业工作，他们的共同目标是说服一家跨国公司雇用他们的公司来管理其在全球的电信活动。超过半数的商务旅客要么从事国际银行业务，要么从事金融服务，或者来到这座世界上最具活力的金融中心之一——香港，为自己的事业寻求资金支持。

波音飞机的货舱里不仅装着乘客的行李，还装着运往中国香港和中国内地其他目的地城市的货物。运输的货物有邮件、澳大利亚葡萄酒、一个装满了为即将举办的贸易促进会准备的澳大利亚旅游业宣传手册和展示材料的集装箱，以及其他各种高价值货物。在机场等待飞机进港的人有当地的澳航员工、行李搬运人员、清洁人员、维修工及其他技术人员、海关和移民局官员，以及一些前来接机的人员。这些人中有一些是澳大利亚人，但绝大多数是香港本地人。他们中的很多人或许从未出过远门，但是，在日常生活中他们经常光顾银行、快餐店、零售店和保险公司，这对那些居住在其他国家，如澳大利亚、英国、加拿大、新加坡和美国的旅客们来说是同样熟悉的。欢迎来到全球服务营销的世界！

很多国际化的驱动因素和跨国战略的应用也推动了全面覆盖国内市场的服务运营趋势。市场、成本、技术和竞争因素催生了全国性的服务行业和特许连锁经营，这些因素同时也是推动服务型企业进行跨国经营的重要外部力量。

5.8.2　服务国际贸易壁垒

国际服务营销已成为国际贸易中增长最快的部分。[20]跨国战略包括总体战略的制定，以及企业在开展业务的各个国家或地区的实施计划。对希望在海外市场开展业务的企业来说，进入壁垒历来都是一个难题，但现在正在逐渐消解。近年来，各种自由贸易协定促进了企业跨国经营的迅速发展。显著的区域合作进展包括连接加拿大、墨西哥和美国的北美自由贸易区（NAFTA）；拉丁美洲经济区，例如南方共同市场、安第斯共同体，以及欧盟（EU）。

然而，对于某些服务型企业来说，在国际市场上成功运营仍面临重重困难。尽管世贸组织及其前身"关税与贸易总协定"（GATT）付出了巨大努力，但仍然有许多挑战需要面对。航空公司的国际市场准入便是一个令人头痛的问题，因为许多国家都需要双方（两国之间）的协议才能开辟新的国际航线。如果一个国家允许新的航空公司进入但另一个国家不允许，那么该航线的开通就会搁浅。此外，某些主要机场的容量限制可能导致一些外国航空公司无法获得新的或额外的着陆权；航空客运与货运都会受到这种限制的影响。

金融服务、医疗服务和通信服务市场也是典型的高度监管领域，这使得企业很难进入这些行业的国际市场。一些进入更常规市场的服务型企业，如出租车市场的优步、住宿市场的爱彼迎，也都试图提供全球预订服务，并将其与当地机构设施及个体创业者联系起来。然而，这些企业却时常面临监管阻碍。这些行业的现有企业已经习惯于监管保护，并通过在许多场合游说监管机构对新进入企业进行反击。最具讽刺意味的是，他们经常使用顾客保护、服务标准等说辞抵制新的进入企业（例如，乘客安全、保密性以及出租车服务中的保险）。最终，顾客会用脚投票，并向监管机构施加压力。因此，行业的现有企业不得不改善它们的服务，甚至有可能降低价格，地方政府也将致力于构建适应新型商业模式的监管框架。

5.8.3　如何进入国际市场

服务型企业进入国际市场的最佳战略取决于：①企业如何保护其知识产权（IP），以及如何控制价值创造的关键资源；②企业与顾客之间互动程度的高低（见图 5-5）。

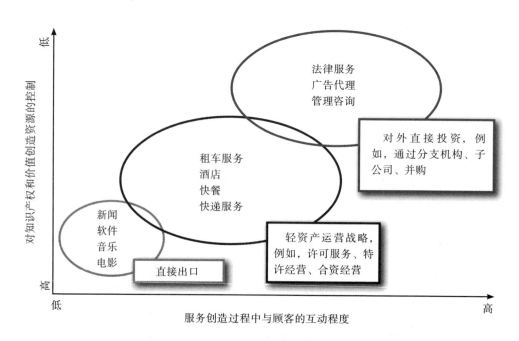

图 5-5　如何进入国际市场

如果服务型企业的知识产权和价值创造资源可以通过版权或其他法律手段得到保护，并且服务传递所需的顾客接触水平较低，那么企业可以直接出口服务。在这种情况下，服务型企业被当地的竞争者、分销商或者其他当地合作伙伴抢走业务的风险就比较小。例如，数据库服务（如路透社的科学与社会科学引文索引相关服务）、网络新闻（如CNN或《金融时报》提供的新闻服务）、网络广告（如谷歌、Facebook在全球提供的广告服务），以及音乐、电影、电子书和软件的下载服务。如果这些企业在国际市场开展本土化运营，通常也会利用当地企业进行销售和营销活动，而不是自己直接提供服务。例如，谷歌、Facebook和LinkedIn在许多国家或地区都有销售团队推广其广告服务。

一些服务型企业，如快餐连锁企业、全球连锁酒店企业和快递服务企业允许其他企业掌握它们的知识产权和价值创造资源。这要求服务型企业拥有强势品牌，建立全球顾客基础，以及获取全球资源、能力和网络。如果不具备上述条件，服务型企业很难甚至不可能向顾客传递符合顾客期望的服务。如果顾客接触处于中等水平，那么这类服务型企业可以通过许可、特许经营或合资形式进行全球扩张，而不会失去控制权。例如，星巴克、Hard Rock咖啡这些品牌增加了服务的价值，如果没有这些品牌，咖啡店就不会对顾客有同样的吸引力。喜达屋、希尔顿等大型全球连锁酒店，通过其忠诚度计划和全球销售办事处与数百万顾客建立持续的顾客关系。然后，这些办事处将业务资源提供给本地企业进行经营，如果没有这些全球顾客流量，这些本地企业的运营很难取得成功。

再举一个例子，一家全球性的快递服务企业拥有全球资源、和广泛的网络。然而，本地的快递服务企业既不能从世界各地采购入境货物，也不能在全球范围内配送出境货件。因此，这家全球性的快递服务企业可以放心地指定一家当地代理机构，而不必担心该代理机构在未来可能会变成竞争对手。

最后，有些服务的附加值主要来自服务人员的技能和知识。在这种情况下，需要高度的顾客接触才能实现服务价值的传递。这些服务通常是知识型服务、专业型服务，主要包括广告活动的创意设计和管理咨询项目等。对于此类服务，价值通常由服务人员通过他们的知识以及他们与顾客建立的关系来创造，因而很难控制这些服务的价值创造资源。例如，如果服务型企业通过许可经营或合资形式进行运营，那么企业可能会面临风险，即在数年的经营后（一旦必要的技能被转移），合作企业能够在没有源企业支持的情况下顺利传递服务。一旦这种情况发生，合作企业便会越来越抵触支付许可费或分享利润，进而，它们可能就会要求就合资条款进行重新谈判，甚至可能会威胁跳出许可经营或合资企业开展独立经营。因此，对这类服务型企业来说，有必要严格控制当地资源。主要措施包括给当地员工直接发工资、精心起草旨在保护企业知识产权和顾客基础的合同。进入新市场的最有效途径通常是开展对外直接投资，这包括建立分公司或子公司，以及兼并和收购。[21]

➲ 本章小结

1. 什么内容？什么方式？什么时间？什么地点？对这四个问题的回答构成了服务分销战略的基础。

2. 什么是分销？服务分销流模型可以根据"服务之花"的概念来理解，包括：
   （1）信息与促销流（包括信息服务和咨询服务"花瓣"）；
   （2）谈判沟通流（包括订单处理、账单服务和支付服务"花瓣"）；
   （3）产品流（包括核心产品和"服务之花"中剩余的其他"花瓣"）。
   服务分销战略包括以上三种服务流。
3. 如何进行服务分销？可以通过以下三种方式对服务进行分销：
   （1）顾客亲临服务场所（如像核磁共振扫描那样的个人服务）；
   （2）服务组织前往顾客处（如高净值的私人银行服务）；
   （3）顾客与服务组织进行远程交易（如使用 Skype 等网络电话或在线购买旅行保险）。
   一些核心服务需要实体店，这严重限制了它的分销；但是，信息类核心服务和许多附加服务能够远程地进行分销和传递。
4. 通信技术、网络技术、服务应用程序和完善的物流解决方案的发展激发了远程服务传递方式的创新：
   （1）所有信息类的核心产品和附加服务（如信息服务、咨询服务、订单处理、账单服务和支付服务），以及许多的所有物服务都可以远程传递。
   （2）网络服务分销增长的主要驱动因素有：①便利性；②搜索方便性；③更广泛的选择；④潜在的更低价格；⑤全天候的快捷服务。
5. 顾客偏好推动分销渠道的选择：
   （1）精通技术的顾客往往喜欢远程渠道，因而它们能够提供更多的便利。这些顾客通常对渠道或服务有信心，并且更了解。
   （2）然而，当顾客感知到的风险很高并且交易背后有社交动机时，他们更倾向于选择人际服务渠道。
6. 顾客可能面向同一服务型企业使用不同的服务渠道（例如，银行的顾客几乎会使用银行所有的服务渠道，从手机银行应用程序、银行官网，到 ATM 机和分支机构）。因此，渠道整合对传递一致、连续的服务体验至关重要。
7. 服务应该在哪里传递？这对于那些需要实体服务网点的服务型企业来说是十分重要的决策。
   （1）服务地点的选择是整体服务战略的组成部分，服务地点选择的战略必须与服务型企业的营销策略以及目标顾客的需求和期望保持一致。
   （2）在特定地点之间进行选择时需要考虑一些策略要素，包括人口规模和特点、交通状况、交通便利程度、该地区的竞争对手、附近企业的性质、劳动力和场地的可获得性、租赁成本、合同条款和相关的规章制度。地理信息系统（GIS）经常被用来帮助企业进行特定地点选择的决策。
   （3）区位约束，如规模经济的需求（如较高的固定成本）和服务运营要求（如机场或配送中心）限制了服务型企业对服务传递地点的选择。
   （4）创新的服务选址战略是新型服务模式的核心。目前的趋势包括：微型商店、与互补的服务型企业共享零售空间，以及在多功能服务场所内进行服务选址（例如，将诊所开设在购物中心里）。

8. 何时传递服务？
   （1）决定服务渠道营业时间的关键因素包括：顾客的欲望与需求、营业时间的经济效应（设施的固定成本，延长营业时间增加的可变成本和收入，以及将需求从高峰时段转移到延长营业时段获得的预期收益）。
   （2）目前，服务型企业有延长营业时间的趋势，其最终目标是实现7×24的全天候服务，这通常可以通过自助服务技术来实现。
   （3）信息型的核心服务和附加服务可以实现7×24的全天候服务。近年来技术的发展联结了顾客关系管理系统、手机、App、网站、智能卡，使服务型企业能够向顾客提供更加便利和精细化的电子服务。
9. 服务型企业经常使用中间商来分销一些附加服务。例如，游轮公司仍然通过旅行社来提供信息服务、预订服务、收取费用，并且还经常与互补型服务如航空旅行服务等进行捆绑销售。
   （1）服务型企业发现将某些服务外包具有成本效益。同时，中间商也会因此扩大服务销售的范围并增加销售收入。
   （2）然而，不同分销渠道之间存在着巨大的成本差异。在旅游业中，拥有自己网站的企业借助中间商（如Travelocity）提供服务只会产生一小部分的交易成本。服务型企业有必要认真进行成本－收益分析，这就会导致拥有强大品牌的企业将交易吸引到自己的销售渠道，而那些缺乏品牌知名度和影响力的服务型企业则更依赖中间商。
   （3）在任何情况下，服务型企业面临的挑战都是必须确保整体的服务体验是一致的，并符合顾客期望。
10. 特许经营通常进行核心服务的分销，其优势和劣势如下：
    （1）特许经营的优势是增长速度较快。特许加盟企业有足够的动力确保提供顾客导向的、高质量和高成本效益的服务。
    （2）特许经营的劣势在于特许经营企业失去了对服务传递系统和顾客服务体验的控制，因此，特许经营企业通常对运营中的各个方面实行严格的质量控制。
11. 大型的国内市场（如美国、加拿大和澳大利亚）并不像国家刻板印象中那样具有市场同质性。仔细进行市场细分、聚焦某些特定的细分市场、平衡标准化和适应性战略，能提高服务型企业开发大型国内市场、实现市场渗透的成功可能性。
12. 服务型企业进行国际化分销的五大驱动力量如下：
    （1）市场驱动（例如，顾客期望全球范围享受企业的服务）；
    （2）竞争驱动（例如，竞争对手实现全球化，进而给国内企业带来压力）；
    （3）技术驱动（例如，互联网驱动服务型企业进行全球服务分销和获得套利成本）；
    （4）成本驱动（例如，规模经济促使企业扩大市场份额）；
    （5）政府驱动（例如，加入世界贸易组织的国家或地区不得不向国际市场开放许多服务部门）。
13. 对于许多服务行业来说（如航空服务、医疗保健、金融服务），市场监管仍然是一个重要的挑战，因为这些服务行业是被高度监管的市场。在更常规的市场中，新的商业模式（如出租车市场中的优步、住宿市场中的爱彼迎）也面临着全球范围内严格的市场监管所带来的挑战。

14. 服务型企业进入国际市场的战略取决于：企业对其知识产权（IP）和价值创造资源的控制程度；服务创造所需要的顾客互动程度。

（1）如果服务价值来源于知识产权，那么服务型企业可以简单地直接出口该服务（如电子书、音乐、软件）。

（2）如果服务型企业对知识产权的控制及企业与顾客的互动处于中等水平，则可以使用许可、特许经营或合资战略。

（3）如果要求高度的顾客互动，且企业对知识产权的控制程度较低，那么对外直接投资是一种比较有效的途径，其方式包括：设立分公司和子公司，以及兼并和收购。

复习题

1. 谈谈你对"分销服务"的理解，并说明如何对一种体验或者某种无形的服务进行分销。
2. 为什么对核心服务和附加服务既要分别进行考虑，又要整合起来考虑？
3. 服务分销有哪些不同的选择？在每种选择下，服务型企业需要考虑哪些因素？
4. 决定服务分销地点和时间选择的关键因素是什么？
5. 零售服务型企业以以下方式增加电子分销渠道时面临哪些风险和机遇：①与现有的实体店并行；②用互联网和呼叫中心相结合的渠道替代实体店。试举例说明。
6. 为什么服务营销人员应该关注移动通信技术的最新发展？
7. 在服务中使用中间商会让服务型企业面临哪些营销和管理的挑战？
8. 为什么特许经营是实现有效服务理念传递的常用方式？特许经营的劣势有哪些？如何减少劣势？
9. 促进服务日益全球化的关键因素有哪些？
10. 服务型企业需要对哪些因素进行理解，才能选择适当的国际化分销战略，并确保对知识产权和价值创造资源的有效控制？

应用练习

1. 一名企业家正在考虑建立一项新的服务业务（你可以选择任何特定的业务）。对于这项服务的分销战略，你会提出什么建议？试写出服务分销的内容、方式、地点和时间。
2. 思考你主要或者完全通过互联网渠道购买或使用的三种服务。相对于其他替代渠道（如电话、邮件、分支机构）而言，互联网渠道的价值主张是什么？
3. 你会给以下服务型企业分别提出哪些国际化的建议？①减肥诊所；②虫害防治企业；③本科院校。
4. 以下服务型企业进入国际市场需要采取哪种战略？①建筑设计企业；②在线经纪人；③卫星电视频道。为什么？

第 6 章

服务定价与收益管理

□ **学习目标**

通过学习本章,你能够:
1. 认识有效定价对服务型企业财务成功的重要性;
2. 概述"三脚架"定价策略的基本内容;
3. 界定不同类型的财务成本,并说明成本导向定价的局限性;
4. 理解净价值的概念,并了解如何通过价值导向定价以及减少相关货币成本和非货币成本来提高总价值;
5. 描述竞争导向定价以及服务市场中价格竞争较低的情境;
6. 明确收益管理的定义及其作用方式;
7. 理解价格栅栏在有效收益管理中的角色;
8. 熟悉顾客关注的与服务定价有关的道德问题;
9. 理解如何在收益管理策略中体现公平;
10. 明确在设计有效的服务定价策略时需要考虑的六个问题。

□ **开篇案例**

动态定价已司空见惯[1]

服务型企业经常会面临服务收益和能力最大化的问题,而动态定价就是重要的解决之道。什么是动态定价?你可能会有这样的经历:当你在搭乘飞机与你的邻座闲聊时,发现你们两个同样的舱位、同样的机票,但支付的票价却截然不同,这种现象就是动态定价。

动态定价是根据不同顾客的需求偏好,在不同时间为不同顾客制定不同价格的一种定价策略。这种定价策略不仅被广泛地运用于航空业,同时在其他行业也受到青睐。2010年年初,美国历史上唱片销量最高的美国乐队——老鹰乐队在加利福尼亚州萨克拉门托演出时,对不同的座位制定了不同的价格。他们与现场国家娱乐公司(Live Nation Entertainment Inc.)合作,采取动态定价策略来售卖门票。在充分掌握预期需求的情况下,乐队按照尽可能多地卖出座位和粉丝价格承受能力两大原则,将票价分成10档。最终,演唱会中最贵的票价是250美元,而最便宜的票价只有32美元。

《狮子王》(Lion King)的成功扭转了它前途未卜的命运,成为百老汇历史上最卖座的剧目之一,这很大程度上也要归功于动态定价策略。同样的例子还有职业棒球队旧金山巨人队(San Francisco Giants),他们在运用动态定价策略的第一年多卖了25 000张门票,增加了50万美元的额外收入。美国职业棒球大联盟(Major League Baseball)和美国职业篮球联盟

(National Basketball Association)的官员明确希望动态定价成为体育产业的一种规范。

另外,像票务信息(ScoreBig)这样的企业也希望将动态定价策略引入公司经营中。据票务信息公司估计,每年25%~35%的体育赛事门票和40%~50%的音乐会门票未被售出。它利用基于顾客需求的动态定价方法,试图将门票全部卖出。

体育、酒店、航空和汽车租赁等不同行业的服务型企业都能够从使用动态定价策略中获益。这样的策略可以使企业增加收入,更有效地配置资源,并专注于改善顾客体验。因此,动态定价必将会得到更广泛的应用。

6.1 有效定价是企业财务成功的关键

创造一种可行的服务需要构建一种充分考虑服务创造和传递成本的商业模式,同时它还能够通过合理的定价和收益管理策略来创造一定的利润。然而,服务定价是十分复杂的。想想许多零售银行或移动电话服务提供商的那些让人眼花缭乱的收费表,或者试着去理解提供全方位服务的航空公司不断变化的收费结构。服务型组织甚至变换各种方式来表达"收费"一词:大学里称为"学费",专业公司叫"收费",银行则收"利息"和"服务费",经纪人获得"佣金",一些高速公路收取"通行费",公用事业单位征收"管理费",保险公司收取"保费"。本章将学习如何制定有效的定价和收益管理策略,实现价值主张的承诺,进而实现价值交换(例如,顾客决定购买服务)。本章概览如图6-1所示。

定价的目标

任何定价策略都必须建立在对企业定价目标清晰理解的基础之上。表6-1总结了最常见的高层次定价目标。

6.2 定价策略的三大基础

一旦理解了定价的目标,服务型企业就需要聚焦于定价策略。定价策略的基础可以形容为一个"三脚架",这个"三脚架"的三条腿分别为服务型企业的成本、竞争者的价格以及顾客获得的价值(见图6-2)。在服务定价"三脚架"中,服务型企业通常会设定一个回收成本价格,将其作为最低价格或价格底线。同时,顾客对服务产品的感知价值则为最高价格或者价格上限。

通常情况下,竞争对手的定价策略决定了服务产品定价在最低和最高价格区间的具体位置。接下来,我们将从服务型企业的成本开始,详细地解构服务定价"三脚架"的每一部分。

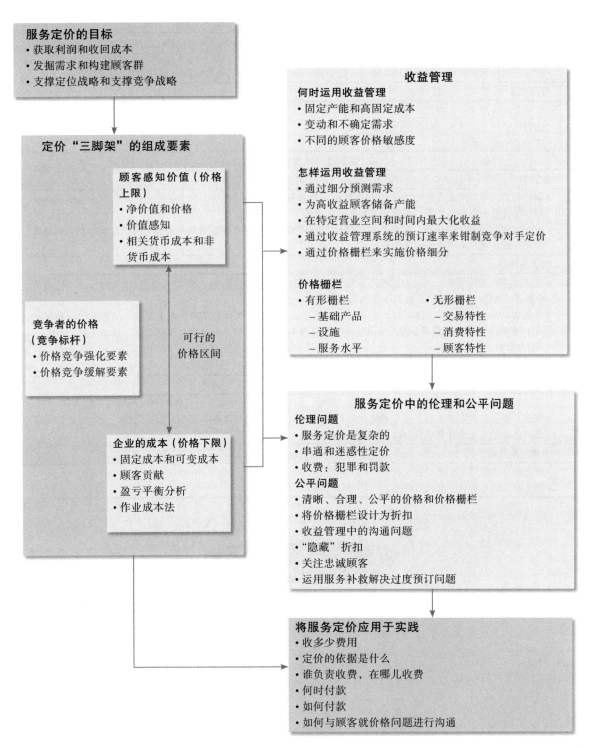

图 6-1　本章概览

表 6-1 服务定价的目标

收益和利润目标
获取利润
• 实现长期收益或利润最大化
• 实现特定的目标水平,但不追求利润最大化
• 通过不同的价格和目标细分市场从固定产能中最大限度提高收益,可以运用收益管理系统来实现
收回成本
• 收回全部分摊成本,包括企业的日常管理费用
• 收回特定服务的成本,但不包括日常开支
• 收回边际销售成本
赞助及与顾客相关的目标
发掘需求
• 最大化需求(当产能不受限制时),假设最小收益水平已经实现(例如,许多非营利组织会聚焦鼓励顾客使用而非收益,但前提是它们必须能够弥补服务成本)
• 充分实现产能利用最大化,尤其是在较高的产能利用率能为所有顾客增加价值时(例如,满座能给剧场演出和篮球比赛带来更欢乐的气氛)
构建顾客群
• 鼓励试用和使用服务,这对于具有高基础设施成本的新服务非常重要,同样对试用后就会继续使用的会员制服务也很重要(如定制手机服务和购买人寿保险)
• 提高市场份额和 / 或扩大顾客群,尤其是存在成本竞争优势的规模经济时更加有必要(如开发阶段和固定成本很高的情况下);或者形成网络效应,即通过增加更多的用户来提升现有用户的服务价值(如 Facebook 和 LinkedIn)
与战略相关的目标
支撑定位战略
• 帮助和支撑企业整体的定位和差异化战略(例如,作为市场价格领导者,或者成为优质的服务提供商)
• 提倡"物有所值"的定位,企业承诺以尽可能低的价格提供尽可能好的服务。也就是说,企业所提供的服务产品质量是无法在其他地方以更低的价格买到的
支撑竞争战略
• 阻止现有竞争对手扩大产能
• 阻止潜在的竞争对手进入市场

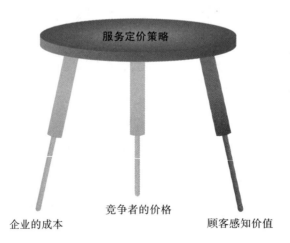

图 6-2 服务定价"三脚架"

6.2.1 成本导向定价

通常情况下，相较于核算生产有形产品的财务成本，确定开发一项服务流程或者无形实时服务的财务成本要复杂得多。此外，服务型企业的固定成本与可变成本的比率通常会比制造型企业高。固定成本高的服务型企业通常拥有昂贵的物理设施（如医院或大学）、车队（如航空公司或卡车货运公司）或一套网络系统（如铁路、电信和天然气管道公司）。

1. 确定提供服务的成本

即使你已完成了市场营销课程的学习，你也会发现回顾一下如何用固定成本、半可变成本和可变成本来估算服务成本是很有帮助的。同时，理解顾客贡献和盈亏平衡分析的概念也有助于制定价格决策（见营销评论 6-1）。

营销评论 6-1

理解成本、顾客贡献和盈亏平衡分析

固定成本是即使没有提供任何服务，服务型企业也会持续（至少在短期内）承担的经济成本。这些成本包括了租赁、折旧、公共事业费、税收、保险、管理人员费用和长期员工的薪水、抵押品以及利息支出。

可变成本指的是为一个新增顾客提供服务所产生的经济成本，例如达成一笔新的银行交易或者在航班中增售一个座位。在许多服务行业中，类似的可变成本通常都很低。例如，在飞机上运送一个额外的乘客只需要很少的人力和燃料成本；在剧院里，为额外的顾客安排座位的费用几乎为零。更重要的可变成本与提供食品和饮料或进行维修时安装新的部件等活动有关，因为这些活动通常不仅包括提供劳动力，还需要提供昂贵的实体产品。然而，服务型企业不能仅仅因为以高于可变成本的价格出售服务就认为它是盈利的，因为仍然有固定成本和半可变成本需要考量。

半可变成本是指固定成本和可变成本之间的那部分，它们代表随着业务量的增加或减少而逐步上升或下降的费用。例如，增加一个额外的航班以满足特定线路上不断增长的需求，或者在繁忙的周末雇用一名兼职员工到餐馆工作。

顾客贡献是指销售额外一单位的服务所获得的收入与可变成本之间的差额。在实现利润前，它需要先弥补固定和半可变成本。

确定和分配经济成本对某些服务型企业而言可能是一项具有挑战性的任务，因为确定和分配各种服务设施的固定成本通常很难。例如，医院的某些固定成本与医院急诊科的运作有关。此外，医院作为一个整体的运营还涉及其他成本。医院的总成本中有多少应该分配给急诊科？医院的管理者可能使用以下几种方法之一来计算急诊科的日常支出费用：①占全院楼面面积的百分比；②占工资额或者工作时间的百分比；③占与病人接触总时间的百分比。每种方法都可能产生完全不同的成本分摊结果。一种方法可能计算出急诊科是盈利的，而另一种方法可能计算出它是亏损的。

盈亏平衡分析可以让企业知道一项服务盈利时的销售是多少。这个点就叫盈亏平衡点。

必要的分析包括将总固定成本和半可变成本除以每一服务单位的顾客贡献。例如，如果一家拥有100间客房的酒店每年需要支付200万美元的固定成本和半可变成本，而每间客房每晚的平均贡献为100美元，那么该酒店每年需要销售全年客房总容量即3.65万间/夜中的2万间/夜。如果每间客房每晚平均降价20美元（或者可变成本上涨20美元），那么顾客贡献就会降至80美元，整个酒店的盈亏平衡点将会升至2.5万间/夜。

2. 作业成本法 [2]

对于具有较高固定成本、复杂产品线和共享基础设施的服务型企业（如零售银行），可以采用更复杂的作业成本法（activity-based costing，ABC）来定价。作业成本法是一种更精确地分配间接成本或间接管理费用的方法。

在确定服务的间接成本时，服务型企业要考虑执行每项活动所需的资源，然后根据创造和传递服务所需的活动数量和类型来进行资源配置。因此，资源的费用（或间接成本）不仅与实际的数量有关，还与所提供服务的多样性和复杂性有关。如果作业成本法得到较好的运用，服务型企业就能够更好地估计各种服务、活动和流程的成本。所以说，作业成本法是一种管理工具，可以帮助服务型企业精确预测不同服务、渠道、细分市场，甚至单个顾客的盈利水平。

3. 成本分析的定价启示

为了获取更大利润空间，服务型企业往往把价格定得足够高，以收回生产和销售环节的全部成本。同时，它们还会提高在实现预期销售量并产生预期利润后的边际利润空间。

在有较高固定成本和边际变动成本的服务型企业，管理者可能会觉得有足够的定价空间，因而会导致他们选择低价格以刺激销量。有些服务型企业不惜亏本销售，即以低于全部成本的价格出售服务以吸引顾客。他们希望这些顾客将来会再购买本企业附加值更高的服务。但是，如果不收回所有相关成本，服务型企业到年底将没有利润，甚至可能导致破产。因此，那些试图以低价格进行竞争的服务型企业，需要非常清楚地把握自身的成本结构以及盈亏平衡点。

6.2.2 价值导向定价

服务定价"三脚架"的另一条"腿"是顾客感知价值。没有顾客愿意支付超出其感知价值的服务价格。因此，服务型企业想要制定合理的价格，就需要理解顾客是如何感知服务价值的。

1. 理解净价值

当顾客购买一项服务时，他们会在感知的潜在服务收益与所承担的成本之间进行权衡。然而，顾客对价值的理解可能是非常个性化和特殊的，泽丝曼尔提出了以下四种广义的价值表达：

- 价值是低价格；

- 价值是我想从产品中获得的东西;
- 价值是我从所支付的价格中得到的服务质量;
- 价值是我付出后所得到的回报。[3]

在本书中,我们聚焦于价值的第四种表达并使用**净价值**一词,即用服务的所有感知收益总和(总价值)减去所有感知成本总和。二者之间正差异越大,表明净价值越大。你可以想象顾客脑海中的天平,就像以古老的方式称物体的重量一样,天平一端的托盘里是产品(服务)所带来的收益,另一个托盘中则是获得这些利益所产生的相关成本(见图6-3)。当顾客在评估竞争性的服务时,他们基本上是在比较二者净价值的大小(见第2章中的多重属性模型,我们讨论了如何通过评分系统将净价值进行量化)。

图 6-3　净价值等于感知收益减去感知成本

2. 管理价值感知 [4]

价值具有很强的主观性,并不是所有的顾客都有能力或知识去判断其所获得服务的质量和价值。对信任型服务而言尤其如此(见第2章),因为顾客即使是消费之后也无法评估服务的质量。服务型企业,如战略咨询公司和专科医院,需要通过各种途径告诉顾客它们为完成一项工作所花费的时间,做了哪些研究,以及其他专业技能和技术细节问题。这是因为后台设施和劳动的不可见性,使顾客很难直观感受到他们的钱能买到什么。因此,服务型企业必须有效地管理价值感知。

设想一位房主请一名电路维修工来检修电路故障。在了解房主的需求后,维修工很快就带着工具箱来到了顾客家里,然后立刻消失在电路板所在的衣橱里,找到问题所在并更换了有问题的开关。转瞬间所有问题得以解决,仅仅花了20分钟时间。几天后,房主很惊讶地收到了一张150美元的账单,而且大部分是劳务费用。不出所料,顾客常常会觉得自己被坑了。我们可以看看图6-4中勃朗黛小姐对管道工服务的反应。

图 6-4　勃朗黛对管道工服务的反应

服务型企业需要运用有效的沟通甚至是个人的解释帮助顾客理解他们所获得的价值。顾客通常无法感知到服务型企业需要收回的固定成本。在前面电路维修工的例子中，他需要考虑收回诸如办公室、电话、保险、车辆、工具、燃料以及后勤支持人员等多方面的成本。上门服务的变动成本也比看上去的要高。除了上门维修的 20 分钟以外，每次上门服务还要加上 15 分钟的开车时间、5 分钟从货车上卸载和重新装载必要工具及用品的时间，因此，这次上门服务所花费的整体时间是实际维修时间的 3 倍，即 60 分钟。此外，企业还要在此基础上加上一定的利润才能最终获利。

6.2.3 降低相关货币成本和非货币成本

从顾客的角度来看，服务型企业的要价仅仅是购买和使用服务的一部分成本。顾客在购买和使用服务时还会产生其他成本，包括货币成本和非货币成本。

1. 货币成本

顾客在搜索、购买和使用服务时往往会产生大量的货币成本，这些成本超出了顾客支付给服务型企业的价格。例如，一对带着年幼孩子的夫妇去剧院度过一晚所支出的费用远远超过了两张门票的价格，因为这可能还包括雇用临时保姆、旅行、停车、食物和饮料等方面的开支。

2. 非货币成本

非货币成本反映了顾客在搜索、购买和使用服务时所产生的时间、效果或不适。非货币成本主要分为四类：时间成本、体力成本、心理成本和感官成本。

（1）**时间成本**是服务传递的一部分。如今的顾客不愿意把时间浪费在不愉快和不增值的活动上，例如，在州政府机构办理事务时排长队等候。很多人讨厌去州政府机构办理签证、驾照或执照，不是因为费用问题，而是认为太"浪费"时间。[5]

（2）**体力成本**（诸如体力付出、疲倦和不适）也是顾客在获取服务时所产生的一类成本。顾客的体力成本在以下情况中尤为明显：①顾客必须前往服务场所或网点；②顾客需要长时间等待或排队；③顾客的身体治疗，如医学治疗、穿孔和理疗等；④顾客参与自助式服务传递。

（3）**心理成本**包括：脑力劳动（如填写开放式表格，回答一些细节性问题），感知风险和焦虑（这是最好的治疗方案吗？他是合格的医生吗？这是最优的抵押贷款方案吗？），认知失调（有必要购买这份健康保险吗？有必要成为这家健身俱乐部的会员吗？），感觉不合适和害怕（我是否足够聪明，能够在这个 MBA 项目中取得成功？），等等。在购买或者使用某项特定服务时，这些情况有时会发生。

（4）**感官成本**是指人体五种感觉器官遭遇的不愉快感受。在服务环境中，这些成本可能包括忍受拥挤、噪声、难闻的气味、通风、过热或过冷、不舒服的座位以及令人不悦的视觉环境等。

如图 6-5 所示，顾客在服务消费模型（见第 2 章）三个阶段中的任何一个阶段都会产生成本。因此，服务型企业必须考虑到：①搜寻成本；②购买与服务接触成本；③购后成本。

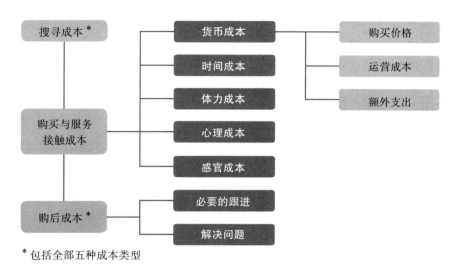

图 6-5　服务总成本

服务型企业可以通过降低非货币成本和货币成本来创造竞争优势和提升顾客价值，具体策略包括：

- 与运营专家合作，减少完成服务购买、传递和消费所花费的时间，简化交易流程。
- 在服务的各个阶段，消除或重新设计不愉快或不方便的服务流程，引导顾客建立合理的购买观，以及加强服务人员培训，优化服务态度和服务能力，进而将顾客不必要的心理成本降至最低。
- 消除或者减少顾客不必要的体力成本，特别是在服务搜寻和传递过程中。优化设施与网页上的标识和路标可以帮助顾客找到正确方式或路径，防止造成顾客迷失方向并产生沮丧感。
- 减少不愉快的感官服务成本，例如，创造更有吸引力的视觉环境，减少噪声，安装更舒适的家具和设备，减少刺鼻的气味。
- 向顾客建议减少相关货币成本的方法，包括与合作企业的折扣（如停车）或将以前需要顾客亲自到店的服务改为在线传递。

不同顾客对净价值的理解可能大相径庭。大多数服务至少可以细分为两种类型——一种是花时间省钱，另一种则是花钱省时间。因此，很多服务行业根据顾客对节约时间的敏感程度和对价格的敏感程度，将顾客细分为时间敏感型和价格敏感型两类。[6]如表 6-2 所示，一名顾客在三家可选择的诊所中确定一个进行常规胸部 X 光检查，每个诊所除了价格不同之外，顾客所花费的时间和精力成本也存在差异。因此，根据顾客的优先考虑顺序，非货币成本可能与服务型企业的要价一样重要，甚至更重要。

6.2.4　竞争导向定价

服务定价"三脚架"的最后一条"腿"是竞争者的价格。那些提供相对无差异服务的企业需要监控竞争对手的定价情况，并相应地确定或调整自己的服务定价。当顾客发现竞争性的服务之间差异很小甚至是没有差异时，他们可能就会简单地选择最便宜的服务。在这种情况下，单位服务成本最低的服务型企业享有令人羡慕的市场优势，通常被称为**价格领导者**。一家企业扮演着价格领导者的角色，而其他企业会跟随这家企业行事。例如，同一区域内距离较近的加油站之间的竞争就存在这种现象，当一家加油站提价或降价时，其他加油站就会相继调价。

表 6-2 服务中货币成本与非货币成本

如果你需要做胸部 X 光检查，你会选择哪家诊所？ （假设三家诊所医疗水平一样）		
诊所 A	诊所 B	诊所 C
• 价格：85 美元 • 距离：乘车 1 小时 • 下次预约需间隔 3 周 • 接诊时间：周一至周五，上午 9 点至下午 5 点 • 预计等待时间：2 小时	• 价格：145 美元 • 距离：乘车 15 分钟 • 下次预约需间隔 1 周 • 接诊时间：周一至周五，上午 8 点至晚上 10 点 • 预计等待时间：30～45 分钟	• 价格：225 美元 • 距离：紧邻你的办公室（或学校） • 当天即可再次预约 • 接诊时间：周一至周六，上午 8 点至晚上 10 点 • 预计等待时间：15 分钟之内

1. 价格竞争的激化

价格竞争的激化通常发生在以下几种情况下：

（1）竞争者的数量越来越多；

（2）替代者的数量越来越多；

（3）竞争者和替代者分布越来越广泛；

（4）行业内的过剩产能越来越多。

2. 价格竞争的抑制因素

尽管某些服务行业的竞争特别激烈（如航空公司和网上银行），但并非所有的服务行业都是如此，尤其是在出现以下一种或多种抑制价格竞争的情形时：

（1）使用竞争者替代品的非货币成本很高。当顾客选择服务时，如果节省时间和精力与价格一样重要或更加重要时，价格竞争的强度就会降低。一旦相互竞争的服务型企业有着各自独特的一套货币成本和非货币成本，那么真正的价格因素在市场竞争中就可能退居次要位置。

（2）人际关系的影响。对于高度个性化和定制化的服务而言，如发型设计或家庭医疗服务，顾客与服务人员的个人关系就非常重要，是抵御竞争对手行为的重要壁垒。例如，许多全球性银行更倾向于聚焦高价值顾客，以便与其建立长期的个人关系。

（3）转换成本较高。如果顾客更换服务提供商需要花费更多的时间、精力和金钱，他们就不太可能去考虑竞争对手的服务。[7]以移动通信为例，移动运营商通常要求顾客签订一到两年的服务合同；如果用户提前取消服务的话，移动运营商将会收取违约金。同样，当投保人想在一定期限内取消保单时，人寿保险公司也会收取管理费或注销费。

（4）时间和地点的限定缩小选择范围。当顾客想在特定的地点或时间（或两者同时满足）享用服务时，他们通常发现选择范围变得更窄，这大大降低了价格竞争的可能性。[8]

总是跟随竞争者价格做出反应的企业更容易面临定价过低的风险。对服务型企业而言，一个出色的定价策略需要考虑每一个竞争对手的全部成本，这不仅包括相关的货币成本和非货币成本，同时也包括潜在的转换成本。此外，服务型企业还应该评估配送、时间和位置等因素的影响，并且在决定做出适当的回应之前评估竞争对手可用的能力。

6.3 收益管理：概念及运作机理 [9]

当前许多服务型企业都关注那些能够在任何给定的时间内利用企业现有的产能实现企业收益（或顾客贡献）最大化的战略。在价值创造过程中，收益管理非常重要，因为它能够确保企业更高的产能利用率和预订能力，为更具支付能力的细分市场提供服务。这是一种在不同程度的约束条件下管理供求的复杂方法。

特别是航空公司、酒店和汽车租赁企业，已经能够熟练地在一天、一周或一季的不同时间，根据不同细分市场的价格敏感程度和需求来调整服务产品的价格。医院、餐馆、高尔夫球场、请求式 IT 服务、数据处理中心、音乐会组织者，甚至非营利组织也越来越多地使用收益管理。收益管理在具有以下特征的服务行业中运用是非常有效的：

- 固定成本很高，产能相对固定，具有很强时效性的"库存"；
- 需求可变和不确定；
- 顾客的价格敏感程度不同。

6.3.1 为高收益顾客储备产能

在服务实践中，收益管理（也叫产出管理）涉及根据不同细分市场的预期需求水平来确定价格。在价格敏感程度最低的细分市场最先分配产能，并要求支付最高的价格；在其他细分市场的定价逐步降低。由于具备高支付能力的顾客群体经常在接近实际消费时才会预订服务，因而服务型企业需要掌握一套复杂的方法来为其储备产能，而不是仅仅按照先到先得的方式提供服务。例如，商务旅行者通常会在很短时间内预订机票、酒店和租车，但度假者可能会提前几个月制订休闲旅游计划，而会议组织者往往会在大型活动开始前几年就预订了酒店房间。

图 6-6 展示了酒店行业服务生产能力的配置。在该行业，不同类型顾客的需求不仅随着星期几的不同而变化，而且还随着季节的不同而变化。借助全球顾客预订数据库，酒店可以根据细分市场需求进行资源配置。数据库分析结论会告诉酒店在何时停止接受特定价格的预订，即使可能还有不少的剩余房间。参与酒店忠诚计划的顾客（主要是愿意支付高价的商务旅行者）显然是酒店必须满足的首要目标市场，其次才是临时顾客和周末度假者。与航空公司签订的销售合同通常是每个房间的最低价格，因为航空公司会提前进行大量预订，进而可以协商获得最具吸引力的价格优惠。

事实上，很多服务能力有限的企业都可以画出类似的资源配置图表。不同行业，服务能力的度量单位也不同，有可能是在绩效既定情况下的座位数、座位里程或者间/夜，也有可能是机器工作时间、员工工作时间、专业服务人员的工作时间、设备里程或存储量。总而言之，这些服务能力对企业而言都是稀缺资源。

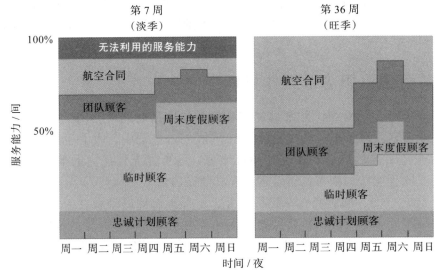

图 6-6　酒店根据细分市场进行服务资源配置

设计良好的收益管理系统可以相对准确地预测，在不同价格水平和特定时间内，有多少顾客会使用既定的服务，然后根据预测结果在每种水平上配置相应的服务资源，即建立价格木桶。这些信息也可以用来预测服务能力过剩的时间点和周期，其目的是帮助服务型企业通过促销和奖励来增加服务使用率，并实现日常服务能力的收益最大化。

就航空公司而言，收益管理系统整合了以往顾客旅行的海量历史数据，并可以预测每次离港航空在未来一年的飞行需求。收益管理经理通常会负责乘客数量较多的航线，检查实际的预订情况（如起飞前特定时间机票销售情况），并将现实情况与预测进行比较，然后对当前服务能力进行调整。例如，如果高价值顾客的预订情况比先前预测的要好，那么收益管理经理将从低价值顾客细分市场中调取相应的服务能力来满足高价值顾客，从而使航班收益最大化。服务洞察 6-1 展示了收益管理在美国航空服务领域的领导企业——美国航空公司中的应用。

服务洞察 6-1

AA333 航班上的座位定价

收益管理部门运用复杂的管理软件和功能强大的计算机来预测、跟踪和管理每一天的每一趟航班。让我们来看看从芝加哥飞往亚利桑那州凤凰城的热门航班 AA333 航班是如何进行收益管理的。该航班每天下午 4 点 50 分起飞，航程为 2 317 公里。

根据收益管理专家的"价格木桶"观点，经济舱的 124 个座位分成不同的收费区域。这些座位的票价差别很大：往返机票的价格从 298 美元（含许多附加条款和退票手续费）到可以任意退票和改签的 1 065 美元不等。一小块头等舱区域的座位票价更高，为 1 530 美元。

斯科特·麦卡特尼告诉我们，计算机程序的分析结果这样改变经济舱七个座位间的分配：

"在每次芝加哥至凤凰城航班起飞前的几周，美国航空公司会不断地调整每个'木桶'（舱位）中的座位数量，主要调整的依据是机票售出率、历史上的客流量模式，以及在较长的一段旅程中可能使用该线路的转机旅客。"

如果预订量不大，美国航空公司就会在低价舱增加座位。如果商务旅客提前购买不受限制机票超过了预期，收益管理系统就会从折扣舱位中取出座位，并将其保留到系统预测的最后预订时刻。

在最近一次 AA333 航班起飞前的四周，124 个经济舱座位中的 69 个已经售出，因此，美国航空公司的收益管理系统开始限制低价舱的座位数量。一周后，该公司完全停止销售价格低于 300 美元的三个舱位等级机票。对于一位正在寻找便宜座位的芝加哥顾客来说，这趟航班已经"售罄"。

起飞前一天，美国航空公司为 124 个座位的航班预订了 130 名乘客，但公司仍然能提供 4 个全价座位，因为其收益管理系统显示，有 10 名乘客可能不会登机或者乘坐其他航班。最后，AA333 航班满载起飞，没有一个座位（服务资源）被浪费。

虽然这一天的 AA333 航班已成为历史，但它并没有被遗忘。该航班的预订情况和过程将保存在收益管理系统中，以帮助航空公司更好地预测未来。

资料来源：Scott McCartney, "Ticket Shock: Business Fares Increase Even as Leisure Travel Keeps Getting Cheaper," *The Wall Street Journal* 3 (November 1997): A1, A10; http://www.aa.com, accessed March 2, 2015. Note that flight details and prices are illustrative only.

6.3.2 如何度量企业收益管理的有效性

很多服务能力有限的企业都将服务能力利用率作为衡量企业经营成功的基本指标。例如，航空公司关注"满载率"，酒店则强调"入住率"，而医院侧重于"门诊量"。同样，专业公司会监控合作伙伴和顾客的"计费时间"比率。但是，这些比率数据并不能帮助我们正确判断企业的盈利能力，因为高水平的利用比率可以通过大量折扣轻易地实现。

因此，收益管理的成功应主要体现为，在既定的空间与时间单位里，实现每个单位服务能力的最大化收益。例如，航空公司寻求每一座位单位里程的最大收益，而酒店则试图最大限度地提高每间夜的可售房间收入，演艺公司则努力使每个座位卖到更高的价钱。这些指标反映了服务产能利用率与实现的平均费率或价格之间的相互作用。这些相互关系可以随着时间的推移进行跟踪，并在服务型企业之间以及企业内部各个服务运营部门之间（如大型连锁酒店的各个分支）进行校准。

6.3.3 竞争者的定价如何影响收益管理

由于收益管理系统监控预订速度，因而它们间接地受到竞争对手定价的影响。例如，如果某家航空公司票价较低，那么其预订量就会大增，进而便宜的座位很快就会售罄。然而，这种方式通常是不可取的，因为那些预订较晚但能支付较高票价的乘客将无法获得座位，因此不得不选乘竞争对手的航班。相反，如果初始定价过高，航空公司在初期预订市场的份额将过低（这些市场仍能够带来合理的收益），而且不得不在"最后一分钟"大打折扣以提高销量，进而弥补固定成本。这类销售中的一部分其实可以通过逆向拍卖的形式来实现，例如使用 Priceline.com 这样的网络中介。

6.3.4 价格弹性

要使收益管理产生预期效果，就需要两个或两个以上的细分市场，以便为服务增加不同的价值，进而产生不同的价格弹性。弹性的概念用来描述需求对价格变化的敏感程度，计算公式如下：

$$价格弹性 = \frac{顾客需求变化的百分比}{价格变化的百分比}$$

当价格弹性处于"一致"状态时，即价格弹性为1时，服务的销售上升（或下降）的百分比与价格下降（或上升）的百分比相同。如果服务价格的一个小变化对服务销售有很大的影响，那么对该服务的需求就被称为富有价格弹性；如果服务价格的变化对服务销售没有什么影响，该服务需求则属于缺乏价格弹性。图6-7显示了两类市场的价格弹性——一个是高弹性需求，另一个是低弹性需求（或高刚性需求）。为了有效地分配服务能力并制定价格，服务型企业需要确定需求对价格的敏感程度，以及每个目标细分市场在不同价格点能产生多少净收入。

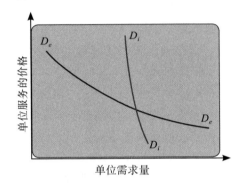

D_e：需求是富有弹性的，价格很小的变化导致需求很大的变化。
D_i：需求是缺乏弹性的，价格很大的变化引起的需求变化很小。

图 6-7　价格弹性示例

6.3.5 设计价格栅栏

价格定制化是收益管理中固有的概念——针对同一产品对不同顾客制定不同价格。正如赫尔曼·西蒙和罗伯特·多兰所说：

> 价格定制化的基本思想很简单——让人们根据他们对产品赋予的价值来支付价格。很明显，你不能挂一个牌子，上面写着"请按照你认为物有所值的价格付款"，或者"如果你认为它值80美元，就付80美元；如果你认为它只值40美元，那就付40美元"。你必须找到一种能够按照顾客的价值判断来细分市场的方法。从某种意义上说，你必须在高价值顾客与低价值顾客之间建立一道"栅栏"，这样"高支付意愿"的顾客就不能用低价格购买。[10]

服务型企业如何确保愿意支付更高价格的顾客无法利用较低的价格呢？设计合理的价格栅栏可以使顾客根据服务特点和支付意愿进行自我细分，并帮助服务型企业将较低的价格仅仅提供给那些愿意接受在购买和消费体验上有一定限制的顾客。

价格栅栏可以是有形的，也可以是无形的。有形的栅栏是指与不同价格相关的有形产品差异，如剧院的座位位置、酒店房间的大小和装饰或产品组合（如头等舱优于经济舱)。相反,无形的栅栏是指消费、交易或顾客特征方面的差异,但服务基本上是相同的(例如,不管顾客是买了折扣票还是全票,经济舱的座位或服务是一样的)。无形栅栏的例子包括:折扣票必须提前一段时间预订,或者不能取消或变更预订(否则要交取消和变更的罚金)。表 6-3 列举了一些常见的设置价格栅栏的例子。

表 6-3 价格栅栏的主要类别

价格栅栏	示 例
有形的栅栏(与产品有关)	
基础产品	• 航班级别(商务舱或经济舱) • 租车的大小 • 酒店房间的大小和装修 • 剧院或体育馆的座位安排
便利设施	• 酒店的免费早餐、机场接机等 • 高尔夫球场的免费高尔夫球车 • 代客泊车
服务水平	• 优先等候名单,不需要排队或排队时间很短的独立登记柜台 • 改善的服务和饮料选择 • 服务专线 • 私人管家 • 专用账户管理团队
其他有形特征	• 桌子位置定价(如高层餐馆中能俯瞰美景的座位)、座位定价(如机舱内部靠窗或过道的座位) • 航空公司的额外空间
无形的栅栏	
交易特征	
— 预订或订购时间	• 提前购买的折扣
— 预订或订购地点	• 乘客预订同一航线,在不同的国家价格不同(例如,在航空公司的枢纽票价往往更高,因为航班频率更高、直航更多,转机就更方便) • 顾客网上预订比电话预订的价格更便宜
— 票务使用的灵活性	• 取消或更改预订的费用、罚款(直至损失全部票价) • 不可退还的预订费用
消费特征	
— 使用时间或使用期限	• 餐厅在下午 6 点前提供早客特价,高峰时段要求最低消费 • 酒店预订必须含周六晚上 • 至少住 5 晚
— 消费地点	• 价格取决于出发地点,尤其是在国际旅行中 • 价格因地点而异(城市之间、市中心与市郊区之间)
顾客特征	
— 消费的频率或数量	• 企业的忠诚顾客(如白金会员)可以享受优先定价、折扣或忠诚福利 • 季节性价格
— 团队成员资格	• 儿童、学生、老人的折扣 • 与某些团体的联盟(如校友) • 参与企业忠诚计划的顾客 • 团体购买价格
— 顾客团体的大小	• 基于团体大小的团体折扣
— 地理位置	• 对当地顾客的要价比对外地旅游者低 • 对来自某些国家的顾客要价更高

总之，在充分了解顾客需求、偏好和支付意愿的基础上，收益管理可以设计有效的产品，包括核心服务、有形产品（有形栅栏）和无形产品（无形栅栏），实现收益最大化。此外，对顾客需求曲线的深刻理解也非常重要，这将有助于将服务资源在不同产品和价格区间进行配置。图 6-8 是航空业将价格木桶与需求曲线匹配的例子。

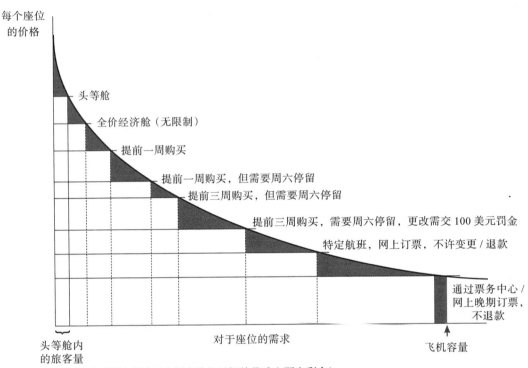

图 6-8　将价格木桶与需求曲线联系起来

6.4　服务定价中的公平和伦理问题

你有时是否觉得很难理解消费某项服务的成本到底有多少？你是否认为很多服务的价格都不够公平？如果的确如此，那么你和大多数人的感觉是一样的。[11]

6.4.1　复杂的服务定价

服务定价往往很复杂并且难以理解。服务型企业之间的比价甚至需要借助复杂的电子表格和数学公式。消费者权益保护者有时甚至断言，服务型企业是故意选择这种复杂性以降低彼此之间的价格竞争；企业都不希望顾客能够轻松地确定哪家企业提供的服务最具性价比，进而减缓价格竞争。事实上，复杂性使得服务型企业更容易（也许更有诱惑性）实施不道德的行为。

例如，移动通信运营商会开发一系列让人眼花缭乱的服务组合及资费套餐来满足不同细分市场的不同需求。这些服务套餐可以是全国性的、区域性的，甚至是本地的。每月的费用根据预先选择的通话分钟数和移动数据流量来定,通常都包括对忙时和闲时的区分计费。超时的分钟数以及在其他运营商的"漫游分钟数"要收取更高的费用。

一些资费套餐允许无限制的非高峰时段通话,而另一些则有免费来电。流量套餐(包括允许将未使用的数据流量转到下个月的功能)、新手机购置补贴、漫游费、亲情号和组合套餐计划(可以几部手机和其他移动设备、固定电话和互联网服务捆绑在一起)都进一步增加了服务定价的复杂性。此外,许多顾客发现很难预测自己的通话时长和移动数据使用量,而运营商的资费又与各种使用情况密切关联,进而使顾客更难评估和比较不同运营商的价格。

幽默作家斯科特·亚当斯——卡通人物呆伯特(Dilbert)的创作者——专门使用各类服务的案例来解释将定价的前景冠以"迷惑学"(confusiology)的缘由。毫无疑问,这绝非巧合:

你可能会认为这将引发一场价格战,并将价格压低接近提供这种服务的成本(这是我在经济学课上打盹时学到的),但事实并非如此。这些企业正在形成一种混乱垄断,以至于顾客无法知道谁的价格最低。企业已经学会将生活的复杂性作为一种经济工具。[12]

在亚当斯看来,有效政府监管的一种作用应该是遏制某些服务行业发展成**混乱垄断**的趋势。

6.4.2 费用高企

事实上,并不是所有商业模式都是基于销售收入的。如今,服务领域有一种日益突出的趋势:企业收取与服务使用无关的费用。在美国,汽车租赁行业在广告宣传中往往以低廉的价格吸引眼球,而当顾客真的来租赁时,却被告知需要强制收取碰撞保险和人身安全保险等费用,汽车租赁行业也因此而臭名昭著。在佛罗里达州的一些度假小镇上,一度有很多租车的额外"隐藏费用",以至于人们常开玩笑说道:"车是免费的,但钥匙是额外收费的!"[13]

服务业的另一种趋势是提高对顾客的罚款与惩罚额度。银行业在这方面广受批评,因为它们将对顾客的罚款视为重要的创收渠道,而不是仅仅将罚款视为教育顾客并敦促其遵守付款期限的措施。纽约大学的学生克里斯·基利用借记卡买了 230 美元的圣诞节礼物。当他收到银行通知告知他的活期账户已经透支时,他度假的心情一下就受到了影响。尽管银行批准了他的每笔交易,但在他每次支付时都收取 31 美元的额外费用,导致 230 美元的账单就收取了 217 美元的额外费用。克里斯·基利坚称,他从未为自己的账户申请过所谓的透支保护,他希望银行可以拒绝这些交易,因为他可以直接用信用卡支付。他愤懑地说:"我忍不住想,他们这是想让我继续花钱,这样他们就可以继续收这些费用了。"[14]

要设计在顾客看来很公平的费用甚至罚金是可能的。服务洞察 6-2 描述了影响顾客对服务费用和处罚公平感知的各项因素。

服务洞察 6-2

罪与罚：顾客如何应对罚款和处罚

各种类型的"罚款"是许多定价计划不可或缺的组成部分，它们的目的是抑制不受欢迎的消费行为，从 DVD 租赁的滞纳金到酒店预订的取消费用和信用卡还款的滞纳金。顾客对处罚的反应可能非常消极，从而导致他们更换供应商，并传播负面的口碑。杨·金姆和艾米·史密斯运用"关键事件技术"（CIT）进行了一项在线调查，201 名受访者被要求回忆最近发生的一起惩罚事件，描述当时的情况，并根据他们对事件的感受和反应回答一系列结构化的问题。调查结果显示，如果服务型企业遵循以下三条原则指引，顾客的负面反应可以显著降低。

（1）**使罚款与所犯过失相关联**。调查显示，当顾客意识到惩罚与所犯的"过失"不相称时，他们对惩罚的负面反应会大大增加。如果他们对企业突然的处罚感到惊讶，或者不知道罚款的数额，他们的负面情绪会进一步激化。这些研究结果表明，服务型企业可以探究哪些金额对于给定的"顾客失误"是合理或公平的以减少负面的顾客反应。此外，他们必须在实施罚款前，就罚款及费用相关问题与顾客进行有效沟通。例如，在银行服务中，可以通过制订一个非常清楚细致的费用方案来实现。当顾客开立账户或消费额外服务时，一线服务人员应向顾客解释与各种"违规行为"（如超过透支授权限额、空头支票或逾期还款等）相关的可能处罚及费用。

（2）**考虑偶然因素和定制化罚款**。研究表明，如果顾客认为是因不受其控制的因素（如"我及时寄出了支票，一定是邮政投递系统出现了延迟"）而被罚款，而不是由于受其控制的因素，如的确是顾客的错（如"我忘了寄支票"）而被罚款，前者对于公平的感知更低，消极反应更多。为了提高顾客对公平的感知，服务型企业需要识别出那些不受顾客控制的特殊情况，并允许一线人员免除或减少此类费用。

此外，研究发现，那些一直遵守所有规则并且过去从未被罚款的顾客，如果被罚款的话，他们的反应会更加消极。一名受访者说："我一直按时付款，从来没有拖欠过，他们应该考虑到这个事实，并免除这笔费用。"服务型企业应该在处理罚款时考虑顾客的罚款历史，并根据其过去的行为进行区别对待。例如，他们可以免除第一次过失的罚款，同时与顾客沟通并明确告知，如果再犯就会被罚款。

（3）**注重公平和管理罚款情形中的顾客情绪**。顾客的反应很大程度受他们的公平感知影响。如果顾客发现罚款与服务型企业所受到的损害或增加的额外工作不相称，他们可能会认为罚款过多，并做出消极反应。一位顾客抱怨道："我认为这种特别的惩罚（信用卡逾期还款）太过分了。我已经支付了很高的利息，罚款应该与付款更一致。可是，罚款竟然比付款还多！"应当考虑到顾客对公平的感知，例如，DVD 租赁或图书馆图书的滞纳金不应超过这段时间可能损失的租金。

服务型企业也可以通过提供足够的理由来使处罚看起来更公平。理想情况下，罚款应该考虑到其他顾客（如"我们为你保留了房间，就得让其他顾客等待"）或群体（如"其他人还在等这本书还回来"）的利益或福祉，而不是作为企业创造巨额利润的一种手段。最后，一线服务人员应该接受专业训练，以安抚那些对罚款很生气和苦恼并抱怨的顾客。（见第 13 章）

资料来源：Young "Sally" K. Kim and Amy K. Smith, "Crime and Punishment: Examining Customers' Responses to Service Organizations' Penalties," *Journal of Service Research* 8(2): 162-180, © 2005 Springer.

6.4.3 在收益管理中体现公平

与定价方案和收费一样,收益管理可能也会被认为很不公平。因此,一个实施良好的收益管理策略并不意味着盲目追求短期收益最大化。以下方法可以帮助服务型企业协调收益管理实践与顾客对公平的感知、满意度、信任和信誉之间的矛盾。[15]

(1)**设计清晰、合理、公平的价格计划和栅栏**。服务型企业应该提前清楚地说明所有费用和开支(如放弃预订或取消费用),这样才不会让顾客感到惊讶。有一种相关的方法是开发一套简单的收费结构,这样顾客就可以很容易地理解特定的服务使用所产生的各项费用。

(2)**使用高公开价和价格栅栏框架作为折扣**。即使顾客在经济上没有吃亏,将价格栅栏定义为顾客收益(如打折)也比将其定义为顾客损失(如超额收费)更能让顾客感觉到公平。例如,如果一位经常在周六光顾发廊的顾客发现周末发廊要额外收费的话,他就会觉得发廊是在牟取暴利。但是,如果发廊把周末的高峰期价格宣传为公开价格,并为工作日理发提供5美元的折扣,这位顾客可能就会觉得周末的高价格更容易接受。因此,较高的公开价格有助于提高参考价格和相关的质量感知。

(3)**传达收益管理的顾客收益**。营销传播应该将收益管理定位为一种双赢的实践。通过提供不同的价格和价值主张,服务型企业可以使更广泛的顾客实现自我细分和享受服务。例如,由于有些顾客愿意也能够为更好的位置支付更多的钱,剧院里最好的座位可以定价更高,同时,这也使以更低的价格出售其他座位成为可能。因此,当顾客越来越熟悉各行业的收益管理操作时,不公平的感觉会随着时间的推移而减少。[16]

(4)**运用捆绑销售、产品设计或目标市场选择来"隐藏"折扣**。将服务捆绑销售能够有效地掩盖价格折扣。当邮轮公司在邮轮套餐中包括了航空或地面交通费用时,顾客就只知道总价格,而不知道单项服务的价格。捆绑销售通常使捆绑产品及其组件之间不可能进行价格比较,从而避免了潜在的不公平感觉并降低了参考的价格。[17]

服务产品可以通过精心设计来隐藏折扣。餐馆可以调整菜肴的种类,而不是改变菜肴的价格(因为菜肴的价格一旦下降就很难上涨)。例如,餐馆可以减少午餐的分量,提供价格更低的套餐,并在高峰期设定最低消费标准。因此,菜单的价格不会改变,顾客对菜品价格的认知也不会受到影响。这两种策略可以让餐馆根据需求水平灵活地调整每个座位的有效收入。[18]

(1)**照顾好忠诚顾客**。收益管理系统可以引入针对老顾客的忠诚乘数,这样一来即使他们没有支付额外服务费用,预订系统也可以在高峰时期给予他们"特殊待遇"。

(2)**采取服务补救以弥补超额预订**。许多服务型企业通过超额预订来弥补可能的预订取消和预订未到。这样虽然利润增加了,但无法按照预订向顾客提供服务的可能性也增加了。航空公司对顾客的"爽约"或酒店对顾客的"失约",会导致顾客忠诚度的显著下降,进而影响企业的市场声誉。[19]因此,用精心设计的服务补救流程为超额预订计划提供支持是很重要的,具体有以下几种策略:

策略1,让顾客在保留预订和接受补偿之间自主选择(例如,很多航空公司在登机处给那些自愿分流的顾客以现金补偿,让他们搭乘晚一点的航班);

策略 2，做好充足的事前通知工作，让顾客能够另做安排（例如，转移那些先买票的顾客，给他们重新安排起飞前的另一个航班，通常包括现金补偿）；

策略 3，如有可能，向顾客提供愉悦的替代服务（例如，将顾客安排至下一航班的商务舱和头等舱，通常与策略 1 和策略 2 综合使用）。

一家威斯汀海滩度假酒店发现，可以通过为第二天离开的客人免费安排在机场附近或位于市区的豪华酒店住宿来腾出房间。顾客对酒店免费的客房、升级的服务以及海滩度假后在城市住一晚的服务反馈都非常积极。从酒店的角度看，这种做法的实质是用在另一家酒店住一晚的花费换来了另一位将入住多日的新顾客的收益。

6.5 服务定价的实施

服务型企业的管理者首先应该意识到，服务定价具有多维性，还要做出一些对顾客行为和价值感知产生重大影响的其他关键决策。表 6-4 总结了服务型企业在制定一项完备的价格策略时需要自我审视的一些重要问题。接下来我们依次讨论这些问题。

表 6-4　制定服务定价策略时需要考虑的问题

1	该项服务的收费应当是多少？ • 服务型企业需要收回哪些成本？企业销售这项服务是否要实现特定的利润率或投资回报？ • 顾客对各种价格的敏感程度如何？ • 竞争者的价格如何？ • 在基础价格上我们应该提供何种折扣？ • 心理定价点（如 4.95 美元与 5 美元）是否常用？ • 是否需要采用拍卖和动态定价？
2	定价的基础是什么？ • 特定的任务。 • 进入服务设施。 • 时间单位（小时、周、月、年）。 • 佣金占交易金额的百分比。 • 消耗的有形资源。 • 服务对象覆盖的地理范围、重量或体积。 • 为顾客产生的服务结果或成本节约。 • 每个服务要素是否应该独立计费？ • 捆绑服务需要统一定价吗？ • 折扣是否应该应用于特定细分市场？ • 免费增值模式的定价策略是否有益？
3	应当由谁在哪里收费？ • 服务型企业可以在服务现场收费，也可以远程收费（如通过邮件、电话或线上）。 • 一家拥有零售网点的专业中间商（如旅游或票务代理、银行、零售店等）。 • 中间商应该如何获得收益——固定费用还是交易佣金？
4	应当在何时收费？ • 服务传递前还是服务传递后？ • 一次性付清还是分期付款？
5	应当怎样收费？ • 现金（精确收费或者其他方法）。 • 代币（在哪里可以买到）。

(续)

5	• 储值卡。 • 支票（如何兑现）。 • 电子转账。 • 付款卡（借记卡或信用卡）。 • 服务提供商的信用账户。 • 抵用券。 • 第三方支付（如保险公司或政府机构）。
6	如何将服务价格传达到目标市场？ • 通过哪种传播媒介（广告、招牌、电子展示、销售人员、客服人员）？ • 什么信息内容（应该在多大程度上强调价格）？ • 能否在定价展示与营销传播中运用心理学方法？

6.5.1 应该收费多少

现实的定价决策对服务型企业的财务状况影响重大。前文讨论的定价"三脚架"模型（见图6-2）给我们提供了一个有用的出发点。首先，所有相关的经济成本需要在不同的销售量下收回，这些设定了服务的成本底线。其次，服务需求弹性（从企业和顾客的角度来看）有助于为任何既定的细分市场设置"上限"价格。最后，在确定最终价格之前，服务型企业需要分析竞争对手之间的价格竞争强度。

近年来，拍卖和动态定价作为根据需求和顾客价值认知进行定价的方法正变得越来越流行。服务洞察6-3展示了互联网环境下动态定价的例子。

 服务洞察6-3

互联网环境下的动态定价

动态定价，也称定制化或个性化定价，是一种价格歧视的传统做法。它很受服务型企业的欢迎，因为它不仅有可能增加利润，还能为顾客提供想要的价值。电子商务公司或者网上零售商很适合运用这种策略，因为通过电子形式设定价格只需很简单的步骤。动态定价能够使电子商务公司根据顾客的购买历史、偏好和价格敏感性等信息，就同一产品对不同顾客制定不同的价格。然而，顾客可能并不高兴。

网上零售商往往并不愿意承认采用了动态定价，因为这涉及有关价格歧视的道德和法律问题。当亚马逊的顾客在得知这家大型电子商务公司同样的电影DVD对同样顾客定价并不相同的时候都很恼怒。由宾夕法尼亚大学（University of Pennsylvania）安尼伯格公共政策中心（Annenberg Public Policy Center）开展的一项网上顾客调查发现，87%的受访者无法接受动态定价。

逆向拍卖

网上旅行社，如Priceline、Hotwire和Lowestfare使用一种被称为"逆向拍卖"的顾客导向定价策略。这些企业作为潜在顾客（询问产品或服务报价的人）和多个供应商（提供愿意接受的最优惠价格）之间的中介，顾客可以比较不同供应商，然后选择最符合要求的一个。例如，如果一位顾客正在寻找一个航班与住宿套餐，搜索结果通常显示有多种套餐可供选择，所有不同的航空公司和酒店都按品牌列了出来，每个套餐的价格都列得非常清楚。

不同的商业模式构成了这些服务的基础。虽然有些服务免费提供给最终顾客，但大多数的网上零售商要么从供应商处收取佣金，要么不将全部优惠转移给顾客。

传统拍卖

其他的网上零售商采取的依然是传统在线拍卖模式。在这种模式中，投标者相互投标竞争一个物品，根据各方出价来决定谁最终购买。消费品和工业产品的营销者经常使用这一拍卖方式来拍卖过期或库存的产品、收藏品、珍稀物品和二手货。eBay 于 1995 年开始使用这种拍卖形式，获得了极大的成功。

购物机器人和元搜索引擎帮助顾客从动态定价中获益

现在，顾客使用新的工具来防止自己被动态定价的方法利用，其中一种方法是使用购物机器人和元搜索引擎来比较价格，然后找到最便宜的选择。购物机器人或商店机器人是一种典型的智能工具，它可以从不同供货商那里自动收集价格和产品信息。顾客只要访问购物机器人网站，如 Dealtime.com，搜索想要的产品或服务。在旅游行业，旅游助手（Kayak）是领先的元搜索引擎。这些购物机器人会立即查询所有相关的服务提供商，以检查服务的可用性、特性和价格，然后将结果显示在一张对照表中。不同的购物机器人链接不同的服务提供商。

毫无疑问，动态定价将会继续存在。随着科技的持续进步和更广泛的应用，动态定价必将延伸到越来越多的服务类别。

资料来源：Laura Sydell, " New Pricing Plan Soon to Be at Play For Online Music," July 27, 2009, http://www.npr.org/templates/story/story.php? storyId=111046679&ft=1&f=1006, accessed March 2, 2015; Jean-Michel Sahut, " The Impact of Internet on Pricing Strategies in the Tourism Industry," *Journal of Internet Banking and Finance* 14(1) (2009): 1-8; " Promotional Pricing: Dynamic Pricing, " from " Setting Price: Part 2 Tutorial, " KnowThis. com (2015), http://www.knowthis.com/setting-price-part-2/promotional-pricing-dynamic-pricing, accessed March 2, 2015; Thad Rueter, " The Price Is Right-Then It's Not. " (2014), https://www.internetretailer.com/2014/08/04/price-rightthen-its-not-2?p=1, accessed March 2, 2015; Max Starkov and Tara Dyer, " Meta Search Marketing: The New Revenue Frontier in Hospitality " (2013),http://blog.hebsdigital.com/meta-search-marketing-the-newrevenuefrontier-in-hospitality, accessed March 12, 2015, © Jochen Wirtz.

6.5.2 定价的具体依据是什么

要将某一个服务单元作为定价的依据并非易事。例如，价格是应该基于完成承诺的服务任务还是基于服务表现？它是否应该以时间为基础（如使用律师一小时的时间）？它是否应该与服务传递相关的货币价值相关（如佣金占交易额的百分比）？

一些服务的价格与食品、饮料、水或天然气等有形资源的消耗有关。运输公司传统上按照距离收费，货运公司则结合重量、体积和距离来确定费率。对某些服务来说，价格可能包括单独的访问和使用费用。研究表明，访问或订阅费是吸引和留住顾客的重要手段，而使用费是顾客实际使用的重要驱动因素。[20] 消费娱乐服务（如游乐园）的顾客更倾向于通票收费而不是按单个项目收费，那是因为顾客不喜欢在享受服务时被提醒付费的痛苦。这也被称为"出租车计价器效应",因为顾客不想"听到"滴答上升的价格,这降低了他们的消费乐趣。[21]

尤其是在 B2B 市场,创新性的商业模式是根据结果收费,而不是依据提供的服务收费。例如,劳斯莱斯的"按时计费服务"所收取的费用并不是保养费、维修费和材料费等,它的收费依据是这些活动的结果,即飞行时间。[22] 实际上,所节省下来的成本在服务型企业和他们的客户之间共享。

捆绑定价。对服务型企业来说,是对所有组成要素按套餐收费(称为"捆绑")还是对单个要素分开收费,这是一个重要的问题。如果顾客不想多次支付大量小额款项,那么捆绑定价就是最好的选择。相反,如果顾客更愿意按项目来付费,那么分项定价就更可取。捆绑定价从每个顾客那里向企业提供了一定水平的保障收入,同时让顾客预先清楚地知道他们需要支付多少。非捆绑定价为顾客提供了选择购买和支付的自由。然而,如果顾客发现他们所消费商品的实际价格(被全部"额外费用"提升)远远高于最初吸引他们的广告价格,他们可能会感到愤怒。[23]

折扣。针对特定细分市场的选择性价格折扣可以提供重要的机会来吸引新客户,并充分利用企业原本不会使用的服务能力。然而,除非服务型企业能够使用有效的价格栅栏,并实现对各个特定目标市场的明确区分,否则应该谨慎对待折扣战略。

免费增值。过去十年里,"免费增值"("免费"和"优质"的组合)已经成为在线和移动服务的一种流行的定价策略。用户可以免费获得基本服务(通常由广告商提供资金),并可以付费订阅升级到更丰富的功能。如果你曾经在多宝箱(Dropbox)里共享文件,在 LinkedIn 上联网,或者从 Spotify 上下载音乐,那么你已经亲身体验过了这种商业模式。随着技术和宽带边际成本的下降,免费增值模式可能变得更具吸引力。[24]

6.5.3 谁负责收费,在哪里收费

正如第 4 章所讨论的,附加服务包括信息服务、订单处理、账单服务和支付服务。然而,提供服务的地点并不总是在便捷的位置。例如,机场、剧院和体育场往往远离潜在顾客居住或工作的地方。当顾客需要购买此类服务而没有方便的在线渠道时,使用位置更方便的中间商是有必要和有益的。因此,服务型企业有时会将这些服务委托给中间商,例如,预订酒店和交通工具并向顾客收费的旅行社,或者为剧院、音乐厅和体育馆出售座位的票务代理公司。

6.5.4 什么时候收费

服务收费的两种基本方法:一是要求顾客提前付款(如入场费、机票或邮票),二是在服务完成以后向顾客开出账单(如餐馆账单和修理费)。有时,服务型企业可能会要求在服务交付之前缴纳初始费用,余款到期后再付。这种方法在昂贵的维修和保养工作中很常见,因为企业(通常是运营资本有限的小型企业)需要流动资金来购买材料和支付其他费用。

预付款是指顾客在收到服务的收益之前的付款。事实上,预付费可能对顾客和供应商都有好处。有时,要对经常光顾或使用的服务(如邮政服务或公共交通)频繁支付费

用的确不是很方便，为了节省时间和精力，顾客可能更喜欢买一本邮票或办理月票。

付款的时间可以决定使用模式。通过分析一家位于美国科罗拉多州的健康俱乐部会员支付和消费记录，约翰·古维尔和迪利普·索曼发现，该俱乐部会员的消费模式与他们的支付计划密切相关。例如，在付款后的几个月里，会员使用俱乐部的次数最多，然后逐渐减少，直到下一次付款。有月付计划的会员对俱乐部的使用更加均衡和一致，也更有可能续签会员资格，也许是因为每月的付款鼓励他们使用服务。[25]

约翰·古维尔和迪利普·索曼得出的结论是，服务型企业可以更具战略性地运用支付时间来管理服务能力。例如，如果一家高尔夫俱乐部想在其最繁忙的时期减少需求，那么它可以在旺季开始前很久（例如，在1月而不是在5月或6月）就开始收费。当夏季几个月达到需求高峰时，会员们先前支付的痛苦随着时间已慢慢消失，从而降低他们认为"钱花得值"的需求。在旺季降低顾客需求，意味着俱乐部能够接纳和增加更多的新会员。

与之相对，付款时间也可以用来刺激消费。以波士顿红袜队（美国著名的职业棒球队）的赛季套票持有者为例，他们在赛季开始前5个月便购买了套票。为了在整个赛季增加上座率和获得铁杆球迷的支持，红袜队可以对这大笔的购买费用进行分期支付，比如说分为与他们的赛程相一致的四期。球队需要获得更高的上座率和球迷的支持，而球迷则需要更低的价格和财务上更容易应对的分期付款。

6.5.5 如何收费

付款方式有许多，现金似乎是最简单的方法，但随之会带来一些安全问题，而且当使用自助机器需要零钱时，也不方便。信用卡和借记卡可以在世界各地使用，因为它们已被广泛接受。其他支付方式还包括以代币或代金券作为现金的补充或代替。

服务型企业需要明白，支付的便捷与高效可能会影响顾客对整体服务质量的认知。为了提升支付效率，新兴的预付费系统将信息储存在银行卡上的磁条或微芯片中，它正在得到广泛的使用。同时，非接触式支付系统基于信用卡和借记卡的无线射频识别技术（RFID），也在服务行业得到越来越多的应用。星巴克推出了一款基于智能手机App的支付系统，与"我的星巴克奖励计划"整合使用，通过该系统，顾客可以获得特别的折扣和赠品。此外，实体店的柜台也将采取新的方式进行订单处理，以缩短顾客的等候时间。苹果手机用户可以将设备放在销售点的支付设备上，通过手机的Touch ID指纹传感器对交易进行身份验证，以此完成支付。这些系统的供应商声称，运用这些技术的交易速度比传统的现金、信用卡或借记卡的购买速度要快两倍以上。

6.5.6 如何与目标市场沟通价格

服务定价实施的最后一项任务是，决定怎样将企业的价格政策以最恰当的方式传递给目标市场。毫无疑问，顾客在购买一项服务之前，需要充分了解服务的价格。顾客甚至还需要知道有关服务价格的支付地点、时间和方式。这些重要信息必须以易懂和清晰的方式呈现，这样顾客就不会被误导，也不会质疑企业的道德标准。服务型企业必须决定是否在服务的各类广告中包含服务定价的信息。在广告中，适当地将服务价格与竞争性服务进行关联是可取的方式。销售人员和顾客服务代表应该能够对顾客提出的有关价格、付款和贷款等问题做出及时和准确的回复。在服务场所设置醒目和清晰的价格说明，使服务人员不必频繁地回答有关价格的基本问题。

用于价格沟通的方法非常重要，影响着顾客的消费行为。例如，在餐厅消费时，菜单心理学研究的是顾客对菜单上的价格信息的反应（见服务洞察6-4）。

服务洞察 6-4

餐厅的菜单定价心理学

你有没有想过，为什么你会选择菜单上的某些菜品，而忽略了另外一些？这可能是由于菜品在菜单上展示的方式不同。菜单心理学是一个不断发展的研究领域。菜单设计者和营销咨询顾问研究最有效的菜单设计方法，包括布局和定价信息，希望顾客能花更多的钱。那么餐厅应该怎么做才能让顾客花更多的钱，或者选择高利润的菜品呢？以下几种方法可供参考：

（1）在菜单上标示价格时，最好避免使用货币符号（如 $、€ 等）。与没有美元符号的情况相比，带有美元符号的价格将导致顾客的花费减少。

（2）以"9"结尾的价格，比如9.99美元，会让用顾客觉得物有所值。尾数定价法对价廉物美的菜品非常有效，但不应在高档餐厅使用。

（3）价格应放在菜品介绍的末尾，并且不应以任何方式突出显示。

（4）最贵的菜品应该放在菜单的最上面，这样其他的菜品就会显得相对价格较低。

（5）最有利可图的菜品应该放在菜单页面的右上角，因为顾客习惯于先看那里。

（6）菜品的介绍篇幅长，顾客点单的概率就会增加。因此，菜单设计时可以对利润更高的菜肴进行详细和诱人的描述，对利润较低的菜品进行简短的描述。

（7）关于菜品的命名，有研究表明，顾客更倾向于选择那些以母亲、祖母或其他亲戚（如梅阿姨的炖牛肉）命名的菜品。

下次你在餐厅点餐时，你可能想停下来看看菜品是如何显示的，这将有助于确定你的消费行为是否被餐厅左右。

资料来源：Sarah Kershaw, "In Search of a Formula to Entice Mind, Stomach and Wallet," *The New York Times*, December 23, 2009, © Jochen Wirtz.

最后，当价格以明细账单的形式呈现时，企业应该确保它既准确又容易理解。医院账单可能长达几页，包含数十项甚至数百项内容，所以经常因不准确而受到批评。酒店账单虽然包含的内容不是很多，但也是出了名的不准确。一项研究估计，由于11.6%的账单不准确，因此在美国的商务旅行者可能每年为他们的酒店房间多付5亿美元，导致平均每人多付11.36美元。[26]

本章小结

1. 有效的定价是服务型企业获得财务成功的关键。定价的主要目标包括：①获取利润和收回成本；②发掘需求和构建顾客群；③支撑定位战略和支撑竞争战略。一旦服务型企业制定了定价目标，那就需要制定它的定价策略。
2. 定价策略的基础是服务定价"三脚架"的三条腿：
（1）企业的成本限定了价格的下限或价格"地板"；
（2）顾客感知价值构成了价格的上限或价格"天花板"；
（3）竞争者的价格决定了服务定价在价格"地板"与"天花板"之间的具体位置。
3. 定价"三脚架"的第一条"腿"是企业的成本。
（1）计算服务成本往往很复杂。服务通常有很高的固定成本、变化的产能利用率以及大量的共享设备，从而很难确定服务的单位成本。
（2）如果服务的可变成本和/或半可变成本所占比重很大，那么成本核算方法就比较容易实现（例如，使用顾客贡献和盈亏平衡分析法）。
（3）然而，对于使用共享设施的复杂服务，作业成本法（ABC）通常更适用。
4. 定价"三脚架"的第二条"腿"是顾客的感知价值。
（1）净价值是所有感知的利益总和（总价值）减去所有的服务感知成本。只有当服务的净价值为正时，顾客才会购买该服务。净价值可以通过增加价值和/或降低成本的方式来提高。
（2）由于价值是感知的和主观的，因此通过顾客沟通和教育的方式能够帮助顾客更好地理解其所获得的价值。
（3）除了顾客为服务所支付的价格外，成本还包括在服务搜寻和购买、服务接触和购后阶段所产生的相关货币成本（如前往服务地点的交通费）和非货币成本（如时间、体力、心理和感官成本）。服务型企业可以通过降低这些相关的货币成本和非货币成本来提高服务的净价值。
5. 定价"三脚架"的第三条"腿"是竞争者的价格。
（1）在同质化的服务市场上，价格竞争可能会很激烈。因此，服务型企业需要密切关注竞争者的价格，并据此调整定价。
（2）价格竞争的强度与以下因素密切相关：①竞争者的数量；②替代者的数量；③竞争者和替代品的分布密度；④行业内的剩余产能。
（3）如有出现下列情况，价格竞争将会减弱：①使用竞争者替代品的非货币成本很高；②人际关系的影响；③转换成本较高；④时间和地点的限定缩小选择范围。
6. 收益管理对高水平支付能力的细分市场赋予更大的生产能力和服务预订，能增加服务型企业的收益。具体来说，收益管理具有以下特点。
（1）使用有形和无形的价格栅栏设计产品，并根据特定的预订价格为不同的细分市场差异化定价。
（2）根据不同顾客细分市场的预期需求水平制定价格。
（3）在具有以下特征的服务行业最有效：①固定成本高和"库存"时效性很强；②存在具有不同价格弹性的若干顾客细分市场；③需求可变且不确定。
（4）以某一既定空间和时间单位内的每个单位服务能力的收入来衡量收益管理的成功。例如，航空公司寻求每一座位单位里程的收益最大化，酒店则追求每间夜可售客房的收入最大化。

7. 设计优良的价格栅栏需要为每个目标细分市场定义"产品",这样愿意为服务支付更高价格的顾客就无法利用价格消费服务。价格栅栏可以是有形的,也可以是无形的:

    (1) 有形的栅栏是指与不同价格相关的有形产品差异(例如,剧院的座位位置、酒店房间的大小或服务水平);

    (2) 无形的栅栏指的是消费(例如,必须在酒店住一个周末)、交易(例如,提前两周预订,若取消和变更则罚款),或顾客特征(例如,学生和团体折扣)等方面的差异。虽然服务的价格不同,但是不同栅栏中的服务体验是基本一致的。

8. 顾客往往难以理解服务的定价(例如,收益管理实践、价格栅栏和收费明细)。服务型企业需要注意,服务的定价要尽量杜绝复杂和隐藏费用,避免顾客认为企业缺乏道德和公平。

9. 以下方法可以帮助企业改善顾客的公平观念:

    (1) 设计清晰、合理、公平的价格计划和栅栏;
    (2) 使用公开价和价格栅栏框架作为折扣;
    (3) 传达收益管理的顾客收益;
    (4) 通过捆绑销售、产品设计或目标市场选择来"隐藏"折扣;
    (5) 照顾好忠诚顾客;
    (6) 采取服务补救以弥补超额预订。

10. 服务营销人员需要考虑六个问题来制定广受欢迎的定价策略。这些问题是:

    (1) 应收费多少?
    (2) 定价的具体依据是什么?
    (3) 谁负责收费? 在哪里收费?
    (4) 什么时候收费?
    (5) 如何收费?
    (6) 如何与目标市场沟通价格?

复习题

1. 为什么服务的定价比有形产品的定价更困难?
2. 如何运用服务定价"三脚架"方法,为一项特定的服务找到最优的定价点?
3. 服务型企业如何计算单位服务成本? 预测的和实际的产能利用率如何影响单位成本和盈利能力?
4. 在商业模式中,非货币成本的作用是什么? 它们是如何与顾客的价值感知相关联的?
5. 为什么我们不能在服务情景中实打实地比较竞争对手的价格?
6. 什么是收益管理? 它是如何运作的? 哪些类型的服务运营更能够从设计优良的收益管理系统中获益? 为什么?
7. 用适当的例子解释有形和无形价格栅栏之间的差异。
8. 在设计服务定价和收益管理策略时,为什么道德问题要作为重要考量因素? 针对不公平的服务定价或政策,潜在的顾客反应是什么?
9. 我们怎样才能做到向不同的细分市场收取不同价格的同时不让顾客感到被欺骗? 我

们如何在看似公平的前提下，在不同时间、环境和/或场合向同一顾客收取不同的费用？
10. 在制订有效的定价计划时，服务型企业需要做出的六个关键决策分别是什么？

应用练习

1. 选择一个服务型企业，并找出它的定价策略和方法。谈谈这些策略与方法在哪些方面与本章讨论的内容相似或不同？
2. 查看你最近收到的服务账单，如电话服务、汽车维修、有线电视和信用卡账单。根据以下标准评估每一项服务：①整体外观和清晰度；②易于理解的支付条款；③避免混淆术语和定义；④适当的详细程度；⑤意料之外的（隐藏的）收费；⑥准确度；⑦提供了出现问题或争议时的顾客服务渠道。
3. 如何将收益管理应用于：①专业服务企业（如律师事务所）；②餐厅；③高尔夫球场？你会设置什么样的价格栅栏？为什么？
4. 探讨基于创新性的服务定价和/或收益管理策略的两个成功商业模式，并找出因定价策略出现失误而导致失败的两个商业模式。你从中能学到什么？
5. 选择一种服务，并制订全面的定价计划。运用服务型企业需要回答的六个关键问题来设计制订有效的定价计划。

第 7 章

服务营销传播

□ 学习目标

通过学习本章，你能够：

1. 认识5W整合服务传播模型，即谁（who）、做什么（what）、如何做（how）、在哪里（where）、什么时候（when）；
2. 熟悉服务传播的三种广义受众（who）；
3. 理解最常见的战略性和战术性服务传播目标（what）；
4. 熟悉服务营销传播"漏斗"，以及"漏斗"中的关键目标；
5. 认识服务营销传播可以承担的几个重要角色；
6. 理解服务传播面临的挑战，以及掌握如何应对这些挑战（how）；
7. 熟悉服务营销传播组合（where）；
8. 认识传统营销沟通渠道的沟通组合要素；
9. 了解互联网、手机、应用程序、二维码及其他电子媒介在服务营销传播中的作用；
10. 认识服务传递渠道中有效的传播组合要素；
11. 认识源于企业外部的传播组合要素；
12. 掌握服务传播的时机（when），如何为服务传播计划制定预算，以及如何评估这些计划；
13. 重视服务营销传播中的道德和顾客隐私相关的问题；
14. 理解企业形象在传播中的作用；
15. 认识整合营销传播对传递强势品牌形象的重要性。

□ 开篇案例

奥斯卡正在享受快乐时光 [1]

爱尔兰的基尔罗南城堡酒店的员工发现了一个橙黄色的猴子毛绒玩具，它被客人遗落在亚麻箱里。酒店的员工并没有把它放在失物招领处，而是想出了一个好主意——举办一场社交媒体活动，让奥斯卡（他们给玩具起的名字）和它的主人团聚。从员工们上传到Facebook上的照片可以看出，他们在这场活动中玩得很开心。

照片上的奥斯卡在酒店过着奢华的生活，正享受着下午茶和美容保养，甚至还有厨师长特意为它准备的自助餐。这些信息表明，虽然奥斯卡走失了，还在寻找它的主人，但它正在这座豪华的城堡酒店度过它一生中最美好的时光。它似乎并不介意自己走失的时间再长一点！请在线关注奥斯卡最后能否和主人团聚。

尽管员工们希望奥斯卡的主人能及时出现，但毋庸置疑的是，这场活动给基尔罗南城堡酒店带来了巨大的社交媒体效应。传播速度、创造力和趣味性是使社交媒体活动实现病毒式传播的几个重要因素。

7.1 整合服务营销传播

在开篇案例中，由于酒店员工的迅速反应和创新精神，"奥斯卡活动"在Facebook上取得成功，并吸引了众多粉丝。社交媒体已成为许多服务型企业不可或缺的一部分。本章着重讨论如何为服务制定和设计有效的营销传播战略。

有效的服务营销传播战略始于对服务产品和潜在顾客的充分理解。对服务型企业而言，必须全面理解目标细分市场及其媒介习惯和偏好，掌握顾客对服务产品的认知及态度，明确顾客在购买前、中、后的过程中评估产品特性的难易程度。服务营销传播战略的重要决策包括确定要传达信息的内容、结构和风格，以及信息呈现的形式和最适合将其传播给目标受众的媒体。

图7-1所示的整合服务营销传播的5W模型包含了服务营销传播需要考虑的所有因素，这也是本章的组织框架。它始于"5W"模型，为营销传播规划提供了一个有用的清单：

（1）谁是我们的目标受众（who）？
（2）我们需要传播和达成什么（what）？
（3）我们应该怎样进行传播（how）？
（4）我们应该在哪里进行传播（where）？
（5）我们应该在什么时候进行传播（when）？

服务型企业首先需要考虑界定目标受众（who）和明确传播目标（what）的问题，因为这些属于必须进行的关键战略传播决策，然后是传播战略实施所要求的各类服务传播规划战术性决策，这些决策包括服务型企业可用的各种传播渠道（where）、克服服务传播特殊挑战的各类方法（how）以及适当的传播活动日程安排（when）。本章的模型所包含的其他注意事项将在后续部分讨论，包括执行营销传播计划的可用预算，测量和评价传播效果的方法，伦理道德与顾客隐私，以及企业形象。在本章最后一节，将讨论如何使用整合营销传播（integrated marketing communications，IMC）来协调所有渠道的传播活动。

7.2 界定目标受众

对任何服务传播战略来说，企业的潜在顾客、现有使用者和员工是三大广义的传播目标受众。

（1）**潜在顾客：** 由于服务型企业可能事先并没有深入了解潜在顾客，因此通常会使用传统的营销传播组合，包括媒体广告、网络广告、公共关系以及用于直邮营销或电话营销的采购清单。

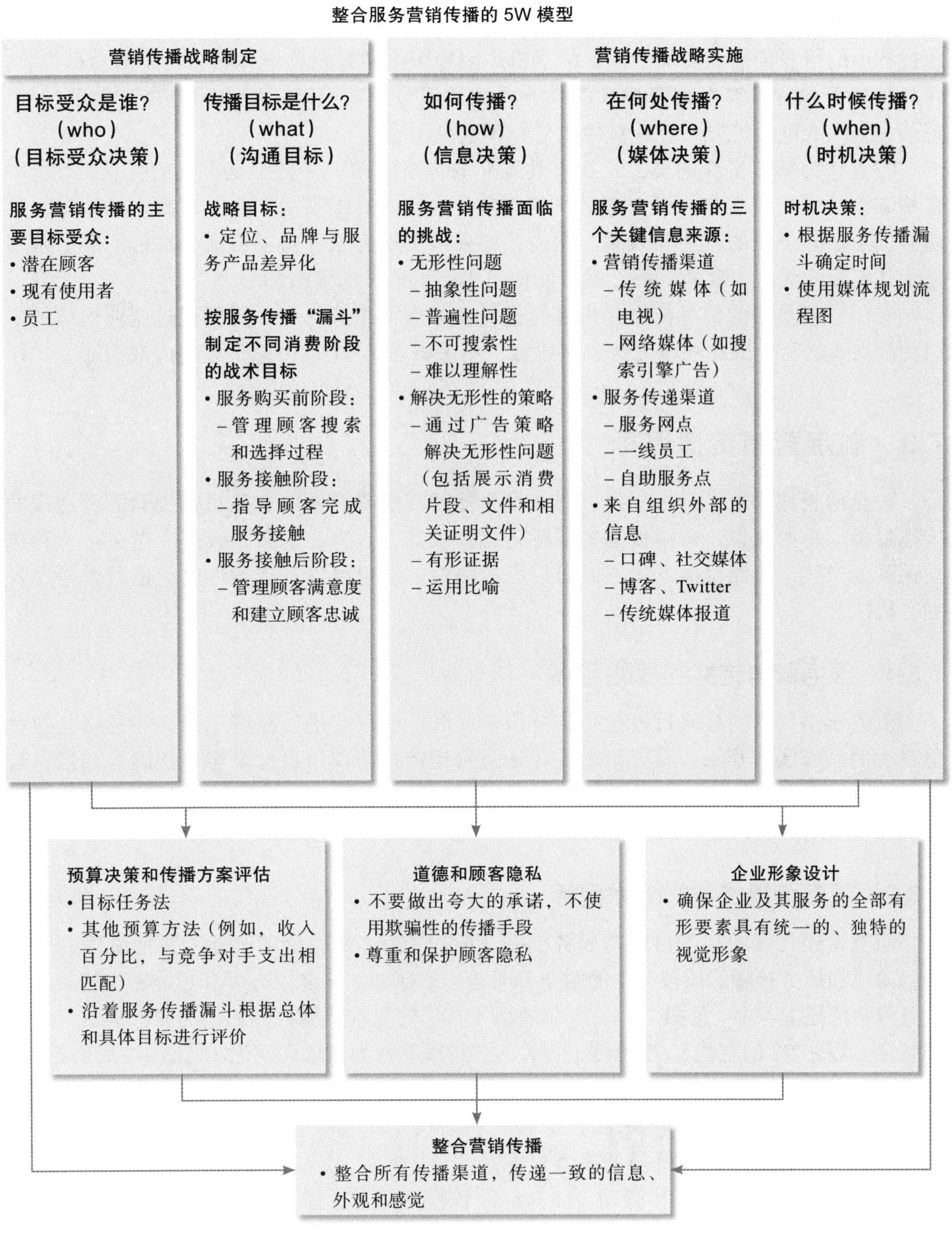

整合服务营销传播的 5W 模型

营销传播战略制定		营销传播战略实施		
目标受众是谁？ （who） （目标受众决策）	**传播目标是什么？** （what） （沟通目标）	**如何传播？** （how） （信息决策）	**在何处传播？** （where） （媒体决策）	**什么时候传播？** （when） （时机决策）
服务营销传播的主要目标受众： • 潜在顾客 • 现有使用者 • 员工	战略目标： • 定位、品牌与服务产品差异化 按服务传播"漏斗"制定不同消费阶段的战术目标 • 服务购买前阶段： 　－管理顾客搜索和选择过程 • 服务接触阶段： 　－指导顾客完成服务接触 • 服务接触后阶段： 　－管理顾客满意度和建立顾客忠诚	服务营销传播面临的挑战： • 无形性问题 　－抽象性问题 　－普遍性问题 　－不可搜索性 　－难以理解性 • 解决无形性的策略 　－通过广告策略解决无形性问题（包括展示消费片段、文件和相关证明文件） 　－有形证据 　－运用比喻	服务营销传播的三个关键信息来源： • 营销传播渠道 　－传统媒体（如电视） 　－网络媒体（如搜索引擎广告） • 服务传递渠道 　－服务网点 　－一线员工 　－自助服务点 • 来自组织外部的信息 　－口碑、社交媒体 　－博客、Twitter 　－传统媒体报道	时机决策： • 根据服务传播漏斗确定时间 • 使用媒体规划流程图

预算决策和传播方案评估	道德和顾客隐私	企业形象设计
• 目标任务法 • 其他预算方法（例如，收入百分比，与竞争对手支出相匹配） • 沿着服务传播漏斗根据总体和具体目标进行评价	• 不要做出夸大的承诺，不使用欺骗性的传播手段 • 尊重和保护顾客隐私	• 确保企业及其服务的全部有形要素具有统一的、独特的视觉形象

整合营销传播
• 整合所有传播渠道，传递一致的信息、外观和感觉

图 7-1　本章概览

（2）**现有使用者**：相较于潜在顾客，服务型企业可以针对现有使用者运用更具性价比的传播渠道，主要包括一线服务人员的交叉销售或向上销售策略、终端促销、服务接触过程中的信息传播以及基于位置的手机应用程序。如果企业与其顾客建立了会员关系，并且构建了包含顾客个人资料和联系方式的数据库，则可以运用应用程序、电子邮件、短信、直邮或电话等方式有针对性地与顾客进行沟通。

（3）**作为第二受众的员工**：在公共媒介的传播活动中，员工是次要的受众。[2] 为顾客精心设计的传播活动也可以激励员工。广告内容向员工展示了企业对顾客的承诺，从而有助于塑造员工的行为和表现。然而，如果员工认为服务营销传播中宣传的服务水平是不切实际或无法实现的，那么就可能使员工产生消极的情绪和心理。

专门针对员工的信息传播是内部营销活动的重要组成部分，需要通过企业内部的专门传播渠道进行，因此顾客无法直接接触。本书将在第 11 章讨论企业的内部沟通。

7.3 制定营销传播目标

一旦清楚地界定了目标受众，服务型企业就需要明确面向这些目标受众需要达成的传播目标。总的来说，营销传播的目标包括：告知、教育、说服、提醒、塑造行为和建立关系。当然，传播目标本质上既可以是战略性的，也可以是战术性的，但通常是二者的有机结合。

7.3.1 服务营销传播的战略目标

服务营销传播的战略目标包括建立服务品牌，同时要进行品牌定位，并且将其与竞争对手的品牌区分开来。服务型企业还通过营销传播来说服目标顾客，使顾客相信，与其他竞争对手相比，本企业的服务产品是更好的顾客需求解决方案。有效的营销传播不仅可以吸引新顾客，还可以与企业现有顾客保持接触并建立关系。

7.3.2 服务营销传播的战术目标

服务营销传播的战术目标与服务消费三阶段（第 2 章讨论的服务购买前阶段、服务接触阶段和服务接触后阶段）中的塑造和管理顾客感知、信念、态度和行为密切相关。在服务营销传播漏斗中（见图 7-2），不仅展示了常见的战术传播目标如何与服务消费三阶段相结合（见图 7-2 的左栏），还总结了相关的关键顾客行为概念和理论（见图 7-2 的右栏）。

你可能对一些讨论购买前阶段的模型比较熟悉，它们通常被称为销售漏斗（或者从顾客的角度，可以称为购买漏斗），还有一些模型描述顾客从不了解产品到最终购买产品所经历的各个阶段。最早的模型可能是"AIDA"，代表着意识（awareness）、兴趣（interest）、欲望（desire）和行动（action）。该模型解释了顾客如何从认知（意识）到情感（兴趣和欲望），最后到行为（行动）的反应过程。[3] AIDA 模型经受住了时间的考验，至今仍被广泛使用。效用层次模型是 AIDA 模型的扩展，目前是用于描述顾客认识及行为过程的最常用理论框架。该模型始于意识和知识的认知阶段，然后转向导致喜欢、偏好和信念的情感阶段，最后，到达购买行为的阶段。[4]

服务消费三阶段模型	服务营销传播漏斗的常见传播目标	关键顾客行为概念与理论
服务购买前阶段 需求意识 • 信息搜寻 • 明确需求 • 寻求解决方案 • 确定可选择的服务产品 备选方案评估 • 浏览供应商信息（例如，广告、网站） • 浏览第三方信息（例如，公开评论、评价、博客） • 与服务人员沟通、讨论 • 从第三方获得建议 • 做出购买决策	**顾客获取** • 让顾客沿着销售漏斗中的关键步骤移动 • 建立顾客对服务或品牌的意识、知识和兴趣 - 鼓励顾客浏览企业的网站或社交媒体网站 - 订阅企业的网络实时新闻、服务更新通知，或者 YouTube 频道 • 培养顾客对服务或品牌的喜爱、偏好和信念 - 与竞争对手的服务进行比较 - 让潜在顾客相信企业在关键的服务属性上具有更好的表现 • 鼓励潜在顾客购买 - 通过提供信息和服务保障降低感知风险 - 通过促销奖励来鼓励顾客试用 • 打造令人难忘的品牌和服务形象 • 刺激和转移需求以匹配产能	**服务购买前阶段** • 需求唤醒 • 诱发集合 • 考虑集 • 多属性选择模型 • 搜索性、经验性和信任性属性 • 感知风险 • 期望形成 • 购买决策
服务接触阶段 • 向选定的服务型企业提出服务请求，或进行自助服务 • 体验服务接触	**服务接触管理** • 让顾客在使用前熟悉服务流程（例如，需要做哪些准备，有什么期望） • 引导顾客完成服务流程 • 在服务接触中管理顾客的行为和感知 • 管理质量感知 • 交叉销售和向上销售服务	**服务接触阶段** • 关键时刻 • 服务接触 • 服务生产系统 • 服务剧场 • 角色与脚本理论 • 感知控制理论
服务接触后阶段 • 服务绩效评估 • 顾客未来的意愿 • 顾客未来的行为	**顾客参与** • 管理顾客满意 • 管理服务质量感知 • 建立忠诚度 • 鼓励口碑传播（线下和线上） • 鼓励推荐行为 • 建立品牌社群	**服务接触后阶段** • 感知与期望一致或不一致 • 不满意、满意、愉悦 • 服务质量 • 口碑与推荐 • 网络评论 • 重复购买 • 顾客忠诚

图 7-2　与服务营销传播漏斗关联的常见沟通目标

服务营销传播漏斗在购买前阶段与 AIDA 模型和效用层次模型是一致的，并且在两个模型的基础上进行了扩展，将更多服务特定的相关目标整合到购买前阶段。此外，由于这两个模型都不包括服务接触和接触后阶段，因此本书增加了与后两个阶段相关的服务传播目标（见图 7-2）。例如，一些服务本质上是会员制或契约型的，因此包括大量能够通过营销传播来塑造的服务接触后行为。

服务营销传播漏斗从最顶层的广泛目标受众开始（即企业目标细分市场中的所有潜

在顾客），向下缩小到实际购买和使用服务的顾客。即使对于忠诚度计划，服务型企业通常也不会以同样的强度关注所有的顾客。企业重点关注的往往是拥有高购买量的"铂金"顾客或优质顾客（见第 12 章）。

图 7-2 还表明，服务营销传播目标可以非常具体，也可以针对服务消费行为的任意方面。让我们回到第 2 章，并考虑在这三个阶段中的任何一个阶段，如何利用传播来塑造消费行为，使之朝着企业所希望的方向发展。

- 如何在服务购买前阶段通过营销传播来诱发需求，将服务纳入顾客的诱发集合和考虑集合，降低感知风险，以及影响和塑造顾客在多属性决策模型中的处理过程（例如，转移属性–绩效感知，属性权重，以及采取对企业服务有利的决策规则）？
- 在服务接触阶段，如何通过营销传播来形成顾客的绩效感知，帮助顾客有效地参与服务接触，形成服务质量感知，向顾客传授服务角色和服务脚本，并将感知控制注入服务接触过程？
- 如何在服务接触后阶段运用营销传播来塑造顾客满意和服务质量评价，鼓励口碑传播、推荐行为、重复购买，并培育顾客忠诚？

对服务营销传播漏斗衍生出的所有可能目标进行讨论超出了本章的范围。但是，本书在以下部分强调了一些重要的服务营销传播目标。

1. 通过有形证据传递服务质量

即使顾客知道服务应该是什么，他们可能也很难区分不同服务型企业所提供的服务。服务型企业可以使用具体的有形证据来传递服务绩效，突出服务设备和设施的质量，强调员工特征，如职业资格、经验、服务承诺以及专业精神等。某些服务的属性相对更容易，也更适合通过营销传播传递给顾客。航空公司和医院就不会针对服务的安全性进行广告宣传，因为告知顾客服务过程中可能出现的失误会让顾客感到紧张。相反，服务型企业可以通过宣传高质量的服务人员、设施设备以及服务流程来间接地回应顾客所关心的问题。

2. 通过传播内容增加服务价值

信息和咨询是增加服务价值的重要途径。潜在顾客可能需要获取信息和建议，以了解其可以获得哪些服务，这些服务在何时何地可以获得，需要花多少钱，以及这些服务具有哪些特性、功能和利益。（见第 4 章中的"服务之花"模型，其中说明了信息咨询如何增加服务价值。）

3. 协助顾客参与服务生产

当顾客积极参与服务生产时，需要相应的培训才能帮助他们在服务过程中像服务人员那样表现得更好。服务型企业经常使用促销活动作为激励手段，以鼓励顾客在行为上做出必要的改变。例如，企业通过打折或幸运抽奖鼓励顾客转向使用自助服务。

4. 强调服务人员和后台运营的贡献

卓越的服务品质、优秀的服务人员和科学的服务运营是区分不同服务的重要因素。在高接触服务中，一线服务人员是服务传递的核心，他们的表现可以使服务更加有形化，在某些情况下，还可以让服务变得更加个性化。

广告、宣传册、网站和 YouTube 上的视频还可以向顾客展示服务"后台"的运行情况，使顾客相信企业可以提供优良的服务传递过程。强调顾客通常未曾接触过的员工专业知识与承诺，可以增强顾客对企业的服务能力与服务质量承诺的信任。

5. 刺激并转化服务需求以匹配服务能力

对于具有高固定成本的服务行业，比如酒店，非高峰时期的低服务需求是一个严重的问题。一种策略是在不降低价格的情况下，通过促销为顾客提供额外的价值（如房间升级或免费早餐）以刺激需求。当服务需求回升时，这些促销活动便可以减少甚至停止。（见第 6 章中的"服务收益管理"和第 9 章中的"服务需求管理"。）

广告和销售促进也有助于将服务需求从高峰时期转移到非高峰时期，从而使服务需求与给定时间的服务能力相匹配。

7.4　设计有效的服务传播信息

本书已经讨论了服务传播的目标，接下来探讨服务型企业在设计传播信息时可能会面临的一些传播挑战。有形产品和服务都一样，传播信息必须打破杂乱，因为只有获得目标群体的注意，传播才能够取得成功。服务型企业必须决定它们想表达什么（即信息的内容）以及它们应如何表达（即消息的结构和形式）。服务与有形产品之间的差异在很大程度上决定了服务营销传播方案的信息设计方式和创意策略。大多数服务的无形性就是重要的差异，接下来将针对这一问题进行探讨。

7.4.1　服务无形性问题

服务是一种绩效表现，而非一种实体，因此很难将服务的利益传达给顾客。当服务不涉及对顾客及其财物采取有形的行动时，情况尤其如此。服务的无形性为试图推广服务属性或利益的服务型企业带来了四个重要问题：抽象性、普遍性、不可搜索性和难以理解性。每个问题都对服务传播有重要的影响。[5]

（1）**抽象性**。诸如与财务安全或投资相关的事项，以及专家建议或安全运输等抽象的服务概念，在现实生活中很难找到有形产品与之一一对应。因此，企业要将服务与这些无形的概念联系起来必将面临挑战。

（2）**普遍性**。这指的是包含一类物体、人员或事件的服务项目，如航班座位、空乘人员和客舱服务。由于可能存在能够显示这些服务的有形产品，因而不存在抽象性问题。但是，这些服务都比较普遍，不够独特。因此，大多数顾客都知道这些服务是什么，意味着什么；但对服务型企业而言，就难以创造出一种独特的价值主张，很难显示本企业的服务与竞争对手有明显的不同，甚至优于竞争对手。

（3）**不可搜索性**。这是指许多服务的属性不能在购买之前进行搜索或检查。对于一些有形的服务属性，如健身俱乐部的外观和健身设备的类型，顾客是可以提前检查的。但是与健身教练的合作体验，只能够通过广泛的顾客参与才能做出判断。

（4）**难以理解性**。许多服务都是复杂的、多维的或新颖的，从而使顾客（特别是新的潜在顾客）难以理解消费这些服务的体验会是什么样的，以及这些体验可以带来什么利益或效用。

7.4.2 克服无形性带来的问题

服务型企业应该如何进行服务信息的传播呢？服务的无形性产生了在广告中必须克服的问题。表7-1列出了服务型企业可以遵循的具体传播策略，以克服由服务无形性带来的上述四个问题。

表7-1 克服无形性问题的广告策略

无形性问题	广告策略	具体描述
抽象性	服务消费片段	捕捉并展示顾客可以从服务中获得的典型利益，例如，对提供帮助的员工报以满意的微笑
普遍性 • 客观声明	服务系统证明	展示有关服务传递系统的文档记录和统计数据，例如，联合包裹公司在网站上声称，企业有227架飞机投入运营
	服务效果证明	展示、列举以往的服务效果数据，例如，准时投递的包裹数量
• 主观声明	服务表现片段	展示服务人员传递的实际服务，视频是最佳的展示手段
不可搜索性	消费证明	从已经体验过服务的顾客那里获得并展示服务评价
	企业声誉证明	如果服务具有较高信任属性，可以展示服务型企业获得的相关奖项或资格证书
难以理解性	服务过程片段	提供一份清晰的过程资料，清楚展示服务体验期间会发生什么
	历史案例片段	提供真实的服务案例，展示企业为顾客做了什么，是如何解决顾客的问题的
	服务消费片段	清晰地描述顾客的服务体验

除了表7-1中列出的传播策略外，服务型企业还可以使用有形证据和比喻来应对服务无形性带来的四大挑战。这两种方法都有助于向潜在顾客清晰地传达无形服务的属性和利益。

1. 有形证据

广告中常用的传播策略包括尽可能使用有形证据，特别是针对缺乏有形元素的服务。尤其是那些复杂又高度无形的服务，应该着力在传播中加入生动的信息来吸引顾客的注意力，并给顾客留下深刻而清晰的印象。[6] 例如，许多商学院运用成功的校友形象使教育服务的利益有形化，并以此向潜在的学生传递学校的教育可以为他们的职业发展、薪资增长和生活方式等方面带来什么样的改变或利益。

2. 比喻

一些服务型企业借助有形化的比喻来传递所提供服务的利益，并以此强调与竞争服务的关键差异。美林证券（Merrill Lynch）的公牛标识一直是这家财富管理企业经营理念的象征,这既表明市场利好的积极暗示,也展示对顾客财务绩效的坚定承诺。

在必要的时候,广告中的比喻还应该强调企业在实际中是如何向顾客提供服务利益的。咨询公司科尔尼(AT Kearney)强调,企业不仅可以为高层管理者提供咨询建议,还能够为寻求帮助的所有管理层提供解决方案。科尔尼其中一则广告就是用办公楼里"空头陷阱"(bear traps)的比喻来吸引顾客的注意力,以此强调企业为顾客提供全方位的咨询服务,这是有别于其他咨询公司的特别之处,从而避免了其他咨询公司只提供高层管理咨询服务所遗留的问题。

7.5 服务营销传播组合

在理解了目标受众、明确传播目标和信息策略之后,服务型企业需要选择高性价比的传播渠道组合。大多数服务型企业可以使用多种形式的传播渠道,统称为服务营销传播组合。不同的传播渠道在传递的信息类型以及不同的细分市场上具有不同的效力,传播组合需要在既定的预算条件下达到最佳的传播效果。

图7-3概述了服务型企业可用的各类营销传播渠道,这些传播渠道可以按照不同的方式进行分类。例如,服务人员是服务传递网点的一部分,能充当人际传播的媒介。为了讨论服务型企业的整体媒介战略,本书已将传播组合的每种方式或渠道置于最合适的类别。

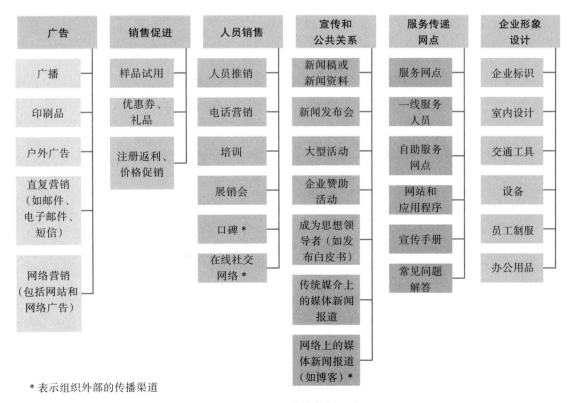

* 表示组织外部的传播渠道

图7-3 服务营销传播组合

当然，还有其他方法可以对这些传播渠道进行分类。通常，它们被分成非人际传播渠道（如广告）和人际传播渠道（如直复营销和人员销售）。它们也可以被分为传统传播媒介（如广播、印刷品和户外广告）和网络媒介（如网络广告、社交媒体和移动通信）。每种类型的媒介都有自己的优缺点，可以用于实现不同的传播目标。例如，非人际的大众传播媒介在建立服务的知名度和定位方面非常有效，而人际传播可以非常有效地解释复杂的服务信息，降低风险感知，并说服顾客购买服务。服务场景中的传播媒介（如标识和海报）可以用于服务接触阶段的顾客行为管理。它们与顾客活动有关，如排队、遵循服务脚本和尝试新服务（如交叉销售）。在服务接触后阶段采用直复营销具有很高的性价比，它可以鼓励顾客重复购买，并向亲友推荐服务。

7.5.1 不同来源的传播渠道

如图 7-4 所示，服务营销传播组合可以根据信息的来源分为三大类：①营销传播渠道，包括传统媒介和网络媒介；②服务传递渠道；③源于组织外部的信息。[7] 下面介绍三种信息来源中的几个主要渠道选择。本书将分别对传统媒介和网络媒介进行讨论，因为二者具有截然不同的特征与应用。

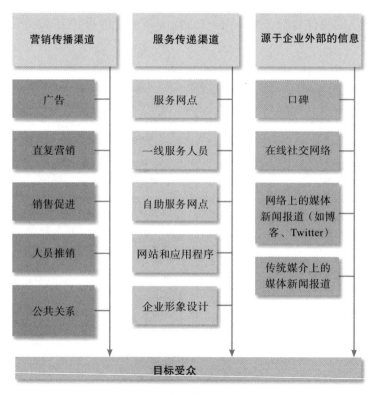

图 7-4 目标受众接收信息的三种主要来源

7.5.2 传统营销渠道的信息

在传统营销渠道中,服务型企业有大量可供使用的传播工具(见图7-4)。

1. 广告

付费的广告媒介种类繁多,主要包括广播(电视和电台)、印刷纸媒(杂志和报纸)、电影院和各种类型的户外媒体(海报、广告牌、电子留言板以及公共汽车或自行车的车身广告)。有些媒介比其他媒介更具针对性,针对特定地理区域或者有特殊兴趣的受众。通过大众媒体传播的广告信息通常会被邮件、电话销售或电子邮件等直复营销工具强化。

服务型企业如何在纷繁复杂的信息中脱颖而出呢?并不是更冗长、更响亮的宣传和更大幅的广告就可以实现。服务型企业正试图让广告更有创意,从而使传播的信息更有效。例如,当顾客对服务的参与度较低时,企业应该更多关注顾客的情感诉求和服务体验。[8]一些广告通过使用新颖的信息、有趣的故事、引人注目的设计或不同的风格脱颖而出。一些服务型企业在视频游戏和网络角色扮演游戏中植入广告,当游戏连接到互联网时,这些就变成了动态广告。

2. 直复营销

直复营销包括诸如邮件、电子邮件和文本消息之类的工具。这些渠道使服务型企业能够向高度细分的市场发送定制化信息。如果服务型企业拥有关于潜在与现有顾客详细信息的数据库,直复营销策略就很有可能成功。

垃圾邮件过滤器、数字录像技术(TiVo)、播客和弹出窗口阻止程序等按需点播技术的不断进步,使得顾客可以根据自己的偏好选择接受信息的来源、时间和方式。30秒的电视插播广告打断了观众最喜欢的节目,电话销售会打扰顾客用餐,因此,顾客越来越多地使用这些技术来节省自己的时间。顾客对广告的抵触行为促进了**许可营销**(permission marketing)的兴起,它鼓励顾客主动"举手",同意更多地了解企业及其产品的相关信息,进而获得有用的营销信息或其他有价值的东西。许可营销允许顾客自我选择进入目标细分市场,而不是打扰潜在顾客的个人时间。

通过把特定类型的信息只传递给此前表示过感兴趣的顾客,许可营销使服务型企业与顾客之间建立更牢固的关系。例如,企业可以邀请顾客在官方网站上注册或下载应用程序,并向企业说明更希望收到哪种类型的信息。

因为许可营销的高效率,许多服务型企业开始对其更加重视。沟通成本的降低,顾客关系管理系统质量的改善,大数据、社交媒体和通信技术的发展,都使许可营销变得更加有用。

3. 销售促进

销售促进可以被看作是一种伴随激励的沟通方式,它通常会依据时间段、价格或顾客群而定(有时三者兼而有之,比如在直复营销中)。通常,销售促进主要是为了实现短期目标,例如,加速购买决策,促使顾客更快地使用特定服务,增加每次购买的数量或提升购买频率。[9]在需求疲软时期,服务型企业的销售促进(如样品、优惠券和其他折扣、礼品以及有奖竞赛）能够增加销量，还能加快新服务的引入和接受速度，并且鼓励顾客比以往（没有促销激励时）更快地采取购买行动。[10] 但是，销售促进需要谨慎使用，因为研究表明，通过销售促进获得的顾客可能具有较低的复购率和终生价值。[11]

SAS 国际酒店在几年前曾针对老年顾客制订了一项有趣的销售促进计划。如果酒店有空房，65 岁以上的顾客可以获得与他们年龄相当的折扣（例如，75 岁的顾客可以节省 75% 的房费）。这项促销活动进展非常顺利，直到有一天，一位来自瑞典的顾客在维也纳的 SAS 连锁酒店办理入住时，声称自己的年龄为 102 岁，并要求酒店返还 2% 的房费。酒店答应了老人的要求，然后这位精力充沛的百岁老人向酒店的总经理挑战，要和他进行一场网球比赛，并且最后赢得了比赛（然而比赛的结果没有公布）。毫无疑问，一项聪明的促销策略引发了一个被人们津津乐道、广为传播的幽默故事，酒店也因此给人们留下了深刻的印象。

4. 人员推销

人员推销是指销售人员在与顾客的人际接触中努力说服和引导顾客，使顾客偏爱或购买特定的品牌或产品。许多服务型企业，特别是 B2B 服务型企业，都有自己的销售团队，或使用代理商和分销商代表企业来进行人员推销。对于购买频率较低的服务，例如，资产管理、保险和殡仪服务，企业的代表可以担任销售顾问，帮助顾客进行选择。对于销售相对复杂服务产品的产业或专业服务型企业，顾客可以向客户经理寻求信息、建议和咨询。

但是，对新的潜在顾客进行面对面销售的成本较高。较低成本的选择是**电话营销**（telemarketing），即通过电话来接触潜在顾客。从顾客角度来看，他们越来越厌烦电话营销人员的打扰，因为他们总是在晚上或者周末顾客休息的时候打电话。

5. 公共关系

公共关系（public relations）是指企业通过发送新闻稿、召开新闻发布会、举办特别活动以及赞助第三方举办的具有新闻价值的活动等方式来引起公众对企业及其服务产品的积极关注。公共关系策略的一个基本要素就是准备和发布含有企业及其产品和员工的新闻稿或专题报道（包括照片和/或视频）。

企业还可以通过赞助体育赛事（如奥运会和足球世界杯等）和其他备受瞩目的活动来增加曝光率。活动中的横幅、标语以及其他一些可见的陈列能够持续地展示企业的名称和标识。此外，一些特殊的活动可以为企业展示专业水准提供重要的机会。例如，联邦快递（FedEx）就通过将两只大熊猫从中国成都安全地运送到华盛顿特区国家动物园这一事件获得了良好的宣传效果。熊猫被装在一个特别设计的集装箱里，登上了被重新命名为"联邦快递熊猫 1 号"的飞机。除了事件的新闻发布，联邦快递还在其官方网站建立专题网页跟踪报道这次非比寻常的运输活动的相关信息。

7.5.3 通过互联网传递信息

利用互联网、社交媒体和应用程序做在线和移动广告，服务型企业能够以合理的成本补充甚至替代传统的营销传播渠道。

1. 企业网站

服务型企业可以使用其官方网站来完成各类传播任务：

- 激发顾客的意识和兴趣；
- 提供信息和咨询服务；
- 通过电子邮件和聊天室与顾客进行双向沟通；
- 鼓励顾客试用服务产品；
- 顾客可以通过网站在线购买；
- 测试特定广告或促销活动的有效性。

企业还需要重视影响网站"黏性"（如顾客是否愿意在网站上花费时间以及是否还会再次登录网站）的一些其他因素，例如下载速度。具有黏性的网站应该具有以下特征：

- **高质量内容**。网站需要包含相关且有用的内容，这样顾客才可以找到他们想要的信息或资讯。
- **容易使用**。顾客需要轻松地浏览网站并获取信息，因此网站要有良好的导航、明确的标识以及不过分复杂和庞大的架构，只有这样顾客才不会在网站上迷失。
- **下载速度快**。顾客浏览网站时不愿意过久地等候。如果网站加载页面需要太长时间，顾客是不太情愿去等待的，最终可能会选择放弃。好的网站内容精练、技术先进，因而可以快速下载，而不好的网站下载速度则很慢。
- **经常更新**。有吸引力的网站会不断地更新内容以保持新鲜感。这其中包括适时发布最新的资讯，使顾客可以及时地找到相关信息。[12]

2. 网络广告

目前，网络广告主要包括两种类型：旗帜广告和搜索引擎广告。

（1）**旗帜广告**。许多企业通过付费的方式将自己的广告旗帜和按钮放置在雅虎或CNN等门户网站，Facebook和LinkedIn等社交媒体网站，以及手机应用程序、网络游戏和广告资助的内容网站上。企业的目标是将这些网站的浏览量吸引到自己的网站上。在大多数情况下，企业网站上有来自其他企业的广告信息，这些信息彼此相关但不存在直接竞争。例如，雅虎的股票信息页面有各种金融服务企业的系列广告。

如果旗帜广告（贯穿整个或部分网页的细长横向广告条）、摩天大楼广告（在网页的一端垂直移动的广告条）或广告按钮只是简单地为了获取更多曝光率，那么广告不一定能够实现顾客意识、需求偏好或服务销量的增加。即使顾客点击广告浏览了企业的网站，这些举动也不一定会直接带来销量。因此，现在广告合同更加强调将广告费用与访问者的营销相关行为联系起来，例如，顾客向企业提供一些个人信息或产生实际购买行为。越来越多的网络广告主只会在访问者点击进入广告主网站时才付费，这就类似于只有收件人阅读了垃圾邮件，企业才会为此支付广告费。[13]

（2）**搜索引擎广告**。搜索引擎可让企业通过顾客搜索的关键词来确切地了解顾客的需求，然后企业可以针对这些顾客制定相应的营销传播组合策略。搜索引擎广告是目前最受欢迎的网络广告工具，[14]谷歌是这一领域的领导企业（见服务洞察7-1）。像必应（Bing）和雅虎这样的企业也在努力扩大市场份额。

 服务洞察 7-1

谷歌：网络营销巨头

拉里·佩奇和谢尔盖·布林这两位从小就对数学、计算机和编程着迷的年轻人于1998年创建了谷歌，当时他们还在斯坦福大学攻读博士学位。七年后，随着谷歌的成功上市，他们一跃成为亿万富翁，而谷歌也逐渐成为世界上最具价值的企业之一。

谷歌拥有宏伟的企业愿景："汇集世界信息，使信息随处可得、随时可用。"谷歌搜索引擎的实用性和易用性使其获得了巨大的成功，而且谷歌搜索的风靡几乎是依靠满意顾客的口碑传播实现的。很少有公司的名称能变成动词，但现在"google"作为动词在英语中使用得非常普遍。

谷歌的广受欢迎使其成为一种极具针对性的广告媒介。它帮助广告客户通过赞助链接（sponsored links）和内容广告（content ads）两种重要的方式将信息传递给顾客。

赞助链接出现在谷歌网站搜索结果的顶部。谷歌使用密封竞价的拍卖方式（即广告商在不知道其他广告商竞价的情况下提交搜索词的竞价），根据"每次点击成本"对赞助链接进行收费。价格取决于广告客户想要关联的搜索词的流行程度。"MBA"等常用术语比"MSc in Business"等不太流行的术语收费更高。广告客户可以使用谷歌网络账户管理中心的报告轻松地跟踪广告效果。

谷歌借助关键词服务（Google AdWords service）使企业的内容广告能够以多种方式实现高度定向化。广告可以紧随谷歌的搜索结果之后出现（如以旗帜广告的形式呈现），这种广告可以使企业在顾客看见相关话题甚至是某类产品的第一时间与潜在顾客建立联系。从本质上讲，企业购买的是与特定搜索类别或术语相关联的机会。要探索这部分的谷歌广告商业模式，只需在谷歌上搜索几个词，然后观察屏幕上除了搜索结果之外的信息内容即可。

关键词广告还允许广告客户在与谷歌相关的内容网站上，而不仅仅是在Google.com上投放广告。这就意味着，这些广告不是在搜索时出现的，而是在顾客浏览某个网站时简单地呈现的。这种形式的广告被称为"定向投放广告"（placement-targeted ads），广告客户可以指定广告投放的个体网页或者网站内容（如关于旅行或者棒球）。定向投放广告允许广告客户选择他们的目标受众，目标受众的群体可能是非常庞大的（例如，美国甚至是世界上所有的棒球迷），也可能是小而聚焦的（例如，波士顿地区喜欢在高档餐厅用餐的顾客）。谷歌将这些广告放置在合作网站的相关内容旁边。例如，如果你在谷歌合作网站上阅读一篇文章，你就会在文章底部发现广告区域。谷歌将这些广告自动地与这篇文章的内容进行匹配。这些广告的内容可能与Google.com搜索时出现的广告相同，但其传播方式是不同的，而且也可以出现在谷歌合作网络中任何规模的出版商网站上。

谷歌的关键词广告服务由第二种服务即"广告联盟"（AdSense）进行补充，这种广告形式代表了谷歌广告模式的另一面。那些希望通过在自己网站上投放广告赚钱的网站所有者会使用内容广告。作为允许谷歌在其网页上投放相关广告的回报，这些网站所有者可以获得广告收入的分成。广告联盟为数千家中小型网络出版商和博主创造了广告收入，使其可以继续经营下去。尽管像《纽约时报》和CNN这样的大型媒介企业也使用内容广告，但与典型的利基网站或博客网站相比，广告联盟的收入只占其网络广告收入的一小部分。

谷歌所提供的广告媒介具有高度的针对性、情境性和结果性，深受广告客户的喜爱，谷歌的收入和利润也因此快速增长。难怪谷歌的成功会使其他广告媒介感到恐慌。

资料来源：https://www.google.com.sg/intl/en/about/and http://en.wikipedia.org/wiki/AdWords,accessed on March 21, 2015, ©Jochen Wirtz.

网络广告的一个关键优势是它提供了非常清晰的、可测量的广告投资回报，特别是与其他形式的广告相比。广告费用与企业网站或产品所吸引的顾客之间的联系是可追踪的，尤其是按效果收费的网络广告（如按点击率收取费用）。相比之下，在电视或杂志上的传统媒介广告，很难评估广告的效果水平和投资回报。广告客户有以下几种选择：

（1）付费购买排名靠前的搜索结果。由于顾客希望搜索排名能够与搜索关键词形成最佳匹配，因此谷歌的策略是隐藏排名列表顶部的竞价排名，并将其标注为"赞助商链接"。这些广告的定价和投放位置可以根据展示次数（如访客数）或点击次数而定。

由于赞助商链接的目的是在顾客做出购买决策之前将顾客与企业联系起来，因此一些企业会购买与竞争对手产品密切相关的关键词。这使它们能够"挖走"顾客，并在其他企业创造的市场上搭便车。[15]

（2）根据关键词的搜索来支付广告的定向投放费用。

（3）通过点击链接发起简短的文本信息，将链接放置于搜索结果旁。

（4）根据网络广告的实际效果支付广告费用。广告客户按照预先约定好的传播活动效果支付费用。衡量效果的主要标准包括网站注册量、宣传册下载数量，甚至是销售量。

（5）定期对企业网站进行搜索引擎优化（search engine optimization, SEO）。SEO可以从根本上提升企业网站的排名（如非赞助性排名）。这应该是比较容易的做法，因为企业不必花广告费就能吸引潜在顾客的注意。需要注意的是，只有网站设计精良、涵盖的相关信息契合目标顾客兴趣，SEO才会切实有效。[16]

3. 非人际传播向人际传播转化

营销传播专家通常将传播分为非人际传播（信息一般是单向传递，通常针对一大群顾客或潜在顾客，而不是单个顾客）和人际传播（如人员推销、电话营销和口碑传播）。然而，技术在人际传播和非人际传播之间创造了一个灰色地带。想想你接收到的电子邮件，其中包含一些个人问候，以及针对你的具体情况和曾经的特定产品消费经历进行的推荐。同样，互动软件可以发起双向对话。一些企业开始尝试使用网络代理，比如在屏幕上模拟运动、说话，甚至是改变表情。

随着智能移动设备和社交网络平台的广泛使用，企业拥有前所未有的与顾客沟通的机会，甚至还能够极大地促进顾客之间的交流。通过对顾客数据的分析，可以为每个顾客量身定制具有高度针对性且个性化的服务和信息，这些消息能够补充甚至在某些情况下替代传统营销传播。[17] 服务洞察7-2简单地介绍了几种重要的新媒体及其应用。

> **服务洞察 7-2**
>
> # 新媒体及其营销传播应用
>
> 科技已经催生了许多令人兴奋的传播新渠道,为企业的目标市场选择提供了重要的机会。其中重要的渠道有移动广告,手机应用程序,Web 2.0、社交媒体和社交网络,以及播客。
>
> ## 移动广告[18]
>
> 移动广告(mobile advertising)通过手机和其他移动设备进行传播,是增长最快的广告形式之一。移动广告的类型非常复杂,它包括互联网、视频、文本、游戏、音乐等。例如,广告可以以短信、手机游戏广告和视频的形式出现。移动广告和全球定位系统的使用,能够使顾客在走进购物中心或光顾某个商店时收到带有折扣信息的定向广告。最常见的移动广告类型仍然是手机展示广告(MDA),它在手机网页和移动应用程序中以旗帜的形式呈现。对于顾客而言,移动广告有着更高的方便性和针对性。然而,这可能也意味着对顾客隐私的侵犯。
>
> 二维码,也就是QR(quick response)码,已经出现在许多广告上。对广告感兴趣的顾客可以用他们的手机扫描二维码,获得店内促销信息、优惠券或者参与现实世界中的活动。对于企业而言,二维码是连接线上与线下传播渠道的桥梁,同时有助于将潜在顾客从其他媒介筛选到企业的网络渠道里。
>
> ## 手机应用程序
>
> 手机应用程序(mobile apps)已经日益成为受欢迎的传播工具,可以帮助顾客进行服务导航、延伸服务接触、获得最佳的服务体验。同时,企业也能实现诸如交叉销售、向上销售、需求管理以及排队服务等经营目标。例如,迪士尼、挪威游轮、皇家加勒比等旅游企业都有自己的应用程序,可以帮助顾客在大型游轮上进行自主导航,探索船上娱乐项目、SPA服务以及停靠港口[19]。
>
> ## Web 2.0、社交媒体和社交网络[20]
>
> Web 2.0技术催生了用户创造内容,并将其与用户点对点沟通相结合。Web 2.0是各类媒介的总称,包括Facebook(社交网络的鼻祖)、Google+、LinkedIn、YouTube、Vine、Twitter、Instagram、Snapchat、Pinterest(品趣志)、Wikipedia(维基百科)、Flickr(网络相册)以及其他社交网络。在Web 2.0中,内容由多个用户生成、更新和共享。社交网络是增长最快的网络媒体。
>
> 服务型企业使用社交媒介的目的多种多样,包括洞察市场、选择潜在顾客、制造热点、塑造顾客行为等。企业通过在社交媒体上投放广告、倾听顾客正在讨论的话题以及有选择地参与到顾客对话中等方式来实现上述目的。服务型企业需要理解社交媒体的重要性,并有效地将其整合到营销传播组合策略中。
>
> ## 播客
>
> 播客(podcasting)源于"iPod"和"broadcasting"两个词语的组合,它是指使用发布

及订阅模式在互联网上传播音频或视频节目的一套技术。播客为广播、电视节目提供了传播渠道。顾客在订阅后，就会自动接收到新一期的节目。

播客有多种形式，包括传递视频片段的视频播客，可以下载到手机上的移动播客，能够将视频或者音频连接到播客的存储库。将播客作为企业营销传播活动的一部分是十分有益的，因为订阅了特定节目的听众显然是对该话题感兴趣的。因此，播客可以接触到关注范围狭窄的广大听众（更像是"窄播"而不是"广播"）。事实上，广告信息越具有针对性，广告费用的投资回报率就会越高。

4. 将网络媒体和传统媒体进行整合

本书以廉价航空公司的渠道整合为背景，来讨论整合各种媒体的复杂性。美国（Southwest Airlines，西南航空公司）、欧洲（Ryanair，瑞安航空公司）和亚洲（Air Asia，亚洲航空公司）最大的几家廉价航空公司有不同的广告策略，但它们的共同目标是让顾客直接在官方网站上预订机票。西南航空公司在其传播组合中整合了大量电视广告；瑞安航空公司专注于搜索引擎优化，并为网络广告活动购买战略关键词；亚洲航空公司一直活跃在各种社交媒体平台上，如在Twitter和Facebook上定期更新关注者，推广促销活动，并收集顾客反馈。虽然每家航空公司的传播活动都有不同的侧重点，但大多数廉价航空公司都使用如图7-5所示的各类渠道将网上顾客流量引入企业网站，并最终达成机票销售。

7.5.4 通过服务传递渠道传播信息

与大多数有形产品的销售不同，服务型企业通常控制销售网点和服务传递渠道，从而使企业获得强有力的、高性价比的传播机会。具体来说，服务型企业可以通过服务销售网点、一线服务人员、自助服务传递网点和基于位置的应用程序等途径传播营销信息。

1. 服务销售网点

计划的和非计划的信息都可以通过服务传递的环境传达给目标顾客。非人际信息可以通过旗帜广告、海报、标识牌、宣传册、视频和音频的形式进行传播。就像在第10章"打造服务环境"中讨论的，服务销售网点或者服务场景的有形设计会向顾客传递重要信息。[21]室内建筑师和企业设计顾问可以用更有利于服务信息传递的方式来设计服务场景，从而协调企业内部和外部的可视化元素，这将传递和强化企业的服务定位，并以积极的方式塑造顾客的服务体验。

2. 一线服务人员

一线服务人员可以通过面对面、电话或电子邮件等方式为顾客提供服务。来自一线服务人员的信息传播紧密围绕核心服务和各种附加服务，主要包括提供信息、提出建议[22]、服务预订、接收支付和解决问题等。

一线服务人员在营销传播中扮演着十分重要的角色。就像第4章所讨论的，品牌更多是通过顾客的个人体验形成的，而不是通过大众传播来建立的（后者更适合建立顾客意识和兴趣)。此外,许多服务型企业鼓励一线服务人员交叉销售额外服务,或向上销售更高价值的服务。谢家华在如何使用顾客服务中心建立品牌方面有一个有趣的观点(见服务洞察 7-3)。

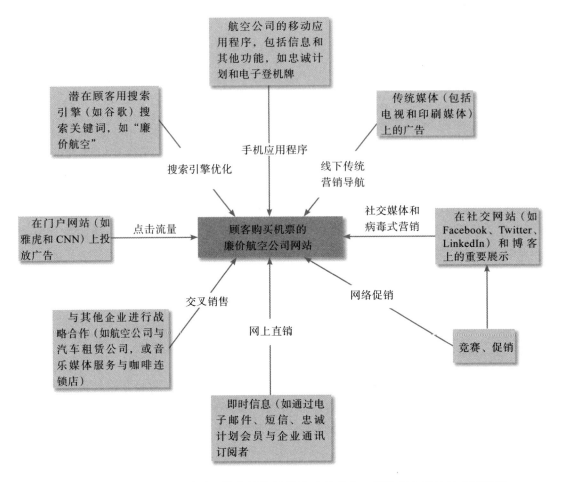

图 7-5　廉价航空公司将多种网络营销传播渠道进行整合,促进官方网站的机票销售

服务洞察 7-3

通过呼叫中心建立品牌资产

你是否尝试过打电话给谷歌、eBay,甚至是亚马逊?多数情况下,要通过点击多个链接才能获得电话信息,当然如果你能最终找到!而美捷步(Zappos)则采取了完全相反的方法,它将顾客服务热线放在网站每个页面的顶端。

谢家华是成功赚取数十亿美元收入的电子零售商美捷步的创始 CEO。让他感觉很有趣的是,每当他参加营销会议时,都会听到企业谈论每天使用千条广告信息轰炸顾客。虽然他承认有关社交媒体的纷扰,但他认为:"尽管听起来不那么时髦,也没什么技术含量,但电话是最佳的品牌塑造工具之一。你可以利用电话获取顾客对企业 5~10 分钟的全身心关注,如果你的互动效果良好，顾客在很长时间内都会记住这段经历。"他进一步解释道："很多人可能会觉得奇怪，为什么一家互联网企业会如此重视电话销售，而且企业的销售额只有5%来自电话渠道。但我们发现，平均而言，顾客至少在某个时候给企业打过一次电话，如果企业处理得好，就有机会创造情感影响，并给顾客留下持久的记忆。我们每天都会收到成千上万的电话和电子邮件，我们将每个电话、每封邮件都视为一个塑造美捷步品牌的机会……我们的理念是，企业花费在广告上的大部分资金应该投资于顾客服务，这样我们的顾客就会通过口碑为我们做营销和宣传。"

然而，许多服务型企业却从成本最小化的角度来看待它们的呼叫中心。它们专注于管理平均处理时间，即一个员工一天可以处理的呼叫数量，这促使客服人员把心思放在如何才能让顾客尽快结束通话上。在美捷步看来，这并不是一个传递卓越服务的方式。美捷步接到的最长的一个顾客电话持续了6小时，服务人员几乎向该顾客介绍了上千双鞋子。美捷步的客服人员在通话中不会进行向上销售或使用脚本，他们将处理顾客电话视为对市场营销和品牌推广的投资，而非企业的一项开销。谢家华认为，呼叫中心对大多数企业来说是"一个巨大的尚未开发的机会，不仅因为它可以带来口碑营销，更重要的是它可以提升顾客的终生价值"。

资料来源：Tony Hsieh, "How I Did It: Zappos's CEO on Going to Extremes for Customers," *Harvard Business Review* 88(7-8) (2010): 41-45; Tony Hsieh, *Delivering Happiness: A Path to Profits, Passion, and Purpose*. Grand Central Publishing, 2010.

3. 自助服务传递网点

自动柜员机、自助售货机、网站和服务应用程序都是自助服务传递网点的典型代表。自助服务传递网点需要有清晰的标识，提供使用设备的分步操作说明（可以通过图表或动画视频）以及设计友好的用户界面。自助服务传递网点通常可以有效地用于企业与当前及潜在顾客的沟通，尤其是交叉销售服务和推广新服务。

4. 基于位置的应用程序

除了销售服务以及向顾客提供信息之外，基于位置的应用程序还可以引导顾客体验复杂的服务场景，如游轮、机场、医院和购物中心。

7.5.5　组织外部的信息

关于企业及其产品的最具影响力的信息一般来自组织外部，且不受营销活动的控制。这些信息源包括口碑（线下的人际口碑和线上的网络口碑），以及第三方网站的在线评论、博客、Twitter和媒体报道。

1. 口碑

来自其他顾客的推荐通常被认为比企业发起的促销活动更可信，并且对潜在顾客购买（或避免使用）服务的决策产生巨大的影响。

积极的口碑对服务型企业而言至关重要，因为服务通常具有较高的经验属性和信任属性，因此潜在顾客会有较高的感知风险。事实上，许多成功的服务型企业，如星巴克和梅奥诊所已经通过满意顾客的口碑传播建立了强大的品牌。正如作家兼 Service! College 创始人罗恩·考夫曼所言，"愉悦的顾客是所有人都相信的唯一广告"。[23] 由于口碑可以作为一个强大且可信度高的销售代理，服务型企业可以使用各种策略来激发现有顾客给出正面且具有说服力的评论。[24] 这些策略包括：

（1）打造刺激的故事、推广活动和竞赛，促使人们谈论企业提供的卓越服务。维珍航空公司创始人理查德·布兰森就多次制造全球性的新闻，让人们谈论他的航空公司。例如，为了宣传新的维珍美国航空公司，布兰森身穿詹姆斯·邦德式燕尾服，从 407 英尺高的拉斯维加斯酒店垂直滑下，从而制造了轰动效应。

（2）提供促销活动，鼓励顾客说服其他人加入服务体验行列（例如，"带两个朋友，其中一个人免费用餐"，或 "订阅三个及以上的手机服务套餐，家庭每月账单折扣 35%"）。

（3）制订推荐奖励计划，鼓励现有顾客进行推荐。例如，现有顾客可能会因为给企业介绍了新顾客而获得免费服务、代金券甚至是现金奖励。这种方式非常有效且有利可图，因而被许多服务型企业广泛使用。只需在浏览器中输入 "朋友推荐计划"，你就可以获得成千上万的结果。[25] 这些推荐计划在线下（如俱乐部、信用卡公司甚至潜水学校）和线上均可以运用。

（4）让顾客参考其他顾客或专业人士的意见。例如，"我们为 ABC 公司提供了令人满意的服务，如果您愿意，可以随时向该公司的管理信息系统经理卡布拉尔先生了解一下，他当时负责监督项目的执行"。

（5）展示和宣传积极的顾客评价信息。企业的广告和官方网站有时可以刊登满意顾客的正面评论。

（6）为在线评论提供支持和反馈的机会。正面的帖子有助于企业品牌资产的创建和产品销售，但这些可能会被负面的评论破坏。

企业的传播策略应该是鼓励满意的顾客发表正面的评价。理想情况下，不满意的顾客能够向企业投诉并获得服务补救（见第 13 章 "顾客抱怨与服务补救"），这样他们就不用在网络上发泄不满与沮丧。一家小型理发店试图通过在出口处张贴以下标识来实现上述目标："如果您喜欢我们的服务，请告诉朋友；如果您不喜欢，请告诉我们。"

（7）支持品牌社群建设。品牌社群的建设可以通过网络进行，且成本较低。[26]

除口碑营销外，还有网络口碑或者病毒式营销。互联网加速了个人影响力的传播，导致它演变成一种企业无法忽视的病毒式营销现象。实际上，几乎每一家网络初创企业都依赖病毒式营销。同样，eBay 和其他电子拍卖公司也依靠顾客对买卖双方进行等级评价，使顾客信任网站并愿意在网上出售商品，从而促进陌生人之间的交易；如果没有这些用户评价，陌生人之间可能就不愿在这些网站上进行交易。

除了电子邮件，口碑还能通过第三方网站、聊天室、社交媒体和网络社区等渠道的服务评论在很短的时间内广泛流传。新型社交媒体不断涌现，它们都全部融入在线生态系统，顾客可以自由地分享服务体验。世界各地的成功企业都在利用这一趋势。

2. 博客、Twitter以及其他社交媒体都是一种网络口碑

网络日志，通常指博客，已经变得无处不在。博客可以是在线日志、日记，或者是新闻列表的网页，人们可以在博客上发布任何自己喜欢的东西。博客的作者，也就是博主，通常只关注范围很窄的特定话题，其中不少博主自称是某些领域的专家。

博客已经发展成为互联网上一种新的社交互动形式，从而成为重要的营销传播信息来源：博客中的内容可以大量传播，涵盖人们能够想象得到的各种话题，包括顾客在服务型企业的消费体验，以及顾客对特定企业的好评和差评。这种在线交流的副产品就是由不同博客之间产生一组超链接，这些链接使顾客可以与他人共享信息，并影响其他人对特定品牌或产品的意见。现在，越来越多的服务型企业开始对博客进行监控，并将其视为即时市场研究与反馈的一种形式。

博客和其他在线媒体（如Twitter）可以被视为介于口碑（有数百万的博主并没有太多粉丝，并且发挥的功能类似于传统的口碑）与网络媒体（有些博主拥有大量的粉丝，与大众媒体更相似）之间的一种传播渠道。服务型企业可以将口碑视为企业标准推荐计划与个性化刺激之间连续统一体的一部分。但是，服务型企业需要像对待传统媒体那样去处理与拥有大量粉丝的博主之间关系。这些博主是重要的业内人士，应该获得企业的尊重和重视。

Twitter是一种提供社交网络和微博服务的网站，允许其用户发布内容或阅读其他用户的内容。更新内容长度不能超过140个字符，用户可以通过Twitter网站、短信服务或外部应用程序发布和接收内容。服务型企业正在以各种方式使用Twitter。美国有线电视服务提供商康卡斯特注册了@comcastcares账号并实时回答顾客的提问；美捷步的首席执行官与顾客像朋友那样进行互动；明星艾什顿·库奇在举办的各种活动上也通过Twitter与粉丝进行互动；从事航空公司品牌管理的SimpliFlying公司在Twitter上为粉丝们举办了一些特殊的竞猜和比赛活动，其目的是树立小众市场意见领袖的企业形象。

3. 媒体报道

尽管网络世界的重要性在不断增强，但传统媒体上的新闻报道也不能忽视。尤其是具有新闻价值的事件通常是先在网络世界进行讨论的，但是随后就会被传统媒体摘录和报道，最后传递给更广泛的公众。

7.6 服务营销传播中的时机决策

在圣诞节到来前的三个月中，香槟、珠宝和圣诞节布丁等产品会进行大力推广，这些产品的年销售额中几乎一半都来源于这个时期。相反，服务型企业的生产能力有限，因此不会在高峰期进行促销和推广。因此，服务营销传播的时机，需要与服务传播漏斗中企业试图管理的各类顾客感知和行为相匹配。通常，服务型企业会使用不同的传播渠道将顾客行为从意识唤醒、偏好形成转移到消费后阶段。

服务营销传播的时间安排一般通过媒体计划流程图（看上去像一张大的电子表格）来进行管理，媒体计划流程图可以提供关于何时何地进行媒介传播的概览。

7.7 预算决策与传播计划评估 [27]

只要营销传播能够增加销量和利润,大多数服务型企业都愿意为服务营销传播计划分配更多的预算。但是,最佳的传播计划成本很难预测,制定预算便成为最艰难的决策之一。在实践中,服务型企业使用多种方法来确定其营销传播预算,包括销售或利润百分比法、竞争匹配法,以及使用前一年的预算(或根据前一年的传播成效,以及企业未来规划适当地增加或减少)。

事实上,最合理的方法是目标任务法,也称为预算编制法。该方法有三个具体步骤:①界定服务营销传播漏斗中的各类传播目标;②明确实现这些目标所需的关键任务;③估算整个计划的成本。估算成本是拟定传播预算的基础。当然,企业也需要综合考虑财务状况和预期的投资回报,如果成本过高或预期回报过低,就需要缩减预算。无论怎样,预算决策最关键的挑战是难以确定完成某个既定目标所需要的营销传播强度。

实证研究法既可以单独使用,也可以与目标任务法结合使用。实证研究法是对不同的传播预算进行一系列测试或现场试验,以确定最优的传播支出水平。

一旦营销传播的预算费用花出去了,服务型企业应如何评估传播计划是否成功呢?如果有特定的沟通目标,传播计划的效果就很容易衡量。如果特定的传播计划旨在改变顾客的消费行为(例如,减少高峰时间的服务使用,或告诉顾客如何保证密码安全,使顾客不再使用纸质账单而改用电子账单,或向上销售更高档次的服务),那么传播计划的效果就可以进行直接测量。同理,直复营销的传播效果也容易评估,如电子邮件活动或网络营销,可以将点击量、新闻订阅数、粉丝数、网上注册用户数、潜在顾客开发流程以及销售额等指标直接与营销传播目标进行匹配。

广告企业和研究机构已经非常擅长测量广义传播目标(如顾客意识、认知和偏好)的完成情况。然而,众所周知,营销传播对销售和利润的影响难以衡量。一个关键的原因是,营销传播只是决定销售的众多关键因素之一,其他因素还包括服务特性与服务质量、价格、竞争者的行为及活动等。

7.8 营销传播中的道德与顾客隐私

服务型企业一直关注如何接触、说服和管理潜在及现实顾客的行为。但是,企业也需要考虑与营销传播相关的道德与隐私问题,特别是因为营销活动的某些方面,如广告、销售和促销很容易被误用(甚至滥用)。顾客经常发现很难评估服务产品,使他们更加依赖通过营销传播来获取信息和建议。营销传播的信息通常包括企业对顾客可能获得的利益与服务传递质量的承诺,如果企业最终没有兑现这些承诺,顾客就会感到失望。[28]

一些不切实际的服务承诺是因为企业内部的运营与营销之间缺乏有关顾客对服务绩效水平合理期望的沟通。另外,缺乏道德的广告人员或销售人员为确保销量,可能会故意夸大承诺。最终,一些欺骗性的承诺会误导顾客,使顾客错误地相信他们会比实际情况更有可能获得奖励和回报。幸运的是,许多消费者监督组织都在密切关注和追踪这些欺骗性的营销活动。这些组织包括消费者保护机构、特定行业内的行业协会以及试图揭露欺诈与虚假事实的记者。

另一类道德问题是激进的营销人员对顾客个人生活的打扰。电话营销、直邮、电子邮件和短信业务的不断增长，打扰了那些根本不想收到营销信息的顾客。为了解决这些问题，政府机构和行业协会都采取了保护顾客权益的行动。在美国，联邦贸易委员会（Federal Trade Commission）的"国家谢绝来电登记处"（National Do Not Call Registry）让顾客可以将其家用电话和手机号码从电话营销的名单上删除5年。若继续收到商业销售的骚扰电话，顾客可以投诉，而电话销售公司可能会因为这类违规行为受到严厉惩罚。[29] 同样，直复营销协会（Direct Marketing Association）可以帮助顾客从邮件、电话销售和电子邮件列表中删除其姓名。[30]

7.9 企业形象设计的作用

到目前为止，本书主要集中讨论了营销传播的媒介和内容，还没有过多涉及企业的形象设计。企业形象设计是确保企业风格与传播组合中所有渠道传递的信息保持一致的关键。对处于竞争激烈的市场环境中的服务型企业而言，企业形象设计尤为重要，因为竞争压力要求企业必须在服务市场中脱颖而出，在任何地方都能被顾客立刻识别出来。你是否注意到有些企业在你脑海中脱颖而出，是因为这些企业使用的颜色、广泛使用的企业标识、企业员工的制服以及企业有形设施的设计？

许多服务型企业为全部有形元素赋予统一、独特的视觉外观，以强化对品牌形象的认知。企业形象设计策略通常由外部咨询企业来制定，主要内容包括：办公用品和宣传材料、零售标牌、员工制服以及车辆、设备和建筑物内部的配色方案。企业形象设计的目标是为服务型企业提供一个统一的和可识别的主题，通过战略性地使用有形展示，在品牌服务体验中联结企业的所有服务运营活动，表7-2列举了一些企业形象设计的案例。服务型企业可以选择下列一种或几种组合方式来进行形象设计。

- 在竞争激烈的快递行业中，企业往往将企业名称视为形象设计的核心要素。联邦快递将企业的商标从"Federal Express"改为更现代化的"FedEx"，以独特的新标识来突显企业的新名称。
- 许多企业使用商标符号而不是企业名称作为企业的主要标识。壳牌石油公司将双关语应用于企业的英文名称，将一只黄色的扇形贝壳置于红色的背景中，这个标识使顾客立刻能识别出企业的车辆和服务站。据说麦当劳的"金色拱门"是世界上识别度最高的企业标识，这个标识在餐厅、员工制服、包装以及企业所有的宣传材料中都可以被顾客接触到。
- 一些企业成功创建了与其品牌名称紧密关联的、可识别的有形符号。动物图案是服务业中常见的有形符号。例如，美国邮政总局和墨西哥航空公司的鹰形象，荷兰国家银行和加拿大皇家银行的狮子形象，投资公司罗维·普莱斯的公羊形象以及中国香港港龙航空公司的中国龙形象。
- 许多企业将色彩应用到企业形象设计中。如果你关注汽油零售服务，就可以看到英国石油公司高识别度的亮绿色与黄色服务站，德士古石油公司的红、黑、白三色相间的标识，以及太阳石油公司蓝色、栗色和黄色的标识。

表 7-2 企业形象设计案例

名称作为核心要素	商标符号	有形的可识别符号	企业形象设计中使用独特的颜色
联邦快速	麦当劳的金色拱门	美国邮政总局的鹰	英国石油公司的亮绿色与黄色服务站
中外运敦豪	壳牌石油公司的黄色扇形贝壳	荷兰商业银行的狮子	中国香港港龙航空的红色中国龙

7.10 整合营销传播策略

你是否曾经在某个企业网站上看到一个新发布的、令人兴奋的服务促销活动，但当你光顾服务网点时却发现柜台人员对此一无所知，无法按照促销活动为你提供服务？到底是哪里出了问题呢？在许多服务型企业中，不同部门负责营销传播活动的不同方面。例如，营销部门负责广告宣传，公关部门负责公共关系活动的策划，各专业职能部门分别负责企业网站的维护、直复营销和促销活动、顾客服务运行和人力资源培训。上述服务失误便是由于企业不同部门之间缺乏有效的协调造成的。

随着越来越多的渠道向潜在和现有的顾客传递信息，对服务型企业而言，应用整合营销传播的理念就显得越发重要。整合营销传播将联结和强化所有传播渠道，以传递强势品牌形象。这意味着企业运用不同的媒体来传递同样的信息，给顾客带来相同的视觉与感受；来自不同媒介的传播信息只是有关服务型企业及其产品统一和整体信息的一部分。要达成上述目标，服务型企业可以将整合营销传播的管理权授予一个部门（如营销部），或单独任命一位营销传播总监来全权负责企业所有的营销传播工作。

📖 本章小结

1. 服务型企业需要设计一种有效的传播策略。为此，它们可以使用整合营销传播模型作为指导框架，该模型是围绕 5W 形式组织的，包括：

(1) 我们的目标受众是谁？他们是潜在顾客、现有顾客或企业员工吗？（who）

(2) 我们需要向顾客传递什么内容？实现什么样的目标？这些目标是否与顾客在购买前、服务接触和服务接触后三阶段的消费行为有关？（what）

(3) 应该如何进行传播？如何才能克服服务无形性带来的挑战？（how）

(4) 应该在何处进行传播？应该使用哪些媒介组合？（where）

(5) 应该何时进行传播？（when）

2. 服务营销传播有三大目标受众（who）。他们是：①潜在顾客，可以与有形产品的营销传播一样，通过传统的传播媒介接触；②现有顾客，这类顾客可以通过更有性价比的渠道接触，例如，企业的服务传递渠道（如一线服务人员、服务销售网点、自助服务传递网点）；③作为二级受众的员工，可以受到恰当传播信息的激励。

3. 在最一般的层次上，营销传播的目标（what）是告知、教育、说服、提醒、塑造行为以及建立关系。传播目标在本质上可以是战略性的，也可以是战术性的，通常是二者的结合。战略目标包括建立品牌资产，在竞争中定位品牌或重新定位品牌。

4. 战术目标可以根据服务营销传播漏斗进行规划。服务营销传播漏斗以服务消费行为三阶段模型为指导框架，详细描述了一系列潜在目标。服务营销传播漏斗表明传播目标是高度具体的，可以涉及服务消费行为的各个方面：①购买前阶段（例如，强调企业擅长服务要素的重要性，并降低感知风险）；②服务接触阶段（例如，指导顾客完成服务流程，鼓励适当的排队行为，管理服务绩效感知）；③服务接触后阶段（例如，塑造顾客满意，鼓励推荐和忠诚行为）。

5. 服务营销传播可以承担几个主要角色，包括：

(1) 通过有形证据传递服务质量。

(2) 通过传播内容增加服务价值（例如，在"服务之花"模型中讨论的提供信息服务和咨询服务）。

(3) 协助顾客参与服务生产。

(4) 强调服务人员的贡献。

(5) 刺激或转化服务需求以匹配服务能力。

6. 如何（how）才能最好地传播服务？

(1) 服务的无形性给营销传播带来了特定的挑战和问题，主要包括以下几方面。

1）抽象性：没有一一对应的有形产品。

2）普遍性：一些服务项目只是一系列人员、物体或事件的一部分，并不涉及具体的服务绩效。

3）不可搜寻性：服务在购物之前无法进行检查或搜索。

4）难以理解性：难以对服务进行理解和解释。

(2) 有许多方法可以克服无形性带来的传播问题，这些方法包括以下几种。

1）抽象性：使用服务消费片段，展示典型的顾客服务体验过程。

2）普遍性：客观声明方面，通过系统证明展示服务传递系统与服务绩效的实例和统计数据（包括以往的绩效统计数据，如准时投递包裹的百分比）；主观声明方面，使用服务表现片段，在片段中展现服务人员正在传递的真实服务。

3）不可搜寻性：使用消费证明，即从已经体验过服务的顾客那里获得证明。针对信任属性显著的服务，使用信誉证明，展示服务型企业的获奖荣誉或资格证书。

4）难以理解性：使用服务过程片段展示服务体验期间到底会发生什么；使用历史案例片段，展示企业为顾客做了什么，以及企业是如何解决顾客的问题的；使用服务消费片段，展现顾客的服务体验。

（3）还有两种方法可以帮助解决无形性问题。

1）强调有形证据。例如，服务人员、设施、资质证明和奖状，以及企业的顾客。

2）运用比喻传递价值主张。例如，保德信集团用"直布罗陀岩石"象征公司的实力。

7. 为了接触到目标受众，实现传播目标，可以使用多种传播渠道，主要包括：

（1）传统营销渠道（如广告、直复营销、网络广告）、应用程序和社交媒体（如 Web 2.0）；

（2）服务传递渠道（如服务网点、一线服务人员、服务应用程序和自助服务网站）；

（3）来自组织外部的信息（如口碑、社交媒体、博客和传统媒体的新闻报道）。

8. 传统的营销渠道包括广告、公共关系、直复营销（包括许可营销）、销售促进和人员推销。这些传播要素通常用于帮助企业在市场上建立差异化定位，并接触潜在的顾客。

9. 网络传播渠道包括企业官方网站和网络广告（如旗帜广告、搜索引擎广告及搜索引擎优化）。技术的发展推动了营销传播的创新，例如，许可营销，以及使用网络和移动广告、应用程序、Web 2.0、社交媒体和播客进行高度定向传播的可能性。

10. 服务型企业通常控制服务传递渠道和销售网点，这为企业提供了接触现有顾客的高性价比方式（例如，通过服务人员、服务传递网点和自助服务传递网点）。

11. 一些关于企业及其服务的最有影响力的信息来自组织外部，并且不受营销活动的控制。它们包括传统的口碑、博客、Twitter 和其他社交媒体，以及传统媒体的新闻报道。

（1）来自其他顾客的推荐通常被认为比企业发起的传播活动更可信，潜在顾客会更倾向于搜寻这些信息，特别是高风险的购买行为。

（2）企业可以通过多种方式来激发顾客进行口碑传播，例如，开展令人兴奋的促销活动、制订推荐奖励计划、推荐顾客和提供推荐信。现在这些活动正不断地转移至网络环境。

12. 与有形产品的营销传播活动经常会在销售旺季（如圣诞节）之前不同，服务型企业通常不能满足高峰时期过量的需求。因此，营销传播通常与服务营销传播漏斗中的特定目标及其时机有关。预算决策和绩效管理与这些目标对应（在使用目标任务法的情况下）。

13. 在制定传播策略时，企业需要牢记道德和隐私问题，例如，未能兑现的承诺或侵入顾客的私生活（如电话营销或电子邮件活动）。企业必须保护现有顾客和潜在顾客的隐私及个人信息。

14. 除了传播媒介和内容外，企业的形象设计是塑造顾客心目中统一形象的关键。良好的企业形象设计为企业的有形元素赋予统一、独特的视觉外观，包括服务营销传播组合的所有要素，如办公用品、零售标牌、员工制服、车辆、服务设备和建筑内部装饰。
15. 由于服务型企业运用多种渠道向现有及潜在的顾客传递信息，因此，应用整合营销传播理念变得至关重要。

复习题

1. 整合服务营销传播模型中的 5W 是什么？
2. 服务营销传播的三种广义受众都是谁？
3. 服务营销传播的目标在哪些方面有别于有形产品营销？描述服务场景中四个常见的教育和促销目标，并分别为四个目标举例。
4. 你从服务营销传播漏斗中学到了什么？
5. 服务营销传播面临哪些挑战？应该如何应对？
6. 为什么服务型企业的营销传播组合会多于销售有形产品的企业？
7. 人员推销、广告和公共关系在吸引新顾客到访服务网点和留住现有顾客方面分别发挥了什么作用？
8. 网络营销有哪些不同的形式？对于网络经纪人和洛杉矶新开的高端俱乐部，你认为哪种网络营销策略最有效？
9. 为什么在服务型企业传播策略中许可营销会受到如此重视？
10. 为什么口碑对服务营销如此重要？作为行业中质量领先的服务型企业，如何激发和管理口碑？
11. 如何利用企业形象设计建立企业的差异化形象？
12. 有哪些实施整合营销传播的方法？

应用练习

1. 在以下场景中，你会使用服务营销传播组合中的哪些要素？为什么？
   （1）一家在郊区购物中心新开的发廊。
   （2）一家面临新的竞争对手、顾客不断流失的餐厅。
   （3）一家位于大城市、没有分公司的大型财务企业，主要服务于企业客户，希望快速扩大客户规模。
2. 找一个旨在管理顾客行为的广告（或其他传播方式），包括：①选择；②服务接触；③购后阶段。解释广告是如何达到目标的，并讨论其有效性。
3. 律师和会计师事务所在很多国家都做广告宣传自己的服务。搜寻一些广告并回顾以下内容：这些企业是如何应对服务无形性的？它们怎样才能做得更好？它们是如何应对顾客质量与风险感知的？在这些方面，它们还有哪些改进空间？
4. 讨论搜索、体验和信任属性对服务型企业传播策略的重要性（假定传播策略的目标是吸引新顾客）。
5. 如果你正在探索现在就读的大学或者正在研究现在学习的学位课程，你能从博客和其他网络口碑中发现什么？这些信息对你所在大学的未来申请者会产生怎样的影响？

假设你是一所学校或学位项目的专家,你从网络上找到有关该大学的信息的准确性如何?

6. 寻找服务型企业试图吸引不同细分市场顾客所做的一个广告,解释这种现象产生的原因,并指出可能产生的不良后果。

7. 针对以下的至少三种情况,描述和评估服务型企业近期的公共关系工作:①推出新的服务产品;②开放新的服务设施;③扩展现有的服务;④宣布即将举行的活动;⑤对出现的负面事件进行回应。(为每个类别选择不同的企业。)

8. 潜水学校或牙科诊所能够利用哪些有形证据来吸引高端顾客?

9. 浏览管理咨询公司、网络零售商和保险公司的网站,评估它们的导航的便利性、内容、视觉设计。如果可以的话,你会对每个网站做哪些改变?

10. 在 amazon.com 和 hallmark.com 注册并分析其许可传播策略。它们的营销目标是什么?针对你所选择的特定顾客群,评估其许可营销,指出哪些是卓越的,哪些是不错的,还有哪些是可以改进的。

11. 在谷歌上搜索"MBA 课程"和"度假胜地",查看两个或三个由搜索触发的内容广告。它们哪些方面做得对?哪些方面需要改进?

《服务营销精要》基本框架

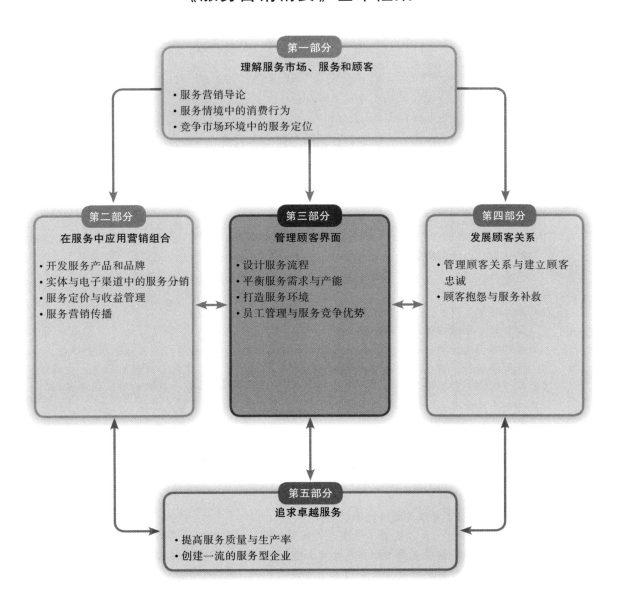

PART 3

第三部分

管理顾客界面

第三部分聚焦于管理顾客与服务型企业之间的界面,涵盖了服务营销所特有的额外3P(流程、有形环境和人员)。本部分由以下四章组成。

第 8 章　设计服务流程

本章从设计一个有效的服务传递流程开始,详细说明运营和传递系统如何连接在一起,以创造承诺的服务价值主张。通常,顾客会积极地参与到服务创造之中,特别是当顾客作为共同生产者时,这个过程就成为顾客的服务体验。

第 9 章　平衡服务需求与产能

第 9 章仍然涉及流程管理,并聚焦波动更为广泛的需求,以及针对可用的服务产能,如何平衡顾客需求的水平和时间。管理良好的需求和产能可以使服务流程更顺畅,使顾客的等待时间更短。管理服务需求的营销策略包括通过预订系统和正式的排队来平滑需求波动和汇总需求。理解不同细分市场的顾客动机是服务需求管理成功的关键之一。

第 10 章　打造服务环境

第 10 章聚焦服务的有形环境,也称为服务场景。服务场景需要进行设计,以创造好的顾客印象,并促进服务流程的有效运行。服务场景需要仔细管理,因为它可以对顾客的印象产生深远的影响,在整个服务流程中指导他们的行为,并为企业的服务质量和市场定位提供有形的线索。

第 11 章　员工管理与服务竞争优势

第 11 章介绍了人员,它是许多服务的典型要素。许多服务需要顾客与服务人员之间进行直接的互动,这些互动的性质极大地影响着顾客对服务质量的认知。因此,服务型企业在招聘、培训和激励员工方面投入了大量的时间和精力。满意、敬业、表现良好的员工往往是服务型企业竞争优势的重要来源。

第 8 章

设计服务流程

□ **学习目标**

通过学习本章，你能够：
1. 认识服务体验和服务流程之间的区别；
2. 说明流程图与蓝图的区别；
3. 运用所有标准的设计元素设计服务蓝图；
4. 理解如何使用防差错措施来减少服务流程中的失误；
5. 认识如何为顾客服务流程制定服务标准和绩效目标；
6. 理解顾客感知和情感在服务流程设计中的重要性；
7. 解释服务流程再造的必要性；
8. 理解服务流程再造如何帮助企业提高服务质量和服务生产率；
9. 理解服务流程中的顾客参与水平；
10. 熟悉顾客作为"共同创造者"的概念及其内涵；
11. 理解导致顾客接受或拒绝新自助服务技术（SST）的因素；
12. 认识如何管理顾客对服务流程中所需行为改变的抵触，包括采用自助服务技术。

□ **开篇案例**

小型医院中的顾客服务再造[1]

在一个小型医院系统进行的家庭医学实践（family medicine faculty practice，FMFP）的进展并不顺利。当患者打来电话时，他们往往要等待很长一段时间；医院缺乏可用的和方便的预约时段；候诊室拥挤不堪，患者接受诊断经常发生长时间的延误。

医疗主任施瓦特博士和助理医疗主任布兰博士决定改变这一现状，于是聘请了科尔曼联合咨询公司——一家专注于流程再造的咨询公司。在四天时间里，科尔曼联合咨询公司的一个团队与医院的工作人员紧密合作，从根本上重新设计了工作流程。这是一次无与伦比的转变！流程再造从星期一下午开始，到星期五上午结束，FMFP以一种全新的方式在运营。

服务模式再设计

FMFP共有12名成员，其中9名是工作人员，3名是医生。医院为每名医生配备3名工作人员，该标准远低于4.8人的全国平均水平。服务模式再设计的核心部分是将工作人员重组为3个患者护理小组。每一个患者护理小组包括1名医生、1名医疗助理和1名为患者提供一站式服务的接待员。患者护理小组负责与患者有关的全部事宜，包括挂号、付款、填表、下次预约确认、保险资格审查以及其他相关事务。

3个患者护理小组共享3个后台工作人员：1名医疗记录人员、1名电话服务员和1名流动工作人员。医疗记录人员负责在患者就诊前24小时获取病历，并实时将实验室结果归档到病历中，这样就不会有任何工作积压了。如果患者致电FMFP进行预约，则由电话服务员负责接听电话，并转接给相关的患者护理小组接待员。进一步的流程再造计划是在未来为每个患者护理小组建立直接的线路，这样就可以降低甚至消除对电话服务员的需求。流动工作人员负责把患者从前面的候诊室尽可能顺利、迅速地带入和带出检查室。流动工作人员需要与每个患者护理小组的医疗助理进行沟通，以估算每个患者的等待时间。基本上，流动工作人员解决了医院出现的任何流程问题，将90%的门诊就诊周期控制在45分钟之内。

每个患者护理团队的接待员都配备了无线电话，这样即使他们已经完成了病历归档工作，也能接到患者的电话。接诊后立即填写病历，以减少病历丢失的发生率。在预约期间，如果对于患者的某个问题接待员不能回答，接待员会直接通过对讲机与患者护理小组团队的医疗助理联系，即时得到答复。这个系统可以使工作得到实时处理，而不是堆积起来待以后处理。

新的工具和设备扩展了FMFP的可用资源。例如，每个诊断室都配有数字秤，可以快速、私密地给成年患者称重，这样患者就不需要在体征站额外停留。实际上，所有工作都是在检查室完成的，这反映了服务流程再造的原则："围绕患者组织工作，而不是围绕工作组织患者。"

随着工作人员每天在患者护理小组中一起工作而获得了更多的经验，他们也变得更加强大，能更加熟练地处理患者的各种问题。在流程再设计的那一周里，堆积如山的纸质资料似乎都即时处理了。FMFP的工作人员比以往任何时候都更加努力，他们不只为取得这样的成果感到兴奋，更因新服务流程所带来的患者赞美而感到高兴。

8.1 什么是服务流程

从顾客的角度来看，服务就是体验，例如，致电顾客服务中心或访问图书馆。从企业的角度来看，服务是需要进行设计和管理以创建所需顾客体验的流程。流程描述了服务运营系统工作的方法和顺序，并说明它们如何连接在一起，以创建对顾客承诺的价值主张。设计糟糕的流程可能会惹恼顾客，因为它们常常导致缓慢、令人沮丧和低质量的服务传递。同样，它们也会使一线服务人员很难做好本职工作，导致生产效率低下，并增加了服务失误的风险。本章讨论如何设计和改进服务流程，以传递承诺的价值主张（见图8-1）。

8.2 设计和编制服务流程

设计或分析任何流程的第一步是记录或描述它。流程图和**蓝图**是服务型企业用于记录和重新设计现有服务流程以及设计新服务流程的两个关键工具。那么，在服务场景中，应该如何区分流程图与蓝图呢？流程图通常以相当简单的形式描述现有过程。具体地说，流程图是一种展示技术，用以体现当顾客在服务流程中"流动"时所经历服务步骤的性质与顺序。通过绘制顾客与服务型企业的接触顺序，可以深入地理解现有服务的本质。图8-2和图8-3显示了两个简单的服务流程图，它们展示了每个特色服务所涉及的内容。

服务流程
- 它是顾客角度的服务体验
- 它是企业角度的服务架构

设计和编制服务流程

服务流程图
- 定位服务流程
- 展示服务步骤的性质和顺序
- 是否有可视化顾客体验的简单的方法

服务蓝图
- 形式更复杂的流程图
- 展示如何构造服务流程
- 定位顾客、服务人员、服务系统的互动
- 设计元素
  - 前台活动
  - 前台活动的有形展示
  - 可视线
  - 后台活动
  - 支持流程和供应品
  - 潜在失误点
  - 识别顾客等待
  - 服务标准及目标
  - 服务传递前、中、后阶段的细节

流程设计要素
- 使用自动防差错措施排除流程的潜在失误点
- 设置流程管理的标准与目标
- 将顾客情感融入流程中
  - 强劲开始
  - 构建改善趋势
  - 创建兴奋点
  - 尽早结束糟糕的体验
  - 分割愉悦,合并痛苦
  - 强劲结束

服务流程再造

再造需求的指标
- 过多的信息交换
- 高度控制活动
- 增多的例外处理流程
- 顾客对不方便和不必要流程的抱怨持续增加

再造的目标
- 减少服务失误的数量
- 缩短服务流程周期
- 提高生产率
- 提高顾客满意度

怎样再造服务流程
- 与利益相关者(包括顾客、一线服务人员、支持人员和IT团队)检查蓝图,商讨如何重构、重新配置和替换流程
- 消除非增值步骤
- 解决流程中的瓶颈并平衡服务产能
- 转向自助服务

在服务流程中管理顾客参与

顾客作为共同创造者
- 教育、培训和激励顾客完成自己的任务
- 使用顾客防错措施减少由顾客引发的服务失误
- 考虑将点对点问题的解决作为网络品牌社群的一部分

自助服务技术(SST)
- 顾客利益
  - 方便快捷
  - 可控、信息和定制化
  - 成本节约
- 劣势与障碍
  - SST的设计糟糕
  - 不切实际的SST
  - 糟糕的服务补救流程
  - 缺乏顾客教育
- 评估和提升SST
  - SST工作可靠吗
  - SST比人工服务更好吗
  - 如果SST发生故障,是否有系统来补救服务

管理顾客对改变的抵触
- 建立顾客信任
- 理解顾客的习惯和期望
- 预测试新的程序和设备
- 宣传变化的益处
- 教育顾客接纳创新并积极试用
- 监控绩效并持续改进SST

图8-1　本章概览

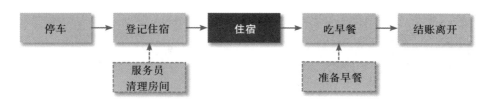

图 8-2　汽车旅馆服务传递的流程图

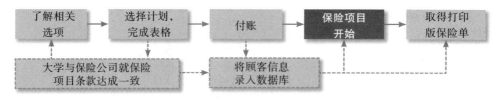

图 8-3　健康保险服务传递的流程图

蓝图是一种更为复杂的流程图形式，它详细说明如何构造服务流程。服务蓝图描绘了顾客、服务人员和服务系统之间的交互。它展示了顾客从服务开始到最终获得所需利益的完整过程，涉及许多步骤和来自不同部门的服务人员。例如，一项有线电视服务可能需要销售代理、安装团队和呼叫中心员工来安排时间，然后再让后台代理开出账单并接受支付。所有这些服务人员依次负责服务的传递。[2] 因此，蓝图显示了关键的顾客行为、顾客与来自不同部门服务人员互动的方式（称为互动线）、服务人员的前台行为，以及后台活动和系统是如何支持上述活动的。

8.2.1　绘制服务蓝图

你应该如何开始绘制服务蓝图呢？首先，你需要确定参与创建和交付服务的所有关键活动。然后，你必须明确这些活动之间的联系。开始时，最好将这些活动相对集中，以便定义这张"大图"。这可以通过开发一个简单的流程图来完成，该流程图需要从顾客的角度记录过程。你可以通过"向下挖掘"来获取更多的细节，进而重新定义任何既定活动。例如，在航空服务中，乘客登机的活动由一系列行为组成，它可以分解为以下步骤：等待座位号、通过安检、走过廊桥、进入客舱、让空乘人员检查登机牌、找到座位、放置随身行李、坐下。

下一步是为蓝图增加更丰富的细节。典型的服务蓝图设计具有以下特征：[3]

（1）**前台活动**。这些活动反映了整体顾客体验、期望的输入和产出，以及产出传递发生的顺序。

（2）**前台活动的有形展示**。这是顾客可以看见并用于评估服务质量的内容。

（3）**可视线**。服务蓝图的一个关键特征是，它区分了顾客所体验的"前台"与员工活动、支持流程的"后台"（顾客无法看见），这两者之间就是所谓的可视线。一旦服务型企业清楚地理解了可视线，就可以更好地管理前台活动的有形展示和其他证据，进而向顾客传达企业能为其提供所需体验与质量的信号。

（4）**后台活动**。必须执行这些操作以支持特定的前台活动。

（5）**支持流程和供应品**。许多支持流程涉及很多信息。蓝图中每个步骤所需的信息通常由信息系统提供。如果一线服务人员没有随手可得的正确信息，那么诸如在线经纪或从图书馆借书之类的流程就无法完成。许多服务也需要供应品，例如，汽车租赁服务需要配备车辆、全球定位系统（GPS）和儿童座椅。

（6）**潜在失误点**。服务蓝图使管理人员有机会识别服务流程中的潜在失误点。在这些点上，有出现问题和服务质量下降的风险。当管理人员意识到这些失误点时，他们就能够尽早采取防范措施（例如，自动防差错措施，这将是本章最后讨论的内容）。他们还可以为无法避免的故障或困难（例如，恶劣天气导致的航班延误）制订服务补救预案。

（7）**识别顾客等待**。服务蓝图还可以指出顾客通常需要等待的阶段，甚至可能要等待很长的时间。这样就可以在设计流程时进行排除或提早应对。如果服务等待不可避免，服务型企业可以采取一些策略降低顾客等待时的不悦感（见第9章中有关管理服务需求和产能的策略）。

（8）**服务标准和目标**。这些反映了顾客的期望，并且理应建立在每项前台活动之中。这包括为完成每项任务设置的特定时间，以及不同顾客活动可接受的等待时间。开发服务蓝图为营销和运营人员提供了详细的流程知识，这些知识随后可用于制定服务标准。

8.2.2 餐厅体验的服务蓝图：三幕表演

为了说明高接触个人服务的服务蓝图是如何完成的，我们考察了两位顾客在让家酒店的一次晚餐体验。让家酒店是一家通过各类附加服务来增强核心餐饮服务的高档餐馆（见图8-4）。

大多数服务流程可以分为三个主要步骤。

（1）流程前阶段：预备措施出现，如预订、泊车、就座以及呈上菜单。

（2）流程阶段：实现服务接触的主要目的，如在餐厅享用食物和饮料。

（3）流程后阶段：发生服务接触结束的一些活动，如查看账单和付账。

区分这些阶段非常重要，因为顾客在每个阶段都有不同的目标和敏感性。例如，顾客希望在流程前、流程后阶段拥有效率和便利性，而这通常不是服务的核心（例如，便捷的预订和付款方式），在流程阶段必须要有服务核心利益的传递。

在图8-4中，我们使用更戏剧化的三幕表演结构呈现这三个阶段。这与第2章中讨论的戏剧类比相关联，强调服务流程中体验的戏剧元素。

依据从上到下的顺序，图8-4中服务蓝图的关键组成要素包括：

1）定义每项前台活动的标准（图中仅列出了一些示例）。
2）主要的顾客行为（使用图片进行解释）。
3）前台活动的有形展示和其他证据（列举出所有步骤）。
4）互动线。
5）一线服务人员的前台行为。
6）可视线。

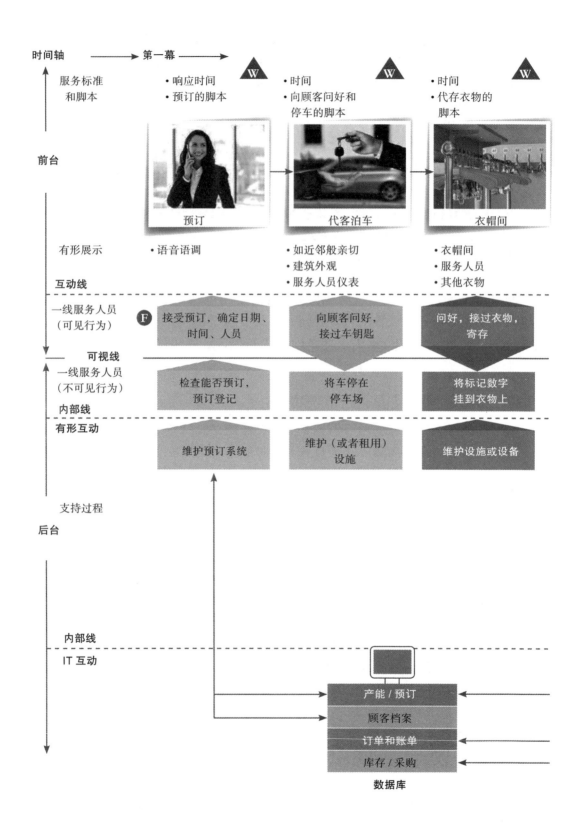

图 8-4 全方位

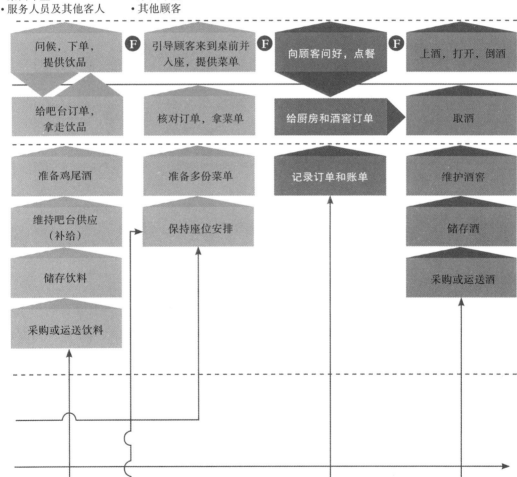

餐厅服务的服务蓝图

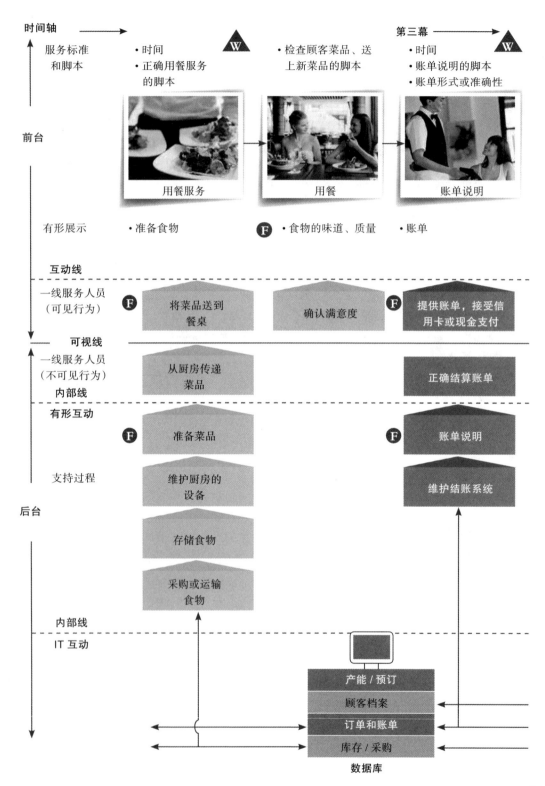

图 8-4

第 8 章 设计服务流程　179

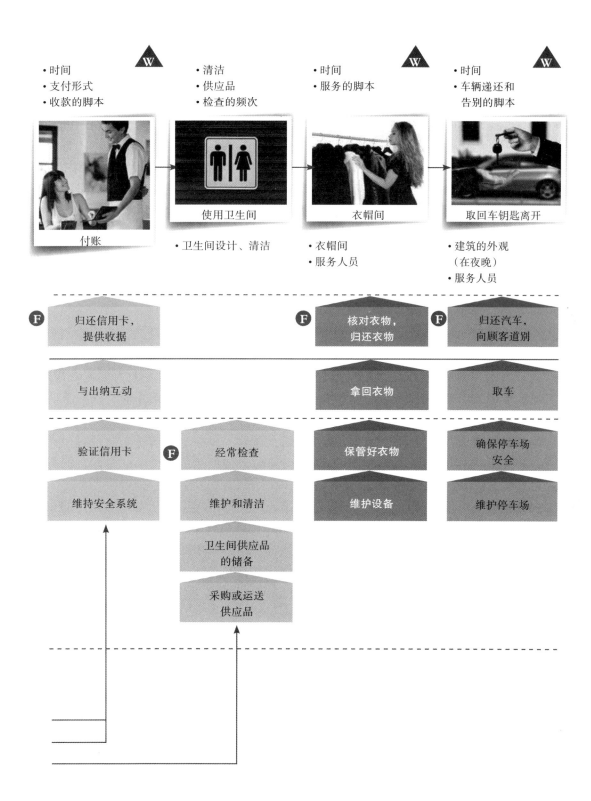

（续）

7）一线服务人员的后台行为。
8）相关服务人员的支持流程。
9）相关信息技术的支持流程。

从左向右阅读，服务蓝图规定了活动的时间顺序。为了强调服务传递过程中个体行为的参与，我们遵循了一些服务型企业采取的实践方法，使用图片来呈现两位顾客涉及的14个主要步骤：从预订开始，到用餐后离开餐厅结束。许多高接触服务是不连续交易（与公用事业服务或保险服务等的持续传递不同），因此"餐厅戏剧"可以划分为三"幕"，依次是：①在接触核心产品之前发生的活动；②核心产品的传递（在这个例子中核心产品是菜品）；③在顾客仍与服务人员接触时发生的后续活动。

这三幕表演的"舞台"或服务场景涵盖餐厅的外部和内部。前台行为发生在一个高度可视化的环境中。餐馆在使用有形展示（如家具、装饰、制服、照明和餐桌布置）时十分具有戏剧性，同时还利用背景音乐来创建符合其市场定位的主题环境。

第一幕：序幕和场景介绍

在这场特殊的戏剧中，第一幕始于顾客通过电话进行服务预订。在戏剧术语中，电话交谈可以被比作广播剧，接线员的声音特色、响应的速度和交谈的风格都会给顾客留下印象。当顾客到达餐厅时，服务人员会帮助泊车。然后，顾客将大衣放在衣帽间里，在酒吧区享用饮品的同时等待座位。当服务人员引导顾客到桌前落座时，这一幕的活动就结束了。

这些步骤构成了两位顾客对餐厅服务的初步体验，每一个步骤都包含通过电话或面对面与服务人员的互动。当两位顾客在餐厅落座时，他们已经接受了几种附加服务。他们还遇到了大量的角色，包括五个或更多的服务人员以及许多其他顾客。

服务型企业可以为每项服务活动设定标准，这些标准理应基于对顾客期望的充分理解（本书第2章曾讨论顾客期望是如何形成的）。在可视线下方，服务蓝图识别出若干关键活动，以确保每一个前台活动的步骤是按照符合顾客期望或超出顾客期望的方式进行的。这些活动包括：记录预订，放置顾客衣物，准备和传递饮品，维护设施和设备，为每项工作培训和分配服务人员，使用信息技术访问、输入、存储和传输相关数据。

第二幕：核心产品的传递

随着第二幕的拉开，顾客最终将体验他们所期望的核心服务。为简单起见，我们将餐点浓缩为四个场景。在服务实践中，浏览菜单和点餐是两个单独的活动，而用餐服务也是依照菜品供应的顺序逐次提供的。如果你真的经营一家餐厅，则需要更详细地确定所涉及的每一个步骤。假设一切进展顺利，两位顾客将在愉快的氛围中享用精致的用餐服务。但是，如果餐厅在第二幕中未能达到顾客的期望，那就将陷入麻烦之中。这里有许多潜在的失误点。菜单信息是否正确？菜单上列出的所有菜品今晚是否都能够提供？当顾客对菜单上的特色菜有疑问或不知道点什么酒时，服务人员能够友好而不屈尊地向顾客解释或提出建议吗？

在顾客决定了选择的餐点后，便向服务人员下订单，然后服务人员必须将详细、准确的信息传递给厨房、酒吧和收款台的工作人员。在许多服务型企业中，传递信息错误是导致服务失误或服务质量下降的常见原因。服务人员在手持无线点餐设备上输入错误，可能会导致菜品准备错误或传递失误。

在第二幕的后续场景中，顾客不仅可以评估菜品和饮料的质量（这是所有服务评价最重要的方面），还可以评估服务提供的及时程度（不要太快，以免顾客感觉匆忙），以及服务的方式与风格。即使服务人员正确地完成了工作，如果服务人员缺乏主人翁意识，行为不友好或过于随意，顾客的服务体验也会受到影响。

第三幕：戏剧的落幕

顾客用餐虽然已经结束，但随着剧情走向尾声，无论是前台还是后台都还有很多工作需要完成。现在餐厅已经传递了核心服务，并假定顾客正在开心地享受。第三幕应该简短，剩下每个场景中的动作都应流畅、快速和愉快地进行，没有出现任何令人惊讶的场景。在餐饮服务的尾声阶段，大多数顾客的期望可能包括以下内容：

- 顾客一旦要求，服务人员便能够立即提供准确、清晰的账单。
- 支付服务要礼貌而快捷（接受所有主要信用卡）。
- 感谢顾客的惠顾，并邀请顾客再次光临。
- 洗手间干净、整洁，必要供应品齐全。
- 能从衣帽间里迅速找到自己的衣物。
- 顾客的车能够快速、安全地停在门口；服务人员再次感谢顾客的光临，并祝顾客晚安。

8.2.3 识别失误点

经营餐厅是一项比较复杂的事业，服务中可能会出现很多差错。一幅好的服务蓝图应该将服务型企业及人员的注意力吸引到服务传递过程中那些特别容易出错的地方。从顾客的角度来看，在服务蓝图中，大多数严重的失误点以 **F** 进行标记，这些失误点将会导致顾客无法获得或享受核心产品。主要涉及：①预订服务，如顾客可以通过电话预订吗？在期望的时间和日期有座位吗？预订记录是否准确？②座位，如在承诺的时间有可用的餐位吗？

由于服务传递是随着时间的推移而发生的，因此在需要顾客等待的特定操作之间也可能存在延迟。这类等待的位置在服务蓝图中用 **W** 进行标识。过长的等待时间会使顾客感到厌烦。在实践中，服务流程的每一步（无论是前台活动还是后台活动），都有可能出现失误和延迟。实际上，失误常常直接导致延迟（例如，核查没有被传递的订单）或花费时间来纠正错误。

戴维·迈斯特尔基于短语"opportunity to screw up"（重振的机会）创造了首字母缩写词 OTSU 来强调思考的重要性，即思考在提供特定类型服务时可能出现的所有潜在失误或错误。[4] 只有识别特定服务流程中所有可能的 OTSU，服务型企业才能够设计出有效避免这些潜在问题发生的服务传递系统。

8.2.4 运用防差错措施设计完美的服务流程

一旦识别出失误点，就必须仔细分析服务流程中失误的原因。这种分析通常能够减少甚至消除出错的风险，从而为设计出科学和流畅的服务流程提供机会。[5]

在制造业中，最有用的全面质量管理（TQM）方法是使用防呆设计（yokes）或自动防差错方法来预防制造过程中的错误。防呆设计源自日语单词 poka（疏忽的错误）和 yokeru（预防）。理查德·蔡斯和道格拉斯·斯图尔特将这个概念引入服务流程中。[6] 服务防呆设计能够确保服务人员"正确地做事"，按照要求以正确的顺序和正确的速度工作。例如，在外科医生的服务中，手术器械托盘为每个器械都设有单独的凹槽。对于任何特定的手术操作，所有器械都嵌套在托盘内的适当位置，这确保了外科医生在没有从患者身上取出所有手术器械之前，不会贸然缝合切口。

一些服务型企业也使用防呆设计来安排容易出现服务失误的服务流程，以确保在服务人员与顾客互动过程中遵循特定的服务步骤或标准。例如，银行为了确保柜员与顾客有眼神交流，要求柜员在交易开始时将顾客眼睛的颜色记录在清单上。又如，在一家餐厅，服务人员会把圆形杯垫放在已经点了脱咖啡因咖啡的顾客面前，把方形杯垫放在其他顾客面前。星巴克的咖啡师在培训中被要求复述顾客点的咖啡，以确保他们在服务中提供正确的咖啡。

防呆设计既是一门艺术，也是一门科学。它可用于避免在服务流程中经常发生的服务失误，并确保遵循某些服务标准或服务步骤。防呆设计的许多流程或方法看似微不足道，但这正是这种方法的关键优势。有效使用防呆设计的三步法是：系统地收集最常见失误点的信息，识别失误的根本原因，制定策略以防范可能的服务失误。我们将在本章后面讨论预防顾客造成的服务失误时介绍这一过程（见服务洞察 8-1）。

8.2.5 制定服务标准与目标

服务蓝图整合了顾客与一线服务人员的角色，有助于服务型企业了解在每个接触点上哪些服务和流程属性对顾客来说很重要。通过正式调研和工作经验，服务管理者能够了解服务流程中每一个步骤的顾客体验。正如第 2 章所强调的，顾客期望涵盖一个变化的范围——容忍区域——从希望得到的服务（理想的服务）到可接受服务水平的临界点。

服务过程中管理层需要注意的方面（例如，对顾客最重要、最难以管理的属性）应该是制定标准的基础。服务型企业应为每个服务步骤设计足够高的标准，才能给顾客带来满意甚至惊喜。如果这不可能的话，那么服务型企业需要调整顾客的期望。这些标准应该包括时间参数、确保能正确实施的脚本，以及适当的风格和行为举止的要求。餐厅的服务蓝图显示了每个服务接触点的关键标准。

常言道：没有测量就没有管理。标准必须以能够客观测量的方式来表达。服务传递过程必须对照标准进行监督，并且要有明确的目标。即使是软性的、无形（但很重要）的服务属性也需要测量。服务型企业通常使用服务流程指标来实现上述目的，这些指标试图捕捉，至少是接近这些服务属性的本质。例如，在银行零售业务中，服务的"响应性"属性可以被操作化定义为"贷款申请的审批处理时间"。在理想情况下，服务标准应是基于顾客的期望和策略决策（而决策又取决于如何以经济有效的方式满足这些期望)。如果标准不能满足顾客需求,则需要对期望进行管理。

绩效目标定义了具体的过程和团队绩效目标(例如,80% 的申请在 24 小时内审批完成),团队领导者将对此负责。图 8-5 表明了指标、标准和目标之间的关系。

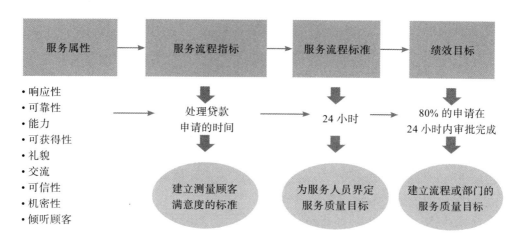

图 8-5　为顾客服务流程制定标准和目标

区分标准和绩效目标非常重要。标准和目标的制定具有高度的敏感性和政策性,因为随后它们将用于评估服务人员、分支机构或团队的绩效。通过区分标准和目标,服务型企业可以在绩效标准中切实地反映顾客的期望,同时这些标准又是团队及服务人员能够真实提供的。

在实践中,管理层可以坚定地制定正确的标准(即根据顾客的需要和期望),并且通过适当的协调沟通形成反映企业实际情况的绩效目标。科学区分标准和目标是非常重要的,主要基于以下三个原因:第一,正确的(如顾客导向)标准更容易在企业中进行传播和内化;第二,如果实施得当,一线服务人员、部门或分支机构的管理者伴随时间的推移而逐步提高绩效水平,进而使服务越发符合顾客的期望;第三,通过提高管理层和员工的工作自由度,促进了(严格的)服务标准的引进和实施。[7]

8.2.6　服务流程设计中的顾客感知和情感[8]

服务流程设计需要考虑情绪智力。斯里拉姆·达苏和理查德·蔡斯在深入研究情感智能流程设计的基础上,强调线性服务接触的关键原则。[9]

(1)**强劲开始**。在理想情况下,服务型企业应该努力在每一步提供始终如一的高水平服务。然而在现实中,许多服务绩效是不一致的。所以,在开始和结束部分提供高水平的服务是非常重要的。服务"戏剧"的开始场景特别重要,因为顾客的第一印象会影响他们在服务传递的后期阶段对质量的评估。顾客对服务体验的感知是逐渐积累的,如果服务一开始就出现一两处差错,顾客可能会直接离开。即使他们留下,也很可能无法正确地看待后续的其他服务。与此相反,如果前几个步骤进展顺利,顾客的容忍区域可能会扩大,以至于他们可能更愿意在后期的服务绩效评估中忽略一些小错误。

(2)**构建改善趋势**。一般来说,人们喜欢事物朝着积极的方向发展。因此,一个在开始时状况不佳但随后质量提升的服务接触,要比一个开始很好但是后期质量下降的服务接触更好。

(3) **创建兴奋点**。如果服务型企业想提升顾客对服务的认知,最好的方法可能是将服务传递过程中的一步做得让人印象深刻,其他几步基本适当。顾客往往会记住兴奋点!例如,佛罗里达州奥兰多市的海洋世界可能会在各种景点上花费很多钱,但是最重要的是必须把标志性的鲸鱼秀做到极致。

(4) **尽早结束糟糕的体验**。让人不悦的消息(如航班晚点)、不舒服(如健康治疗的一部分)、不愉快的任务(如填写注册表)以及不可避免的长时间等待都应当在服务体验中尽可能提早出现或告知。这样,顾客可以避免对痛苦或恶化的恐惧,并且对顾客体验的负面影响也就不太可能在整个服务接触中占据主导地位。

(5) **分割愉悦,合并痛苦**。因为当把一个事件分割或分解为单独的步骤时,该事件会被认为更长,因此服务流程应该通过分割来扩展愉快体验的感觉。同时,服务型企业或人员还应将不愉快的体验尽可能地合并到一个事件中。

(6) **强劲结束**。在服务传递接近尾声时,不应该出现绩效标准的下降。相反,服务结束应该更强劲。例如,摇滚音乐会总是以热门歌曲结尾,喜剧演员会将最好的笑话留到最后,烟花表演更是以一组惊人的颜色照亮天空、以震耳欲聋的音乐结束。在兴奋点结束,对每次服务接触来说都至关重要,哪怕只是一句令人愉快和充满鼓励的话语——"祝您有美好的一天"。

8.3 服务流程再造

随着技术、顾客需要、附加服务特征、新的服务方式的变化,服务流程会逐渐过时,甚至法律法规的改变可能使现有服务流程不再有效和流畅。有许多"症状"表明服务流程运行不畅,需要进行再造,它们包括:

- 与顾客以及不同服务单元之间有大量的信息交换。
- 针对价值增加活动存在高频率的检查和控制活动。
- 增多的例外处理流程。
- 顾客对不方便和不必要流程的抱怨持续增加。

服务流程的再造应同时提高质量和生产率

1. 服务流程再造的关键目标

负责服务流程再造项目的管理人员应寻找机会,以实现生产率和服务质量的巨大飞跃。检查服务蓝图是识别上述机会并重新设计任务执行方式的重要步骤。服务流程再造通常着眼于实现下列四个关键目标,理想情况下,所有四个目标都应同时实现。

(1) 减少服务失误。
(2) 缩短服务流程从启动到结束的周期。
(3) 提高生产率。

（4）提高顾客满意度。

2. 服务流程再造涉及的工作

服务流程再造通常涉及服务流程的重构、重新配置和服务流程替换。这些工作通常包括以下几方面。[10]

（1）**与利益相关者一起检查服务蓝图**。通过仔细检查现有服务的蓝图，服务型企业可以发现服务流程中存在的问题并找到解决问题的方法。管理者应该邀请流程中的每一个利益相关者（如顾客、一线服务人员、支持人员和IT团队）来检查蓝图，以集思广益，寻求改进服务流程的想法和观点，包括识别服务流程中缺失或不必要的步骤，并按照顺序进行改进。利益相关者还会关注信息技术、设备和新的服务方法的发展，这有利于服务型企业构建竞争优势。

例如，安飞士公司每年都会研究影响租车人的最重要因素。该公司将租车流程分解为100多个步骤，包括预订、查找接车柜台、取车、开车、退还、支付账单等。由于安飞士知道顾客关键的关注点，因此可以迅速找到提高顾客满意度的方法，同时还可以提高公司的服务生产率。

（2）**消除非增值步骤**。通常，在服务流程前端和后端的活动应该有效整合，共同聚焦于服务接触中真正产生价值的部分。例如，想要租车的顾客对填写表格、处理付款或等待检查退还的车等环节并不感兴趣。服务流程再造应试图消除这些非增值步骤（从顾客的角度来看）。如今，一些汽车租赁公司允许顾客在线租车并从指定的停车场取车（大型电子显示屏列出了顾客的姓名、车型和停车位编号）。钥匙留在汽车上，顾客与租车服务人员的唯一互动是在停车场的出口处，服务人员在此检查顾客的驾驶执照并签订合同（包括顾客对车况的确认）。归还汽车时，顾客只需将车停放在指定停车场的指定区域内，将钥匙放入保险箱中，最后的账单从预定的顾客信用卡中扣除，然后通过电子邮件发送到指定地址，顾客不必与服务人员接触。

（3）**解决流程中的瓶颈并平衡服务产能**。[11] 许多服务流程都会存在瓶颈，并由此导致顾客等待。服务流程中生产率最低的那个步骤决定了整个流程的有效能力。对一个有效率的流程而言，最理想的情况是所有的步骤都有相同的服务能力，这样就没有任何一个服务步骤成为瓶颈或闲置。服务型企业的目标是设计一个平衡的流程，其中所有步骤和环节的处理时间大致相同，顾客无须等待任何一个步骤就可以顺利地"流动"，完成整个服务流程。

通过确定蓝图中每个服务步骤的处理时间和服务能力，可以掌握每个步骤的实际可用服务产能。识别瓶颈的一种方法是简单地观察顾客在哪个服务流程环节或步骤不得不等待。一旦发现瓶颈，服务型企业就可以通过投入更多、更好的资源或重新设计服务流程及其任务来提升服务能力（见第9章中管理服务产能的其他方法）。

（4）**转向自助服务**。通过增加自助服务，服务型企业可以显著提高服务效率，有时甚至可以提高服务质量。例如，许多餐馆用iPad代替菜单，以便顾客可以自助点餐。一个应用程序能够显示所有美味的菜品，如果需要的话，还可以提供更详细的信息。顾客还可以直接将点餐信息发送到厨房。在后台，应用程序与餐馆的销售系统相连，以便迅速完成订单。许多应用程序还具有向上销售菜单项的功能，将菜肴与推荐的配菜组合在一起以供顾客选择。

虽然不是传统意义上的自助服务，但机器人将越来越多地用于顾客服务。顾客需要学习与机器人互动时如何感到舒适，就像他们曾经学习如何与ATM和网络互动一样。例如，东京的三菱东京日联银行将使用机器人问候顾客，回答基本问题，并引导顾客前往正确的服务柜台。瑙是一个58厘米高的机器人模型，它可以分析顾客的面部表情和行为，并回答与顾客服务相关的基本问题。该银行发言人高原一信表示："我们可以通过增加这样的工具来加强与顾客的沟通。"这个机器人的成本约为8 000美元，只相当于让一线服务人员执行这些任务所需成本的一小部分。[12]

8.4 服务流程的顾客参与

旨在提高生产率和效率的服务流程再造通常要求顾客更多地参与服务的传递。服务蓝图有助于明确顾客的角色，并确定顾客与服务型企业及人员的联系程度。

8.4.1 顾客是服务的共同创造者

顾客参与是指顾客在服务生产过程中所提供的行为和资源，包括精神的、身体的甚至是情感的投入。[13]在许多涉及顾客与服务型企业或人员之间实时联系的服务中，顾客在一定程度上参与服务传递是不可避免的。

如今，顾客越来越被视为服务的共同创造者。当顾客和服务型企业或人员在服务的生产、消费和传递过程中互动时，就会创造价值。这意味着顾客正在积极参与服务流程，顾客的表现也会影响服务产出的质量和生产率。因此，服务型企业需要关注顾客如何为价值创造做出贡献。企业还需要对顾客进行教育和培训，以使他们具备顺利完成自身任务所需的技能与动机。[14]

8.4.2 减少顾客造成的服务失误

斯蒂芬·塔克斯、马克·科尔盖特和戴维·鲍恩发现，1/3的服务问题都是由于顾客失误造成的。[15]因此，服务型企业应该着力于防止顾客失误（见服务洞察8-1）。

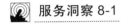 服务洞察 8-1

防止顾客失误的三步法

服务型企业不仅需要为服务人员设计自动防差错措施（或防呆设计），还需要为顾客设计，尤其是当顾客积极参与服务创造和传递流程时。顾客防呆设计的重点是让顾客做好服务接触的准备（包括让他们携带正确的交易材料并按时到达），理解和预知顾客在服务交易中的角色，以及选择正确的服务或交易方式。

防范顾客产生失误的有效方法包括以下三步。

第1步：系统地收集最常见失误点的信息。

第 2 步：识别失误的根本原因。需要特别注意的是，服务人员解释的原因可能不是真正的原因。因此，服务型企业必须从顾客的角度调查原因。顾客失误的人为原因包括缺乏必要的技能，未能理解顾客的角色以及缺乏充分的准备。有些服务流程过于复杂且不清晰。造成顾客失误的其他原因可能包括服务场景或自助服务技术的设计缺陷（例如，自助机器和网站设计"不友好"）。

第 3 步：制定策略以防范可能的服务失误。为了获得最大的收益，服务型企业需要整合以下五种策略。

1）重新设计服务流程中顾客的角色和参与过程。例如，飞机上洗手间的门必须锁上后，洗手间的灯才能打开；ATM 机上使用蜂鸣器，这样顾客在交易结束时就不会忘记取回他们的卡。未来，在 ATM 机上使用卡和密码进行顾客识别的方式很可能会被生物识别方式所取代（例如，视网膜读取与语音识别相结合），这样就不会出现顾客遗失银行卡或忘记密码等问题，极大地提高了顾客的使用便利性。

2）使用技术。例如，一些医院使用自动系统向患者发送短信或电子邮件以确认并提醒他们的预约，并告知患者如果有需要如何重新安排预约。

3）管理顾客行为。例如，在邀请函上明确注明着装要求，发送牙科预约的提醒或在顾客的会员卡上添加用户指南（例如，告知顾客"在致电我们的服务代表之前，请先准备好您的账户和密码"）。

4）鼓励"顾客公民行为"。例如，在减肥计划中，顾客可以相互帮助以避免失败。

5）优化服务场景。例如，许多服务型企业可能忘记，顾客需要人性化的路标来帮助他们找到方向，否则顾客就会感到沮丧和失望。

帮助顾客避免失误可以成为竞争优势的重要来源，尤其是当服务型企业越来越多地采用自助服务技术时。

资料来源：Stephen S. Tax, Mark Colgate, and David E. Bowen, "How to Prevent Customers from Failing," *MIT Sloan Management Review* 47（Spring 2006），pp. 30-38.

8.5　自助服务技术

顾客参与服务生产的终极形式，是让顾客使用企业提供的设施或系统自主地完成特定服务活动。在这种情况下，顾客的时间和精力可以有效替代服务人员的时间和精力。在基于互联网和应用程序的服务中，顾客甚至可以提供自己的终端。

顾客面临着一系列自助服务技术（SST），使其能够在没有服务人员的直接参与下自主地提供服务。自助服务技术包括：自动银行终端、超市自助收银系统、自助加油机、自动电话系统（如电话银行）、酒店自助结账机、自助火车售票机以及大量基于互联网或应用程序的服务。

许多服务型企业已经制定了鼓励顾客通过互联网和移动应用程序开展自助服务的策略。它们希望顾客避免使用更昂贵的替代方案（如与服务人员进行面对面的接触）、使用中间商（如经纪人和旅行社）或拨打语音电话。

如今，由于在线品牌社群和企业构建交流平台的推动，顾客之间也越来越多地相互帮助以解决问题。研究表明，鼓励顾客通过发布问题来帮助自己，以及通过回答同伴的问题来帮助他人，可以减少企业在传统顾客支持服务上的资源投入。促进顾客之间的互动是提升企业支持服务效率和效益的重要战略途径。[16]

8.5.1 顾客利益和自助服务技术的采用

服务型企业在设计、实施和管理自助服务技术方面需要投入大量的时间和金钱。因此，对企业来说，了解顾客如何在使用自助服务技术与依赖人工服务之间进行选择至关重要。多种态度驱动顾客使用特定自助服务技术的意向，主要包括对相关服务技术的总体态度、对特定服务型企业及其员工的态度，以及对使用自助服务技术的利益、便利性、成本和简易性的整体感知。服务型企业需要充分理解自助服务技术对顾客来说所具备的优势和存在的不足。使用自助服务技术的关键优势包括：[17]

- 更便利，包括节省时间、服务快速、时间灵活（如全天 24 小时都可以提供服务）和位置灵活（如分布广泛的 ATM 机）。当自助服务技术可以帮助顾客摆脱困境或解决问题时，顾客自然就会爱上它，这是因为自助服务机器的位置通常很方便，并且可以 24 小时提供服务。
- 更好地控制服务传递流程，获取更多的服务信息，为顾客提供更高水平的定制化服务感知。
- 更低的价格和费用。

要想在顾客方面获得成功，首先需要理解目标顾客希望从互动中获得什么。有时，设计优良的自助服务技术能够比服务人员提供更优质的服务。许多自助服务技术能够使顾客获得更详细的信息，享受更快捷的交易，甚至优于通过面对面接触或电话联络的方式。

然而，总会有一些顾客对自助服务技术感到不舒服，并且喜欢与人打交道。即使经过初期试用，也并非所有顾客都会继续使用自助服务技术。重要的是，初期试用必须令顾客满意，以便顾客对未来有效使用自助服务技术充满信心。如果不是这种情况，顾客很可能会再度依靠一线服务人员提供的传统服务。

8.5.2 顾客采用自助服务技术的困难和障碍

当自助服务技术出现失误或无效时，顾客就会讨厌它。如果自助服务设备停止服务、登录被拒、网站崩溃或验证码无法识别，顾客肯定会感到生气。即使自助服务设备正常工作，但如果一些糟糕的设计技术使服务流程难以理解和使用，顾客也会因此而感到沮丧。一些常见的抱怨是：顾客在浏览网站时很难找到需要的内容，在网上注册或填表时系统却拒绝顾客登录。

服务型企业面临的挑战是设计的自助服务技术要尽可能"简明可靠"（idiot proof），减少常见的顾客失误，使用顾客防呆设计，甚至为顾客设计好服务补救流程，这样顾客一旦出现失误可以自行解决问题。[18]

8.5.3 评估和改善自助服务技术

玛丽·乔·比特纳建议管理人员应通过询问以下基本问题来对企业的自助服务技术进行测试：[19]

（1）**自助服务技术是否可靠？**服务型企业必须确保自助服务技术能够像承诺的那样运行，并且设计对顾客来说是非常友好的。西南航空公司的在线票务为简单性和可靠性制定了很高的标准。在所有航空公司中，它拥有最高的在线机票销售率——这是顾客认可的明确证据。

（2）**自助服务技术是否比人工服务更好？**如果一项自助服务技术不能节省时间和金钱，或者无法轻松访问，则顾客将继续使用熟悉的人工服务。亚马逊网站的成功反映了它努力创造了一个高度个性化同时又比光顾实体店更高效的购物方式。[20]时至今日，它已成为浏览和购买图书最受欢迎的方式。电子书的迅速增长只会加速这一趋势。

（3）**如果自助服务技术发生故障，是否有系统来补救服务？**对服务型企业来说，提供系统、架构和补救技术是至关重要的，这些技术能够在出现问题时提供迅速的服务补救。开设了自助结账通道的超市通常会指派一名服务人员来监视通道，这样能更有效地协助顾客完成支付流程。这种做法将安保与辅助顾客有效结合。在基于电话的服务系统中，精心设计的语音信箱菜单包含一个选项，该选项能够使顾客与客服人员取得直接联系。

8.5.4 管理顾客对变化的抵触

如果一个服务型企业试图提高顾客在服务流程中的参与度，或者使用自助服务技术将服务流程完全转变为自助服务，那么它必须采取措施改变顾客的行为。这通常是一项艰巨的任务，因为顾客讨厌被迫使用自助服务技术。服务洞察8-2提出了针对顾客抗拒变化的若干方法，尤其在服务出现突破性创新时。一旦服务型企业决定做出改变，营销传播可以通过解释改变的缘由及其潜在的益处，同时告知顾客未来需要做出的改变，以帮助顾客为改变做好准备。

 服务洞察 8-2

管理顾客对变化的抵触

顾客对熟悉的流程和长期形成的行为模式的改变会产生抵触，这会使服务型企业提高生产率甚至是改善服务质量的各种努力付诸东流。以下六个步骤可以帮助服务型企业铺平改变的道路。

（1）**建立顾客信任**。当顾客不信任改变的发起者时，引入与生产力相关的变革就会变得更加困难。因为这些新的变化大都是由大型企业发起的，它们缺乏与顾客的个性化互动，难以获得顾客的认同。事实上，顾客接受改变的意愿很大程度上取决于他们对企业的态度。

（2）**理解顾客的习惯和期望**。顾客通常习惯于使用特定的服务，并按照特定的顺序执行特定的步骤。实际上，顾客在心目中有自己的服务脚本或流程图，那些打破根深蒂固流程的创新可能会遭遇阻力。将新的流程更紧密地结合顾客的习惯和期望，可以增加成功的机会。

（3）**预测试新的程序和设备**。为了确定顾客对新程序和新设备的可能反应，营销研究人员可以进行概念测试和实验室测试或现场测试。如果服务人员将被自动化设备所取代，那么自助服务技术设计最基本的是让所有类型和背景的顾客都能够发现和理解自助服务技术的使用便捷性。甚至说明的措辞也需要仔细斟酌，那些不清楚或复杂的说明可能会使阅读能力相对较差的顾客望而却步。

（4）**宣传变化的益处**。自助服务设备或程序的引入要求顾客自己完成部分任务。虽然这些额外的"工作"可能与延长服务时间、节省时间和（在某些情况下）节约金钱等益处相关，但这些益处并不一定是显而易见的，因而需要加以推广。

（5）**教育顾客接纳创新和积极试用**。服务型企业应指派服务人员对新设备进行演示并回答问题。提供保证和培训支持是新流程和新技术被认可和接受的关键要素。如果创新是在不同地点循序渐进地推出，那么通过将服务人员从一个地点转移到另一个地点，这种项目演示和推广的成本就可以分散到多个服务网点。对基于互联网的创新，服务型企业可以考虑提供电子邮件、聊天甚至基于电话的辅助。促销奖励，如价格折扣、忠诚积分或幸运抽奖，也有助于刺激试用。

（6）**监控绩效并持续改进**。质量和生产率的提升是一个持续的过程，对自助服务技术更是如此。随着时间的推移，监控服务的利用率、交易失败的频率（及其失误点）和顾客投诉都非常重要。服务管理者必须为自助服务技术的持续改进而努力工作，以便让这些新兴技术充分发挥其潜力，而不是让其沦为摆设甚至是累赘。

本章小结

1. 从顾客的角度来看，服务就是体验。从企业的角度来看，服务是需要设计和管理以创建所需顾客体验的流程。流程是服务的基础架构。
2. 流程图是一种展示向顾客传递服务时所涉及的不同步骤的性质和顺序的技术。这是一种对整个顾客服务体验可视化的简单方法。蓝图是一种更为复杂的流程图形式，它详细说明了如何构造服务流程，包括顾客可见的部分和后台发生的部分。蓝图有助于顾客服务流程的详细设计和再造。
3. 服务蓝图通常包含以下设计要素：
   （1）前台活动，反映整体的顾客体验、期望的输入和产出以及产出传递发生的顺序。
   （2）有形展示，顾客可以看见并用于评估服务质量的内容。
   （3）可视线，清晰地区分了顾客体验、可见的前台活动与顾客无法看见的后台流程。
   （4）后台活动，必须执行这些操作以支持特定的前台活动。
   （5）支持流程和供应品，通常由信息系统和供应商提供，以支持必要的前台和后台活动。
   （6）潜在失误点，有出现问题和影响服务质量的风险。失误点应通过有效设计将其排除于服务流程之外（如通过防呆设计的使用），服务型企业应该为无法避免的失误点制订服务补救预案。
   （7）识别顾客等待，还包括过度等待的潜在点。这些等待点最好是通过有效设计将其排除于服务流程之外。如果等待不可避免,服务型企业可以采取一些措施降低顾客等待时的不悦感。

(8) 服务标准和目标,反映顾客期望。应该为每项活动制定标准,包括为完成每项任务设置的特定时间,以及两个连续顾客活动之间可接受的等待时间。

4. 一幅好的服务蓝图可以识别出可能出错的失误点。自动防差错方法,也称为防呆设计,可以设计用于防止此类失误(由服务人员或顾客造成)或确保服务补救。开发防呆设计的三步法:
(1) 系统地收集最常见失误点的信息;
(2) 识别失误的根本原因;
(3) 制定策略以防范可能的服务失误。

5. 服务蓝图有助于制定高水平的服务标准来满足顾客。由于标准需要是可测量的,因此主观的或无形的服务属性也必须是可操作化定义的。服务型企业通常使用服务流程指标来实现上述目的,这些指标试图捕捉,至少是接近这些服务属性的本质。一旦确定了服务标准,就可以制定服务绩效目标。

6. 服务流程需要使用情绪智力进行设计。依据服务接触顺序所涉及的关键原则是:
(1) 强劲开始。服务"戏剧"的开始场景特别重要,因为顾客的第一印象会影响他们在服务传递后期阶段对质量的评估。
(2) 构建改善趋势。在所有条件都相同的情况下,开始先降低一点然后再提高一点,要比开始提高一点最后降低一点更好。
(3) 创建兴奋点。顾客往往会记住兴奋点!
(4) 尽早结束糟糕的体验。如果这样做,体验的负面影响就不太可能主导顾客对整个服务接触的记忆。
(5) 分割愉悦,合并痛苦。服务流程应通过分割愉悦的体验来扩展它们,应将不愉快的体验尽可能地合并到一个事件中。
(6) 强劲结束。强劲结束是每次服务接触的重要方面,哪怕只是一句令人愉快和充满鼓励的话语——"祝您有美好的一天"。

7. 技术、顾客需要和服务产品方面的变化要求定期再造顾客服务流程。表明服务流程运行不畅的"症状"包括:
(1) 大量的信息交换(意味着可使用的数据没有用处);
(2) 针对价值增加活动存在高频率的检查和控制活动;
(3) 增多的例外处理流程;
(4) 顾客对不方便和不必要流程的抱怨持续增加。

8. 服务流程再造的关键目标包括:
(1) 减少服务失误;
(2) 缩短服务流程从启动到结束的周期;
(3) 提高生产率;
(4) 提高顾客满意度。

服务流程再造涉及服务流程的重构、重新配置和服务流程替换。这些工作通常包括:

（1）与利益相关者一起检查服务蓝图（如邀请顾客、一线员工、支持人员和 IT 团队来审查蓝图并集思广益，以寻求关于改进流程的想法）；

（2）消除非增值步骤；

（3）解决流程中的瓶颈并平衡服务产能；

（4）转向自助服务。

9. 在许多服务流程中都需要顾客参与，并且必须对其进行管理。

10. 顾客通常以共同生产者的身份参与服务流程，因此可以被视为服务的"共同创造者"。顾客的表现会影响服务产出的质量和生产率。因此，服务型企业需要对顾客进行教育和培训，以使他们具备顺利完成自身任务所需的技能和动机。

11. 顾客参与的终极形式是自助服务。大多数顾客都欢迎自助服务技术，因为它可以提供更多的便利性（如时间节省、更快的服务、全天候可用性以及位置灵活），成本节约，以及更好的控制、信息和定制化。然而，糟糕的设计技术以及缺乏对如何使用自助服务技术的教育，会导致顾客拒绝使用自助服务技术。以下三个基本问题可以用于评估自助服务技术成功的潜力并对其进行改进：

（1）自助服务技术是否可靠？

（2）自助服务技术是否比人工服务更好？

（3）如果自助服务技术发生故障，是否有系统来补救服务？

12. 提高顾客在服务流程中的参与度，或将服务流程完全转变为自助服务，都需要服务型企业改变顾客的行为。可以通过六个步骤来引导改变进程，并降低顾客对变化的抵触：

（1）建立顾客信任；

（2）理解顾客的习惯和期望；

（3）预测试新的程序和设备；

（4）宣传变化的益处；

（5）教育顾客接纳创新和积极试用；

（6）监控绩效并持续改进。

复习题

1. 服务蓝图如何从关键参与者的角度（如顾客及来自不同服务部门和职能领域的服务人员）帮助我们更好地理解服务流程？
2. 服务蓝图的典型设计要素有哪些？
3. 如何使用自动防差错方法来减少服务失误？
4. 为什么制定服务标准和目标很重要？
5. 在服务流程的设计中如何考虑顾客的感知和情感？
6. 为什么需要定期进行服务流程再造？表明服务流程运行不畅的典型"症状"有哪些？
7. 服务流程再造的四个关键目标是什么？
8. 服务流程再造通常涉及哪些工作？
9. 为什么顾客作为共同创造者的角色需要设计到服务流程中？

10. 解释哪些因素会使顾客喜欢或不喜欢自助服务技术。
11. 如何测试自助服务技术是否具有成功的潜力？企业如何才能增加顾客采用自助服务技术的机会？

应用练习

1. 回顾图 8-4 中餐馆的服务蓝图，识别前台流程中每一阶段可能的 OTSU（重振的机会）。思考每个潜在失误的可能原因，并提出消除或减少这些问题的方法。
2. 为你熟悉的服务绘制一幅服务蓝图。完成后思考：①从顾客的视角看，服务质量的有形线索或指标（牢记可视线）有哪些；②服务流程中，所有的步骤是否都是必需的；③整个服务流程中标准化的可能性和合理性程度；④潜在失误点的位置，以及它们应该如何被设计在服务流程之外；⑤可以引入哪些服务补救程序；⑥流程绩效的潜在测量。
3. 想一想：当患者来体检时，医生的办公室会发生什么？需要患者多大程度的参与才能使整个检查过程顺利进行？如果患者拒绝合作，会如何影响整个体检过程？医生可以预先完成哪些工作，以确保患者在服务传递阶段的配合？
4. 观察那些使用超市自助结算通道的购物者，并将其与使用收银台人工结算服务的顾客进行比较。你观察到哪些区别？在进行自助结算的顾客中有多少人遇到了问题？他们是如何解决问题的？
5. 找出使用自助服务传递的三种情况。针对每种情况，说明选择使用自助服务而不是人工服务的理由。
6. 银行应该采取哪些措施来鼓励更多的顾客通过互联网、应用程序或 ATM 机进行交易，而不是到柜台接受服务？
7. 找一家你认为设计特别友好的网站和另一家设计糟糕的网站。在第一个例子中，哪些因素带来了满意的用户体验？而在第二个例子中，哪些因素使用户感到沮丧？为第二家网站提供一些改进建议。

第 9 章

平衡服务需求与产能

□ 学习目标

通过学习本章，你能够：
1. 认识固定产能企业可能面临的不同供需状况；
2. 描述应对需求波动问题的构成要素；
3. 理解服务环境中产能的含义；
4. 掌握管理服务产能的基本方法；
5. 认识到需求模式因细分市场而异，探究如何预测不同细分市场的需求变化；
6. 掌握管理需求的五种基本方法；
7. 理解如何运用 4P 营销组合使需求波动稳定；
8. 了解如何运用排队和排队系统来汇总需求；
9. 理解顾客如何感知等待，以及如何减轻等待对顾客的负担；
10. 了解如何通过预订系统汇总需求；
11. 熟悉利用剩余产能的战略方法，即使平衡供需的其他方法都已用尽。

□ 开篇案例

滑雪道上的夏天

以前，一旦山坡上的雪融化，就不可能滑雪了，滑雪场也随之关闭。直到第二年的冬天，缆车都将停止运营，餐馆与旅店也会关门停业。然而，随着时间的推移，一些滑雪场经营商认识到，夏季的高山同样能为顾客带来乐趣。于是，他们开始为徒步旅行者和野餐郊游者提供食宿。有些经营商甚至建造了高山滑道，在滑道上，轮式平底雪橇可以从山顶一直滑到山脚，从而为滑雪缆车创造了门票需求。

山地自行车热潮的到来为租赁设备和乘坐缆车创造了机会。位于佛蒙特州的凯灵顿度假村一直鼓励游客在夏季骑行登顶观光，并在山顶的餐厅用餐。现在，度假村还经营山地自行车和相关设备（如头盔）的租赁业务。冬天，顾客可以在山脚旁的旅店租赁滑雪设备；如今，在夏天，顾客也可以在这里选择山地骑行。通常，骑自行车的人会使用特殊的缆车设备把山地自行车运到山顶，然后沿着标记好的路线一路骑行下山。偶尔，也会有骑自行车的人反过来选择骑行上山，认真的徒步旅行者也会做同样的事情。他们沿着小路爬到山顶，在山顶的餐厅吃一些点心后，再乘坐缆车下山。

在夏季，很多大型滑雪场为了吸引顾客入住酒店，正在开发各种各样的其他娱乐方式。例如，魁北克省的翠香山庄坐落在风景如画的湖边，除了游泳和湖面的其他水上运动，这里的度假村会为游客提供诸如高尔夫球、网球、轮滑以及专为儿童设计的其他活动。徒步旅行者和山地自行车手专程来乘缆车上山。这是一个通过服务开发和营销充分利用闲置服务产能的经典案例。

9.1 服务需求波动影响盈利能力

许多产能有限的服务常常面临着巨大的需求波动。在开篇案例中，这种需求的巨大波动是由季节变化引起的。因而服务型企业不得不面临一个问题：过剩的服务产能不能存储待售。有效地利用昂贵的服务产能是服务型企业成功的重要秘诀之一。服务型企业应该致力于尽可能高效地利用服务人员、劳动力、设备和设施，通过运营及人力资源等部门管理人员的通力合作，帮助服务营销人员制定策略以实现服务需求和服务产能的平衡，进而在为顾客创造价值的同时，也为企业带来利润。

9.1.1 从需求过剩到产能过剩

拥有固定产能的企业都面临着一个常见的问题。"对我们来说，不是饱就是饥！"服务型企业的管理者感叹道，"在需求高峰期，我们拒绝了潜在顾客而让他们感到失望；在需求低谷时段，我们的设备闲置，员工无所事事，而企业还在持续赔钱。"换句话说，需求和供给并不平衡。

在任何既定时刻，固定产能的服务都可能面临以下四种情况之一（见图9-1）：

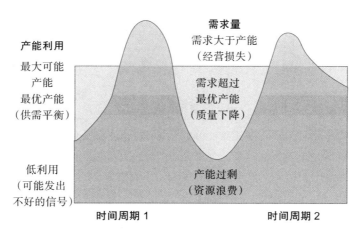

图 9-1 需求变化与产能的关系

- **服务需求过剩**。服务需求水平超过了最大的产能，导致一些顾客无法享受服务，同时企业也损失了业务。
- **服务需求超过最优产能**。没有顾客被拒之门外，但服务现场拥挤，服务质量下降，顾客很可能感到不满意。
- **需求与供给在最优产能水平达到良好平衡**。服务人员和设施处于忙碌状态，但并没有过度使用，顾客可以及时地获得良好的服务。

- **服务产能过剩**。服务需求低于最优产能，生产资源未得到充分利用，导致生产率低下。还有一个潜在风险是：顾客可能会对服务体验感到失望，或者对企业的服务能力产生怀疑。

有时，最优产能和最大产能是相同的。一场观众爆满的戏剧和一场满座的体育表演的场面都非常宏大，这会让演员或运动员都非常兴奋，也会让观众身临其境。但是，对大多数服务而言，当服务设施没有满负荷运转时，顾客可能会觉得服务更好。

9.1.2 产能与需求管理的构成要素

解决需求波动问题有两种基本途径：一是调整产能水平以迎合需求的变动。这种方法需要理解产能的构成，以及如何在增量式基础上根据需求的变动去增加或减少产能。二是管理需求水平。图 9-2 显示了四大构成要素，它们共同提供了一种平衡产能与需求的整合路径。本章的剩余部分将围绕这四大构成要素展开讨论。

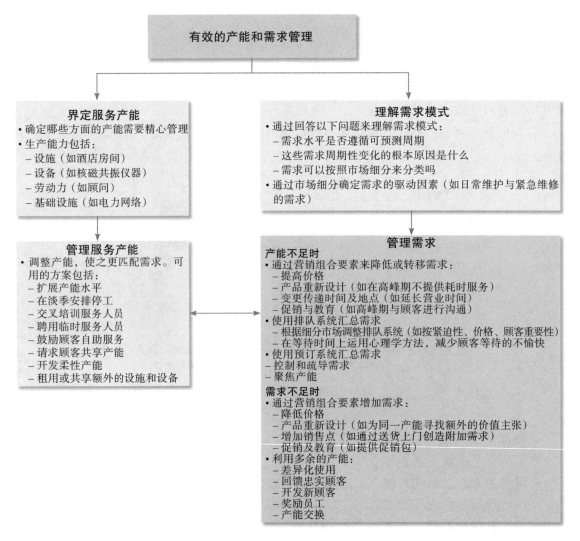

图 9-2 有效产能与需求管理的构成要素

9.2　界定服务产能

当我们提及产能管理时，通常是指生产能力，它是指企业能够用以创造产品和服务的资源或资产。这些资源通常是关键的成本要素，因而需要谨慎管理。在服务场景下，产能可以体现为多种形式，包括设施、设备、劳动力和基础设施。

（1）设施是产能管理的关键，它们可以分为两类：一类是用来"容纳"顾客的，另一类是用来容纳产品的。前者用于传递个人服务或精神服务，如医疗诊所、酒店、客机机舱和大学教室，其产能主要受限于床位、房间或座位等方面。后者主要是用于储存或加工产品的设备，它们有可能属于顾客，也可能是要售卖给顾客的，如管道、仓库、停车场和铁路货车。

（2）设备用于处理人、财物、信息等，它有很多种类且涵盖大量不同的器件或实物，适用于特定的服务或场景。如果医院的诊断设备、机场的安检设备、高速公路的收费通道等设备的数量不足，将可能导致服务举步维艰。

（3）劳动力是所有高接触服务和很多低接触服务中产能的关键要素。如果服务人员的数量或水平不足，顾客就会处于等待状态，或者服务将变得很匆忙。

（4）基础设施对服务产能也至关重要。许多服务型企业依赖于公共或私人基础设施的充分供给，以便向顾客传递高品质服务。基础设施影响服务产能的问题主要包括繁忙的空中航线导致的空中交通管制、主要高速公路的交通拥堵以及电力故障。

9.3　管理服务产能

尽管服务型企业可能会由于变化的服务需求而遭遇服务产能瓶颈，但有许多方法可以调整服务产能来缓解或解决此类问题。

9.3.1　扩展产能水平

有些服务产能具有弹性，可以吸收额外的需求，此时，相同的产能可用于服务更多的人。例如，一列地铁车厢通常可提供40个座位，并为另外60名乘客提供站立空间，有足够的扶手和地面空间供所有人使用。然而，在高峰时间，也许同一列地铁车厢能够挤进200名乘客。同样，服务人员的能力也能够被有条件地扩大，短时间内仍可以保持高效率的工作。但是，如果服务人员在很长的一段时间内都保持高强度的工作，他们就会很快感到疲劳，提供服务的质量也开始下降。

另一种扩展产能的方法是延长设施或设备的使用时间。例如，一些银行在工作日延长营业时间，甚至周末都营业；大学可能开设晚间或周末课程以及夏季学期课程。

最后，针对顾客（或顾客的财产）进行服务传递的平均时间可以减少。有时，这可以通过减少浮动时间来实现。例如，一家餐馆可以加速餐饮服务，迅速引导顾客入座，并快速呈上菜单，在顾客用完餐稍作休息后便立即呈上账单。在其他情况下，可以通过降低服务水平来达到这一目的，比如在一天的繁忙时段仅提供简易菜单。

9.3.2 调整产能以匹配需求

与扩展产能水平不同，调整产能涉及重构产能的整体水平以匹配需求的变化。服务型企业可以根据需要采取以下几种措施来调整产能。[1] 这些措施由简单到复杂，困难程度依次递进。

（1）**需求低迷时段设置停工时间**。为确保在需求高峰时期 100% 的服务产能可用，在预期的服务需求比较低迷之际，应该开展保养、维修和翻新等工作。服务人员也可以在此期间获准休假。

（2）**交叉培训服务人员**。即使服务传递系统看似处于满负荷运转状态，一些设备及与设备相关的服务人员也可能并没有得到充分利用。如果对服务人员进行交叉培训以使其胜任多种任务，那么他们可以根据需要适时转移到服务"瓶颈"点，以增加整个系统的产能。例如，在超市，当结账队伍过长时，经理可能会安排理货员到结账处进行收银工作。同样，在低峰时期，收银员可能也会被要求去帮助清理货架。

（3）**聘用临时服务人员**。许多服务型企业在最繁忙的时段会雇用额外的服务人员。例如，圣诞节期间的邮政工作人员和零售商店员工，以及重要会议期间的酒店额外服务人员。

（4）**鼓励顾客使用自助服务**。如果服务人员的数量有限，那么通过鼓励顾客参与特定工作或任务的合作生产，便能够有效增加服务产能。实现这一目标的方法之一便是增加自助服务设备，例如，机场放置的自助设备可以方便旅客自行办理订票、登机手续等，超市设置的自助付款通道可以帮助顾客快速结账。

（5）**请求顾客共享产能**。通常为单个顾客提供服务的设施，可以通过请求顾客共享的方式扩大服务产能。例如，在繁忙的机场和火车站，出租车的供应常常无法满足顾客的需求，目的地相近或相同的乘客便可以选择以较低的价格拼车。

（6）**开发柔性产能**。有时，供需矛盾的问题并不在于整体的服务产能，而在于服务产能需要满足不同细分市场的服务需求。一种解决方案是设计柔性的物理设施或设备。例如，餐馆里所有的桌子都可以是双人桌。在需要的时候，两张双人桌可以拼在一起变成四人桌，或者将三张双人桌拼成一张六人桌。

（7）**租用或共享额外的设施和设备**。为了减少固定资产的投入，服务型企业在高峰时期可以租用额外的场地或机器。两家具有互补需求模式的企业也可以签订正式的共享协议。例如，一些大学在假期将学生宿舍出租给游客，因为本校学生已经放假，而一年级的新生还没有搬进校园。

9.4 理解需求模式

现在，让我们来看看供需等式的另一边。为了有效地管理特定服务的需求，管理人员需要理解服务需求会因市场细分的差异而不同。需求的随机波动通常是由管理层无法控制的一些因素造成的。然而，有分析表明，一个细分市场可预测的需求周期，隐藏在一个更广泛的、看似随机的需求模式之中。例如，为工业电气设备提供服务的维修和保养门店可能已经知道，其相当一部分业务是由常规的预防性保养组成的，剩下的业务可能来自未预约的上门业务和紧急维修服务。虽然看似很难预测或控制此类业务的时间和数量，但进一步的分析表明，在一周中的某几天，上门业务比其他时间更为普遍。例如，在雷雨期间（具有季节性，通常提前一两天预报）设备遭受破坏后，经常要求紧急维修。如果一家服务型企业掌握了其服务需求模式，就可以在预期需求较高的时间段安排较少的预防性维修工作，进而可以承担更多有利可图的紧急维修工作。

为了理解不同细分市场的需求模式，首先应该清楚地回答有关需求模式及其潜在原因的一系列重要问题（见表 9-1）。

表 9-1 需求模式及其潜在原因的重要问题

1. 需求水平是否遵循一个可预测的周期？如果是，需求周期的持续时间为： • 一天（按小时变化） • 一周（按天变化） • 一个月（按天或周变化） • 一年（按月或季节或每年的公共假期变化） • 其他
2. 这些需求周期性变化的潜在原因是什么？ • 工作时间 • 账单、税费的支付或退款周期 • 工资或薪水的发放时间 • 开学时间和放假 • 气候的季节变化 • 公共假期或宗教节日 • 自然周期，如海岸潮汐
3. 需求水平看起来是随机变化的吗？如果是，潜在原因可能是： • 每日天气变化 • 不能准确预测的健康事件 • 事故、火灾和某些犯罪活动 • 自然灾难（地震、风暴、泥石流、火山喷发等）
4. 某种服务的需求随着时间的推移是否能按照市场细分进行分解？这些服务需求可表现为： • 面向特定类型顾客或针对特定用途的使用模式 • 每笔已完成交易的净利润率变化

影响特定服务需求的大多数周期长度从 1 天到 12 个月不等。在大多数情况下，多个周期可能同时存在并发挥作用。例如，对公共交通的需求水平可能会因每天的时间而不同（在上下班时间需求最高），还会因每一周的时间而不同（周末的休闲出行较多），也会因季节的差异而不同（夏季有更多的游客出游）。

如果服务型企业不能够准确理解为什么来自特定细分市场的顾客在当时会选择使用特定的服务，那么任何试图调节和稳定服务需求的策略可能都不会取得成功。例如，酒店服务人员很难说服商务旅行者在周六晚上入住酒店，因为很少有高管会在周末谈生意。相反，酒店可以更好地进行促销，刺激旅客在周末使用酒店的设施举行会议或进行休闲旅行。试图将上班族的出行时间调整到非高峰时段很可能会失败，因为这类出行是由他们的工作时间决定的。相反，应该采取措施说服企业老板采取弹性工作时间或错峰上下班。

在分析基于以往经历的需求模式时，对每笔交易保持准确的记录会非常有帮助。由复杂软件支撑的排队系统可以根据顾客类型、所要求的服务以及日期和时间自动地跟踪顾客的消费模式。在必要的情况下，该类系统还能够记录可能影响服务需求的天气状况，以及其他的特殊因素（如罢工、意外事故、重大节日、价格变化、竞争服务的推出等）。

9.5 管理需求

一旦理解了不同细分市场的需求模式，服务型企业就可以对服务需求进行管理。有五种管理服务需求的基本方法：

- 不采取任何行动，放任需求自行达到某个水平；
- 在高峰期减少需求；
- 在低谷期增加需求；
- 使用排队系统汇总需求；
- 使用预订系统汇总需求。

第一种方法是不采取任何行动，该方法除了简单以外别无其他优点。最终，顾客从体验或口碑中学习什么时候他们应该排队使用某项服务，什么时候该服务可以立即提供。然而，顾客可能也会学会去寻找一个更负责、更积极的竞争对手。服务型企业需要明白，除非采取行动，否则将无法改善非高峰期的低利用率。因此，其他四种积极主动的方法是更优越和更有利可图的策略。

表9-2将五种方法与需求过剩、产能过剩这两种情况联系起来。许多服务型企业在不同的时间点都面临着这两种情况，因此应该考虑使用如表所述的干预策略。

表 9-2 不同产能情况下的各种需求管理策略

需求管理方法	产能状况	
	产能不足（需求过剩）	需求不足（产能过剩）
不采取任何行动	• 无组织的排队结果（可能会激怒顾客，导致其不再光顾）	• 资源浪费（顾客可能形成失望的服务体验）
通过市场营销组合要素管理需求	在高峰期减少需求： • 价格上涨会增加利润 • 改变产品要素（如不在高峰期提供耗时服务） • 调整服务传递的时间和地点（如延长营业时间） • 运用营销传播鼓励顾客在其他时间使用（该方法能否集中在利润较低、缺乏吸引力的细分市场） • 请注意，高利润细分市场的需求仍应刺激，并优先提供产能进行满足；需求的减少与转移应主要集中在低利润细分市场	在低谷期增加需求： • 有选择地降低价格（尽量避免挤占现有业务，确保考虑到所有相关成本） • 改变产品要素（在淡季时，为服务寻找其他的价值主张） • 运用沟通，实现产品与分销的变化（但要确认额外的成本，并确保在盈利和使用水平之间进行适当的权衡）
使用排队系统汇总需求	• 将适当的排队方案与服务流程进行匹配 • 为最具吸引力的细分市场考虑优先配给，并将其他顾客需求转移至非高峰时段 • 考虑基于紧急情况、持续时长和服务溢价的单独排队 • 缩短顾客的等待时间感知，创造舒适的等待环境	• 不适用，但排队系统仍然可以收集交易数量与类型以及顾客服务的数据（同样适用于下面的预订系统）
使用预订系统汇总需求	• 关注产能，为低价格敏感的顾客预留产能 • 为重要的细分市场提供优先服务 • 将其他顾客需求转移至非高峰时段	• 声明服务产能充足，顾客可以选择想要的时间进行预订

9.6 运用市场营销组合要素塑造需求模式

一些市场营销组合要素可以用于在产能过剩时期刺激需求、在产能不足时期减少或转移需求。价格常常是为实现供需平衡而考虑的第一个因素。然而，在产品、分销策略和营销传播工作等方面的变化也可以重塑需求模式。虽然每个要素都是单独讨论的，但有效的需求管理经常需要同时改变几个要素。

1. 运用价格和非货币成本管理需求

平衡供求关系最直接的方法之一就是使用定价策略。低价格的诱惑至少可能会鼓励一部分顾客去改变他们的行为时间。非货币成本也有类似的效果。例如，那些不喜欢在拥挤和令人不快的环境中花时间等待的顾客会尽量选择不太繁忙的时间光顾。

要使服务的货币价格成为一种有效的需求管理工具，管理人员必须理解所需服务的数量如何在某一特定时间对单位价格的增加或减少做出反应。确定某一特定服务的需求曲线在不同时期是否有显著变化是很重要的。例如，相比在冬季（气温低到零下），同一个人是否愿意在夏季花更多的钱在科德角的酒店度过周末？答案可能是"愿意"。如果是这样，酒店可能需要不同的定价方案来满足每个时段的服务产能。

更复杂的是，在不同时段，不同的细分市场有着不同的需求曲线（例如，商务旅行者通常不像游客那样对价格敏感）。然而，当产能有限时，服务型企业的目标应该是确保最大产能可以被最具盈利性的细分市场获得和利用（见第 6 章关于收益管理的讨论）。

2. 改变产品要素在不同时间吸引不同细分市场

有时候，仅仅通过价格一个要素无法有效地管理需求。本章的开篇案例就是一个很好的例子。在无法滑雪的夏季，即便价格很低，也不会有滑雪者去购买缆车票，其他很多季节性的服务也是如此。因此，教育机构为成年人和老年人提供周末和暑期课程；小型游船在夏季提供游船服务，在冬季为私人活动提供码头场地。这些服务型企业已经认识到，提供再多的价格折扣也不可能让企业在淡季获得更多业务，因而需要针对不同的细分市场开发新的服务产品来刺激需求。

在一天 24 小时的时间内，产品可能会发生变化。例如，一些餐厅随着营业时段的变化，会改变菜单和服务水平，调整餐厅灯光和装饰品，开放和关闭酒吧，提供和暂停娱乐表演，等等。其目的是在一天的不同时段满足同一顾客群体的不同需求，或者是迎合不同的细分市场顾客，或者是两者兼而有之。另外，在需求高峰期，服务型企业还可以改变产品要素以提高产能，例如，午餐菜单中包含在繁忙的午餐时间可以快速准备的菜品。

3. 改变服务传递的时间和地点

除了改变在同一时间、同一地点持续存在的服务需求，服务型企业还可以通过改变服务传递的时间和地点来响应市场需求。以下两种基本方法可供选择：

- **改变服务时间**。这种方法意味着顾客的偏好可能会依据不同的时间（如以周为单位、以季节为单位等）而发生变化。例如，剧院和电影院通常会在周末提供日场，因为顾客在周末拥有更多的闲暇时间；商店可能会在圣诞节前几天或学校放假期间延长营业时间。
- **在新地点提供服务**。一种方法是运用移动设备将服务传递给顾客，而不是要求顾客光临固定的服务网点。移动洗车服务和办公室裁缝定制服务就是这样的例子。一家清洁和维修企业如果希望在淡季获得更多业务，可以为需要维修的可移动物品提供免费提货和送货服务。

4. 使用营销传播进行促销和教育

即使市场营销组合的其他要素保持不变，单靠营销传播活动或许就能帮助平衡供需。标识、广告、宣传和销售信息可以用来告知顾客服务的需求高峰时间，并鼓励顾客在延迟较少的非高峰时段使用这些服务。[2] 此类例子包括：美国邮政总局提倡"圣诞节，早邮递"；公共交通部门敦促非通勤者（如购物者或游客）避开上下班时间；工业维修企业的销售代表告知顾客预防性维修工作何时可以迅速完成。

在定价、产品特性和分销等方面的改变必须清楚地向顾客传达。如果一家企业想要获得顾客对市场营销组合要素变化的预期反应，它必须充分地告知顾客所有的可能选择。

9.7 使用排队系统汇总需求

当需求和供给的矛盾短期难以调和时，服务型企业常常会采取措施汇总需求。主要的方法有：①要求顾客排队等候（通常基于"先到先得"的原则）或为顾客提供更先进的排队系统（例如，将紧迫性、价格或顾客的重要性等纳入系统考虑）；②向顾客提供提前预约或保留服务产能的机会。本节将讨论排队及排队系统，下一节讨论预订系统。

9.7.1 等待是一种普遍现象

等待无处不在。当到达某一设施的顾客数量超过该设施的系统处理能力时，就会出现等候队伍（waiting lines），运营研究者称其为排队。从现实情况看，排队本质上是产能管理问题没有得到解决的表现。

没有人喜欢排队等候。排队等候往往非常无聊且浪费时间，有时也会让人感到身体不舒服，特别是当周围没有坐的地方或者在户外排队等候时。几乎每个服务型企业都会在服务运营过程中面临顾客排队等候的问题。顾客被迫在电话中等候，在超市推着购物车排队结账，坐在车里排队等候机器洗车或在收费站排队缴费。一些有形的队列在地理上是分散的，例如，旅客们在许多不同的地点等待他们通过电话预订的出租车赶来接送。

有形且无生命的物体也在等待处理过程，例如，顾客的电子邮件"躺在"客服人员的收件箱里，设备在车间里等待修理，支票在银行等着兑现。在以上每个例子中，顾客也可能在等待处理的结果——邮件的回复、设备的重新工作和支票记入顾客的账户。

9.7.2 管理等候队伍

减少顾客等候时间通常需要多管齐下的方法。这一点可以从迪士尼所采取的系列措施中得到证明（见服务洞察 9-1）。在必须平衡顾客满意与成本因素的情况下，仅仅通过增加更多的空间或更多的服务人员来增加服务产能并不总是最好的解决方案。服务型企业应该考虑采取多种方法，主要包括：

（1）重新思考排队系统的设计（如队列结构和虚拟等待）；
（2）根据不同细分市场定制排队系统（如考虑紧迫性、价格、顾客的重要性）；
（3）管理顾客行为及其等待感知（如利用心理学方法减少顾客等待的不愉快）；
（4）安装预订系统（如使用预订、预约或约定来分配需求）；
（5）重新设计服务流程以缩短每次交易的时间（如安装自助服务设备）。

第 1 至第 4 点将在本章接下来的几节中讨论。第 5 点请参看第 8 章顾客服务流程再造的内容。

 服务洞察 9-1

迪士尼将排队管理变成一门科学

你在迪士尼乐园排过队吗？很多时候，我们可能没有意识到我们已经等了多久，因为在我们排队的时候，有很多景点可以欣赏。我们可能在看一段视频，玩着沿途摆放的互动设备和触摸屏，看着其他顾客尽情享受，欣赏墙上各种各样的海报，享受着风扇和阴凉带来的舒适。当我们的等待被愉悦占领且感觉舒适时，我们可能就不会意识到很长一段时间已经过去。迪士尼主题公园的排队管理便是它们娱乐理念的延伸！

例如，在迪士尼乐园的"小飞象旋转世界"里，孩子们和他们的父母可以在一个类似马戏团帐篷的互动房间里玩耍。在玩游戏的同时，他们也在等待蜂鸣器发出信号，告诉他们该到户外排队去玩了。在帐篷里玩耍的孩子们并没有感觉到他们在排队，但事实上他们确实是在排队！

迪士尼将排队管理提升到了一个新的水平。在迪士尼乐园里，有一个迪士尼运营指挥中心，那里的技术人员正在密切注视各种等候队伍，以确保顾客不会因为等待时间过长而离开。在运营指挥中心，技术人员拥有计算机程序、摄像机、公园数字地图和其他工具来帮助他们发现那些可能出现排队过长的地方。一旦出现了排队问题，他们会立即派工作人员去解决。解决此类问题的方法有很多种。例如，他们可以派一个迪士尼人物来为等待的顾客提供娱乐。他们也可以调配更多的服务能力。例如，如果等待乘船的队伍很长，就可以安排更多的游船，使游客排队的时间大幅缩短。迪士尼乐园被划分为不同的板块。如果一个板块没有另一块那么拥挤，它们可能会重新安排一个小型游行队伍前往该板块，进而促使游客跟随，使乐园的人群分布变得更加均匀。此外，迪士尼还在等候区增加了视频游戏。

自从有了运营指挥中心，魔法王国的游客平均乘坐次数从 9 次增加到 10 次。迪士尼目前正在尝试使用智能手机技术和迪士尼世界的应用程序来管理顾客排队现象。迪士尼这样做的目的是希望顾客不会因为排队等候而感到沮丧，并能更频繁地光顾乐园。

9.7.3 不同的队伍形态

顾客的等候队伍有不同的类型，而服务型企业管理者所面临的挑战是选择最合适的类型。图 9-3 展示了你可能亲身经历过的几种队伍类型。

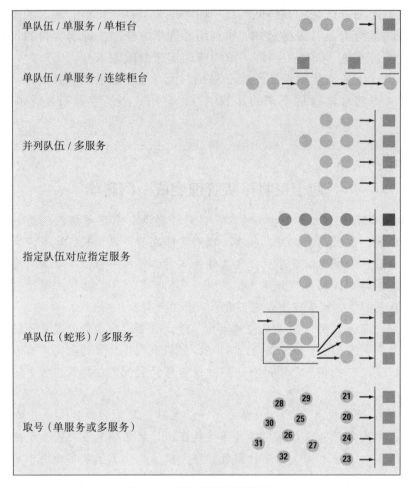

图 9-3 几种主要的排队形态

（1）**单队伍/多柜台**。在这样的队伍中，顾客要经历几项服务操作，就像在自助餐厅一样。服务的"瓶颈"可能出现在任何柜台，只要该柜台比前一柜台的服务时间长。很多自助餐厅的收银处都排着长队，因为收银员既要计算顾客的花费，还要收费和找零，因而比上菜所花的时间更多。

（2）**并列队伍/多服务**。这类服务提供多个服务窗口，让顾客可以在几条线路中选择其中一条等待。在一天的繁忙时段，快餐店通常有几条服务线，每个服务柜台都提供完整的菜单。这种设计的缺点是，每支等候队伍的移动速度可能不一样。有多少次你选择了看似最短的等候队伍，却沮丧地看着两边的队伍移动得比你所在的队伍快两倍？

（3）**单队伍/多服务**。这种类型的排队通常被称为"蛇形"队伍，它解决了并列队伍/多服务中等候队伍行进速度不同的问题，通常用于邮局办理业务和机场办理登机手续。

（4）**指定队伍**。这涉及为特定类别的顾客分配不同的队伍。具体的实例包括超市结账通道设置的快速通道（如购物少于 5 件的顾客）和常规通道，机场值机柜台、安检及登机口为头等舱、商务舱和经济舱乘客设置的不同通道。

（5）**取号**。这种方式可以让顾客坐下来放松一下，或者猜测要等多长时间，同时做点别的事情。使用此类方法的主要是大型旅行社、银行、政府服务中心和医院门诊部等。

（6）**等候名单**。餐馆通常有等候名单，顾客在上面写上自己的名字（以及聚会的规模），然后等待他们的名字被叫到。等候名单有四种常见的排队方式：①用餐人数的座位，即用餐人数与桌子的大小相匹配；② VIP 座位，即赋予重要顾客的特殊权利；③电话预订座位，即允许顾客在到达前打电话预订，以便在等候名单中保留位置；④大型聚会预约。如果顾客熟悉等候名单的技术操作，他们就会认为这种方式很公平。然而，对于那些不享受优先待遇的顾客来说，VIP 座位尤其不公平。[3]

研究表明，选择最合适的排队类型对提升顾客满意度至关重要。阿纳特·拉菲利和她的同事研究发现，等候区的排队布局会影响顾客产生不同的公正或公平感觉。相较于在单队伍（蛇形）/多服务的队伍中等待的顾客，在并列队伍/多服务的队伍中等待的顾客明显对服务传递流程的公平性更加焦虑和不满，即使两个队伍中顾客等待的时间完全相同，也接受了完全一致和公平的服务传递流程。[4]

9.7.4 虚拟等待

排队等候的问题之一是浪费了顾客的时间。虚拟排队策略是一种将顾客身体的等待从排队等候中解放出来的创新性方法。顾客在终端机上登记他们的位置，系统会估计他们需要在多长时间内返回服务现场排队，以认领他们之前获取的虚拟位置。[5] 寿司亭是一家连锁餐厅，它推出了一款自助式触屏终端，顾客只需要选择聚会的规模（从而使餐厅匹配桌子的大小），输入他们的手机号码，然后就可以去购物了。顾客会收到确认他们预订的短信，短信中包含一个链接，可以让顾客实时查看排在他们前面的人数。当快有座位时，系统会自动提前五分钟通知顾客。顾客可以按"1"确认他们的预订，按"2"要求延迟 15 分钟返回餐厅，或者按"3"取消他们的预订（如果他们有其他计划）。每个周末的晚上，这家餐厅都会排起长队，但在这些繁忙的日子里，餐厅可以满负荷地延长营业时间。

虚拟排队的理念有许多潜在的应用。如果顾客愿意提供他们的手机号码，或者保持在企业运营的寻呼系统呼叫范围之内，游轮、全包式度假村和酒店都可以使用这种策略。服务洞察 9-2 描述了在两个截然不同的行业（主题公园和呼叫中心）中使用虚拟排队系统。

服务洞察 9-2

在虚拟队伍中等候

迪士尼以致力于向游客提供有效的服务信息而闻名，这些信息包括游客要等多长时间才能在某个主题公园的某个特别景点游玩。它也能够在顾客排队等候的过程中提供娱乐活动。

然而，迪士尼已经意识到，游客在最受欢迎的景点等待时间过长仍然是造成游客不满意的主要原因，因此，它通过引入虚拟排队系统，为这个问题提供了一个创新性的解决方案。

虚拟排队的概念是在迪士尼乐园进行首次测试的。在最受欢迎的景点，游客可以使用计算机登记他们的排队位置。然后，他们可以利用等待的时间去乐园的其他地方游玩。调查显示，使用新系统的游客会花更多的钱游玩更多的景点，并且比其他人更满意。经过进一步完善后，该系统——现被命名为"快速通行"（fastpass）——已经应用于迪士尼乐园的五个最受欢迎景点。随后，它扩展到了世界各地的迪士尼乐园，每年有超过5 000万的游客使用该系统。

"快速通行"系统简单易用。当游客到达安装该系统的景点时，他们有两种明确的选择：获得快速通行门票并在指定的时间返回，或者现场排队等候。信息会告诉游客两种选择需要等待的大致时间。每种排队方式的等待时间往往是自我调节的，因为两者之间的巨大差异会促使更多的人选择等候时间较短的排队方式。实际上，虚拟等待的时间往往要比现场排队的时间稍长。如果要使用"快速通行"这种方式，游客需要将他们的门票插入一个特殊的旋转门中，然后就会收到一张标明返回时间的快速通行票。游客也拥有一定的灵活性，因为该系统在标明的返回时间之外给予了游客额外60分钟的延长时间。

呼叫中心也使用不同类型的虚拟排队系统。"先到先出"排队系统应用非常普遍。当顾客打入电话时会听到一则信息，告知顾客该呼叫被客服人员接听的大致等待时间。顾客可以选择：①排队等待，当轮到他时被系统接入客服人员；②选择接受回电。如果顾客选择第二个选项，就需要输入电话号码并告知姓名，然后挂断电话，此时，顾客在排队中的虚拟位置是被保留的。当顾客接近虚拟队伍的最前面时，系统会再次致电顾客，并让客服人员进行接待。

在上述两种情况下，顾客都不太可能抱怨。在第一种情况下，是顾客自己选择在队列中等待，并且他仍然可以做一些其他事情，因为他已经知道了大致的等待时间。在第二种情况下，顾客不需要长时间等待客服人员的电话接入。呼叫中心也会受益，因为沮丧和不满的顾客更少了，而这些顾客可能会占用客服人员的宝贵时间，抱怨他们等待太久。此外，企业还可以减少顾客呼叫的中断和流失。

9.7.5　根据细分市场调整排队系统

虽然大多数排队系统的基本规则是"先到先得"，但并非所有排队系统都是以这种方式运行的。有时企业会根据细分市场来设计排队策略，即为不同类型的顾客设置不同的服务优先权。服务型企业可以按照以下任意因素来设计基于细分市场的排队策略。

（1）**服务需求的紧迫性**。在许多医院的急症病房，都有一名护士负责接待新来的患者，并决定哪些患者需要优先治疗，哪些患者可以按常规流程进行挂号并等待接诊。

（2）**服务交易的持续时间**。银行、超市和其他零售服务机构通常为时间较短、不太复杂的交易设置快速通道。

（3）**基于高价格的优质服务**。航空公司通常为头等舱、商务舱和经济舱的乘客提供不同的值机及登机等候线路。头等舱和商务舱的服务人员与乘客的比例更高，从而减少了那些花更多钱购买机票的乘客的等待时间。在很多机场，头等舱和商务舱的乘客还能享用更快速的安检通道。

（4）**顾客的重要性**。例如，在航空服务业，常飞旅客俱乐部的会员经常会得到优先接受服务的权利；舒适的座位将优先安排给航空公司忠诚计划的白金卡持有人；忠诚计划会员还可以插队优先访问呼叫中心；即使是乘坐经济舱，常飞旅客俱乐部的高等级会员也可以使用更便捷的商务舱登机通道。

9.7.6 顾客感知等待时间

人们不喜欢将时间浪费在没有意义的事情上，就像他们不喜欢浪费金钱一样。顾客对延迟接受服务的不满常常会激起包括愤怒在内的强烈情绪。[6]实际上，研究已发现，对等待不满意的顾客需要对服务更高的满意度，才能与对等待满意的顾客形成同等水平的忠诚度。[7]

等待时间的心理学

研究表明，顾客通常认为他们等待服务的时间要比实际等待的时间更长。[8]如何利用等待的心理学方法来减少等待的压力和不愉快？戴维·麦斯特和其他研究人员提出了以下建议：[9]

（1）**空闲的时间比被占用的时间感觉更长**。当你无所事事地坐着时，时间似乎过得很慢。服务型企业面临的挑战是，当顾客在等待时，如何让他们有事可做，或者如何分散他们的注意力。有些餐厅在顾客等位的时候，邀请顾客浏览菜单或在吧台上喝饮料以解决等候问题。宝马汽车车主可以舒适地在宝马服务中心等待，那里的等候区配备了新式的潮流家具、等离子电视机、Wi-Fi 热点、杂志和现煮的卡布奇诺咖啡。许多顾客甚至携带自己的娱乐设备，比如带有游戏的手机或者平板电脑。

（2）**独自等待比群体等待感觉时间更长**。与你认识的人一起等待是非常不错的，在等待过程中与他们交谈是一种消磨时间的方式。但是，并不是每个人都喜欢与陌生人聊天。

（3）**身体不舒适的等待比舒适的等待感觉时间更长**。"我的脚差点要了我的命！"这是顾客被迫长时间排队等待时最常说的一句话。如果气温太高或太低，长时间的等待也会让顾客感觉不舒适。

（4）**服务过程前或过程后的等待比服务过程中的等待感觉时间更长**。对游客来说，等待购票进入主题公园，与进入公园后等待坐过山车的感觉是完全不同的。

（5）**不公平的等待比公平的等待时间更长**。对公平或不公平的感知，有时会因文化或国家的差异而不同。例如，在美国、加拿大或英国，人们期望每个人都可以排队等候，如果看到有人插队或被给予优先权但没有明确且合理的理由，他们就可能会感到愤怒。当人们认为等待是公平的时候，等待的负面影响就会减少。

（6）**不熟悉的等待比熟悉的等待感觉时间更长**。经常消费某种服务的顾客知道会发生什么，因而在等待时不会太担心。相比之下，新顾客或低消费频次的顾客常常会感到紧张，他们不仅想知道可能的等待时间，也想知道接下来可能会发生什么。

（7）**不确定的等待比已知的、有限的等待时间更长**。尽管任何等待都可能令人沮丧，但我们通常可以在心理上调整自己，以适应已知时长的等待。然而，未知的等待则会让我们感到紧张不安。

（8）**没有解释的等待比有解释的等待时间更长**。你是否曾经于地铁或电梯里在没有任何明显的原因情况下就停了下来，也没有人告诉你为什么？除了等待时长的不确定之外，人们还会对即将发生的事情感到焦虑。

（9）**焦虑使等待感觉时间更长**。你是否记得等待某人在约定时间或地点出现的场景，并且还担心自己弄错了约定的时间或地点？在不熟悉的地方等候时，人们常常会担心自己的人身安全。

（10）**服务越有价值或越重要，顾客愿意等待的时间越长**。大型音乐会或体育赛事的门票预计很快就会售罄，为了买到好的座位，人们甚至愿意在不舒服的条件下通宵排队。

9.8 通过预订系统汇总需求

服务型企业可以使用排队系统的替代或补充——预订系统——来汇总需求。如果你问别人：当你谈到预订时，你首先会想到哪些服务？他们可能会提到航空公司、酒店、餐厅、租车公司和剧院。如果算上"预约""约定"等同义词，他们可能还会加上理发、拜访医生和顾问等专家、度假租房、修理从损坏的冰箱到出故障的笔记本电脑的各类服务呼叫。预订系统有以下优点：

- **避免因过度等待而引发的顾客不满**。预订的一个目的是保证当顾客需要时，服务可以如约提供。保留了预订的顾客应该可以避免排队，因为他们得到了在特定时间内的服务保证。
- **使服务需求以一种更易于管理的方式得到控制和调整**。一个科学有效、运行良好的预订系统可以使企业将顾客对某项服务的需求从首选时间转移到更早或更晚的时间，从一种服务级别转移到另一种服务级别（升级或降级），甚至从首选地点转移到备选地点。这些措施均有助于提高服务型企业的产能利用率。
- **实现收益管理并为不同的细分市场提供预售服务**（见第 6 章的收益管理）。预订系统明确了企业的服务产能配置，进而为紧急服务提供了额外产能。由于这些服务是不可预测的，因而可以收取更高的价格来获得更高的利润。
- **帮助企业准备未来时期的运营及财务预测**。预订系统五花八门，从预约医生的手写简单预约簿，到全球性航空公司的中央计算机数据库。来自预订系统的数据有助于企业准备未来时期的运营及财务预测。

设计预订系统的挑战是如何使系统对服务人员和顾客双方都非常便捷、友好。现在很多企业都允许顾客通过官方网站和智能手机应用程序进行自助预订。但是，当顾客爽约或企业超额预订时，问题就出现了。应对这些运营问题的营销策略包括要求预付定金，在规定时间后取消未支付的预订，以及向超额预订的顾客提供赔偿。本书第 6 章的收益管理讨论了这些策略。

预订策略应聚焦收益

目前，服务型企业越来越多地关注其"收益"，即每个服务产能单元能获得的平均收入。收益分析迫使管理者认识到在一个既定的时期向一个细分市场的顾客提供产能的机会成本，因为相同的产能在另一个细分市场可能会产生更高的收益。针对服务产能受限的不同类型企业，管理者可能会面临不同的问题：

- 一个 200 人的旅行团以每晚 140 美元的价格提前预订酒店的房间，而这些相同的房间在某些晚上可能会以 300 美元的全价出售给商务旅行者。酒店应该接受旅游团的预订吗？
- 拥有 30 节空货厢的铁路公司是应该立即接受每货厢价值 1 400 美元的货物运输请求，还是应该将这些空货厢多存放几天，以期获得价值两倍的货运业务？
- 打印店是应该按照"先到先得"的原则处理所有业务，并保证每项业务的交货时间，还是应该对紧急业务收取额外费用，并告知委托标准业务的顾客服务完成日期会有一些延迟？

服务型企业在处理这些问题上应该更加成熟和专业，运用更为系统的方法，而不是简单地遵循"一鸟在手胜过二鸟在林"的法则。基于历史消费记录和当前市场情报的完整信息非常必要，它有助于将服务产能合理配置于不同的细分市场。接受或拒绝业务的决策应该基于对获得高水平服务收益可能性的现实估计。服务型企业还应该意识到维持已建立的（理想的）顾客关系的必要性。在本书第 6 章（服务定价与收益管理）中，我们已经讨论如何使用更复杂的收益管理系统将服务产能配置到不同的"费率桶"并制定不同的价格。

9.9 为闲置产能创造替代用途

即使在对产能和需求进行专业管理之后，大多数服务型企业仍将经历产能过剩的时期。但是，并非所有未售出的产能最终都会被浪费掉，因为创新性企业在努力创造替代需求。许多企业采取战略方法来处理预期的闲置产能，提前对其进行分配，以建立与顾客、供应商、服务人员和中间商之间的关系。[10] 闲置产能可能的用途包括：

- **利用产能使服务差异化**。当产能利用率很低时，服务人员可以利用一切资源为顾客提供使之惊叹的服务。一家想要构建顾客忠诚度和扩大市场份额的服务型企业应该利用运营方面的充裕资源专注于提供出色的顾客服务。
- **回馈企业的优质顾客并建立忠诚**。这可以通过顾客忠诚计划中的特别促销活动来实现，同时确保现有的收益不会被挤占。
- **顾客和渠道开发**。为潜在的顾客以及面向终端销售服务产品的中间商提供免费或大幅的折扣试用，以实现市场或服务渠道拓展。
- **奖励员工**。在某些服务型企业，如餐馆、海滩度假村或游轮公司，闲置产能可以用来奖励优秀员工及其家人。这不仅可以提高员工满意度，建立忠诚度，还能够使员工从顾客的角度来理解和体验服务，进而提升服务绩效水平。
- **交换闲置产能**。服务型企业可以与自己的供应商进行产能交换，以节省成本和提高产能利用率。最广泛的服务产能交换涉及广告空间或广播时间、航班座位和酒店房间等。

➲ 本章小结

1. 在任何既定时刻，产能有限的服务型企业可能面临不同的供需情况：
   （1）服务需求过剩。
   （2）服务需求超过最优产能。
   （3）需求与供给在最优产能水平达到良好平衡。
   （4）服务产能过剩。
   如果供需不平衡，企业在需求低谷期会闲置产能，但在需求高峰期不得不拒绝顾客。这种情况妨碍了企业对生产性资产的有效利用，并侵蚀了盈利能力。因此，服务型企业需要通过调整产能或需求来努力实现需求和供给的平衡。

2. 有效的产能与需求管理的构成要素包括：
   （1）界定服务产能。
   （2）使用产能管理工具。
   （3）理解依据顾客细分的需求模式和驱动因素。
   （4）使用需求管理工具。

3. 当我们提及产能管理时，通常是指生产能力。服务情景中的产能可以体现为多种形式：
   （1）用来"容纳"顾客的物理设施。
   （2）用来容纳产品的物理设施。
   （3）用于处理人、财物或信息的物理设备。
   （4）劳动力。
   （5）基础设施。

4. 产能的管理方式有多种，包括扩展产能和调整产能。
   扩展产能：一些服务产能是富有弹性的，可以用来为更多人提供服务。例如，拥挤的地铁车厢、延长的营业时间、加速的顾客服务流程。
   调整产能：调整整体服务水平以更紧密地匹配需求。可以通过以下方式来调整产能：
   （1）需求低迷时段设置停工时间。
   （2）交叉培训服务人员。
   （3）聘用临时服务人员。
   （4）鼓励顾客使用自助服务。
   （5）请求顾客共享产能。
   （6）开发柔性产能。
   （7）租用或共享额外的设施和设备。

5. 为有效地管理需求，服务型企业需要理解基于顾客细分的需求模式和驱动因素。不同的细分市场通常表现出不同的需求模式（如日常维护与紧急维修）。企业一旦理解其细分市场的需求模式，便可以运用营销策略来重塑这些模式。
6. 服务型企业可以运用以下五种基本方法来管理服务需求：
   （1）不采取任何行动，放任需求自行达到某个水平。
   （2）在高峰期减少需求。
   （3）在低谷期增加需求。
   （4）使用排队系统汇总需求。
   （5）使用预订系统汇总需求。
7. 服务型企业可以运用以下几种市场营销组合要素来稳定需求：
   （1）运用价格和非货币成本管理需求。
   （2）改变产品要素在不同时间吸引不同细分市场。
   （3）改变服务传递的时间和地点（如延长营业时间）。
   （4）使用营销传播进行促销和教育（如"圣诞节，早邮递"）。
8. 排队和排队系统有助于企业在短期内汇总服务需求。不同类型的队伍有各自的优点和应用。排队系统包括单队伍/多柜台、并列队伍/多服务、单队伍/多服务、指定队伍、取号、等候名单。并非所有的排队系统都是以"先到先得"的原则运行的，相反，优秀的系统通常根据以下方式对等待顾客进行细分：
   （1）服务需求的紧迫性（如医院急诊病房）。
   （2）服务交易的持续时间（如快速通道）。
   （3）基于高价格的优质服务（如头等舱登机通道）。
   （4）顾客的重要性（如常飞旅客获得优先登机）。
9. 顾客不喜欢浪费时间等待。服务型企业需要理解等待时间的心理学，并采取积极的措施来减少等待的沮丧感。本书讨论了10个可能的措施，其中包括：
   （1）等待时让顾客忙碌或娱乐。
   （2）告知顾客可能需要等待的时长。
   （3）向顾客解释为什么需要等待。
   （4）避免不公平等待的顾客感知。
10. 有效的预订系统能汇总较长时间段内的服务需求，并提供多种益处：
    （1）帮助顾客避免排队，从而减少因过度等待而引发的顾客不满。
    （2）有助于服务型企业控制和调整需求。
    （3）使用收益管理来提高收益（为高支付意愿的细分市场保留稀缺产能，而不仅仅是按"先到先得"的方式出售产能）。
11. 即使在对产能和需求进行专业管理之后，大多数服务型企业仍将经历产能过剩的时期。服务型企业可以采取战略方法来利用闲置产能，包括：
    （1）利用产能使服务差异化。当产能利用率很低时，服务人员可以利用一切资源为顾客提供使之惊叹的服务。
    （2）回馈企业的优质顾客并建立忠诚（如将促销作为顾客忠诚度计划的一部分）。

（3）顾客和渠道开发（如提供免费或高折扣的试用）。
（4）奖励员工（如餐馆、海滩度假村或游轮公司的闲置产能可以用来奖励优秀员工及其家人）。
（5）交换闲置产能（如服务型企业可以考虑为广告空间、航班座位、酒店客房交换闲置产能）。

复习题

1. 最优产能和最大产能的区别是什么？请就以下两种情况举例：①最优产能与最大产能相同；②最优产能与最大产能不同。
2. 描述管理产能与需求的构成要素。
3. 在服务情景下，什么是生产能力？
4. 为什么产能管理对服务型企业特别重要？
5. 企业可以采取哪些措施来调整产能以更紧密地匹配需求？
6. 企业如何识别影响其服务需求的因素？
7. 企业可以采取哪些措施来调整需求以更紧密地匹配产能？
8. 如何运用营销组合要素来重塑需求模式？
9. 对服务众多顾客的企业而言，不同类型的排队有哪些优点和缺点？每种排队形式适合哪种服务？
10. 企业如何让它们的顾客更愉快地等待？
11. 拥有一个有效的预订系统有哪些好处？
12. 在所有的供需匹配战略用尽后，服务型企业如何利用剩余服务产能？

应用练习

1. 阐述在以下各种情况中如何开发柔性产能：①本地图书馆；②办公室清洁服务；③技术支持服务台；④花卉联合会特许经营权。
2. 举出一些具体实例，说明在需求低迷时期，你所在的社区（或地区）的企业为了增加顾客量是如何改变它们的服务产品或营销组合的。
3. 选择一个你接受服务的企业，参照表9-1中提供的清单，确定其特定的需求模式，然后回答以下问题：①该服务型企业管理产能和需求方法的本质是什么？②你建议在产能和需求管理方面进行哪些改变？为什么？
4. 回顾关于等待心理的10条建议，哪些是和以下情况最相关的：①超市；②黑暗雨夜的城市公交车站；③医生的办公室；④预计会被抢购一空的足球赛门票购买队伍。
5. 根据你的服务体验，举出一个良好的预订系统例子和一个糟糕的预订系统例子，识别并分析这两个系统成功和失败的原因。对改善或者进一步提升（以良好的预订系统为例）两家企业的预订系统，你有什么建议？

第 10 章

打造服务环境

□ 学习目标

通过学习本章，你能够：
1. 认识服务环境实现的四个核心目标；
2. 了解环境心理学的理论基础，帮助理解顾客与员工如何响应服务环境；
3. 熟悉整合的服务场景模型；
4. 了解服务环境的三个主要维度；
5. 讨论关键环境条件及其对顾客的影响；
6. 确定空间布局与功能的角色；
7. 理解标志、符号及人工物品的作用；
8. 了解服务人员与其他顾客如何成为服务场景的一部分；
9. 解释为何设计一个有效的服务场景必须全面且从顾客角度出发。

□ 开篇案例

毕尔巴鄂市的古根海姆博物馆[1]

当位于西班牙北部城市毕尔巴鄂的古根海姆博物馆建成并向公众开放时，来自世界各地的赞誉如潮水般涌来。这座博物馆被誉为"我们这个时代最伟大的建筑"，是由著名的加拿大裔美国建筑师弗兰克·盖里设计的，它那迷人的建筑使毕尔巴鄂市成为世界知名的旅游胜地。在此之前，大多数人都没听说过毕尔巴鄂，那里曾经是一个工业区，有造船厂、大型仓库区，还有一条河流，河流两旁堆满了工厂排出的废物。博物馆的建设是城市重建规划的第一步，最终它成功地改变了整个城市。事实上，这种转变现在通常被称为"毕尔巴鄂效应"。学者们正在研究毕尔巴鄂效应，以理解这种令人惊叹的建筑是如何帮助改变一个城市的。

古根海姆博物馆的设计特色传递出很多意义和信息。首先，博物馆的外形像一艘船，与河流的环境融为一体，它由石材建造的规则形体和钛金属制成的弯曲形体组合而成。巨大的玻璃墙让自然光线穿透博物馆，让建筑内的游客可以看到周围山丘的景色。在博物馆外部，钛金属面板布置得像鱼鳞，与纳文河交相辉映。一只由新鲜三色紫罗兰盆景组成的43英尺高的小猎犬和一只由20世纪著名雕塑家路易丝·布乔利斯创作的巨型蜘蛛雕塑"马曼"在博物馆外迎接游客的到来。

通过博物馆巨大的金属穹顶中庭，顾客可以参观与弯曲的走道、玻璃电梯和楼梯相连接的19个画廊，甚至画廊的外观设计也向游客暗示馆内的作品值得期待。矩形的画廊有石灰石覆盖的墙壁。矩形是一种更为传统的形状，因而这些画廊收藏着经典的艺术品；形状不规则的画廊则收藏着在世艺术家的精选作品。此外，还有一些没有结构柱的特殊画廊可以展示大型艺术品。由此，每个画廊都形成了具有特别设计和规划的服务场景。

虽然并非所有的服务场景都是伟大的建筑作品，但毕尔巴鄂的古根海姆博物馆肯定是一个特例。它是一种吸引眼球的媒介，塑造了游客的期望，游客可以期待在博物馆里有一次难忘的参观体验。

10.1 服务环境：服务营销组合的重要元素

有形的服务环境在塑造服务体验和提高（或降低）顾客满意度方面扮演着关键角色。医院、酒店、餐馆和专业服务型企业等组织已经认识到，服务环境是服务营销组合和整体价值主张的一个重要元素。

服务环境的设计是一门艺术，需要花费大量的时间和精力，而且实施起来可能代价高昂。服务环境，也被称为**服务场景**，是指顾客在服务传递网点所接触到的物理环境外观、风格以及其他体验要素。图10-1概述了本章整体框架和所涉及的主要议题。

10.2 服务环境的目标

服务环境有四个核心目标：①塑造顾客的服务体验和行为；②彰显服务质量，支持服务定位和差异化，并强化品牌；③成为价值主张的核心要素；④促进服务接触，并提高服务生产率。

10.2.1 塑造顾客的服务体验和行为

对于提供高接触服务的企业来说，有形环境的设计以及与顾客接触的服务人员传递服务的方式，在塑造顾客体验的性质及水平方面起着至关重要的作用。有形环境有助于在顾客和服务人员之间营造适当的情感和反应，这反过来又有助于建立顾客对企业的忠诚。[2]

10.2.2 彰显服务质量，支持服务定位和差异化，并强化品牌

服务往往是无形的，顾客无法很好地评估其质量。因此，顾客将服务环境作为重要的质量线索，而企业则煞费苦心地传达体现质量的标志，并塑造其所期望的形象。[3]也许你见过一些成功的专业服务型企业的前台，如投资银行或管理咨询公司，这些企业的前台装饰和家具都非常优雅，设计风格能给人留下深刻印象。

和大多数人一样，如果商品陈列在高档货架上，你会推断它的质量很高。相反，如果商品陈列在打折区，你会认为它的质量很差。[4]如图10-2所示，两种不同类型的酒店大堂，针对完全不同的细分市场。前者针对的是预算较低的年轻旅行者，而后者旨在吸引包括商务旅行者在内的更成熟、富裕且更有社会地位的顾客。这两种服务场景都清晰地传达和强调了酒店各自的服务定位，并且设定了顾客的服务期望。

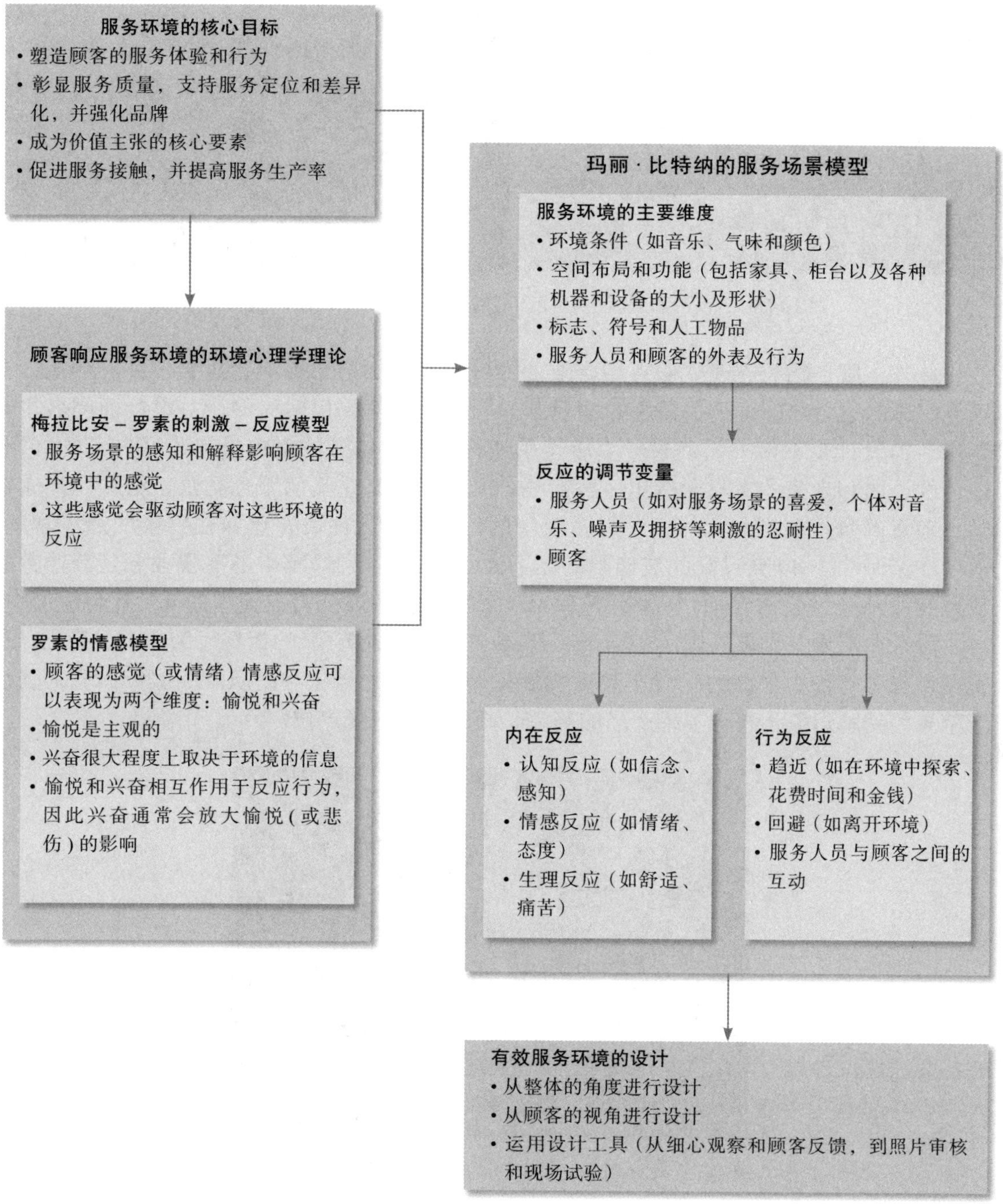

服务环境的核心目标
- 塑造顾客的服务体验和行为
- 彰显服务质量，支持服务定位和差异化，并强化品牌
- 成为价值主张的核心要素
- 促进服务接触，并提高服务生产率

顾客响应服务环境的环境心理学理论

梅拉比安–罗素的刺激–反应模型
- 服务场景的感知和解释影响顾客在环境中的感觉
- 这些感觉会驱动顾客对这些环境的反应

罗素的情感模型
- 顾客的感觉（或情绪）情感反应可以表现为两个维度：愉悦和兴奋
- 愉悦是主观的
- 兴奋很大程度上取决于环境的信息
- 愉悦和兴奋相互作用于反应行为，因此兴奋通常会放大愉悦（或悲伤）的影响

玛丽·比特纳的服务场景模型

服务环境的主要维度
- 环境条件（如音乐、气味和颜色）
- 空间布局和功能（包括家具、柜台以及各种机器和设备的大小及形状）
- 标志、符号和人工物品
- 服务人员和顾客的外表及行为

反应的调节变量
- 服务人员（如对服务场景的喜爱，个体对音乐、噪声及拥挤等刺激的忍耐性）
- 顾客

内在反应
- 认知反应（如信念、感知）
- 情感反应（如情绪、态度）
- 生理反应（如舒适、痛苦）

行为反应
- 趋近（如在环境中探索、花费时间和金钱）
- 回避（如离开环境）
- 服务人员与顾客之间的互动

有效服务环境的设计
- 从整体的角度进行设计
- 从顾客的视角进行设计
- 运用设计工具（从细心观察和顾客反馈，到照片审核和现场试验）

图 10-1　本章概览

图 10-2　比较两家酒店的大堂：不同类型的酒店面向不同的目标市场

此外，服务场景在建立服务型企业的品牌形象方面通常扮演着重要角色。例如，星巴克门店的设计与企业的品牌形象紧密相关。同样，苹果以时尚的产品设计而闻名，其专卖店的设计也不例外。苹果专卖店运用通透和极简主义的室内设计，以白色的灯光、银色的金属和米色的木材营造出一种明亮、开放和未来主义的服务场景，给顾客传递轻松、随意的自由氛围。此外，苹果旗舰店的位置也引人注目，比如在巴黎的卢浮宫里，或者在上海一个 40 英尺高的玻璃圆柱体下面（见图 10-3）。苹果的零售业务是其业务的重要组成部分，公司在 16 个国家拥有 453 家零售店；该公司在美国的 4.3 万名员工中，有 3 万人在苹果专卖店工作。2014 年，苹果公司每平方英尺⊖的销售额为 4 551 美元，是美国所有零售商中最高的！[5] 苹果专卖店提供一致、差异化和高质量的服务体验，强化了苹果的品牌形象，符合苹果产品的高端、高品质的市场定位。

图 10-3　上海的苹果旗舰店

10.2.3　成为价值主张的核心要素

服务场景甚至可以成为服务型企业价值主张的核心要素。度假酒店完美地诠释了这

⊖　1 平方英尺 = 0.092 903 0 平方米。

一观点。地中海俱乐部度假村旨在创造一种完全无忧无虑的氛围，这可能是"逍遥游"度假环境设计的最初灵感来源。现在，一些新的度假胜地不仅比地中海俱乐部度假村豪华得多，而且还从主题公园中汲取灵感，创造出室内外梦幻环境。也许最极端的例子可以在拉斯维加斯找到。面对来自其他地区众多赌场的竞争，拉斯维加斯已经进行重新定位，从一个纯粹的成人旅游胜地，变成一个更有益健康的、同样适合家庭休闲旅游的度假胜地。在这里，博彩业依然存在，但许多最近新建（或重建）的大型酒店已被改造，增加了一些吸引人的视觉元素，如喷发的"火山"（见图10-4）、模拟海战，以及巴黎埃菲尔铁塔、埃及金字塔、威尼斯及其运河的精美复制品。

图10-4 在拉斯维加斯的幻影酒店，一座喷发的"火山"是服务场景的一部分

10.2.4 促进服务接触，并提高服务生产率

服务环境常常被设计用于促进服务接触和提高服务生产率。在快餐店和学校餐厅里，放置托盘回收架，并在墙上张贴告示提醒顾客用餐结束后将餐盘归还至回收处。服务洞察10-1展示了医院的设计如何帮助患者康复以及使员工更有工作效率。

服务洞察10-1

医院的服务场景及其对患者和员工的影响 [6]

值得庆幸的是，我们大多数人不必整天待在医院。如果不得已要住院的话，我们希望能待在有助于我们康复的舒适环境中。但是，在医院什么才是舒适的？

患者在住院期间，因为可能会被感染，所以他们为与许多陌生人接触而感到压力，感觉到无聊又无事可做，不喜欢医院的餐食，无法好好休息。所有这些因素都可能延缓患者的康复。研究表明，在设计医院的服务场景时应更加仔细和谨慎，这可以降低上述风险，并有助于患者的康复，以及提高医院工作人员的福利和工作效率。建议包括：

（1）**提供单人房间**。这可以降低院内感染的数量，减少与其他患者共用病房造成的干扰，改善休息与睡眠质量，增加患者的私密性，为家庭护理提供便利，甚至改善医护人员与病人之间的沟通。

（2）**降低噪声水平**。这可以降低工作人员的压力水平，改善患者的睡眠质量。

（3）**让患者有事可做**。这包括患者可见的绿地区域，个性化的电视（配有耳机，不干扰他人），平板电脑和智能手机上网，配有报纸、杂志和图书的阅览室兼图书馆。这些设施有助于病人康复。

（4）**改善光线，特别是自然光**。明亮的环境会增加人在建筑物内的愉悦感。自然光的照射可以加快患者的康复。同时，在适当的光线下，工作人员能够做得更好，出错也更少。

（5）**改善通风和空气过滤**。这可以减少空气中病毒的传播，改善医院建筑物内的空气质量。

（6）**开发易用的"寻路系统"**。医院的建筑一般都比较复杂，第一次来或不常来的人经常会因为找不到路而感到沮丧，尤其是在急匆匆地看望住院的亲人时。

（7）**合理布局病房与护士站**。合理布局病房和护士站的位置，可以减少病区内不必要的走动，进而缓解由此造成的员工疲劳，减少时间浪费。这有助于提升患者看护质量。此外，精心设计的布局也能够强化员工的沟通和活动。

资料来源：R. Ulrich, X. Quan, C. Zimring, A. Joseph, and R. Choudhary, "The Role of the Physical Environment in the Hospital of the 21st Century: A Once-in-a-Lifetime Opportunity," report to the Center for Health Design for the Designing the 21st Century Hospital Project, funded by the Robert Wood Johnson Foundation (September 2004).

10.3 顾客响应服务环境的心理学理论

我们现在明白了为什么服务型企业会在服务环境的设计上投入如此多的精力。但是，为什么服务环境对顾客及其行为有如此重要的影响呢？环境心理学研究人们如何对特定环境做出反应，服务型企业可以运用这一领域的理论来更好地理解和管理不同服务环境下的顾客行为。

10.3.1 感觉是顾客响应服务环境的关键驱动力

两个重要的模型能帮助我们更好地理解顾客对服务环境的响应。第一个模型是梅拉比安－罗素的刺激－反应模型，它认为感觉是我们如何对环境中的不同因素做出反应的核心。第二个模型是罗素的情感模型（Russell's Model of Affect），它关注的是我们如何更好地理解这些情感及其对反应行为的影响。

1. 梅拉比安－罗素的刺激－反应模型

图10-5展示了一个关于人们如何对环境做出反应的简单但非常基础的模型。该模型认为，对环境有意识和无意识的感知与解释影响着人们在环境中的感受。[7]驱动顾客行为的是这些感觉，而不是认知或想法。相似的环境会产生截然不同的感受以及随之而来的反应。例如，我们可能不喜欢待在一个拥挤的百货商店里，因为里面有很多其他的顾客；我们发现自己不能像希望的那样迅速地找到想要的东西，因此寻求避开那种环境。我们这样做并不仅仅是因为周围有很多人，相反，我们是被拥挤的不愉快感觉以及无法

快速获得想要东西的沮丧感觉阻止了。然而，如果我们不着急，那么在相同的环境下，我们可能会因为成为节日庆典人潮中的一分子而感到愉悦和兴奋，这可能会让我们想留下来享受这种体验。

在环境心理学研究中，研究的典型结果变量是对环境的"趋近"或"回避"。当然，在服务营销中，我们可以添加企业希望管理的一系列结果变量，包括顾客花费了多少时间和金钱，以及顾客离开后对所获得服务体验的满意程度。

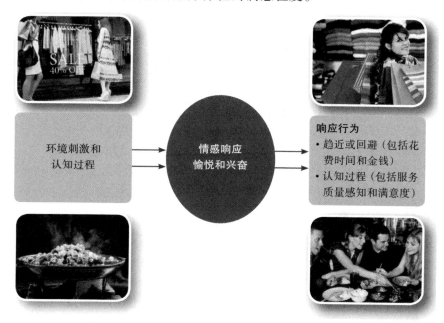

图 10-5　环境反应模型

2. 罗素的情感模型

由于情感和感觉是人们响应环境的关键，因此需要更好地理解这些感觉。罗素的情感模型（见图 10-6）被广泛用于理解服务环境中的感觉。该模型认为，个体对环境的情绪反应可以从两个主要维度进行描述：愉悦和兴奋。[8]愉悦是个体对环境的一种直接的、主观的反应，取决于个人对环境的喜好程度。兴奋是指个体对刺激的感觉水平，从内部活动（如深度睡眠时）的最低水平到血液中肾上腺素的最高水平（如蹦极时）。一个环境引发的愉悦质量比引发的兴奋质量更具有主观性。兴奋质量很大程度上取决于环境的信息量或负荷。例如，复杂的环境总是充满刺激（如信息率高），包括运动或变化，以及包含新奇和令人惊讶的要素。而低信息率、放松的环境具有完全相反的特征。

也许，你会有这样的疑问：我所有的感觉和情绪怎么能只用两个维度来解释？罗素将情绪的认知或思考部分从这两个基本的潜在情绪维度中分离出来。因此，因服务失误而产生的愤怒情绪可以用高度兴奋和高度不愉悦来描述，这在罗素的模型中处于苦恼区域。然后，结合认知归因过程，当顾客把某项服务失误归咎于企业时，强大的认知归因过程会直接导致高度的兴奋和不悦。同样，大多数其他情绪也可以被分解为认知和情感要素。

图 10-6　罗素的情感模型

罗素情感模型的优点在于它很简单，因为它允许在服务环境中直接评估顾客的感觉。因此，服务型企业可以为其希望的顾客情感状态设定目标。例如，一个过山车操作人员想让游客感到兴奋，水疗中心可能希望顾客感到放松，银行也许希望顾客感觉愉快，等等。

情感和认知过程。情感可以由任何复杂程度的感觉、知觉和认知过程引起。然而，认知过程越复杂，它对情感的潜在影响就越大。例如，顾客对餐馆服务水平和食物质量的失望（一个复杂的认知过程，即感知质量与先前的服务期望进行比较）并不能通过简单的认知过程来补偿，比如对愉快的背景音乐的潜意识感知。然而，这并不意味着简单的认知过程（如对气味或音乐的潜意识感知）是不重要的。在实践中，大量的顾客服务接触都已成为惯例或习惯，很少有高水平的认知过程。顾客倾向于"自发的"行为，在日常交易中遵循自己的服务脚本，如乘坐公共汽车或地铁，或进入快餐店或银行。大多数时候，正是这种简单的认知过程决定了顾客在服务环境中的感受。但是，如果更高水平的认知过程被触发（如通过服务环境中一些令人惊讶的事情），那么对这种惊讶的解释决定了顾客的感受。[9]

情感的行为结果。一般而言，愉悦的环境引发趋近行为，不悦的环境则导致回避行为。兴奋会放大愉悦对行为的基本影响。如果环境是令人愉悦的，那么不断累积的兴奋可以引起激动，并引发更强烈的积极反应。相反，如果服务环境本来就令人不愉快，那么不断增加的兴奋则会把顾客带入"痛苦"的区域。例如，在圣诞节前的周五晚上，快节奏的音乐增加了购物者在拥挤的过道中穿行的压力。在这种情况下，零售商应该尽量降低环境中的信息负荷。

最后，顾客对某些服务有强烈的情感期望。想象一下这样的经历：在餐厅里享用浪漫的烛光晚餐，或者在体育场或舞蹈俱乐部的激情时刻。当顾客有强烈的情感期望时，服务环境的设计必须符合这些期望。[10]

10.3.2 服务场景模型——一个整合的框架

基于环境心理学的基本模型,玛丽·比特纳开发了一个综合模型,并将其命名为"服务场景"。[11] 图 10-7 展示了服务场景模型的主要维度:①环境条件;②空间布局和功能;③标志、符号和人工物品。由于个体倾向于整体地感知这些维度,因此有效设计服务场景的关键就在于每个维度与其他维度的契合程度。

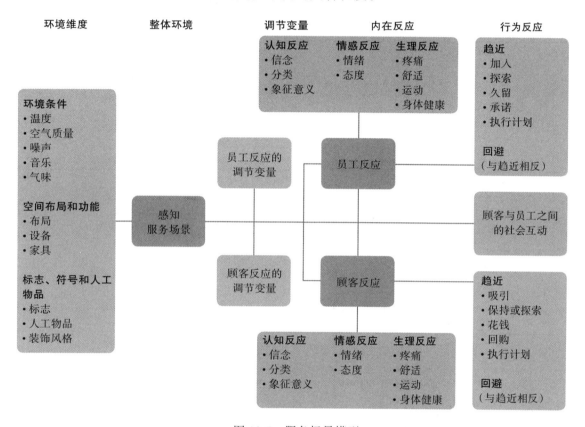

图 10-7 服务场景模型

比特纳模型表明,存在影响顾客和员工反应的调节变量。这意味着相同的服务环境可能对不同的顾客产生不同的影响,这取决于顾客是谁以及他喜欢什么,即仁者见仁、智者见智。例如,说唱音乐或歌剧对某些顾客而言是一种纯粹的乐趣,而对另外的顾客来说可能就是一种折磨。

比特纳模型的一个重要贡献是涵盖了员工对服务环境的反应。毕竟,员工在服务环境中所花费的时间比顾客要多得多。对于服务场景的设计者来说,重要的是理解在特定的环境下如何提高一线服务人员的服务生产率和服务传递的质量。

顾客和员工的内在反应可以分为认知反应(如质量感知和信念)、情感反应(如情绪和态度)和生理反应(如疼痛和舒适)。这些内在反应会导致一些外在的行为反应,比如回避拥挤的超市,或者对放松的环境做出积极反应,在那里待得更久,在冲动购物中多花点钱。总而言之,顾客和员工的行为反应必须以有助于传递和消费高质量服务的方式来塑造。

10.4 服务环境的维度

服务环境是十分复杂的，包含了许多设计要素。例如，表10-1罗列了零售店服务环境设计的基本要素。本节聚焦于服务场景模型中服务环境的主要维度：环境条件，空间布局和功能，标志、符号和人工物品。[12]

表10-1 零售店服务环境的设计要素

维 度	设计元素	
外部环境和设施	• 建筑风格 • 建筑高度 • 建筑规模 • 建筑颜色 • 外墙和外部标志 • 店面 • 华盖 • 草坪和花园	• 橱窗展示 • 入口 • 可见性 • 独特性 • 周围商店 • 周围区域 • 堵塞 • 车位和可用性
室内环境	• 地板和地毯 • 配色方案 • 照明 • 气味 • 气味控制（如烟味） • 声音和音乐 • 固定装置 • 墙体构成 • 墙面质地（喷涂或墙纸） • 天棚构成	• 温度 • 清洁程度 • 走道宽度 • 敷料设施 • 垂直交通空间 • 静区 • 商品布局和展示 • 物价水平和展示 • 收银机放置 • 技术及现代化
商店布局	• 为销售、商品、员工及顾客等分配的平面空间 • 商品的摆放 • 商品归类 • 工作站设置 • 设施放置 • 收银机放置	• 等待区域 • 交通流量 • 等待队列 • 家具 • 静区 • 部门设置 • 部门内部设置
室内展示	• 购买点展示 • 海报、标志及卡片 • 图片和艺术品 • 墙面装饰 • 主题设定 • 全套家具	• 货架和箱子 • 产品陈列 • 价格展示 • 抛售箱 • 可移动设备
社会维度	• 服务人员个性 • 员工制服 • 拥挤程度	• 顾客个性 • 隐私 • 自助服务

10.4.1 环境条件的影响

环境条件是指与顾客五种感官有关的环境特征。即使顾客并未有意识地去关注这些环境特征，它们也会影响顾客的情绪状态、感知，甚至态度和行为。这些环境特征由数百个设计要素和细节组成，它们必须有效地整合在一起才能打造所需的服务环境。同时，顾客会从个别和整体两个层面来感知环境条件，具体包括音乐、声音和噪声、气味和味道、配色方案和灯光、温度和空气流动。这些条件的巧妙设计可以在目标消费群体中引发期望的行为反应。现在，我们讨论一些重要的环境维度，从音乐开始。

1. 音乐

在服务环境中，音乐能够对顾客的感知和行为产生巨大的影响，即使它的音量很小。虽然音乐有各种结构特征，如节奏、音量及和声等，但它是被顾客整体感知的。同时，音乐对顾客情感及行为反应的影响因人而异（例如，年轻人和老年人对同一首歌曲往往会产生不同的反应）。[13]

大量研究发现，快节奏和高音量的音乐会提高兴奋水平，进而导致顾客加快各种行为节奏。[14] 无论是自愿还是非自愿，人们都会倾向于调整他们的步伐，以配合音乐的节奏。这意味着在繁忙的午餐时刻，餐馆可以通过播放快节奏、高音量的音乐来加快每桌的翻台率，为更多的顾客提供就餐服务。同时，餐馆还可以在晚餐时刻播放柔和的慢节奏音乐，以延长顾客的用餐时间，从而增加饮料收入。一项长达八周的餐馆实地研究发现，在慢节奏的音乐环境下就餐的顾客比在快节奏的音乐环境下就餐的顾客在餐馆待的时间更长。因此，当播放慢节奏的音乐时，饮料的收入会大幅增加。[15]

此外，研究表明，当播放慢节奏的音乐时，购物者走路的速度会变慢，冲动购物的程度会增加。[16] 而在需要顾客等待服务的情况下，有效地使用音乐可以缩短顾客的感知等待时间，并提高顾客的满意度。例如，在医院的手术候诊室里，播放轻松的音乐能有效地降低压力水平。[17]

因此，为餐馆、零售店甚至呼叫中心提供最佳的音乐组合已经形成一个独立的行业。情绪媒体公司（Mood Media）是这个领域的领导企业，它在美国为超过30万家商业场所提供音乐服务。该公司不仅为基督教书店、黑人理发店、英裔和西班牙裔顾客聚集的双语购物中心等商店定制音乐播放列表，还使用时间定向技术针对不同的顾客群体设置不同的音乐，如白天上班的母亲或放学后的青少年。[18]

如果你知道音乐也可以用来防止顾客违规行为的发生，你会感到惊讶吗？许多服务环境，包括地铁、超市和其他公共场所都会吸引一些不诚实的顾客。一些问题顾客的行为（见第12章）会给服务型企业的管理及其他目标顾客带来麻烦。在英国，播放古典音乐来驱赶这些问题顾客日渐成为一种流行的策略，对蓄意破坏公物以及游手好闲的人来说，听这种音乐显然会感到极不舒服。一家名为Co-op的英国连锁超市一直尝试在其门店外播放古典音乐，以防止青少年进店闲逛和恐吓顾客。Co-op的总裁史蒂夫·布劳顿说，公司为门店服务人员配备了遥控器，"当形势发展到需要主动驱散人群时，他们就会播放音乐"。[19]

2. 气味

顾客可能会有意识或无意识地感知到弥漫在服务环境中的气味。气味能够对顾客的情绪、感觉、评价、购买意向和店内行为产生强烈的影响。[20] 当我们饿了并在经过面包店之前就闻到了新鲜出炉的羊角面包香味时，我们就真正体验到了气味的力量。这种气味让我们意识到自己的饥饿，并为我们指出解决方案（如购买面包）。同样地，在迪士尼魔幻王国的大街上，新鲜出炉的曲奇饼味道能给游客一种温暖的感觉；在维多利亚的秘密（Victoria's Secret）专卖店里，百合花的香味营造出女士内衣壁橱的氛围。

芝加哥嗅觉与味觉治疗研究基金会的嗅觉研究员艾伦·赫希博士坚信，在未来的某个时刻，我们将真正了解气味，并能够使用它们来管理人的行为。[21]事实上，服务型企业感兴趣的是如何让顾客在餐馆里感觉又饿又渴，如何让患者在牙医的候诊室里放松，如何让健身爱好者在健身房里更有活力地锻炼。在芳香疗法中，普遍认为气味具有特殊的特性，可以用来引起某些情绪、生理和行为反应。表10-2展示了不同的气味对人的影响。研究表明，在服务环境中，气味对顾客的感知、态度和行为有显著的影响。例如：

- 当拉斯维加斯的赌场散发出一种令人愉快的人造气味时，赌客们往老虎机里投入超过45%的硬币。当这种气味的强度增加后，赌客们的消费增加了53%。[22]
- 当顾客在有花香的房间里试穿耐克运动鞋时，他们更愿意购买鞋子，并为之付出更多的钱（平均每双多付10.33美元）。即使气味微弱到顾客无法察觉，也会产生同样的效果。[23]

表10-2 芳香疗法：不同的香味对人的影响

香味	香味类型	芳香疗法类别	传统应用	对人的潜在心理影响
桉树	樟脑类	调理、刺激	除臭剂、杀菌剂、安抚剂	刺激和提神
薰衣草	草本类	平静、平衡、舒缓	肌肉松弛剂、安抚剂、收敛剂	放松和镇定
柠檬	柑橘类	激励、振奋	杀菌剂、安抚剂	感到轻松
黑胡椒	辛辣类	平衡、舒缓	肌肉松弛剂、催化剂	平复人的情绪

服务型企业已经意识到了气味的力量，并逐渐将其作为品牌体验的一部分。例如，威斯汀酒店在大堂使用了白茶香精，而喜来登的大堂则散发着无花果、丁香和茉莉花的混合香味。作为对气味服务场景这一趋势的回应，一些专业的服务型企业已经进入了气味营销领域。例如，阿巴斯作为能多洁集团旗下的一家初创企业，为零售、酒店、医疗健康、金融服务和其他服务行业提供与气味相关的服务，如感官品牌、环境气味和气味修复等。服务型企业可以将服务场景气味化的设计环节外包给阿巴斯，让其提供一站式的解决方案，从向服务型企业提供咨询和设计专属签名气味，到管理企业所有门店的持续香味。[24]情绪媒体公司作为一家领先的音乐、气味和商业场所标识供应商，其客户可以从存有1 500多种气味的气味图书馆里选择理想的环境气味。[25]

3. 颜色

除了音乐和气味，研究人员还发现颜色对人的感觉有很大影响。颜色"是令人兴奋的、平静的、富有表现力的、令人不安的、易受影响的、文化的、精力充沛的、象征性的。它渗透到我们生活的方方面面，点缀着平凡，赋予日常事物美感和戏剧性"。[26]

真正用于心理学研究的是蒙赛尔系统，它从色相、明度和色度三个维度对颜色进行定义。[27]色相是指色彩所呈现的相貌（即颜色的名称：红、橙、黄、绿、蓝、紫）。明度是指颜色亮或暗的程度（即从纯黑色扩展到纯白色的跨度）。色度是指色相的强度、饱和度或亮度，高色度的颜色具有高强度的色素沉着，被认为是丰富和生动的，而低色度的颜色被认为是暗淡的。

色相分为暖色（红色、橙色和黄色）和冷色（蓝色和绿色），其中橙色是最温暖的颜色，蓝色是最冷的颜色。这些颜色可以用来调节环境中的温度感知。例如：如果一种紫色给人的感觉过于温暖，可以通过减少红色的数量使其冷却下来；如果一种红色给人的感觉太冰冷，可以增加一种橙色的数量，让整个色彩暖和起来。暖色与高兴的情绪和兴奋的状态有关，但同时也会加剧焦虑感；冷色会降低人的兴奋水平，但同时也能引发温和、平静、爱和幸福感等情绪。[28] 表10-3 总结了人对颜色的常见联想与反应。

表10-3 人对颜色常见的联想与反应

颜色	温暖程度	自然符号	对颜色产生的常见联想与反应
红色	暖	地球	高能量和激情；可以使人兴奋并激发情感，表白和温暖
橙色	最暖	落日	激发情感，表白和温暖
黄色	暖	太阳	乐观，透明，有才智，情绪增强
绿色	冷	小草、大树	孕育，治愈和无条件的爱
蓝色	最冷	天空和海洋	放松，宁静和忠诚
靛蓝	冷	落日	冥想和灵性
紫色	冷	紫罗兰花	灵性，减少压力，可以创造一种内在的平静感觉

以服务环境为背景的研究表明，尽管人有不同的颜色偏好，但通常容易被暖色调环境吸引。暖色调鼓励顾客快速决策，最适合低介入度的服务购买决策或冲动购买。当顾客需要时间来做出高介入度的购买决定时，冷色环境更受欢迎。[29]

有效色彩与照明的最新案例是波音787梦想客机和空客A350机型的新机舱设计。过去，客舱的灯光不是开就是关，但新的发光二极管（LED）技术可以为客舱灯光提供更广泛的照明选择。如今，设计师们正在用各种色调来照亮机舱，并提出各种问题，例如，"登机时，粉紫色的灯光是否比暖琥珀色的灯光更能安抚乘客？""照明能尽可能地防止时差反应吗？"芬兰航空公司（Finnair）的A350客舱针对长途飞行的不同阶段有24种不同的灯光设置。更具特色的是，它还拥有大约20分钟的"日落"特色光，并与目的地的颜色保持一致（例如，当飞到亚洲时，是温暖的琥珀色；当到达芬兰时，是凉爽的"北欧蓝"色调）。同样，维珍大西洋航空公司（Virgin Atlantic）在其787航班上也有一些特殊的灯光设置，包括登机时是玫瑰香槟色，提供饮料时是紫红色，晚餐时是琥珀色，睡觉时是银色，还有清醒时是白色。维珍大西洋航空公司的设计经理尼克·卢萨迪表示："我们一直希望在飞机的客舱里营造不同类型的氛围，而光是我们能够使用的工具……你可以让乘客充满活力，也可以迅速地让乘客放松下来。"[30]

10.4.2 空间布局和功能

除了环境条件之外，空间布局和功能也是服务环境的关键维度。因为服务环境通常必须满足特定目标和顾客需求，空间布局和功能就显得特别重要。

空间布局是指服务场所的平面布置规划，涵盖家具、柜台以及各种机器和设备的大小及形状，以及它们的布置方式。功能是指这些服务设施设备等在促进服务交易绩效方面的能力。这两个维度都影响设施的用户友好性及其为顾客提供良好服务的能力。例如，咖啡馆里的桌子靠太近，银行的柜台缺乏私密性，演讲厅的座椅不舒服以及停车位不足等，这些都会给顾客留下负面的印象，进而影响顾客的服务体验和购买行为，最终会对服务设施的经营业绩产生影响。

10.4.3 标志、符号和人工物品

在服务环境中，许多事物都可以作为显性或隐性的信号来传递企业的形象，帮助引导顾客（例如，前往特定的服务柜台、部门或出口）和传达服务脚本（例如，使用排队系统）。特别是首次光顾的顾客，会自动地从环境中感知信息和意义，以引导他们完成整个服务流程。[31]

标志是一种显性的信号，可以用作：①标签（如部门名称或柜台的指示牌）；②指引方向（如前往特定服务柜台、入口/出口或电梯和厕所的指示）；③传递服务脚本（如取号排队、等待叫号或者餐后清理托盘）；④行为规则的提醒（如划定吸烟区和禁烟区，或在演出期间指示观众将手机关机或调为静音模式）。在服务场景中，标志通常被用于传授或强化行为规则。新加坡经常被讽刺地称为"罚款"城市，因为它在许多服务环境中有着严格的强制规定，尤其是在公共建筑和公共运输领域（见图 10-8）。然而，有些标志更具创意且同样有效（见图 10-9）。有些标志很有趣易懂，有些标志则需要稍微思考一下才能理解其含义。表 10-4 概括了精心设计的标志为顾客和服务型企业带来的种种益处。

禁食或禁饮，违者罚款 500 美元；禁止吸烟，违者罚款 1 000 美元；禁止携带易燃液体或气体，违者罚款 5 000 美元。

图 10-8 新加坡地铁上的禁止标志

除了照片，别带走任何东西；除了脚印，别留下任何东西。

图 10-9 运用有创意的标志来引导游客行为

服务场景设计者面临的挑战是使用标志、符号和人工物品清晰地引导顾客完成服务传递流程，并且用尽可能直观的方式使顾客掌握服务脚本。当处于新顾客或低频消费顾客较多（如机场、医院）和自助服务程度较高（如银行自助服务柜台）的服务场景时，服务场景设计者有效应对上述挑战就显得格外重要。

当顾客不能从服务场景中获取清晰的标志和指示牌时，他们就可能变得混乱和迷茫，进而产生焦虑，并开始质疑是否能够获得以及如何获得所需的服务。想想最近一次你在一个不熟悉的医院、购物中心或大型政府机构赶时间找路，但这些地方的标志和方向指示牌却并不清晰时的感受。在许多服务设施中，顾客的第一个触点很可能是停车

场。服务洞察10-2展示了如何在像停车场这样不起眼的服务环境中应用有效环境设计的原则。

表10-4 精心设计的标志能够为顾客和企业带来的潜在益处

对顾客的益处	对企业的益处
• 被告知、更新、指引方位、自由移动、沿路径指引、感性刺激 • 熟悉服务场景 • 能够更轻松地参与服务流程 • 在标志指引下可增强自信和得到安慰,在服务接触中提供高水平的感知控制 • 减少紧张、混淆、迷茫、走弯路及对信息的需求 • 尽可能有效地缩短实现既定目标的时间	• 指引、通知及管理顾客的流动和行为 • 提升服务质量和提高顾客满意度 • 减少一线服务人员提供信息的工作 • 帮助一线服务人员减少工作中的干扰 • 激发好奇心,帮助强化企业形象 • 使企业实现竞争的差异化

资料来源:Angelo Bonfani, "Towards an Approach to Signage Management Quality (SMQ)," *Journal of Services Marketing* 27(4): 312-321. © 2013 Emerald Group Publishing Limited.

 服务洞察10-2

停车场设计指南

停车场在许多服务设施中扮演着重要的角色。在停车场或车库里有效地使用标志、符号和人工物品,可以帮助顾客更好地找到路,管理他们的行为,同时也体现了服务型企业专业、体贴的正面形象。

(1)**友好的警告标识**。所有的警告标识都应该传递顾客的利益,即站在顾客的角度表达警示。例如,"消防通道——为了大家的安全,请不要把车停在消防通道上"。

(2)**安全的照明**。能覆盖所有区域的良好照明不仅可以让顾客感觉更方便,还能提高安全性。企业可以通过张贴告示以引起顾客的注意——"为了您的安全,停车场已经提供了特殊照明"。

(3)**帮助顾客记住停车的位置**。在偌大的停车场里,忘记自己把车停在哪里,这绝对堪比一场噩梦。许多停车场都采用了喷涂不同颜色的地板来帮助顾客记住他们的停车位置。此外,许多停车场还用特殊的符号(如不同种类的动物)来标记停车区域。这不仅能帮助顾客记住停车的位置,还能帮助他们记住停车的楼层。波士顿的洛根机场则更进一步,每一层都有一个与马萨诸塞州相关的主题,比如保罗·里维尔的骑行(Paul Revere's Ride)、科德角或波士顿马拉松。每个主题都附有一个图像——一个骑在马背上的男性、一座灯塔或一位女性跑者。当在某一楼层等电梯的时候,顾客会听到几小节与该楼层主题相关的音乐。例如,波士顿马拉松这一层就播放一部关于奥运会运动员的奥斯卡获奖影片《烈火战车》(*Chariots of Fire*)的主题曲。

(4)**设置特殊停车位**。按照法律规定,停车场需要设置残疾人专用停车位,但车辆必须贴有特殊的标签才能使用这些停车位。同时,一些服务周到的企业专门为孕妇设置涂有一只蓝色或粉色鹳鸟的专用停车位。这种策略体现出一种关怀感以及对顾客需求的理解。

(5)**持续更新**。路缘、人行道和地段线应该在开裂、脱落或年久失修变得明显之前定期重新粉刷。主动和频繁地重新粉刷能给顾客以积极清洁的提示,并展示出一个积极的企业形象。

10.4.4 人也是服务环境的一部分

服务人员和顾客的外表及行为都可以增强或削弱服务环境带给人的印象。丹尼斯·尼克森和他的同事们用"美丽劳动者"一词来表现"直接为顾客服务的服务人员外在形象"的重要性。[32] 迪士尼乐园的服务人员被称为"演员"。他们可能扮演灰姑娘或白雪公主的七个小矮人之一,甚至是乐园的清洁工或巴斯光年之明日世界的电话亭经理。无论扮演谁,他们都必须精心打扮,然后尽力为游客表演。

同样,营销传播可以努力吸引那些不仅会享受服务人员积极创造的氛围,还会通过自己的外表和行为积极地提升这种氛围的顾客。在酒店和零售领域,新来的顾客在决定是否光顾之前,通常会先考察一下现有的顾客群体。

10.5 整合所有服务环境要素

虽然顾客常常感知到环境的特定方面或个体的设计特征,但决定顾客反应的是所有这些设计特征的整体配置。这意味着,顾客是从整体的视角来感知服务环境的。

10.5.1 基于整体观的设计

在服务场景中,光滑的深色木地板是不是最完美的地板,这取决于服务环境中的其他一切事物,包括家具的类型、配色方案和材质,服务环境的照明条件,现场促销资料的陈列,整体的品牌感知和企业定位等。因此,服务型企业必须整体地看待服务场景。这意味着,服务场景设计的任何维度都不能单独优化,因为不同维度和不同事物之间都是相互依赖的。

服务环境的整体规划设计是一门艺术,因此,专业的设计师倾向于专注特定类型的服务场景设计。例如,一些知名的室内设计师只从事世界各地的酒店大堂设计工作。同样,也有一些设计专家只专注于餐厅、酒吧和俱乐部,咖啡馆和小酒馆,零售卖场,以及医疗保健机构等的设计工作。

10.5.2 从顾客视角进行设计

许多服务环境都强调审美价值。在设计服务环境时,设计者有时会忘记最重要的因素——使用它们的顾客,换言之,这些服务环境最终是面向顾客的。Up Your Service！学院的创始人罗恩·考夫曼就曾经在两个新的高利润服务环境中发现了明显的设计缺陷。

(1) 约旦新开的一家喜来登酒店没有引导顾客从宴会厅到洗手间的清晰标志！然而事实并非如此。这些标志其实是真实存在的,只不过是用柔和的金色铭刻在黑色的大理石柱子上。酒店负责人认为:"在如此优雅的装饰中,太明显的标志显然是不合适的。"标志虽然非常时髦,也很别致,但这是设计给谁看的呢?

(2) 在亚洲一个主要城市的新机场休息室,天花板上悬挂着一组彩色的玻璃隔板,组成了门帘一样的屏风。当我走进休息室时,拉着的行李箱轻轻地擦着玻璃隔板,此时整个隔板都在晃动,还有几块掉下来了。一名机场工作人员赶紧跑来,重新组装那些隔板（谢天谢地，幸好没打破什么）。我连忙向工作人员致歉，他却说："别担心，这种情况经常发生。"机场休息室是一个客流量很大的区域，旅客们总是进进出出。罗恩·考夫曼不禁要问："室内设计师是怎么想的？他们到底是为谁设计的？"

考夫曼表示："我经常对全新的设施感到惊讶，它们明显对用户'不友好'！"他总结出了以下关键的学习要点："设计师很容易陷入创造新事物的热潮，这些新事物要么'酷'，要么'优雅'，要么'火爆'。但如果始终没有把顾客放在心上，最终可能就会以失败而告终。"[33]

沿着同样的思路，阿兰·阿斯顿探讨了刺激顾客的环境因素。他的调查结果强调了如下问题。

（1）环境条件（根据刺激的程度排序）：

- 商店不清洁；
- 商店或购物中心里太热；
- 商店里音乐的音量太大；
- 商店里的气味难闻。

（2）环境设计变量：

- 试衣间里没有镜子；
- 顾客很难找到想要的东西；
- 商店里的指示牌不足；
- 商品的陈列方式发生变化，让顾客感到困惑；
- 商店太小；
- 顾客在大型购物中心里迷路。[34]

结合服务洞察10-3的迪士尼案例，对比考夫曼的经历和阿斯顿的发现可以清楚地看到，对服务环境设计的详细关注能够产生不同的影响。

 服务洞察10-3

迪士尼魔法王国的设计

迪士尼是服务环境设计领域无可争议的佼佼者。它那令人惊叹的细微和详细的规划传统已经成为企业的标志，在其主题公园内随处可见。例如，进入魔法王国的主干道被设计成直角，使其看起来比实际的更长。五花八门的设施和景点位于主干道的两侧，使游客更加期待前往城堡的相对较长的旅程。然而，当游客到达城堡在入口转身回看时，主干道看起来又比实际的要短一些。这样可以缓解疲劳，振奋游客，甚至鼓励游客步行（从而缓解由于公交车过多而造成的交通拥堵情况）。

蜿蜒的步行道上有多个景点可供游客们开心游玩。他们可以参与预先设好的娱乐活动，甚至还能够观看其他游客的表演。园区内垃圾桶随处可见，这暗示游客禁止乱扔垃圾。园区内的墙壁和设施会定期重新粉刷，这标志着高水平的保养和清洁。

迪士尼的服务场景设计和维护有助于增强游客的娱乐体验，并为游客创造愉悦和满意，这一点不仅充分地体现在主题公园内，而且在其游轮和酒店服务中也体现得淋漓尽致。

10.5.3 指导服务场景设计的工具

服务型企业的管理者可以使用多种工具来确定顾客如何使用服务场景，服务场景的哪些方面使顾客感觉恼怒，哪些方面是顾客所喜欢的。这些工具主要包括：

（1）**敏锐的观察**。服务型企业的管理层、业务主管、部门经理和一线服务人员可以对顾客的行为以及顾客对服务环境的响应进行敏锐的观察。

（2）**来自一线服务人员和顾客的反馈与创意**。服务型企业可以使用一系列的研究工具，从社交媒体和意见箱，到焦点小组和问卷调查，来收集一线服务人员和顾客针对服务场景的反馈意见和创意。

（3）**照片审查**。照片审查是要求顾客（或神秘顾客）为他们的服务体验拍照的一种方法。这些照片以后可以作为进一步理解顾客体验的基础，或者作为服务体验问卷调查的一部分。[35]

（4）**现场实验**。现场实验可以用来操作服务环境中的特定设计要素，以便观察它们对顾客行为的影响。例如，研究人员可以对不同类型的音乐和气味进行组合实验，然后测量顾客在不同环境中花费的时间和金钱。此外，使用图片、视频或其他方法模拟真实服务环境（如通过计算机进行的虚拟旅行）的实验室实验可以有效地检验那些在现场实验中难以轻易操作的设计要素（例如，不同的配色方案、空间布局或家具风格）发生变化时产生的影响。

（5）**服务蓝图**。服务蓝图或流程图（参见第8章）可以扩展到服务场景中的有形展示。设计元素和有形证据可以在顾客经历服务传递流程的每一个步骤时被记录下来。照片可以作为蓝图的补充，使其更加生动。

表10-5展示了顾客光顾电影院的行为和服务环境感知。它明确了在顾客的每个行为步骤中，服务环境的各个要素是如何超过或未达到顾客期望的。服务流程被分解为各类步骤、决策、职责和活动，所有的设计贯穿整个服务接触过程。在顾客体验服务的整个过程中，服务型企业能够看到、理解和体验的东西越多，就越容易意识到服务环境设计中的错误并进一步改进服务环境，为顾客提供更加完善的服务。

表 10-5 看电影：顾客感知的服务环境

服务接触的步骤	服务环境设计	
	超过期望	未达期望
找到停车位	空间靠近出口且宽敞明亮，有专门的保安人员看管	停车位不足，顾客不得不把车停在其他停车场
排队购票	显示屏、新片海报和娱乐新闻报纸（缓解可能长时间等待的感觉）正确摆放；影片及放映时间展示清楚；剩余票数清楚地告知	购票队伍很长，需长时间等待；很难快速看到电影及其上映时段安排，以及电影票是否有售
检票入场	整洁的大堂配有清晰的指示标志，陈列的电影海报增强顾客体验	脏乱的大堂到处都是垃圾，各类指示牌混乱不清，容易误导顾客

（续）

服务接触的步骤	服务环境设计	
	超过期望	未达期望
电影放映之前去洗手间	干净、宽敞、明亮、整洁；地面干燥；装饰精美；清洁用品充足；镜子定期擦拭	脏乱，带有难闻的气味；洁具损坏；没有洗手液、纸巾或厕纸；过度拥挤；镜子布满灰尘
进入剧场并找到座位	剧院一尘不染；座椅设计舒适且无损坏；照明充足便于确定座位位置；椅子宽敞舒适；每个座位上都有饮料和爆米花架；温度舒适	地面有垃圾，座椅损坏，地板黏糊糊的，灯光昏暗而不充足，出口标志灯熄灭
观看电影	音响系统和电影质量极好，观众素质高，整体娱乐体验令人愉快和难忘	音响和电影设备不合格，缺乏"禁止吸烟"标志及其他标志，有喧哗和吸烟的观众，整体娱乐体验不愉快
离开剧场去停车场	离开时友好的服务人员给予问候；一个简单的出口穿过明亮、安全的停车场，在清晰的车位标志指引下找到汽车	这是一次"困难"的体验，艰难地挤过狭窄的出口通道，因停车场没有照明或照明不足而无法找到汽车

本章小结

1. 服务环境有四个核心目标，具体来说，包括：
   （1）塑造顾客的服务体验和行为。
   （2）彰显服务质量，支持服务定位和差异化，并强化品牌。
   （3）成为价值主张的核心要素（如主题公园和度假酒店）。
   （4）促进服务接触，并提高服务生产率。

2. 环境心理学为理解服务环境对顾客和服务人员的影响提供了理论基础。主要有两种模型：
   （1）梅拉比安-罗素的刺激-反应模型，认为环境影响人们的情感状态（情绪和感觉），进而驱动他们的行为。
   （2）罗素的情感模型，认为情感可以划分为两个相互作用的维度——愉悦和兴奋，它们共同决定了顾客是趋近一个环境并在其中花费时间和金钱，还是回避这个环境。

3. 服务场景模型建立在上述理论基础上，体现为一个综合框架，解释了顾客和服务人员如何响应关键的环境。

4. 服务场景模型强调服务环境的三个维度：
   （1）环境条件（包括音乐、气味和颜色）。
   （2）空间布局和功能。
   （3）标志、符号和人工物品。

5. 环境条件是指与顾客五种感官有关的环境特征。即使在无意识的情况下，它们也会影响顾客心理和行为。重要的环境条件包括：
   （1）音乐。它的节奏、音量、和声和熟悉感通过影响情感和情绪来塑造行为。人们倾向于调整他们的行为节奏来适应音乐的节奏。
   （2）气味。环境气味可以激发强烈的情绪，宽慰或刺激顾客。
   （3）色彩。色彩对人的感觉有很强烈的影响，暖色（如红色和橙色）与兴高采烈的心情有关，而冷色（如蓝色）则与平和和幸福感有关。

6. 有效的空间布局和功能对于提高服务运营效率、增强服务的用户友好性至关重要。
   （1）空间布局是指服务场所的平面布置规划，涵盖家具、柜台和各种机器和设备的大小及形状，以及它们的布置方式。
   （2）功能是指这些服务设施设备等在促进服务交易绩效方面的能力。
7. 标志、符号和人工物品帮助顾客从服务环境中获取意义，并指导顾客完成整个服务流程。它们可以用来：
   （1）标示设施、柜台或部门。
   （2）指示方向（如前往入口、出口、电梯或厕所）。
   （3）传递服务脚本（如取号排队、等待叫号）。
   （4）强化行为规则（如"请将手机调至静音模式"）。
8. 在服务场景中，服务人员和其他顾客的外表与行为是价值主张的一部分，并可能加强（或削弱）企业定位。
9. 服务环境是被整体感知的。因此，如果不考虑其他因素，服务环境的单个方面是无法被优化的。设计服务环境的过程是一门艺术，而不仅仅是科学。
   （1）由于这种挑战，专业的设计师倾向于专注特定类型的服务环境，如酒店大堂、俱乐部、医疗保健机构等的设计。
   （2）设计最佳的服务环境，不只要基于美学的考虑，更重要的是要从顾客的视角进行设计，其目的是引导顾客顺利地完成整个服务流程。
   （3）可用于设计和改善服务场景的工具包括敏锐的观察，来自一线服务人员和顾客的反馈与创意，照片审查，现场实验以及服务蓝图。

复习题

1. 服务环境要实现的四个主要目标是什么？
2. 描述梅拉比安－罗素的刺激－反应模型和罗素的情感模型是如何解释顾客对服务环境的反应的。
3. 罗素的情感模型和服务场景模型之间有什么关系或联系？
4. 为什么针对相同的服务环境，不同的顾客和服务人员会产生截然不同的反应？
5. 解释环境条件的维度，以及每种维度如何影响顾客对服务环境的反应。
6. 标志、符号和人工物品的角色是什么？
7. 服务环境是被整体感知的，这一事实意味着什么？
8. 有哪些工具可以帮助我们理解顾客的反应，并指导服务环境的设计和改进？

应用练习

1. 找到三个来自不同服务行业（该行业中服务环境是整体价值主张的关键部分）的公司，详细分析和解释在这三个行业中服务环境所传递的价值。
2. 亲临一个服务环境，并进行详细查看。体验这个环境，并尝试理解各种设计要素如何塑造你的感受以及你在该环境中的行为。

3. 选择一个差的和一个好的等待体验，对比两种情况下的服务环境和其顾客等待的情况。
4. 访问一个自助服务环境，并分析环境设计的各维度如何引导你完成服务流程。你觉得哪些因素最有效，哪些似乎最无效？如何改善环境使自助服务顾客的"寻路过程"更容易？
5. 带上相机，对一个特定的服务场景进行照片审查。找到优秀的和糟糕的设计特征的照片例子，并就如何改善服务场景提出具体的建议。

第 11 章

员工管理与服务竞争优势

□ 学习目标

通过学习本章,你能够:
1. 解释服务人员为何对企业的成功如此重要;
2. 理解导致一线员工的工作要求高、困难多的因素;
3. 描述服务型企业人力资源失败、平庸和成功的循环;
4. 理解服务型企业成功的人力资源管理中服务人才循环的关键要素;
5. 了解如何为服务岗位吸引、甄选和雇用合适的人;
6. 解释服务人员需要培训的关键领域;
7. 认识内部营销和沟通的作用;
8. 理解为何授权在许多一线工作中如此重要;
9. 解释如何构建高绩效的服务传递团队;
10. 了解如何跨部门和跨职能领域整合团队;
11. 了解如何激励和鼓舞员工,使其传递优质和高效的服务;
12. 理解服务导向文化是什么;
13. 了解服务氛围和服务文化的区别,并描述服务氛围的决定因素;
14. 解释服务型企业中卓有成效的领导者的素质;
15. 理解不同的领导风格,认识行为榜样和关注一线员工的重要性。

□ 开篇案例

科拉·格里菲思:出色的女服务员[1]

科拉·格里菲思是美国威斯康星州阿普尔顿市纸谷酒店(Paper Valley Hotel)果园咖啡厅的一名女服务员。她在工作中的表现非常棒,经常受到新顾客的赞赏,在老顾客中有口皆碑,同事对她也尊崇备至。科拉热爱她的工作,这一点毫无疑问。她在适合自己的岗位上工作感到非常舒适,她的成功源于以下九条法则。

(1)**对待顾客像家人一样**。不能把新顾客看成陌生人。科拉性格开朗、积极主动,看到她微笑、聊天,周围的人都会参与进来。她像尊重成年人一样尊重小孩,坚持记住和称呼每个顾客的名字。科拉说:"我希望大家感觉是坐在我家吃晚饭,使他们能感到自己是受欢迎的,这样他们就会觉得舒适和放松。我不只是服务他们,我还宠爱他们。"

(2)**着重倾听**。科拉掌握了一套抓住要点的倾听技巧,所以她很少写下顾客的订单。她认真地倾听并提供个性化的服务:"他们着急吗?他们有特殊饮食要求吗?他们喜欢以某种方式烹制的菜肴吗?"

（3）**预测顾客的需求**。科拉总是能及时给顾客续杯，添加面包和黄油。一位喜欢在咖啡里加蜂蜜的老顾客无须开口即可得到它。科拉说："我不希望在顾客要求时才提供给他们想要的东西，所以我总是尽可能地预测他们可能需要的东西。"

（4）**细节使你与众不同**。科拉注意服务的细节，总是检查餐具是否清洁以及是否摆放到正确的位置。餐巾纸必须正确折叠。在盘子端上桌前，科拉将厨房的每个盘子都检查了一遍。科拉给孩子们准备了画笔，这样他们就可以在等待上菜的时候画画。她说："这些小事都可以让顾客开心。"

（5）**聪明地工作**。科拉总是同时观察所有的桌子，寻找机会将一些任务组合起来做。"永远不要一次只做一件事，"她建议，"永远不要空着手从厨房走到餐厅，可以随手拿着咖啡、冰茶或水。"给一位顾客杯子里加水，就把其他顾客的都加一遍；清理一位顾客的餐碟，就把其他顾客的餐碟都清理一遍。"你脑子里要有全局，要把各种活儿组织起来一起干。"

（6）**不断学习**。科拉不断努力地提高现有技能，并学习新的服务技能。

（7）**成功就在你身边**。科拉对她的工作很满意。她从服务顾客中感到满足，并且也乐于帮助他人。她的态度在餐馆里是一种积极的力量。她很难被忽略。"如果顾客来到餐厅时心情不好，我会尽力在他们离开之前让他们振作起来。"她对成功的定义是"快乐地生活"。

（8）**人人为我，我为人人**。科拉和很多同事一起工作超过八年。团队成员之间互相扶持，即使是在酒店举办会议，300人同时来餐厅吃早餐，他们也能从容应对。每个人都参与其中并提供帮助，服务人员之间互相照应，经理们把桌子摆好，厨师们忙着装饰盘子。"我们就像一个小家庭，"科拉说，"我们彼此非常了解，并且能互相帮助。如果这一天非常忙碌，我会在班次快结束时去厨房里对大家说，'兄弟们，我为大家感到骄傲，我们今天真的很努力。'"

（9）**以工作为荣**。科拉相信她的工作是重要的，必须努力做好。"我不认为'我自己只是个服务员'……我是被选中做服务员的，我要尽全力做到最好，我告诉新来的同事，'为你的工作感到自豪。'无论你做什么工作，不要妄自菲薄，要全力以赴，为你所做的事感到自豪。"

科拉·格里菲思诠释了一个成功的故事。她忠于自己的雇主，奉献于自己的顾客和同事。科拉是一个不断寻求提升的完美主义者，她对工作的热情和毫不懈怠的精神影响了整个餐厅。科拉为能成为一名服务员而感到骄傲，为"接触生活"而自豪。她说："我一直想尽我所能做到最好，但是，是公司让我真正认识到关注顾客的重要性，并赋予了我这样做的自由。公司经常听取我的建议并采取后续行动；如果我没有在果园咖啡厅工作，我可能仍是一名好的服务员，但不会像现在这样成为一名出色的服务员。"

11.1 服务人员至关重要

服务型企业员工的素质，尤其是那些直接面向顾客岗位的员工，在决定市场成功和财务绩效方面起着至关重要的作用。一线员工是传递优质服务、保持企业竞争地位和优势的一项关键输出。服务型企业为获取竞争优势而有效地管理服务人员，其带来的市场和财务绩效往往是惊人的。这就可以解释为什么7P营销组合中"人"的因素如此重要。

高素质且高积极性的员工是卓越服务和生产力的核心。本章开篇案例中科拉·格里菲思的故事有力地展示了一线员工在传递高质量服务的同时还有很高的工作满意度。科拉"九条成功法则"中的大多数法则，都是源于服务型企业良好的人力资源策略。在学习完本章后，你将掌握在服务型企业中如何有效地管理人力资源，以获得高满意度、高忠诚度、高积极性和高生产率的服务人员。图11-1是本章概览。

一线员工至关重要
- 是服务产品的核心部分
- 在顾客眼中代表着企业
- 是品牌的核心部分
- 影响销售（交叉销售和向上销售）
- 是顾客忠诚的关键驱动力
- 决定生产率

服务型企业人力资源的挑战

一线工作难度大、压力大
- 跨越边界的职位
- 联系组织内外部的纽带
- 角色冲突导致角色压力
  - 组织与顾客之间的冲突
  - 一线员工自我角色的冲突
  - 顾客之间的冲突
- 需要情绪劳动

服务型企业人力资源的基本模型
- 失败的循环
  - 低工资、低投资、高员工流失率
  - 导致顾客不满意、流失以及低利润率
- 平庸的循环
  - 庞大的官僚组织；提供工作保障但范围仅限于工作本身
  - 没有更好地服务顾客的动机
- 成功的循环
  - 大量投资一线员工的招聘、开发以及激励活动
  - 员工参与程度高，生产率也高
  - 顾客满意且忠诚，利润增加

如何做好人力资源管理：服务人才循环

雇用合适的员工
- 成为最佳雇主，并争夺更多优秀人才
- 加强甄选过程，为组织和既定岗位识别合适的员工
  - 使用多重结构化面试
  - 观察候选者的行为
  - 进行人格测试
  - 让求职者看到真实的工作场景

提升一线员工

培训与开发
- 实施广泛的培训，包括：
  - 组织文化、目标和战略
  - 人际技能和技术技能
  - 产品或服务知识
- 强化培训以塑造行为
- 使一线员工专业化
- 进行内部沟通或内部营销以塑造服务文化与行为

向一线员工授权
- 为服务问题和服务传递定制化的解决方案提供方向
- 根据商业模式和顾客需求设定合适的授权水平
- 授权需要：①关于绩效的信息；②产生高绩效的知识；③决策的权力；④基于绩效的奖励

整合一线员工组成有效的服务传递团队
- 运用那些能够端对端服务顾客的跨职能团队
- 为成功而构建团队（包括设立目标，细心甄选具有合适技能的成员）
- 跨部门、跨职能领域整合团队（通过张贴告示及内部活动，如"看看别人是怎样工作的"和"现场一日"）

激励一线员工
- 用一整套奖励制度来激励和刺激员工
- 奖励应包括工资、绩效奖金、满意的工作内容、反馈与认可，以及目标达成

服务文化、氛围和领导力

服务文化
- 对"组织中什么是重要的"的共同认知
- 对"这些为什么重要"的共同价值观和信念

服务氛围
- 氛围是文化转化成为政策、实践和程序
- 对值得奖励的实践和行为的共同认知

领导力
- 有效领导者的素质
- 聚焦基础与变革的两类领导风格
- 强烈关注一线员工

图 11-1　本章概览

服务人员是顾客忠诚和竞争优势的来源

几乎每个人都能回忆起自己接触服务行业的一些糟糕经历。当然，这些人中的许多人也可以讲述一段真实的愉快服务体验。服务人员通常是这类服务"戏剧"中的主要角色。他们要么看上去好像是冷漠、无能、卑鄙的"恶棍"，要么被认为是不遗余力地帮助顾客的"英雄"，他们预测顾客的需求，并以一种乐于助人和感同身受的方式解决问题。你可能有自己的一套最喜欢的故事，其中既有"恶棍"也有"英雄"。如果你和大多数人一样，你可能会更多地谈论前者而不是后者。

从顾客的角度来看，与服务人员的接触可能是服务中最重要的方面。从企业的角度来看，一线员工提供的服务水平和服务方式可以成为差异化和竞争优势的重要来源。一线员工对维护企业的顾客和竞争地位都特别重要，主要因为他们：

- **是服务产品的核心部分**。通常来说，服务人员是服务中最常见的要素。他们传递服务并极大地影响着服务质量。
- **在顾客眼中代表着企业**。从顾客的角度来看，一线员工就是企业本身。
- **是品牌的核心部分**。一线员工及其提供的服务常常是品牌的核心部分，一线员工通常会决定服务型企业是否兑现了品牌承诺。
- **影响销售**。一线员工通常对销售收入、交叉销售以及向上销售至关重要。
- **是顾客忠诚的关键驱动力**。一线员工在预测顾客的需求、定制化服务传递以及建立与顾客的个性化关系方面发挥着关键作用。[2]
- **决定生产率**。一线员工对一线运营的生产率有很大的影响。

科拉·格里菲思和其他许多服务人员的成功故事都证明了一个不言而喻的道理：积极向上的员工是卓越服务的核心。[3]

詹姆斯·赫斯克特和他的同事在他们的开创性研究成果——服务利润链（详见第 1 章）中，已将服务人员对顾客忠诚影响的实践重要性进行了理论整合和模式化。服务利润链阐述了以下变量之间的关系：①员工满意度、员工留存率和生产率；②服务价值；③顾客满意与忠诚；④企业的收入增长和盈利能力。[4] 与制造业不同的是，服务业中的"车间工人"（即一线员工）持续地与顾客保持联系，并且有确凿的证据表明，员工满意和顾客满意是高度相关的。[5] 因此，本章聚焦于企业如何拥有满意的、忠诚的以及有效率的服务人员。

11.2 充满困难和压力的一线工作

服务利润链需要高绩效、高满意度的员工来实现卓越的服务和顾客忠诚。然而，这些面向顾客的员工在企业中从事着一些极为费力的工作。举个例子，捷蓝航空公司的一位空乘人员在工作了 28 年后突然辞职。显然，在被一位极难相处的乘客因为行李问题骂了一通后，他感到忍无可忍。随后，他通过飞机上的对讲机公开斥责了该乘客，并说他受够了，最后打开紧急滑梯离开了飞机。[6] 这一事件很快在网上疯传，它显示了压力是如何影响一个人的工作的。接下来，我们就讨论一下导致这些工作如此费力的主要原因。

11.2.1 服务工作是跨越边界的职位

组织行为学的研究将服务人员称为跨界者，他们通常在企业的边界工作，将组织内部与外部世界联系起来。"跨界者"因为其所处的位置，常常会产生角色冲突。特别是与顾客接触的服务人员必须致力于兼顾运营和营销的双重目标。服务岗位的多重角色经常会带来角色冲突和角色压力。[7]下面我们逐一进行讨论。

11.2.2 角色冲突的根源

在一线岗位上，角色冲突和角色压力主要源于三个方面：组织与顾客之间的冲突、一线员工自我角色的冲突及顾客之间的冲突。

组织与顾客之间的冲突。与顾客接触的服务人员必须致力于运营和营销目标。服务人员希望取悦顾客，这自然需要时间。然而，他们在服务岗位上必须快速和高效。有时候，企业又要求服务人员实现销售目标，甚至是交叉销售和向上销售。

此外，与顾客接触的服务人员甚至还要负责执行企业的统一价格或定价方案，而这些价格策略极有可能与顾客满意相冲突（例如，"很抱歉，我们餐厅不提供冰水，但是我们有很好的蒸馏水和矿泉水供你选择"）。这种冲突的类型属于服务人员必须在执行企业策略和满足顾客需求之间进行选择，这也被称为"两难困境"。在那些非顾客导向的服务型企业中，这类问题尤为严重。

一线员工自我角色的冲突。服务人员的工作要求与其人格、自我认知和信念之间可能会发生冲突。例如，这项工作可能需要员工微笑和友善，即使是对待粗鲁的顾客也要如此（参见第12章）。V. S. 马赫什和阿南德·卡斯图里根据他们为世界各地的服务机构提供咨询服务的经历指出，成千上万的一线员工总是倾向于使用明显的负面评价来描述顾客。他们经常使用的词语包括："吹毛求疵的""不可理喻的""拒绝倾听的""总想让每件事马上按照自己的方式进行的""自大的"等。[8]

提供优质服务需要独立、热情和友好的人格。具有较强自尊心的人更容易具备这些特征。然而，许多一线工作被认为是低水平、低工资的工作，对员工的受教育程度要求不高，还缺乏职业发展前景。服务型企业必须让一线工作更加"专业化"以改变上述印象，使一线工作与员工的自我认知保持一致，否则，可能就会导致员工自我角色的冲突。

顾客之间的冲突。顾客之间的冲突并不少见（如在非吸烟区里吸烟，在排队等候时插队，在电影院里打电话，或在餐厅里大声喧哗）。服务人员经常被一些顾客叫去让另外一些顾客遵守规则。显然，这是一项艰巨而令人不快的工作，因为要让双方都满意是困难的，而且往往是不可能的。

简言之，一线员工可能会扮演三重角色：让顾客满意、传递服务和创造效益。尽管一线员工可能会经历冲突和压力，但他们仍然需要微笑和友好地面对顾客。我们将其称为情绪劳动，这本身就是压力的重要来源。

11.2.3 情绪劳动

情绪劳动（emotional labor）是阿莉·霍克希尔德在《心灵的整饰：人类情感的商业化》(*The Managed Heart: Commercialization of Human Feeling*) 一书中首先提出的。[9] 当一线员工的实际感受与管理层要求他们在顾客面前表现出来的情感之间存在差异时，就会产生情绪劳动。管理层希望员工性格开朗、和蔼可亲、富有同情心、真诚甚至谦逊，这些情绪可以通过面部表情、手势、语调和语言传达给顾客。尽管某些服务型企业会努力招聘具有这些特征的服务人员，但不可避免地会发生这样的情况：员工需要压抑自己的真实情感，以迎合顾客的期望。就像潘尼克斯·康斯坦汀和保罗·吉布斯指出的那样，"情绪劳动的重点往往会同时偏向管理层和顾客，一线员工……往往只能服从"，因此，这形成了一个潜在的"剥削情形"。[10]

以下这个故事（可能是虚构的）很好地说明了情绪劳动的压力。一名乘客走近一名空乘人员说："让我们微笑一下吧。"空乘人员回答道："好啊。就这么办吧，你先笑，我再笑，好吗？"乘客笑了。"好，现在请保持 15 小时。"空乘人员说着就走开了。[11]

服务型企业需要意识到员工正面临的情绪压力。企业应该确保它们的员工接受过良好的培训，可以有效地应对情绪压力和来自顾客的压力，并获得团队领导的支持。如果不这样做的话，员工将使用各种方法来抵御情绪劳动的压力。[12]

11.2.4 服务的"血汗工厂"

信息技术的快速发展使服务型企业可以对业务流程进行根本性的改进，甚至重新设计它们的运营方式。这些发展有时会导致现有员工的工作性质发生重大变化。在某些情况下，新技术和新方法的应用可以极大地改变工作环境的性质。在其他情况下，面对面的服务接触已经被互联网或呼叫中心提供的服务所代替。服务型企业已经重新定义和调整了工作岗位，以招聘为目的编写了新的岗位说明，并试图雇用具有不同任职资格的员工。

如果设计合理，这样的工作是有益的。服务型企业经常向父母和学生提供灵活的工作时间与兼职工作（约 50% 的呼叫中心工作人员是单身母亲或学生）。事实上，有研究表明，兼职员工比全职员工更满意他们作为顾客服务代表（CSR）的工作，而且表现得和全职员工一样出色。[13] 然而，这些工作往往把员工安置在大量的电子设备堆里，就像老式的"血汗工厂"。在高度监控下，顾客服务代表需要每分钟处理多达两个呼叫（包括上厕所和休息时间）；即使在管理良好的呼叫中心，他们的工作也很繁重。也有一些显著的压力是来自顾客的，因为许多顾客在电话里都怒气冲冲。

对呼叫中心的研究发现，具有高水平内在动机的员工较少遭受顾客压力的困扰。[14] 正如本章中接下来要讨论的，在服务领域获得成功的关键因素包括：仔细地筛选求职者（以确保他们已经知晓如何在电话中展示自己的能力，并有学习其他技能的潜力），认真地培训他们，并为他们提供一个设计良好的工作环境。

11.3 失败、平庸和成功的循环

接下来看看糟糕的、平庸的和卓越的服务型企业如何为一线员工带来失败、平庸或成功的工作环境。很多时候，糟糕的工作环境最终会转化为令人不快的服务，员工会像管理者对待自己那样去对待顾客。员工流失率高的服务型企业通常会陷入所谓的"失败的循环"。另外一些提供了基本的工作保障但很少关注员工的主动性，并且严格以规则和程序为基础的服务型企业可能会遭遇同样不受欢迎的"平庸的循环"。然而，如果管理得当，服务型企业就可能会出现一个良性循环，称为"成功的循环"。[15]

11.3.1 失败的循环

许多服务型企业对生产率的追求是不遗余力的。工作程序被极大简化，以尽可能低的工资雇用人员来完成重复性的工作，而这些工作很少或几乎不需要培训。在消费服务行业中，百货店、快餐店和呼叫运营中心经常被引用作为这类问题的典型例子。"失败的循环"运用两个相互作用的同心圆抓住了这种策略的本质：一个是员工的失败循环，另一个是顾客的失败循环（见图11-2）。

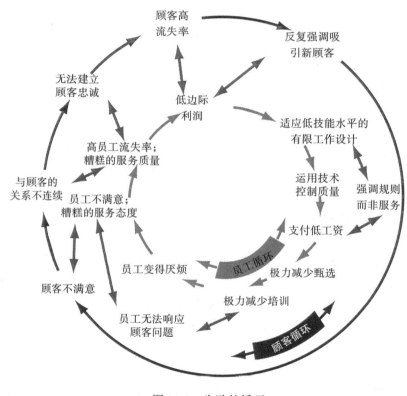

图 11-2 失败的循环

资料来源：1991 MIT Sloan Management Review/Massachusetts Institute of Technology. All rights reserved. Distributed by Tribune Content Agency.

员工的失败循环始于服务型企业为适应低技能水平的有限工作设计，主要强调规则而不是服务，并运用技术来控制服务质量。企业给员工支付很低的工资，同时在员工甄选和培训方面投资很少。随之而来的后果便是：对员工而言，员工觉得工作很无聊，缺乏能力响应顾客的需求，变得不满意并形成糟糕的服务态度；对服务型企业而言，导致低水平的服务质量和高频率的员工流动。较低的边际利润，以及在这种没有回报的环境中雇用工资更低的员工，导致这种循环不断重复。

顾客的失败循环始于服务型企业过于强调吸引新顾客。新顾客对员工的绩效以及员工高流动率导致的服务缺乏连续性感到非常不满，进而无法忠诚于企业，顾客的流失速度自然就变得与员工流失速度一样快。因此，企业不得不持续地寻找新顾客以维持销量。忠诚的顾客能够为企业带来巨大的利润，不满的顾客的离开尤其令人担忧（参见第 12 章的"顾客忠诚"）。

管理者通常将无法跳出失败循环的理由主要归结于员工：

- 现在根本找不到好的员工；
- 现在的人就是不想工作；
- 招聘优秀人才的成本太高了，而且还不能把增加的成本转嫁给顾客；
- 我们的一线员工离职率很高，不值得投资去培训他们；
- 高离职率是企业不可避免的事情，必须学会接受和适应它。[16]

很多服务型企业忽视了低工资/高离职率的人力资源策略所产生的长期财务影响，部分问题在于无法衡量所有的相关成本。企业尤其容易忽略三类关键的成本：①持续招聘、雇用和培训的成本（管理人员的时间成本与财务成本一样多）；②缺乏经验的新员工生产率较低；③不断吸引新顾客的成本。同时，企业时常忽略两方面的收益：①未来可能持续数年的收益流，但当不满意的顾客将业务转移到其他地方时，这些收益就失去了。②潜在顾客因负面口碑而流失，进而失去潜在的收益。最后，在工作岗位仍未填补或离职员工带走业务知识时（可能连同他的顾客一起带走），服务中断的成本就很难计算了。

11.3.2　平庸的循环

平庸的循环是另一个潜在的恶性循环（见图 11-3），最有可能在大型的官僚组织中出现。这些组织通常以国家垄断、工业卡特尔或受监管的寡头垄断为典型代表，它们几乎没有来自更灵活的竞争对手的市场压力，也缺乏动力提高经营绩效。此外，对根深蒂固的工会的恐惧可能会阻碍管理层尝试更多创新性的人力资源实践。

在平庸的环境中，服务传递标准往往是由严格的规则手册来规定的，这些规定集中在标准化服务和运营效率以及防止员工舞弊和偏袒特定的顾客上。工作职责的定义往往很狭窄，缺乏想象力，严格按照职责等级和范围分类，并进一步被工会坚持的规则僵化。薪酬的增长和职位的晋升很大程度上取决于员工在企业里的工作年限。在工作中，成功的表现通常通过没有犯错而不是高水平的生产效率或出色的顾客服务来衡量。培训聚焦于工作的规则和技术方面的学习，而不是改善与顾客和同事的人际互动。由于员工很少自由地按照他们认为必要或合适的方式开展工作，因此工作往往是无聊和重复的。但是，与失败的循环不同，大多数职位都能提供足够的薪水，通常还有良好的福利和较稳定的工作保障，因此，员工不愿离开。缺乏流动性的另一个原因是员工缺乏胜任其他领域岗位或工作的必要技能。

与这样的组织打交道让顾客感到沮丧。当面对官僚主义的烦扰、服务灵活性的缺失以及员工不愿尽力提供服务时，顾客甚至会变得不满。几乎没有什么动机来促进顾客与组织更好地合作，以获取更好的服务。当顾客向已经不满意的员工抱怨时，原本糟糕的服务态度就会变得更差。然后，员工可能会通过一些机制来保护自己，比如变得冷漠，宣称按照规则行事，或者以粗鲁反击粗鲁。

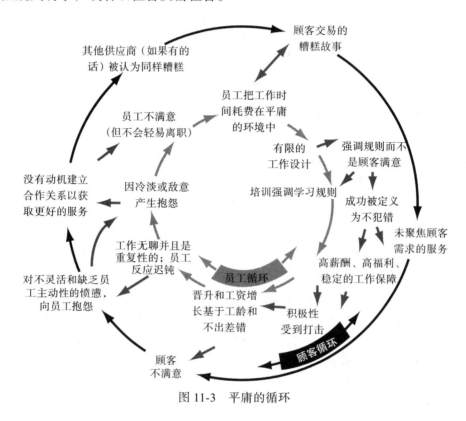

图 11-3 平庸的循环

11.3.3 成功的循环

一些服务型企业拒绝接受失败的或平庸的循环背后的假设。相反，它们以长远的眼光看待财务绩效，并通过投资于员工以创造"成功的循环"（见图 11-4），进而实现企业的成功和繁荣。

与失败的或平庸的循环一样，成功的循环也涵盖员工循环和顾客循环两方面。服务型企业通过更高的工资和更好的福利来吸引高素质的员工，在扩展工作设计的同时，还进行培训和授权，使一线服务人员能够更好地控制服务质量。伴随着更集中的招聘、更密集的培训和更优厚的薪酬，员工可以更愉快地工作，并提供更高质量的服务。低水平的顾客流失率意味着老顾客重视服务关系的连续性，更有可能保持忠诚。顾客的忠诚度越高，企业的利润率就会越高，这样企业就可以把营销重点放在运用顾客保留策略提升顾客忠诚度上。对服务型企业而言，这些策略通常比吸引新顾客的策略更有利可图。女服务员科拉·格里菲思的故事便是一线员工在成功循环中的有力证明。

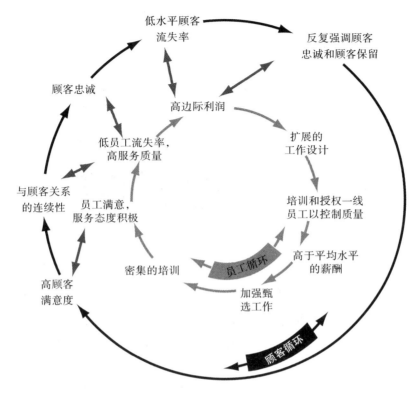

图 11-4　成功的循环

资料来源：1991 MIT Sloan Management Review/Massachusetts Institute of Technology. All rights reserved. Distributed by Tribune Content Agency.

11.4　人力资源管理：如何做到人事相宜

任何理性的管理者都希望企业在"成功的循环"中经营。在本节中，我们将讨论能够帮助服务型企业实现这些目标的人力资源策略。具体而言，本节将讨论服务型企业如何雇用、激励和留住那些愿意并能够提供卓越的服务、提高生产率和销售额的优秀员工。图 11-5 展示了**服务人才循环**（service talent cycle），这是在服务型企业中成功实施人力资源实践的指导框架。

11.4.1　雇用合适的员工

员工满意度对拥有高绩效的员工来说是必要条件，但不是充分条件。正如吉姆·柯林斯所说："'人是最重要的资产'这样的说法是错误的。合适的人才是最重要的资产。"[17] 我们还想补充："不合适的人通常是很难摆脱的负担。"因此，服务型企业应该从雇用合适的人开始。这包括在劳动力市场上最优秀的求职者群体中发布竞争职位，然后从这个资源库中选择最优秀的人才来填补特定的职位空缺。

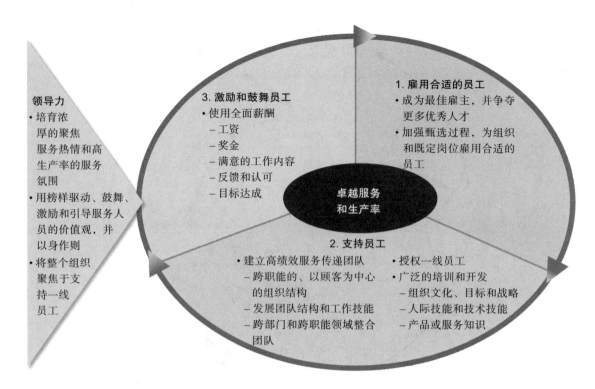

图 11-5　服务人才循环：为服务型企业获取合适的人力资源

1. 成为最佳雇主

为了能够选择和雇用最优秀的人，服务型企业必须能够鼓励潜在的员工申请企业的工作岗位，然后优先接受企业提供的工作机会（放弃其他工作机会）。服务型企业在劳动力市场上也有自己的品牌标识。潜在的求职者倾向于寻找那些值得为之工作的好企业，并且企业的形象要与自己的价值观和信仰一致。[18]求职者会定期向企业的现任和前任员工询问信息，很容易就能了解薪酬、福利、工作氛围，甚至是面试问题。[19]许多企业的内部信息也可以在网上找到。因此，企业必须首先为人才市场的份额而竞争。全球咨询公司麦肯锡称其为"人才战争"。[20]

要想在劳动力市场上有效地竞争，企业就必须对潜在的员工提出一个有吸引力的价值主张。作为一个工作场所，企业必须在社区中树立良好的形象。它还必须被视为传递着高质量的产品和服务，是一个良好的企业公民，让员工为成为团队的一分子而感到自豪。此外，最优秀人才的薪酬待遇不能低于平均水平。根据我们的经验，要吸引顶级的人才加入顶级的企业，就需要处于人才市场60%～80%的薪酬水平。如果企业价值主张的其他重要方面具有吸引力，那么不一定需要支付最高的薪酬。总之，服务型企业需要理解目标员工的需求并正确地提出企业的价值主张。

2. 挑选合适的员工

没有最完美的员工，只有最合适的员工。不同的岗位通常需要拥有不同技能、风格和个性的员工来胜任。不同的品牌有不同的个性，良好的员工–品牌契合度会让员工自然地传递那些能够支撑企业所认可形象的服务。[21]招聘和甄选的过程应明确地设计，以鼓励形成良好的员工–品牌契合度。[22]这可以通过以下方式实现：

- 使用招聘广告来明确地展示关键的品牌属性和企业的定位，并鼓励潜在的员工反思他们与企业及品牌的契合度。
- 设计甄选方法以传达品牌价值，并让潜在的员工就其与品牌的契合度进行自我评估。
- 确保招聘人员主动地寻找契合企业品牌的潜在员工，拒绝可能不适合的潜在员工。

例如，迪士尼根据潜在品牌契合度（你的世界充满了魔力、乐趣和幸福吗）以及在舞台前台或后台的工作来评估潜在的员工。前台员工（被称为"演员"）的工作分配给具有与工作相匹配的外貌、个性和技能的人员。

是什么让杰出的服务人员如此特别？通常情况下，它是人固有的一些东西，无法传授。正如一项有关高绩效员工的研究所观察到的，诸如精力、魅力、细节、职业道德和整洁等方面的品质是在早期就被灌输的，仅仅通过在职培训或激励而得到增强。[23]此外，人力资源经理们发现，虽然礼貌、微笑和眼神交流是可以教会的，但热情却是学不来的。唯一现实的解决办法是确保企业的招聘标准有利于发掘具有天生热情性格的潜在员工。正如吉姆·柯林斯所强调的那样："合适的员工是那些无论如何都会表现出他们想要的行为的人，作为他们性格和态度的自然延伸，而不会考虑任何控制和激励系统。"[24]

服务型企业应该非常注意吸引和雇用合适的员工。顶级企业越来越多地使用员工分析来提高它们吸引和留住最优秀人才的能力。员工分析类似于顾客分析，例如，它能够预测谁会表现得更好。企业也可以使用员工分析将合适的员工分配到合适的岗位上。[25]接下来，我们将讨论一些有用的工具，这些工具可以为既定企业和工作岗位确定合适的员工，甚至更重要的是，它们可以拒绝那些不适合的候选人。

11.4.2　识别最佳候选人的工具[26]

优秀的服务型企业使用多种方法从众多的求职者中识别出最合适的候选人。这些方法包括面试求职者、观察候选人的行为、进行人格测试以及为他们展示真实的工作场景。

1. 使用多重结构化面试

为了改善招聘决策，成功的招聘人员喜欢围绕工作要求采用结构化面试，并使用多名面试官。当一名面试官知道另一个人也在评判同一个应聘者时，他往往会更加谨慎和仔细。使用两个或多个面试官的另一个好处是，它降低了"类我"偏见的风险——我们都喜欢与自己相似的人。

2. 观察候选人行为

招聘决定应基于招聘人员所观察到的行为，而不仅仅是他们所听到的话。正如约翰·伍登所说："让我看看你能做什么，不要告诉我你能做什么。大多数时候，夸夸其谈的人都不是真正的实干家。"[27]通过使用行为模拟或评估中心测试，可以直接或间接地观察行为。它们使用标准化情景来观察应聘者是否表现出企业所期望的行为。此外,过去的行为是未来行为的最佳预测指标。因此,服务型企业更倾向于雇用那些获得过卓越服务奖、收到过很多赞美信或有很多前雇主推荐的求职者。

3. 进行人格测试

许多管理人员都根据人格测试来雇用员工。人格测试有助于识别与特定工作相关的特征。例如,以礼貌、体贴、机智的态度对待顾客和同事的意愿,顾客需求的洞察力,准确而愉快的沟通能力,都是可以被测量的特征。最好雇用乐观、快乐的人,因为当顾客得到更满意的员工提供的服务时,顾客的满意度会更高。[28] 研究还表明,某些特征(如努力工作和相信自己管理现场的能力)会产生更高的员工绩效和服务质量。基于此类测试的招聘决定往往是准确的,特别是在识别和拒绝不合适的求职者方面。[29]

例如,丽思卡尔顿酒店集团对所有求职者都使用人格画像(personality profiles)。酒店基于求职者在服务情境中开展工作的自然倾向选择合适的员工。员工的一些内在特质,如一次真诚的微笑、一次帮助他人的意愿以及一种承担多任务的主动性,能够使他们超越所学的技能,产生更好的服务绩效。一位丽思卡尔顿酒店的求职者分享了她在新加坡丽思卡尔顿美年酒店面试初级礼宾员岗位时接受人格测试的经历。她的最佳建议是:"说实话,他们都是专家,如果你撒谎,他们是会知道的。"她还补充道:

在面试那一天,他们问我是否喜欢帮助别人,是不是一个有条理的人,是否喜欢经常微笑。"是的,是的,是的。"我说。但是我必须用现实生活中的例子来证明它,有时会让人感觉有些冒昧。例如,为了回答第一个问题,我不得不谈论一些关于我曾经帮助过的那个人,如为什么她需要帮助。这些测试迫使我去回忆曾经做过的一些微不足道的事情,如学习如何用不同的语言打招呼,这有助于了解我的性格。[30]

除了密集的基于面试的心理测试外,还有更具性价比的基于互联网的测试工具包可供企业使用。使用互联网测试工具时,求职者只需将他们的测试答案输入网络问卷中。未来的雇主会收到分析结论,报告求职者的岗位适合度以及雇用建议。开发和管理这类测试工具已经成为一个重要的服务行业。

4. 让求职者看到真实的工作场景[31]

在招聘过程中,服务型企业应该让求职者了解工作的真实情况,从而给他们一个尝试工作、评估是否适合这份工作的机会。同时,招聘人员可以观察求职者对工作现实情况的反应。如果某些求职者意识到这份工作并不适合他们,便可能会选择退出。同时,企业还可以从工作岗位的角度管理新员工的期望。许多服务型企业都采用了这种方法。例如,法国面包咖啡连锁店 Au Bon Pain 允许申请者在最后筛选面试之前在咖啡店带薪工作两天。在这里,管理者可以观察求职者的行为,求职者也可以评估他们是否喜欢这份工作及工作环境。

服务洞察 11-1 展示了西南航空公司如何结合面试及其他甄选工具,从庞大的求职者群体中确定合适的候选人。

服务洞察 11-1

西南航空公司的招聘

西南航空公司招聘那些态度端正、个性特征与公司文化相符的员工。幽默是关键。西南航空公司传奇的前任首席执行官、现任主席赫布·凯莱赫（Herb Kelleher）说："我想让飞行成为一件非常有趣的事！我们寻找的是态度。有幽默感的人不会把自己太当回事。不管你做什么事，我们都会对你进行培训，但西南航空有一件不能改变的事，那就是你内在的态度。"西南航空公司有一个基本的、始终如一的原则：雇用具有正确态度的人。西南航空公司寻找那些关注他人、性格外向的人，他们既能努力工作，又能享受生活，可以成为企业大家庭的一员。

西南航空公司根据不断积累的招聘经验，持续地发展和创新面试方法，该公司在甄选空乘人员方面也许是最具有创新性的。为期一天的企业参观通常是从求职者被分成不同小组开始的。在参观过程中，招聘人员会观察他们之间的互动情况。进行此类观察的另一个机会是在午餐时间。

接下来是一系列的个人面试，每位求职者在一天中都有三次一对一的行为面试。根据主管和同事对某一既定职位类别的意见，面试官会为每个职位设定 8～10 个维度的评价指标。对于空乘人员而言，这些指标可能包括积极主动的意愿、同情心、灵活性、敏感性、真诚、顾客服务导向，以及愿意成为团队成员的倾向，甚至幽默感都需要经过"测试"。潜在的员工通常都会被问道："告诉我你最近在工作环境中如何使用幽默感。告诉我你是如何利用幽默化解困难情形的。"

西南航空公司形容理想的面试就像是"对话"，其目的是让求职者感到舒适。"一天中的第一次面试往往有点生硬，第二次则比较舒服，到第三次面试时，他们会告诉我们更多的信息。在这种情况下真的很难伪装。"三次面试中的面试官白天不会讨论求职者，而是在面试结束后交换意见，以降低产生偏见的风险。

为了帮助甄选具有正确态度的人，西南航空公司邀请主管和同事（未来与求职者一起工作）参与深入的面试和选拔过程。这样一来，现在的员工就会有一种指导新员工、帮助他们在工作中取得成功的责任感（而不是像一位面试官所说的那样，好奇"是谁雇用了这个蠢货"）。更不同寻常的是，西南航空公司还邀请公司的常客参加空乘人员的初步面试，并告诉求职者他们（乘客）最看重什么。

面试团队要求一组潜在的员工准备一个五分钟的自我陈述，并给他们充足的准备时间。在自我陈述过程中，面试官不仅仅观察演讲者，他们也会观察听众，看哪些求职者在利用时间准备自己的陈述，哪些求职者在热情地鼓励和支持他们潜在的同事。那些能够支持团队伙伴的无私的求职者才能够吸引西南航空公司的注意，而不是那些在别人发言时试图完善自我陈述的求职者。

只有通过雇用有正确态度的员工，公司才能够孕育出"西南航空精神"——这是一种员工身上的无形品质，让他们愿意做任何需要做的事情，并愿意在任何需要的时候多付出一点。西南航空公司同时也为它的员工付出了更多的努力，即使在 2004 年为了削减成本，决定关闭三个城市的预订中心，它也从未裁员。管理层深知，航空公司的文化是关键的竞争优势。

11.4.3 积极培训服务人员

如果一家企业有优秀的员工,那么在培训和开发方面的投资就可以产生显著的成果。为员工制定一个良好的职业发展规划可以让他们感到自己是被重视和被关心的,并激励他们努力工作以满足顾客的需求。这会为企业带来顾客满意度、忠诚度和盈利能力。[32]卓越的服务型企业对员工沟通、销售和行为方面的培训都不遗余力。例如,苹果专卖店的员工会接受强化培训,学习如何与顾客互动,如何用积极的方式措辞以及当顾客情绪激动时该说些什么。员工应该帮助顾客解决问题,而不仅仅是销售产品。[33]正如本杰明·施耐德和戴维·鲍文所说:"吸引和构建一个多样化的、有能力的潜在员工群体,利用有效的技术从这个群体中雇用最合适的人,然后用培训让他们脱颖而出,这是企业在任何市场上取得成功的不二之法。"[34]

1. 培训内容

服务人员需要接受培训的内容非常广泛,主要包括:

(1)**组织文化、目标和战略**。对新员工而言,培训应该首先聚焦于员工在情感上对企业的核心战略做出承诺。推广核心价值观,如致力于提供卓越服务、积极响应、团队精神、相互尊重、诚实和正直。让经理人员来进行培训,关注工作的内容(是什么)、原因(为什么)和方式(怎么办),而不是工作的具体细节。[35]例如,迪士尼乐园的新员工要参加迪士尼大学的入职培训。培训的开篇就是详细讨论公司的历史和经营哲学、服务人员的预期服务标准,并对迪士尼乐园的运营进行全面和系统的介绍。[36]

(2)**人际技能和技术技能**。人际技能在各种服务岗位上都是通用的,包括视觉交流技能如眼神交流、专心地倾听、理解肢体语言和面部表情以及解读顾客的需求。技术技能包括与流程(例如,如何处理商品退货)和设备(例如,如何操作终端机或自动取款机)相关的所有必备知识,以及与顾客服务流程相关的规则和规定。在非常规的服务接触和服务补救中,还需要在设计解决方案和解决问题方面的创造力。技术技能和人际技能都是必要的,单凭两者之一都不足以达到最佳的工作绩效。[37]

(3)**产品或服务知识**。知识储备丰富的员工是服务质量的一个重要方面。他们必须能够有效地解释产品特性,并正确地展示产品的定位。例如,在苹果专卖店中,所有的产品都公开展示给顾客试用。员工需要能够回答有关产品特性、使用和服务方面(如维护保养、服务包等)的问题。

2. 强化培训以塑造行为

毫无疑问,培训必须使行为发生明显的变化。学习不仅要使员工变得更聪明,而且要改变他们的行为并提高决策质量。要做到这一点,就需要不断地练习和强化。管理者需要通过定期跟踪学习目标来发挥塑造员工行为的关键作用(例如,与员工开会,强调从近期的表扬和投诉中获得的关键经验和教训)。

另一个不断强化的例子是丽思卡尔顿酒店的方法。它将顾客的关键产品和服务要求转化为丽思卡尔顿黄金准则,其中包括信条、座右铭、服务三部曲以及12条服务价值观。其中,丽思卡尔顿酒店的服务价值观分为不同的层次。

服务价值观第 10～12 条代表功能性价值观，涵盖安全、私密和整洁三方面。丽思卡尔顿酒店将卓越的情感投入作为第二级价值观，它涵盖了第 4～9 条价值观，包括员工的学习和专业成长、团队合作、服务、问题解决和服务补救、创新、持续改进六个方面。超越顾客的功能需求是第三级价值观，即第 1～3 条，也被称为"丽思卡尔顿秘诀"，该层级的价值观致力于创造独特、令人难忘和个性化的顾客体验。丽思卡尔顿相信，只有当员工实现顾客已表达和未表达的愿望和需求，并努力建立丽思卡尔顿与顾客之间的长久关系时，上述目标才能实现。这三个级别的价值观反映在丽思卡尔顿黄金准则的"第六颗钻石"中，已成为酒店行业实现员工和顾客参与的新标杆。[38]

丽思卡尔顿波士顿公园酒店的培训和发展总监蒂姆·柯克帕特里克说："黄金准则是我们制服的一部分，就像您的名片一样。但是请记住，在你付诸行动之前，它只是一纸公文。"[39] 每天早上做简报时员工们都会讨论如何更好地执行准则，这些讨论的目的是使丽思卡尔顿的经营哲学成为员工思想的中心。

3. 内部沟通塑造服务文化和行为

除了拥有强大的培训平台之外，服务型企业还需要付出巨大的沟通努力来塑造服务文化，并把这些信息传达给员工。卓越的服务型企业使用多种工具来建立他们的服务文化，从内部营销和培训，到建立核心准则、举办团队活动和企业庆典。员工的内部沟通（通常也被称为内部营销）在维持和培育基于特定服务价值观的企业文化方面发挥着至关重要的作用。

计划周密的内部营销活动对于业务分布广泛（有时分布在世界各地）的大型企业来说尤为必要。即使员工在远离总部的地方工作，他们仍然需要随时了解企业新的政策、服务特性的新变化以及新的质量举措。为了培养团队精神和支持跨国界的共同企业目标，沟通也是非常必要的。想想诸如花旗银行、加拿大航空、万豪酒店或星巴克咖啡等企业的海外机构在保持统一的目标感时所面临的挑战，那些来自不同文化、使用不同语言的员工必须一起工作以创造一致的服务水平。

有效的内部沟通是极好的培训补充工具，有助于服务型企业确保高效和令人满意的服务传递，建立积极与和谐的工作关系，构建员工的信任、尊重和忠诚。服务型企业经常使用的媒介包括内部通讯和杂志、视频、内部网站、电子邮件、简报，以及使用展示、奖励和表彰的宣传活动。

4. 使一线员工专业化

培训和学习能够使一线员工更加专业，并使他们远离"从事没有意义的低端工作"这一普遍的（自我）形象。训练有素的员工的感觉和行为都像专业人士。一个熟知食物、烹饪、葡萄酒、用餐礼仪以及与顾客（甚至是抱怨的顾客）有效互动方式的服务员，通常会感觉自己非常专业，有很强的自尊，更能够得到顾客的尊重。因此，培训和内部沟通在减少员工自我角色的冲突以及赋能和激励一线员工方面极为有效。

11.4.4 向一线员工授权[40]

服务型企业在成为首选雇主、选择了合适的求职者并对他们进行了良好的培训之后，下一步是授权一线员工，鼓励他们向顾客展现出积极主动的、能够超越职责要求的卓越服务绩效。几乎所有颠覆性的卓越服务型企业都有这样一些传奇的员工故事：他们及时补救了出现失误的服务交易，或者为了使顾客满意付出额外的努力，或者帮助顾客避免了某种灾祸。为了让上述情况发生，服务型企业必须对一线员工授权。诺德斯特龙积极培训员工，信任员工可以做正确的事，并授权他们去做。企业的员工手册仅有一条法则："在任何情况下都要有良好的判断。"（见服务洞察11-2。）

 服务洞察 11-2

诺德斯特龙的授权

范·门萨是诺德斯特龙的一名男装销售助理，他收到了一封忠实顾客的求助信。这位先生从门萨这里购买了价值约2 000美元的衬衫和领带，却错误地用热水洗了衬衫，结果导致衬衫缩水了。他写信给门萨，询问处理这种事故的专业建议（这位先生没有抱怨，承认是他自己的错）。门萨立即致电这位顾客，并提出免费为他更换一件新衬衫。他让顾客将缩水的衬衫邮寄回来，邮费由公司承担。"我为这位顾客所做的事情不需要征得任何人的同意，"门萨说，"公司让我自己决定怎样做才是最好的解决方法。"

米德尔马斯是诺德斯特龙的一名老员工，他对新员工说："你永远不会因为对顾客做太多事情而受到批评，你只会因为做得太少而受到批评。如果你在某些情况下不知道该怎样做，那只要做有利于顾客的决策就对了。"诺德斯特龙的员工手册证实了这一点。员工手册这样写道：

欢迎来到诺德斯特龙！

我们对你的加入感到高兴。

我们的首要目标是提供优质的顾客服务。

设立高标准的个人和职业目标。

我们坚信你有能力实现这些目标。

诺德斯特龙法则：

法则1：在任何情况下都要有良好的判断。

没有其他规定。

如有任何问题，请随时询问你的部门经理、门店经理或分公司总经理。

资料来源：Patrick D. McCarthy and Robert Spector, "The Nordstrom Way to Customer Service Excellence: The Handbook for Becoming the 'Nordstrom' of Your Industry," reproduced with permission of John Wiley & Sons.

需要注意的是，在为顾客提供额外的贴心服务与服务甜心之间存在着微妙的界限。因此，员工有可能会通过不必要的、不正当的减免费用或给予赠品的方式来提高他们部门的顾客满意度，或者避免与问题顾客发生冲突（参见第13章有关问题顾客的部分）。[41]因此，对员工来说，自我导向和运用良好的判断就非常重要，尤其是在服务型企业。由

于一线员工在与顾客的面对面接触中经常是自己完成工作的，因此管理者往往很难密切地监控他们的行为。[42]

对许多服务型企业来说，给予一线员工更多的自由裁决权（以及培训如何运用他们的判断力）能让他们第一时间提供优质的服务，而不是花时间去征得主管的同意。授权要求一线员工找到服务问题的解决方案，并就定制化服务传递做出适当的决定。因此，研究将高水平的员工授权与高水平的顾客满意联系在一起就不足为奇了。[43]

1. 什么时候适合进行高水平授权

员工授权的拥护者认为，授权的方法更有可能产生积极的员工和满意的顾客，而不是像生产线那样，即管理层设计一个相对标准化的体系，并期望工人在严苛的方针指引下完成任务。但是，戴维·鲍文和爱德华·罗勒建议，不同的情况可能需要不同的解决方案。他们认为："授权和生产线的方法各有优势，每种方法适用于特定的情境。关键是选择最能满足员工和顾客需求的管理方法。"并非所有的员工都渴望获得授权，许多员工也并不寻求在工作中实现个人成长。他们宁愿按照特定的方向工作，也不愿发挥自己的主动性。研究表明，当组织及其环境存在以下大多数因素时，授权策略可能是比较合适的：

- 企业提供个性化、定制化的服务，以差异化竞争为基础。
- 企业以长远眼光拓展了与顾客的关系，而不是关注短期交易。
- 企业使用的技术本质上是复杂且非常规的。
- 服务失误通常是非常规的，不能通过改善服务流程设计来有效避免。一线员工必须迅速反应以做出服务补救。
- 商业环境是不可预测的，而意外是意料之中的。
- 现有的管理者乐于让员工为了企业和顾客的利益而独立决策。
- 强烈需要在工作环境中成长和强化技能的一线员工对与他人合作感兴趣，且具有良好的人际关系和团队合作能力。[44]

2. 授权对一线员工的要求

运用生产线的方法进行员工管理基于组织设计与管理的已有控制模式，该模式有明确定义的角色、自上向下的控制系统、层级的金字塔结构，以及"管理层了解最多"的假设。相比之下，授权是建立在参与（或承诺）模式的基础之上，这种模式假设，如果员工被适当地社会化、培训和告知，他们就可以做出正确的决定，并为企业经营提出好的想法。这个模型还假定员工可以内在地激励他们有效地完成工作，并且他们有自我控制和自我导向的能力。

施耐德和鲍文强调："授权不只是'解放一线员工'或'抛弃政策条款'。它要求整个组织从上到下系统地重新分配四个关键的要素。"[45]这四个要素是：

- **信息**，包括有关组织、团队和个体绩效的信息（如经营业绩、竞争绩效的测量）。
- **知识**，包括能够让员工理解，并有助于组织、团队和个体绩效的知识（如解决问题的技能）。
- **权力**，包括在宏观的层次上影响工作程序和组织方向（如通过质量小组和自我管理团队）的决策权力，在微观的层次上影响具体事务（如有关服务定制化和服务补救）的决策权力。
- **奖励**，包括基于组织、团队和个体的绩效进行奖励（如奖金、分红和股票期权）。

在控制模型中，这四个要素集中在组织的顶部，而在参与模型中，这些特征向下贯穿组织。例如，在餐馆中，管理层经常为服务人员安排他们不太愿意工作的班次时间；更糟糕的是，生产效率最低的服务人员有时可能会被安排在生意最好的上班时间。为了解决这两个问题，一家总部位于波士顿的连锁餐厅 Not Your Average Joe's 推动授权的所有四个要素转向一线员工。这家餐厅开发了一套绩效评价系统（给他们提供信息和知识），跟踪并传达每位服务人员的销售和顾客满意度数据（通过小费或直接进行测量）。现在，根据他们的排名，员工可以通过一套自助在线系统自由地选择他们喜欢的班次和想去的餐厅部门（为他们提供决策权和奖励）。该系统授权并奖励表现优异的员工，培养了一种绩效文化，为每位餐厅经理每周节省了 3～5 小时的排班时间，并使餐厅盈利更多。[46]

3. 员工参与的水平

授权和生产线的方法处在一个连续统一体的两端，反映了随着额外的信息、知识、权力和奖励被逐步下放到服务一线，员工参与程度在持续增加。管理层需要确定授权的合适程度，以匹配其商业模型和顾客需求。授权可以在以下几个层次上进行：

- **建议参与**。建议参与授权员工通过正式的程序提出建议。麦当劳经常被描绘成生产线模式的典型代表，它密切关注着一线的情况。从鸡蛋满福堡到避免在面包上留下指纹的汉堡包装方法，都是由员工发明的。
- **工作参与**。工作参与代表了对工作内容的重大开放。重新设计工作岗位，以便让员工可以使用更广泛的技能。员工需要接受培训，以应对这种授权形式带来的额外需求。管理者也需要调整工作方向，从指导团队转向以支持的方式促进团队绩效。
- **高度参与**。高参与度甚至能让最低层次的员工体验到对企业整体绩效的参与感。在高参与度的企业中，员工之间信息是共享的。员工在团队合作、问题解决和业务运作中发展技能。他们还参与工作部门的管理决策，是组织学习和创新的来源。[47]

西南航空公司是一个员工高度参与、促进组织共识和灵活性的典型例子，它信任员工，给予他们完成其工作所需的自主、自由和权威。这家航空公司取消了不灵活的工作规定和严格的职位描述，以便员工能够承担准确完成工作并使航班准时起飞的责任，而不管这是谁的"法定"责任。这给予了一线员工在需要时相互帮助的灵活性。因此，员工在工作时就形成了一种"不惜一切代价"的心态。西南航空公司的机械师和飞行员可以随时帮助机坪工作人员装载行李。当航班晚点时，飞行员帮助坐轮椅的乘客登机、协助操作人员办理登机牌、在两次飞行间隙帮助空乘人员打扫机舱的情况并不少见。所有这些行动都体现了他们适应环境的方式，也体现了他们主动承担让旅客尽快登机的工作责任。此外，西南航空公司的员工会运用常识而不是规则来满足顾客的最大利益。

11.4.5 构建高绩效服务传递团队

团队被定义为"拥有互补技能的一小部分人，他们致力于共同的目标、一系列的业绩标准和方法，并为此而彼此负责"。[48]许多服务的性质要求服务人员在团队中工作（通常是跨职能领域的），以便提供无缝连接的顾客服务。

传统上，许多服务型企业都是依据职能结构来运营的，例如，一个部门负责咨询和销售（如销售订阅手机服务），另一个部门负责顾客服务（如激活的增值服务、变更订阅计划），而第三个部门则是负责计费和账单。这种职能结构阻止了内部服务团队将最终的顾客视为自己的顾客，它还可能意味着更糟糕的跨职能团队协作、更慢的服务速度和更多的职能错误。当顾客遇到服务问题时，他们难以提供实质性的帮助，进而会陷入困境。

1. 服务中团队合作的力量

团队、培训和授权是息息相关的。高效的团队及其领导者能促进团队成员之间的沟通、知识共享和行动一致性。[49]通过像小型的独立单元那样运作，服务团队能够比传统方式组织的顾客服务单元承担更多的责任且只需要更少的监督。此外，团队常常还会为自己设定比主管要求的更高的绩效目标。在一个出色的团队中，工作及业绩的压力是很大的。[50]

有些学者甚至觉得，有些企业过于注重对"明星员工"的聘用，而对招聘那些具有良好团队合作能力和合作积极性的员工重视太少。斯坦福大学的教授查尔斯·奥雷利和杰夫里·普费弗强调，员工在团队中的工作表现往往与其优秀程度一样重要，而"明星员工"会被擅长进行出色团队合作的其他员工超越。[51]

团队能力和动机对于有效地传递许多类型的服务至关重要，特别是那些涉及各类专家角色的个体所提供的服务。例如，出色的医疗健康服务很大程度上依赖于许多专家有效的团队合作。

2. 打造成功的服务传递团队

让团队运作良好并非易事。如果员工没有为团队工作做好准备，团队结构也没有完全建立，那么企业就会面临这样的风险：最初充满热情的团队成员缺乏团队协作所需要的能力。所需要的技能不仅包括合作、倾听、指导和相互鼓励，还包括理解如何表达不同意见，告诉对方严酷的现实和提出尖锐的问题。所有这些技能的获取都需要培训。管理层还需要建立一种能使团队走向成功的结构。成功的服务传递团队应做到：[52]

- 确定团队要实现的目标，目标需要被明确定义并与团队成员共享。
- 精心选择团队成员，实现团队目标所需的所有技能都必须在团队成员身上找到。
- 监督团队及其成员，并及时提供反馈，努力将个人和团队的目标与组织的目标保持一致。

- 让团队成员了解目标的实现情况，及时更新情况说明，并对团队成员的努力和表现给予奖励。
- 与其他团队、单元和职能部门进行协调和整合，以实现企业的总体目标。

11.4.6 跨部门和跨职能整合团队

在许多服务型企业中，即使服务传递团队运转良好，来自不同部门和职能领域的个人和团队之间可能也存在冲突。营销人员可能认为他们的职责在于不断增加产品的价值、增强其对顾客的吸引力并刺激销售；然而，运营经理可能认为他们的工作是削减额外费用，以反映服务约束（如人员和设备）的现实和控制成本的需要；人力资源部门则想要控制员工规模和薪资支出；而 IT 部门则忙于应对许多变化的需求，因为它经常控制着服务流程中的关键信息。

服务管理的部分挑战是确保不同部门和不同职能领域之间相互配合。减少部门冲突和打破部门壁垒的潜在方法包括：

（1）将员工从一个部门调动到其他的部门和职能领域，即员工内部流动，让他们形成更全面的视角，能够从各个部门的不同角度来看待问题。

（2）建立跨部门和跨职能领域的项目团队（如用于新服务开发或服务流程再造）。

（3）组建跨部门和跨职能领域的服务传递团队。

（4）任命员工专职负责整合各部门的特定目标、活动和流程。例如，罗伯特·科特尼克和加里·汤普森建议成立一个负责"服务体验管理"的部门，以整合企业的营销和运营活动。[53]

（5）实施内部营销、培训和整合计划（参见西南航空公司的案例）。

（6）最高管理层进行承诺，以确保所有部门的首要目标得到整合。

西南航空公司是拥有强势企业文化和强大跨职能整合能力的企业典型，它不断使用新的和创造性的方法来强化企业文化。西南航空文化委员会的成员在延续企业的家庭感方面非常狂热，该委员会广泛地代表着从空乘人员、预订人员到高层管理人员的企业所有员工。正如一位成员所言，"文化委员会不是由大人物组成的，而是一个有大胸怀的委员会"。文化委员会的成员不是为了获得权力，他们运用西南航空的精神力量将员工与企业的文化基础紧密联系起来。文化委员会通常在幕后开展工作，以促进西南航空兑现其核心价值观的承诺。以下是一些旨在强化西南航空企业文化的活动实例。

（1）**看看别人是怎样工作的**。这项活动帮助西南航空的员工产生了对他人工作的敬意与感谢。员工们被要求在休息日去不同的部门，并且至少要花 6 小时的时间在这些部门"走动"。这些参与者不仅会得到可转让的往返机票作为奖励，而且还通过交流获得了团队成员的善意，提高了士气。

（2）**到一线工作一天**。这项活动全年都在企业中进行。例如，时任行政办公室高级沟通代表的巴里·塔克曾加入有三名空乘人员的服务团队，承担一次为期三天的航班服务工作。这一经历可以让塔克从一个新的角度来体验企业的服务，并直接听取顾客的意见，更让她看到了企业总部支持一线服务人员的重要性。

（3）**伸出援手**。西南航空公司派遣志愿者到与美国联合航空公司进行直接竞争的城市工作，以减轻在这些城市工作的员工的压力。这种做法不仅为与美国联合航空公司的竞争注入了动力并增强了力量，也帮助西南航空公司的员工重燃战斗精神。[54]

11.4.7 激励和鼓舞员工[55]

一旦服务型企业雇用了合适的员工，对他们进行了良好的培训，授权给他们，并将他们组织成有效的服务传递团队，企业如何确保他们参与并将服务传递给顾客呢？员工绩效是由能力和动力共同决定的。有效的招聘、培训、授权和团队能给服务型企业带来有能力的员工；绩效评价和奖励系统是激励他们的关键。服务人员必须得到这样的信息：如果他们高效地提供高质量的服务，就会得到奖励。激励和奖励优秀的服务人员是留住他们的最有效的方法。员工很快就会意识到，那些得到晋升的员工才是真正出色的服务传递者，而那些不能为顾客传递合格服务的员工就会被解雇。

然而，服务型企业经常失败，因为它们没有有效地利用全部可用的奖励手段。许多企业认为金钱是一种奖励，但金钱并不总是起到最有效的激励作用。获得一份合理的薪水是一个保障因素，而不是激励因素。支付高于合理水平的薪酬只会产生短期的激励效果，相反，奖金是根据业绩而定的，必须一次又一次地争取，因而往往具有更持久的刺激效应。另外，更持久的奖励来自工作内容、认可和反馈以及目标达成。

1. 工作内容

当员工知道自己的工作做得很好时，他们会很有动力，也很满意。此时，员工的自我感觉良好，乐于强化这种感觉，特别是当工作具有以下特征时：

- 包含各种不同的活动；
- 会得到一个"完整的"和确定的结果；
- 能够对他人的生活产生有积极意义的影响；
- 具有自主权和灵活性；
- 能够针对员工的工作表现提供直接且清晰的反馈（如顾客赞美、销售业绩）。

2. 认可和反馈

人类是社会性的动物，他们从周围人（他们的顾客、同事和上级）的认可和反馈中获得认同感和归属感。如果员工因提供超越正式评价标准的顾客服务而得到认可和感谢，他们就会持续地坚持下去。诸如"月度明星员工"这样的奖项可以表彰员工出色的服务绩效，也能极大地激励员工传递更好的服务。

积极的情绪具有感染力。当员工从事能对他人产生积极影响的工作时，他们会非常满意，也会很有动力。因此，让员工与最终顾客接触，并让他们听到来自顾客的积极反馈，这是非常具有激励作用的。[56]事实上，即使是一线员工仅仅看到顾客的照片或读到顾客美妙体验的故事，也能观察到他们做出的积极反应。[57]

3. 目标达成

那些沟通良好、具体、具有一定难度但可以实现并为员工所接受的目标是强有力的激励因素。这些目标能够集中员工的精力，比没有目标、模糊的目标或不可能实现的目标更能让员工产生高水平的绩效。为了有效地设定目标，以下事项需要注意：

- 当员工认为目标重要时，实现目标本身就是一种奖励。
- 目标的达成可以作为给予奖励的基础，包括奖金、反馈，以及作为正式绩效考核一部分的认可。来自同事的反馈和认可能够比支付薪水的奖励更迅速、更便宜、更有效。这些还有一个额外的好处，那就是满足员工的自尊心。
- 服务员工需要达成的那些具体的和有一定难度的目标必须公开制定，以被广泛接受。虽然目标必须是具体的，但它们可以是无形的东西（比如提高员工的礼貌评分）。
- 如果是为了满足员工的自尊心，那么目标完成和进度报告（反馈）必须是公开活动。
- 没有必要详细说明实现目标的手段和方法。在追求目标的过程中对进度进行反馈，起到纠正的作用。因此，即使在没有其他奖励的情况下，追求目标也会促进目标的达成。

查尔斯·奥雷利和杰夫里·普费弗进行了深入研究，探究一些企业在没有常规的竞争优势来源（如进入壁垒或专利技术）情况下，如何在竞争激烈的行业中取得长期的成功。他们得出的结论是，这些企业的成功不是靠赢得人才战争（尽管他们在招聘时非常谨慎），而是"依靠充分地利用人才，释放组织中现有员工的积极性和创造性"。[58]

11.5 服务文化、氛围和领导力

我们已经讨论了服务型企业人力资源管理的具体细节，现在，将讨论领导者在企业培育有效的服务文化中所扮演的角色，从界定服务文化和氛围开始。

11.5.1 建立服务导向文化 [59]

致力于提供卓越服务的企业需要一种强大的服务文化，这种文化由管理层不断加强和发展，以确保其与企业战略的一致性。组织文化涉及指导组织行为的基本假设和价值观。它包括：

- 关于"组织中什么是重要的"的共同认知或看法；
- 关于"什么是正确的，什么是错误的"的共同价值观；
- 关于"什么有效，什么无效"的共同理解；
- 关于"这些信念为什么重要"的共同观念和假设；
- 关于"如何工作，如何与他人相处"的共同认知。

即使是最有天赋的领导者，要改变一个组织，沿着上述五个维度发展和培育一种新文化也绝非易事。毫无疑问，当企业所在的行业以其根深蒂固的传统为荣时，这种改变就会倍加困难。企业可能有许多不同的部门，由不同领域有独立思想的专业人士管理，这些人对其他机构中同一领域专业人士的看法已经习以为常。这种情况经常出现在非营利领域的重要机构，如大学、大医院和大型博物馆。

伦纳德·贝里提倡一种价值驱动型领导，这种领导方式能够激励和指导服务型企业。[60]领导者应该激发服务人员的热情，还应该激发服务人员的创造力，培养他们的活力和责任感，并给他们一种充实的工作满足感。强大的服务文化的一项基本特征是，相信传递超额顾客价值和卓越服务的重要性。贝里在卓越的服务型企业中发现的一些核心价值观，包括创新、欢乐、团队合作、尊重、诚信和社会利益。这些价值观是企业文化的一部分。贝里进一步将服务文化的定义归结为两点：

- 关于"组织中什么是重要的"的共同认知；
- 关于"为什么这些事情是重要的"的共同价值观和信念。

在服务型企业中，领导者有责任创造一种服务文化，它的价值观可以鼓舞、激励和引导服务人员。

11.5.2 服务氛围[61]

虽然文化更具有全局性，更注重价值，但组织氛围是组织文化的一部分，可以被感知和看见。员工通过关注企业和领导者做什么而不是他们说什么，来了解对企业而言什么是重要的。他们通过体验企业人力资源、运营、营销和IT等部门的政策、实践和流程，形成他们对"什么是重要的"的认知。他们所体验到的是组织文化转化为员工可以感知和看见的、更为具体的行为及表现等方面。反过来，这又推动了员工行为。简言之，氛围代表了员工对特定环境下哪些实践、程序和行为能够到支持和奖励的共同认知。

氛围，必须与特定的事物相关（如与服务、支持、创新或安全有关），多重氛围时常在一个组织中共存。服务氛围的基本内容包括明确的营销目标，以及在传递超额顾客价值或高水平服务质量方面做到最好的强大动力。[62]

11.5.3 服务组织中卓有成效领导者的素质

领导者有责任创造一种服务的文化和氛围。为什么有些领导者比其他人更能有效地带来文化和氛围方面所需的改变？

许多评论家都写过关于领导力的文章，它甚至被描述为本身就是一种服务。沃尔玛零售连锁店的创始人山姆·沃尔顿强调管理者的角色是"服务型领导者"（servant leaders）。[63]以下是服务型企业中卓有成效领导者应该具备的一些素质。

- 领导者应该热爱自己的业务。对业务的兴奋感会鼓励他们把经营业务的艺术和秘诀传授给其他人。
- 许多杰出的领导者都受到一系列核心价值观的驱动，这些价值观与卓越的服务和绩效有关。服务质量被视为成功的关键基础。[64]
- 领导者必须意识到员工在传递服务中发挥的关键作用。服务型企业的领导者需要信任为他们工作的员工，并特别注意与员工的沟通。
- 卓有成效的领导者能够提出很好的问题并从团队中得到答案，而不是主导决策制定过程。[65]
- 领导者必须能够为他们所期望的团队行为树立榜样。
- 卓有成效的领导者有一种以通俗易懂的方式与他人沟通的才能。他们了解自己的听众，并能够用所有人都能够理解的简单语言来表达复杂的想法。[66] 有效的沟通是激发组织走向成功的一项关键技能。

11.5.4 领导风格、聚焦基础和行为榜样

服务氛围研究对比了两种领导风格：注重管理基础工作的事务型领导与制定战略并推动变革的变革型领导。[67] 研究表明，对基础事务和无止境细节的持续管理营造了强烈的服务氛围。那些对服务质量做出承诺、设定高标准、识别并排除障碍、确保所需资源可用性的领导者，才能营造出积极的服务氛围。与变革型领导相比，这种关注基础工作的事务型领导风格似乎平淡无奇，但詹姆斯·赫斯克特和他的同事们认为，两者都是必要的，即使领导者塑造一个远大的服务愿景，以鼓舞和激励团队，他们也必须认识到"平凡的重要性"。[68]

成功领导者的一个特征是，他们能够把企业的重心放在最基础的事情上，并为管理人员和其他员工树立企业所期望的行为榜样。通常，这就需要一种被称为"走动式管理"的方法，这种方法由托马斯·彼得斯和罗伯特·沃特曼在其著作《追求卓越》（*In Search of Excellence*）中开始推广。[69] 当赫布·凯莱赫还是西南航空公司首席执行官的时候，当人们看到他凌晨2点出现在西南航空维修机库时，甚至当看到他偶尔做一份空乘人员的工作时，没有人会为此感到惊讶。他会"四处走动"，包括对企业的各个运营领域进行定期的走访（有时不事先通知）。这种方法为领导者提供了洞察后台和前台运营状况的机会。领导者可以观察和会见员工与顾客，并看到企业的战略是如何在一线实施的。这种方法可能会周期性地使领导者认识到需要改变企业的战略。在这样的走访中，领导者也可以激励服务人员，并提供一个树立良好服务行为榜样的机会。服务洞察11-3描述了一家大型医院的CEO是如何在其任职早期阶段理解角色榜样的力量的。

服务洞察 11-3

医院 CEO 学会了榜样的力量

在担任波士顿贝斯以色列医院（现为贝斯以色列女执事医疗中心）CEO 的 30 年里，米歇尔·拉布金博士以定期对医院的各个部门进行非正式访问而闻名。"你可以通过四处走动从管理中学到很多东西，"他说，"并且，你也被员工看见了。当我参观另一家医院时，CEO 会带我参观，我会观察这家医院的 CEO 是如何与他人互动的，以及在每种情况下他们的肢体语言是什么。这非常具有启发性。更重要的是，这对树立行为榜样很重要。"为了强调这一

点，拉布金博士喜欢讲下面这个故事。

人们通过观察你和其他人的行为举止来学习如何去做。贝斯以色列医院有一个捡碎纸片的故事，听起来像假的，却是真人真事。

我们的董事之一，已故的麦克斯·费尔德伯格，同时也是扎耶尔集团的总裁，有一次让我陪他在医院里走走，他问："为什么这间监护病房的地板上有那么多散落的碎纸片？"

"那是因为人们不把它们捡起来。"我回答。

他说："你看，你是一个科学家，我们来做一个实验。我们沿着这一层楼走过去，捡起地上所有的纸片。然后我们上楼，那儿还有另一间病房，同样的位置，差不多有同样多的纸片，但是我们什么都不捡。"

于是，这位72岁的老人和我一起交替在一层楼捡纸片，在另一层楼什么也不捡。当我们10分钟后回来时，发现第一层楼所有剩下的纸片都被清理了，当然，第二层楼也发生了一些变化。

最后，麦克斯先生对我说："你看，这不是因为人们不捡它们，而是因为你没有捡它们，如果你自视甚高而不愿弯腰去捡起一张纸片，那别人为什么要去捡呢？"

资料来源：Originally published in Christopher Lovelock, *Product Plus: How Product + Service = Competitive Advantage*（New York: McGraw-Hill, 1994）.

11.5.5 整个组织关注一线员工

一种强大的服务文化意味着整个组织都聚焦于服务一线。服务型企业应该明白，一线就是业务的生命线，企业今天和明天的收益在很大程度上是由服务接触期间发生的事情所决定的。在对服务充满热情的企业中，高层管理人员通过内部沟通和积极参与，表明服务一线对企业的成败至关重要，他们还会与一线员工及顾客定期进行交谈，并与员工一起工作。赫兹租车公司的CEO马克·费里索拉表达了以下观点：

我经常听到别人说："作为首席执行官，你不能在企业的日常运营方面太过投入。那是微观管理。"我的回答是："因为我要制定策略，所以我不得不'太投入'业务。如果我不了解业务，那么我就是一个糟糕的管理者，也是一个失败的领导者。"重要的是，领导者要把大量的时间花在真正完成工作的地方。[70]

实际上，许多领导者花了大量的时间在一线为顾客提供服务。例如，迪士尼的管理层每年要花两周的时间在一线工作岗位上，比如清扫街道、卖冰淇淋，或者做乘务员，以便更好地了解一线工作的实际情况。[71] 服务型企业的领导者不仅对大局感兴趣，而且关注服务的细节。他们能够从竞争对手可能认为微不足道的细微差别中看到机会，他们相信企业处理小事的方式将决定企业管理其他事情的基调。

美捷步将所有新员工都集中在第一线，确保在总部工作的所有员工与呼叫中心的员工（称为"顾客忠诚团队"）都接受同样的培训。企业雇用的每一个会计、律师或软件开发人员（不论资历如何）都要经过完全相同的培训项目。培训项目为期四周，内容包括企业历史、顾客服务的重要性、企业的长期愿景以及有关企业文化的"美捷步哲学"。

培训结束后，所有新入职人员将在呼叫中心工作两周，接听顾客电话。首席执行官谢家华表示："为什么要这样做？这又回到了我们的信念上——顾客服务不应该只是一个部门的事，它应该是整个企业的事。"[72]

图11-6展示的倒金字塔突出了一线员工的重要性。它表明，高层和中层管理人员的角色是全力支持一线人员出色地完成为顾客提供优质服务的任务。

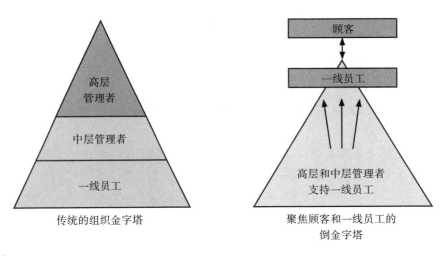

图11-6　组织倒金字塔

本章小结

1. 服务人员对服务型企业的成功至关重要，因为他们：
   （1）是服务产品的核心部分；
   （2）在顾客眼中代表着企业；
   （3）是品牌的核心部分；
   （4）影响销售（交叉销售和向上销售）；
   （5）是顾客忠诚度的关键驱动力；
   （6）决定生产率。
2. 一线员工的工作既艰巨又有压力，因为他们处于跨越边界的职位，通常会面临：
   （1）组织与顾客之间的冲突；
   （2）一线员工自我角色的冲突；
   （3）顾客之间的冲突。
3. 我们用三类循环来描述企业的失败、平庸或成功，这三类循环都涉及一线员工和顾客：
   （1）失败的循环涉及低薪和高员工流失率的战略。这通常会导致高水平的顾客不满意和流失率，反过来降低利润。
   （2）平庸的循环在大型官僚机构中比较常见。这些组织的员工有很好的工作保障，但工作范围很窄，缺乏动力为顾客提供良好的服务。

(3) 成功的服务型企业在成功的循环中运行，员工对自己的工作满意，并且生产效率很高。随之而来的是顾客感到满意且忠诚，高利润使企业投资于招聘、培训和激励合适的一线员工。

4. 服务人才循环是服务型企业成功实施人力资源实践战略的指导框架，帮助企业迈进成功的循环。正确地实施服务人才循环将会给企业带来高水平和高生产率的员工，他们乐于而且能够传递卓越服务，能够为顾客满意而付出额外的努力。它有四个关键要点：

    (1) 雇用合适的员工；
    (2) 向一线员工授权；
    (3) 激励和鼓舞员工；
    (4) 拥有一个可以营造服务氛围、鼓励畅所欲言、重视和支持一线员工的领导团队。

5. 企业需要吸引、甄选和雇用合适的员工从事任何既定的服务工作。最佳实践人力资源战略始于，认识到在许多行业，劳动力市场是高度竞争的。为争夺人才，企业必须：

    (1) 成为最受欢迎的雇主，这样才能从劳动力市场吸引大量有潜力的求职者。
    (2) 仔细甄选新员工，确保他们符合工作要求和企业文化。使用筛选方法如多重结构化面试、观察、人格测试、真实的工作体验等，挑选最合适的员工。

6. 为了授权给一线员工，企业需要实施广泛的培训，内容涉及：①组织文化、目标和战略；②人际技能和技术技能；③产品或服务知识。

7. 运用内部沟通（也称为"内部营销"）来强化企业的服务文化，并将信息传达给企业中的每一位员工。综合使用内部沟通工具的有效组合（如电子邮件、杂志、视频、简报以及使用展示、奖励和表彰的宣传活动）。

8. 授权给一线员工，使他们能够灵活地处理顾客需求、非常规服务接触以及服务失误。授权和培训将会赋予员工权威、技能和自信，使他们积极主动地传递卓越服务。

    (1) 授权需要根据商业模式和顾客需求选择合适的水平。它涵盖从针对高度标准化服务的生产线上低水平授权，到在更复杂和定制化的服务中赋予一线员工的高水平决策权力。
    (2) 授权需要系统地分配四个关键要素：①有关组织、团队和个体绩效的信息；②使员工理解并有助于绩效的知识；③做决策的权力；④基于绩效的奖励。

9. 组织一线员工建立有效的服务传递团队（通常是跨职能的），能够端对端地为顾客提供服务。

10. 跨部门和跨职能领域地整合服务传递团队。为了获得成功，营销、运营、人力资源和IT等职能部门要有效整合，以便它们可以协同高效地工作。整合意味着不同职能部门的关键交付成果和目标不仅兼容，而且相辅相成。

    促进整合的方法包括：①跨职能部门内部流动；②建立跨职能部门的项目团队；③组建跨职能部门的服务传递团队；④任命员工专职负责整合职能部门之间的目标、活动和流程；⑤实施培训、内部营销和整合计划（如"看看别人是怎样工作的""到一线工作一天"）；⑥管理层进行承诺，确保所有职能部门的首要目标得到整合。

11. 运用一整套奖励机制激励和鼓舞员工，包括工资、奖金、令人满意的工作内容、反馈和对实现目标的认可。
12. 服务文化描述了指导组织行为的基本假设和价值观。它可以归结为两点：

    （1）关于"组织中什么是重要的"的共同认知；

    （2）关于"为什么这些事情是重要的"的共同价值观和信念。

    服务导向型文化的一个基本特征是坚信传递高价值和卓越服务的重要性。它使员工理解和支持组织的目标，进而实现这些目标。卓越的领导者懂得以顾客为中心，以及创造一种可以鼓舞、激励和指导服务员工的服务文化。

13. 服务氛围是服务文化表层的东西。氛围是将文化转化为员工能够体验的、更具体的方面，它包括人力资源、运营、营销和IT等部门的政策、实践和流程。服务氛围还代表了员工对能够获得组织奖励的实践及行为的共同认知。

14. 服务领导者应该具备以下素质：

    （1）热爱自己的业务。

    （2）受到一系列能够传递到整个企业的、与卓越服务和绩效相关的核心价值观的驱动。

    （3）信任为他们工作的员工，并认识到一线员工的重要性。

    （4）提出问题并从团队中得到答案。

    （5）为期望的团队行为树立榜样。

    （6）有效的沟通技能，能够激发组织迈向成功。

15. 注重基础和细节的领导，创造了良好的服务氛围。领导者应该对质量做出承诺，设定高标准，识别并排除障碍，并确保所需资源的可用性。与制定战略并推动变革的变革型领导相比，事务型领导风格就显得平淡无奇；但要创造一个强有力的服务氛围，这两者都是必需的。

    一种强大的服务文化聚焦于服务一线。领导者通过他们的行动，表明一线发生的事情对他们至关重要。高层和中层管理人员的角色是全力支持一线员工为顾客传递卓越的服务。

复习题

1. 为什么服务人员对服务型企业如此重要？
2. 什么是情绪劳动？解释它是如何给从事特定工作的员工带来压力的，并举例说明。
3. 企业要打破"失败的循环"进入"成功的循环"的主要障碍是什么？受困于"平庸的循环"的服务型企业应该如何改进？
4. 列举五种投资于招聘和甄选、培训和持续激励员工的方式，这些方式能够对如下服务型组织的顾客满意度产生积极影响：①餐馆；②航空公司；③医院；④咨询公司。
5. 描述服务人才循环的关键要素。
6. 服务型企业如何才能成为最佳雇主，并从劳动力市场上最好的潜在候选人那里收到大量的求职申请？
7. 企业如何从大量的求职者中选择最适合的候选人？

8. 服务型企业应该实施的培训主要有哪些类型?
9. 识别服务团队在航空公司、餐馆、客服中心获得成功的影响因素。哪些因素有利于员工授权战略?
10. 如何有效地激励一线员工传递卓越的服务?
11. 服务型企业如何建立聚焦卓越服务和生产率的强势服务文化?
12. 组织文化、服务氛围和领导力之间有什么关系?
13. 为什么在服务型领导者中行为榜样是可贵的素质?

应用练习

1. 一家航空公司刊登了一则招聘空乘人员的广告,广告上一个小男孩坐在飞机座位上,手里抓着一只泰迪熊。标题写道:"他的妈妈告诉他不要和陌生人说话,那么他的午餐怎么办?"描述一下以下应聘者的个性:①被广告吸引而申请这份工作的人;②看到这则广告放弃申请的人。
2. 使用服务人才循环,对你熟悉的一家成功的和一家失败的服务型企业进行诊断。你对这两家企业分别有什么建议?
3. 想想两个你熟悉的服务组织——一个有非常好的服务氛围,另一个服务氛围很差。描述形成这些氛围的影响因素。你认为什么因素最重要?为什么?
4. 你认为在一家大型互联网服务企业的客服中心,哪些事项最有可能给员工带来跨边界的问题?请从中选择四个问题,并谈谈你将如何协调客服中心与运营部门、营销部门之间的关系,从而得到令三方都满意的结果。
5. 识别航空公司、餐馆、客服中心的服务团队取得成功的关键因素。
6. 描述一位领导者在服务型企业的成功中发挥重要作用的领导技能。找出你认为重要的个人特征。

《服务营销精要》基本框架

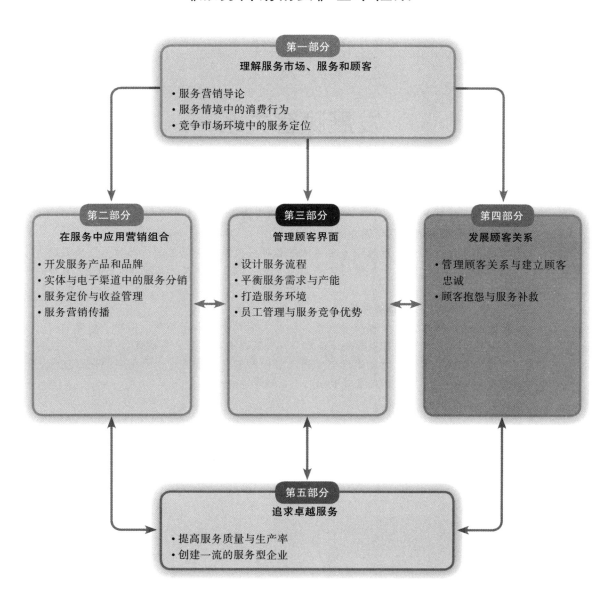

PART 4

第四部分

发展顾客关系

第四部分聚焦通过建立顾客忠诚,以及有效地处理顾客抱怨和服务补救来发展顾客关系,以实现服务型企业的长期盈利。本部分由以下两章组成。

第 12 章 管理顾客关系与建立顾客忠诚

本章聚焦于通过与来自正确细分市场的顾客建立关系来实现盈利;然后,以忠诚之轮作为组织框架,寻找建立和加强顾客忠诚的方法。本章以顾客关系管理(CRM)系统的讨论结束。

第 13 章 顾客抱怨与服务补救

本章探究了如何有效地处理顾客抱怨,以及实施专业的服务补救,回顾了顾客的抱怨行为和有效服务补救的原则。服务保证作为一种实现有效服务补救制度化的有力方式,也是一种有效的服务营销工具,用以体现高质量的服务。本章还讨论了如何处理那些利用服务补救策略并以其他的方式滥用服务的不良顾客。

第 12 章

管理顾客关系与建立顾客忠诚

□ **学习目标**

通过学习本章，你能够：
1. 认识顾客忠诚对服务型企业盈利的重要作用；
2. 学会如何计算忠诚顾客的终身价值；
3. 理解顾客对特定型企业忠诚的原因；
4. 了解"忠诚之轮"的核心战略，从而理解如何构建忠诚的顾客基础；
5. 理解为什么服务型企业选择"正确的"顾客是极其重要的；
6. 使用顾客分层管理顾客基础，并建立顾客忠诚；
7. 理解顾客满意和顾客忠诚之间的关系；
8. 了解如何通过交叉销售和捆绑销售深化企业与顾客之间的关系；
9. 理解财务与非财务忠诚奖励对提高顾客忠诚的作用；
10. 理解社会化、定制化和结构化约束在增强顾客忠诚中的作用；
11. 理解影响顾客转换的因素，掌握如何降低顾客转换；
12. 了解忠诚计划和顾客关系管理系统是实施忠诚战略的重要推动力；
13. 理解顾客关系管理系统在传递定制化服务和建立顾客忠诚中的作用。

□ **开篇案例**

凯撒娱乐集团的顾客关系管理[1]

凯撒娱乐集团（前身为哈拉斯娱乐公司，以下简称"凯撒"）是世界上最大的博彩企业，旗下拥有凯撒（Caesars）、哈拉斯（Harrah's）、马蹄铁（Horseshoe）以及伦敦俱乐部（the London Clubs）等主要品牌。通过制订高度复杂的忠诚计划，凯撒已经成为行业领导者。哈拉斯是博彩行业中第一家推出顾客忠诚分层计划的企业，如今这项计划已经覆盖了凯撒的其他几个品牌，同时整合了所有的资产和服务。顾客忠诚分为四个层次：黄金、白金、钻石和七星级（此类顾客仅限特邀）。从赌桌、餐厅、酒店、礼品店到秀场，顾客在整个企业的每一个接触点都被准确识别并获得积分。积分可以用来兑换现金、商品、住宿、演出门票和度假。

凯撒的特别之处并不在于忠诚计划设计本身，而是通过顾客积分获得的信息。企业将从博彩管理、酒店预订以及大型演出等业务中获取的信息整合起来，从而对每个顾客有清晰的了解。如今，企业拥有上千万顾客的详细资料，并掌握了每个顾客的偏好与消费行为。例如，顾客在各类博彩项目中的支出、喜欢的食物和饮料、喜欢消费的娱乐活动和酒店偏好等,而且所有上述信息都可以做到实时获取和更新。

凯撒利用这些信息开展营销和现场顾客服务。例如,一位手持白金卡的顾客在278号老虎机前呼叫服务,一位凯撒工作人员就会问:"琼斯先生,还是像往常一样玩吗?"随后他会记录为顾客提供服务的时间。当一位顾客赢得大奖时,凯撒会根据他的偏好提供定制化奖品来为他庆祝。凯撒甚至清楚地知道,顾客在某个晚上什么时候下注最大,什么时候结束下注。在顾客结束下注之前,凯撒会通过短信实时为他提供演出票的折扣信息,鼓励他接着看一场演出。这些特别的措施会让顾客持续待在店里,鼓励他花更多的钱,并让他觉得物有所值。同时,这些措施有助于企业将演出场所和餐厅中被浪费的服务资源整合起来使用。

同样,当顾客致电凯撒呼叫中心时,客服人员会实时获取他的偏好和消费习惯等信息,然后结合企业服务项目做好定制交叉销售和深度消费促销工作。凯撒不会同时针对所有顾客进行全面促销,凯撒董事长、总裁兼首席执行官加里·拉夫曼就这一问题表示,不分顾客群体的全面促销是"侵蚀企业利润的噩梦"。为避免这种情况,凯撒使用高度精准的促销活动来对不同的顾客形成购买刺激,还利用财务指标衡量促销活动的有效性,以对促销活动修订调整。

凭借数据驱动的顾客关系管理,凯撒在顾客互动的过程中实现了定制化和差异化。哈拉斯在这种模式的基础上,成为集团中第一个推出"全效奖励"促销策略的品牌,持有全效奖励卡的顾客消费支出从未实施顾客关系管理计划时的34%提高到50%。

12.1 顾客忠诚研究

对于成功的服务型企业来说,锁定、获取和保留顾客是非常重要的。在本书第3章中,我们讨论了市场细分和市场定位。在本章中,我们将强调在已选定的细分市场中专注于有价值的忠诚顾客的重要性,并通过关系营销策略,努力建立对企业未来业务增长产生贡献的顾客忠诚。图12-1是本章的整体理论框架。

12.1.1 为什么顾客忠诚对企业盈利如此重要

研究顾客忠诚的著名学者、《忠诚效应》(The Loyalty Effect)一书的作者弗雷德里克·莱希赫尔德认为:"很少有企业意识到顾客在企业利润逐年增长中的作用。"[2]然而,这就是忠诚顾客对企业盈利的意义所在,即忠诚顾客对企业利润的贡献会随着时间的推移而不断增加。忠诚的顾客对企业利润方面的价值到底有多大?在一项典型的研究中,莱希赫尔德和萨瑟依据顾客购买企业服务的年数对其进行分类,进而分析不同的服务行业中顾客对企业盈利的贡献率。研究结果显示,顾客购买企业服务的年数越多,为企业贡献的利润就越大。图12-2总结了各个行业中顾客对企业盈利贡献的增长情况,以5年为周期,忠诚顾客能为企业贡献的利润均以条形图的方式呈现出来,以便更好地比较。这些行业包括(括号内是每位顾客第一年为企业创造的平均利润):信用卡(30美元)、洗衣店(144美元)、工业分销(45美元)和汽车服务(25美元)。

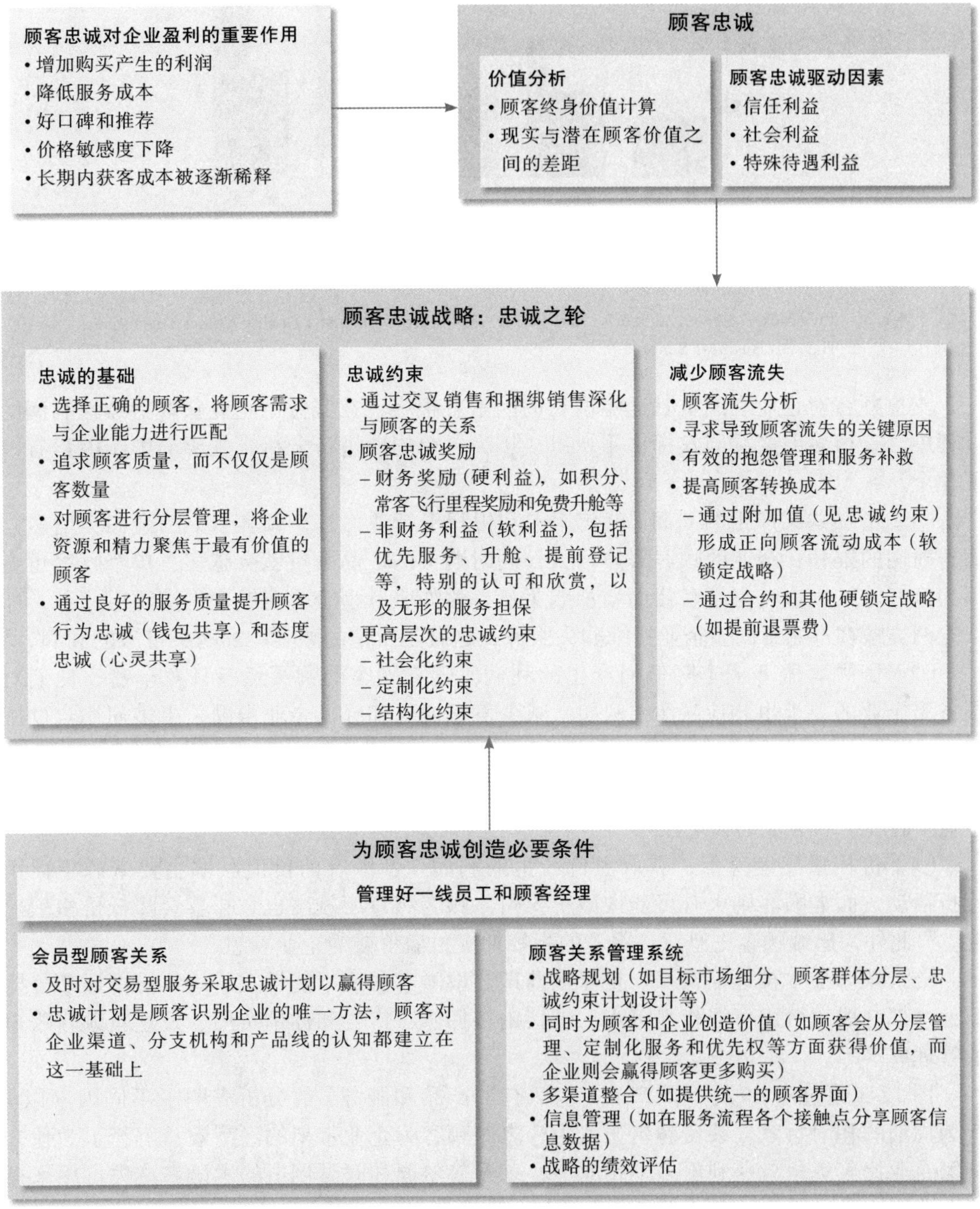

顾客忠诚对企业盈利的重要作用
- 增加购买产生的利润
- 降低服务成本
- 好口碑和推荐
- 价格敏感度下降
- 长期内获客成本被逐渐稀释

顾客忠诚

价值分析
- 顾客终身价值计算
- 现实与潜在顾客价值之间的差距

顾客忠诚驱动因素
- 信任利益
- 社会利益
- 特殊待遇利益

顾客忠诚战略：忠诚之轮

忠诚的基础
- 选择正确的顾客，将顾客需求与企业能力进行匹配
- 追求顾客质量，而不仅仅是顾客数量
- 对顾客进行分层管理，将企业资源和精力聚焦于最有价值的顾客
- 通过良好的服务质量提升顾客行为忠诚（钱包共享）和态度忠诚（心灵共享）

忠诚约束
- 通过交叉销售和捆绑销售深化与顾客的关系
- 顾客忠诚奖励
  - 财务奖励（硬利益），如积分、常客飞行里程奖励和免费升舱等
  - 非财务利益（软利益），包括优先服务、升舱、提前登记等，特别的认可和欣赏，以及无形的服务担保
- 更高层次的忠诚约束
  - 社会化约束
  - 定制化约束
  - 结构化约束

减少顾客流失
- 顾客流失分析
- 寻求导致顾客流失的关键原因
- 有效的抱怨管理和服务补救
- 提高顾客转换成本
  - 通过附加值（见忠诚约束）形成正向顾客流动成本（软锁定战略）
  - 通过合约和其他硬锁定战略（如提前退票费）

为顾客忠诚创造必要条件

管理好一线员工和顾客经理

会员型顾客关系
- 及时对交易型服务采取忠诚计划以赢得顾客
- 忠诚计划是顾客识别企业的唯一方法，顾客对企业渠道、分支机构和产品线的认知都建立在这一基础上

顾客关系管理系统
- 战略规划（如目标市场细分、顾客群体分层、忠诚约束计划设计等）
- 同时为顾客和企业创造价值（如顾客会从分层管理、定制化服务和优先权等方面获得价值，而企业则会赢得顾客更多购买）
- 多渠道整合（如提供统一的顾客界面）
- 信息管理（如在服务流程各个接触点分享顾客信息数据）
- 战略的绩效评估

图 12-1　本章概览

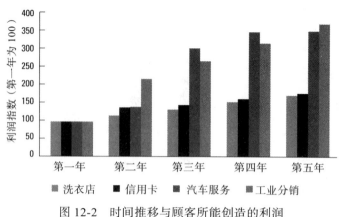

图 12-2 时间推移与顾客所能创造的利润

资料来源：Frederick F. Reichheld and W. Earl Sasser, Jr., "Zero Defections: Quality Comes to Services," © 1990 Harvard Business School.

支撑顾客对企业利润贡献逐年增长的因素有很多，在服务型企业获取持续性利润的过程中，有很多因素共同发挥作用。以 7 年为一个周期进行分析，主要的影响因素有以下几个。[3]

（1）增加购买产生的利润（就信用卡和银行卡行业而言，顾客卡上的余额会增多）。随着时间的推移，企业的顾客群体增大，同时购买的产品数量就会越多；单个顾客也会因为家庭的扩大或越来越富裕而增加购买量。假如服务型企业能够提供高质量服务，那么这两类顾客都愿意向该企业持续购买服务，这就是所谓的顾客增加购买带来的利润。[4]

（2）因顾客服务成本降低而产生的利润。随着顾客的购买经验日益丰富，他们对服务型企业的要求也相应减少（例如，减少信息搜寻和寻求企业帮助，更多使用自助服务）。当顾客在参与服务的过程中少走弯路时，也能促进服务生产率的提升。

（3）向其他顾客推荐产生的利润。好口碑和推荐是免费的促销与广告，能为服务型企业节省在广告方面的大笔投入。

（4）价格敏感度降低，获取溢价产生的利润。新顾客的价值获取主要来源于促销打折活动，而老顾客则更有可能按原价支付。顾客满意度较高也意味着会降低价格敏感度。[5] 此外，忠诚顾客更愿意在服务的高峰期支付溢价或为企业着想。

（5）获客成本被逐渐稀释。企业在前期获取顾客的成本能够在后续年份中逐渐分摊掉，这部分成本费用可能相当可观，包括销售佣金、广告和促销费用、设立新顾客账户的管理成本等。

图 12-3 通过对 19 类不同产品（包括有形产品和服务）的分析表明了不同因素以 7 年为周期的相对贡献。莱希赫尔德认为，忠诚顾客为企业带来的经济效益解释了为什么一家企业比其竞争者获利更多。相应地，莱希赫尔德和萨瑟创造的术语零流失可用来描述企业能够通过留住所有顾客来实现盈利。[6]

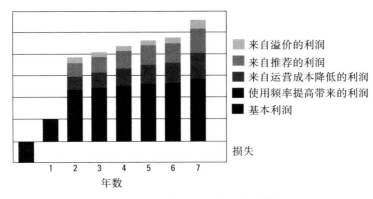

图 12-3　为什么老顾客更有价值

资料来源：Frederick F. Reichheld and W. Earl Sasser, Jr., " Zero Defections: Quality Comes to Services, " © 1990 Harvard Business School.

12.1.2　忠诚顾客价值的衡量

在顾客不同的生命阶段，企业为不同的细分市场提供服务时，可能面临的一个严峻挑战是如何确定顾客成本与收益之间的关系，并预测未来的盈利能力。有关如何计算顾客价值的详细信息，请参见"顾客终身价值计算表"（见表 12-1）[7]。

12.1.3　顾客终身价值计算表

顾客终身价值的计算缺乏科学性，因为里面包含了许多假设。你可能想尝试改变这些假设，来了解它如何影响最终数据。一般而言，每位顾客带来的收入比为他服务产生的相关成本更易于计算，除非没有保留任何个人记录或服务的顾客群非常大导致所有相关的数据被单独记录。

1. 收入减去成本

如果保留了个人账户记录，则可以在这些记录中找到最初的申请费和购买费用。相反，成本可能必须使用平均数据。例如，可以通过用于获取新顾客的总营销成本（广告、促销、销售等）除以同期获得的新顾客数量来计算获取新顾客的营销成本。如果每位新顾客的收益获取会滞后很长一段时间，那么在每位新顾客获取成本和产生收益时就会存在滞后效应。如果有必要进行信用审计的话，那么获取的收益需要在新顾客之间平均分配，而并不是在总的顾客之间均分，因为有些顾客并不在为企业创造收益的范畴之内。在大多数企业中，顾客手续费用也都是取的平均值。

2. 年度收益与成本

如果年销售额、顾客手续费和服务费都记录在个人账户上，那么就可以轻松地计算出顾客收益流（顾客推荐给企业带来的收入除外）。企业首要的任务是根据与顾客之间的关系将顾客群进行细分。根据企业记录数据的复杂性和精确性，每一类别中的年度成本可以直接分摊给每个顾客，或者分摊给按年龄分类的细分市场中的每位顾客。

3. 推荐的价值

计算推荐的价值需要各种假设。首先，你可能需要进行调查，以确定：①经过其他顾客推荐而购买企业服务产品的新顾客比例；②企业的其他营销活动吸引新顾客的比例。从这两点出发，可以计算出被推荐而来的顾客为企业创造收益的价值。

4. 净现值

从未来利润流中计算净现值（NPV），就需要年度的贴现率数据（这可能反映未来的通货膨胀率），它还需要评估顾客与企业的关系平均能够持续多长时间。一位顾客的净现值是其在预计与企业关系维持的时间里，每年能够给企业带来利润的贴现值。

表 12-1 顾客终身价值计算表

获取顾客的成本和收益		第一年	第二年	第三年	第 n 年
初始收益	年度收益				
申请费用[①]	年度账户费用				
	销售收入				
初始购买[①]	服务费[①]				
	推荐价值[②]				
总收入					
初始成本	年度成本				
营销费用	账户管理				
信用核查[①]	销售成本				
账户设置[①]	注销（如坏账）				
减：总成本					
净利润（或亏损）					

① 如果能够获取相关数据。
② 每个经过别人推荐来的顾客的预期利润（可以仅限第一年，也可以用预计的利润流的净现值来表示）；如果一个顾客在现有顾客中传播负面口碑导致顾客流失，这部分价值可能是负的。

12.1.4 现实与潜在顾客价值之间的差距

企业都是追逐利益的，顾客潜在盈利性因此成为营销策略制定的关键驱动力。正如艾伦·格兰特和伦纳德·施莱辛格所言，"与每个顾客建立关系并从中获取全部潜在价值是每家企业的根本目标……即使保守估计，大多数企业目前的盈利性和有可能达到的最大业绩之间还存在巨大差距"。[8] 他们建议对企业的现实价值和潜在价值之间的差距进行评估。

（1）每个目标市场中顾客目前的购买行为是怎样的？如果顾客表现出理想化的购买行为，会对企业销售收入和利润有哪些影响？所谓的理想化行为是指：①购买企业提供的所有服务；②仅购买本企业的服务，而不会购买竞争者的服务；③支付全款。

（2）顾客在企业内停留的平均时间有多长？如果他们是企业的终身顾客，那么会对企业有什么影响？

管理的任务就是设计和实施能够提高顾客忠诚度的营销策略（包括顾客支出、深度销售和交叉销售）、了解顾客流失的原因以及做出补救措施。对顾客数据和顾客忠诚的管理，也称为顾客资产管理。[9]

12.1.5 顾客为什么忠诚

在理解忠诚的顾客是服务型企业的底线之后，我们来探讨什么因素会使顾客产生忠诚。顾客并不会天生就忠诚于任何一家企业；相反，企业需要给顾客一个购买服务并持续购买该服务的理由。

企业与顾客之间的关系可以通过激发顾客信任、提供社会性利益以及提供特殊待遇等因素为个体顾客创造价值（见服务洞察12-1）。

 服务洞察 12-1

顾客如何看待服务行业中的关系利益

顾客与服务型企业之间的长期关系能为他们带来什么好处？学者们为找到这一问题的答案进行了两项研究。首先是对来自不同背景领域的21名受访者进行深入访谈，要求受访者确定他们定期光顾的服务型企业，并说出他们成为企业常客所获得的任何好处。以下是他们的观点：

（1）"我喜欢这位发型师……他真的很有趣，而且总是会讲许多笑话，他就像我的朋友一样。"

（2）"我知道作为常客能够得到什么好处，如果我选择常去的餐厅吃饭，那么饭菜的味道会比随便找一家新的餐厅要好。"

（3）"我经常得到价格优惠。我每天早上会去一家小面包店，他们通常会给我一个免费的松饼，然后说，'今天又来了，你真是一个好顾客。'"

（4）"老顾客得到的服务体验比新顾客更好……我们通常会去那家4S店，因为我们和老板的关系很好，并且每次去他都可以为我们服务。"

（5）"如果人们感到舒适，就不想换牙医了，因为他们不想再去适应新的牙医。"

在对观点进行评估和分组之后，研究人员设计了第二项研究，他们发放了299份调查问卷。受访者要求选择与他们建立牢固关系的某一服务型企业，然后评估21种收益（根据第一项研究的分析总结出）中每种收益获得的程度。最后，要求他们对这些收益的重要性进行排序。结果表明，顾客从利益关系中获得的大多数好处可以分为三类。第一类也是最重要的一类，为信任利益；其次是社会利益；最后是特殊待遇利益。

（1）**信任利益**。信任利益是指顾客的感知，即在建立的利益关系中，顾客认为发生问题的风险较小。人们也对服务表现充满信心，并且更加信任企业。顾客在购买时不会焦虑，因为他们知道自己的服务期望，并且通常会获得企业最高水平的服务。

（2）**社会利益**。社会利益是指顾客和员工之间的相互认知，例如知道对方的姓名、相互之间建立友谊，并享受友好关系带来的其他社会利益。

（3）**特殊待遇利益**。特殊待遇利益带来的好处包括大多数顾客无法获得的价格优惠、折扣、额外的服务、优先接受服务以及比其他顾客的服务效率更高。

资料来源：Kevin P. Gwinner, Dwayne D. Gremler, and Mary Jo Bitner, "Relational Benefits in Services Industries: The Customer's Perspective," *Journal of the Academy of Marketing Science* 26(2): 101-114.© 1998 Springer.

12.2 忠诚之轮

建立顾客忠诚并非易事。对于大多数人而言，即使是对自己真心喜欢的、经常光顾的企业，能准确回忆其名字的也为数不多。这一残酷的事实表明，尽管企业投入大量金钱和精力来培养顾客忠诚，但难以建立起真正的顾客忠诚。图 12-4 中的忠诚之轮对建立顾客忠诚的基本框架进行了阐释。

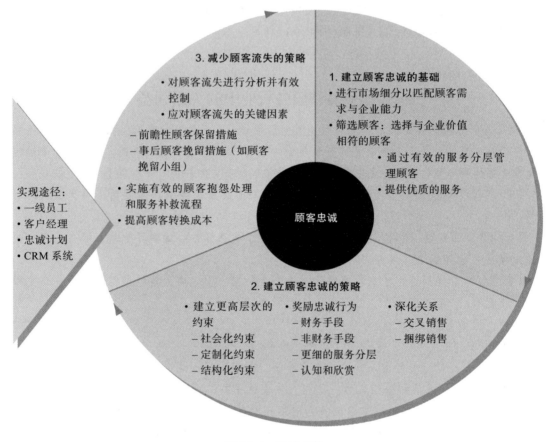

图 12-4　忠诚之轮

12.3 建立顾客忠诚的基础

在这一部分，本书强调专注于服务若干个理想细分市场的重要性，然后通过精心设计的关系营销战略努力建立和保持顾客忠诚。

12.3.1 选择正确的顾客

顾客忠诚管理始于通过市场细分将顾客需求与企业能力进行匹配。企业应该为谁提供服务？这是每个服务型企业应该定期思考的问题。如果想要构建成功的顾客关系，企业必须谨慎地选择适合自己的细分市场。管理者需要仔细思考顾客的需求与速度、质量、有形要素以及服务设施外观等企业运营能力是否匹配。

服务型企业应当精挑细选正确的顾客，只为这些目标顾客传递特殊的价值。获取正确的顾客能为企业带来长期收益和持续增加的口碑推荐。选择正确的顾客还可以提高员工满意度，因为与正确的顾客打交道能够改善员工的日常工作环境。服务型企业需要将自身能力和优势与顾客的需求结合起来，慎重地定位顾客市场，这对于看重服务质量的顾客来说将是更优质的服务。

12.3.2 追求顾客质量而不是顾客数量

很多服务型企业都过多地关注购买服务的顾客数量，而不是每个顾客所创造的价值。[10] 例如，喜达屋度假酒店发现，排名前 2% 的顾客创造了高达 30% 的利润！[11] 一般来说，经常大量购买的顾客比偶尔购买的顾客创造的利润更多。罗杰·哈洛威尔针对银行业有过精辟的阐述：

在银行业的顾客群体中，总有一些顾客对银行提供的服务水平和价格不满意，还有一些顾客只参与银行提供的优惠活动，导致银行无利可图（对他们投入的资源与他们创造的利润是不匹配的）。任何一家银行都应该以明智的方式盈利，即选择和服务于正确的顾客，并比竞争者更好地满足他们的需求。这些顾客极有可能长期与银行保持业务往来，购买银行多种产品和服务，并将银行推荐给朋友和家人，他们才可能是银行利润的来源。[12]

有意思的是，那些对顾客精挑细选并高度聚焦于特定顾客群体的服务型企业，在长期发展过程中往往实现快速增长。服务洞察 12-2 讲述了先锋集团作为共同基金行业的领导者，如何通过设计产品和定价，来吸引和保留适合企业商业模式的正确顾客。此外，关系型顾客并不是以购买商品服务的情况来定义的，那些严格遵循低价购买原则的顾客（在大多数市场中属于少数）并不是关系营销的首要目标顾客。这部分顾客的特点是：有明显的交易导向，不断寻求最低报价，并且轻易更换品牌。

服务洞察 12-2

先锋集团拒绝"错误的"的顾客

先锋集团（Vanguard Group）是共同基金行业中发展最快的企业，2015 年管理资产达到 3 万亿美元，它的商业模式是尽最大努力挑选适合的顾客。新顾客创造的营业收入份额约为 25%，反映了其资产份额或市场份额。但是，它的赎回份额（在基金行业中的顾客流失）确实很低，这使其净现金流量的市场份额达到 55%（新销售额减去赎回额），并使其成为该行业的领导者。

先锋集团是怎样实现如此低的赎回率的呢？秘诀就在于它谨慎地选择"正确的"顾客，推出有助于挑选顾客的产品和定价策略。

先锋集团创始人约翰·博格认为指数基金具有优越性，并意识到，长期内较低的管理费用将带来更高的利润回报。先锋集团通过"三无"政策，即无冲销（指数基金持有他们打算追踪的市场）、无销售人员、无广告（相对于竞争对手而言，企业的广告费用很少），为顾客提供较低的管理费用。同时，企业通过不鼓励短期基金持有者来保持低成本。

博格将顾客的高度忠诚归因于企业对顾客赎回率的高度关注。他解释说："我像雄鹰一样注视着老顾客。"相对新顾客而言，他更加仔细地分析老顾客的行为，以确保企业获取顾客的策略能够正确地实施。较低的赎回率意味着企业正在吸引合适的、忠诚的长期投资者。忠诚顾客群体的固有稳定性是先锋集团成本优势的关键。博格挑选顾客这一策略在行业内非常出名，他非常仔细地查看顾客的个人信息是否符合企业的要求。当机构投资者从仅在9个月前购买的指数基金赎回2 500万美元时，他就认为选择这一顾客是系统的失败。他解释说："我们不希望有短期投资者。因为他会牺牲长期投资者的利益。"

先锋集团这种挑选顾客模式非常出名。例如，它曾经拒绝了一家想要投资4 000万美元的机构投资者，因为企业怀疑这一顾客会在未来几周内撤走资金，就会为现有顾客增加额外费用。

此外，先锋集团对行业惯例进行了许多更改，从而阻止了交易投机者购买其基金。例如，它不允许在电话中进行指数基金交易；赎回费用必须作为成本进入基金中，并且企业拒绝以牺牲老顾客的利益来优惠新顾客，因为这是不忠诚于长期投资者的行为。这些产品和定价策略使交易投机者望而却步，却吸引了长期投资者。

先锋集团的价格制定有益于老顾客。对于许多基金而言，投资者只需要付一次费用。这笔资金进入基金（而不是先锋基金），以补偿当前所有投资者出售新基金的管理费用。从本质上讲，这笔费用补贴了长期投资者，并惩罚了短期投资者。另一种新颖的定价方法是为忠诚的投资者设立"将军股"（admiral shares），其费用比普通股要低（每年0.15%，而不是0.18%）。

需要注意的是，服务型企业并不能简单地认为花钱多的顾客就是"正确的"顾客。根据服务营销模式，"正确的"顾客可能由一大群人构成，他们的共同点在于没有其他企业为他们提供很好的服务。很多企业已经制定好成功的策略，服务于那些以前被别的企业忽视甚至被认为是无利可图顾客。例如，租车公司Rent-A-Car关注那些临时需要车的顾客群体，而主要竞争对手瞄准的是传统意义上的旅行者群体，这样的好处在于避开了激烈的竞争；同样地，嘉信理财（Charles Schwab）专注于服务散户投资者，沛齐公司（Paychex）则为小企业提供薪资设计和人力资源服务。[13]

12.3.3　通过有效的服务分层管理顾客

营销人员应该采取正确的战略方法来维系、提升甚至结束与顾客之间的关系。顾客维系主要是与顾客建立长期的、符合成本效益的联系，以实现双方的共同利益。然而，顾客维系并不意味着企业应当对同一层级中的所有顾客进行投入。已有研究表明，企业将资源分配到高端顾客群体中，将有助于提高盈利率和销售回报。[14]此外，不同的顾客层级通常有不同的服务期望与需求。根据泽丝曼尔、拉斯特和莱蒙的研究，理解不同盈利水平的顾客需求并相应地调整服务供应水平，对服务型企业而言是至关重要的。[15]

由于能够以服务所涵盖的不同价值水平为依据，对服务产品进行分类（例如，将航空服务中提供的舱位划分为头等舱、商务舱和经济舱，见第4章），因此，顾客也可以划分层级。顾客分级的依据包括不同顾客群体的利润贡献水平、需求（包括对价格、舒适度和速度等变量的敏感度）和个人统计特征指标。泽丝曼尔、拉斯特和莱蒙认为服务型企业可以将顾客划分为金字塔状的四个层级（见图 12-5）。

- 白金顾客。这一层级的顾客数量在企业顾客群中只占很小的比例，但他们的购买量很大，并且对企业的利润贡献率较高。该层级顾客对价格并不敏感，但期望更高的服务水平作为回报，他们乐于投资，并愿意尝试新的服务产品。
- 黄金顾客。黄金级别的顾客数量比例高于白金顾客，但单个顾客贡献的利润较白金顾客少。他们对价格相对敏感，对企业的投资较少。
- 铁顾客。这一层级的顾客数量占比最大，充足的顾客数量给企业带来了规模经济。因此，这部分顾客在企业建立一定的盈利能力和基础设施方面发挥着重要作用，他们的存在也为企业更好地服务黄金顾客和白金顾客提供了基础。但是，铁顾客本身所带来的利润是很少的，这样的盈利水平导致他们不能享受到黄金顾客和白金顾客那样的特殊待遇。
- 铅顾客。这一层次的顾客给企业带来的利润微乎其微，但他们却能享受到与铁顾客同样水平的服务。从企业盈利的角度分析，应将该层级顾客排除在目标市场之外。

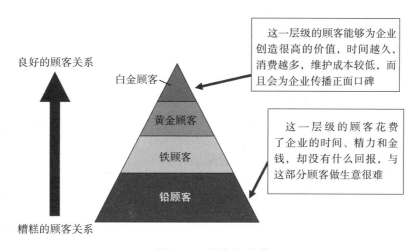

图 12-5　顾客金字塔

资料来源：Sage Publications. Originally published in Valerie A. Zeithaml, Roland T. Rust, and Katherine N. Lemon "The Customer Pyramid: Creating and Serving Profitable Customers," *California Management Review* 43, no. 4 (Summer 2001), Figure 1, pp. 118-142.

对顾客层级的划分会因行业和企业的不同而存在差异。服务洞察 12-3 对市场调查行业的顾客层级划分进行了说明。

 服务洞察 12-3

一家市场研究机构的顾客分层

顾客分层帮助美国一家领先的市场研究机构更好地了解自己的顾客。这一机构将白金顾客定义为不仅在年度内对市场研究的需求量大，而且还能够承诺其项目的时间、范围和性质的顾客。这使研究机构的能力管理和项目计划变得更加容易。获取这类顾客的项目成本仅为项目价值的2%～5%（一般情况下，由于要不断进行提案工作和招标，所以最终项目成本占整个项目价值的25%）。白金顾客也更愿意尝试新服务，并从其偏好的企业那里购买更多服务。这些顾客通常对市场研究机构的工作非常满意，并愿意将它推荐给其他顾客。

黄金顾客与白金顾客相似，不同之处在于，黄金顾客对价格更敏感，他们更倾向于把项目经费用到几家公司中。尽管这些顾客是公司多年的老顾客，且公司能够优先为他们提供优质的资源，但他们还是不愿意提前一年与公司签订业务合同。

铁顾客的研究项目经费处于中等水平。这一类顾客的销售成本很高，因为这些顾客倾向于将其所有项目提案请求（RFP）发送给许多公司。他们寻求最低的价格，并且通常不给研究机构足够的时间来执行高质量的工作。

铅顾客寻求价格便宜、临时性的项目。研究机构几乎没有机会提升价值或适当地运用其技能。由于顾客通常邀请几家公司报价，因此销售成本很高。此外，由于这些企业缺乏市场研究以及与研究机构合作的经验，因此通常需要召开好几次会议，并且需要对提案进行多次修订。铅顾客也往往需要高维护成本，因为他们对研究工作不太了解。他们经常在中期更改项目参数、范围和完成时间，然后期望研究机构承担任何返工的费用。这进一步降低了市场研究机构所获得的利润。

资料来源：Valarie A. Zeithaml, Roland T. Rust, and Katharine N. Lemon, "The Customer Pyramid: Creating and Serving Profitable Customers," *California Management Review* 43(4) (Summer 2001): 127-128.

顾客分层通常是以顾客盈利性和服务需求为基础的。服务型企业根据各个细分市场中顾客的需求和价值，为顾客提供定制化的服务。例如，白金顾客能够享受到其他细分市场所享受不到的服务。白金顾客和黄金顾客的利益特征决定了企业应当全力促使他们形成忠诚度，因为他们是竞争对手争夺的对象。

针对四个层级中的任何一类顾客，企业的营销活动都可以用来鼓励他们增加服务购买量、选购更高端服务以及实现交叉销售的目的。但是，同样的营销活动对于不同层级的顾客会产生不同的效果，因为不同层级顾客的需求、消费行为以及支出模式都不尽相同。

针对处于金字塔底部的铅顾客群体，企业只有两种处理方式。企业要么驱使他们迁移到铁顾客层级中，要么终止与他们之间的关系。顾客迁移可以利用组合策略来实现，包括深度销售、交叉销售、收取服务费、涨价或降低成本。例如，设置最低消费金额，促使顾客要么选择其他企业购买服务，要么在本企业增加购买量。另一种将铅顾客迁移到铁顾客的方法是鼓励他们使用低成本的服务方式。例如，铅顾客选择面对面的人际服务时必须付费，但使用网上交易则可免费。在移动通信行业，企业通常鼓励月租较低的手机用户使用预付套餐，企业就能免去寄送账单和收取费用的成本，也可以降低坏账风险。

当企业意识到并不是所有顾客都值得保留时，就会选择放弃或终止部分顾客关系。[16]对服务型企业来说，一些顾客关系可能并不是有利可图的，因为维护这些关系的成本要高于他们所创造的价值；还有些情况是由于企业营销战略的改变，或是顾客本身的消费行为模式与需求发生变化，这些顾客与企业战略难以匹配。

有时候，顾客会被企业直接拒绝（尽管这种情况应当关注法律规定）。美国第一资本金融公司在金融行业中实行快餐模式，提供简洁明了的服务产品，而没有任何修饰。这家企业只为维护低成本的顾客提供几种基本的服务产品，并且没有最低存款余额的要求，它的储蓄存款利率较高，而住房贷款利率较低。为了弥补这种"慷慨"带来的成本，该公司鼓励顾客进行网上交易，还会定期劝退一些与其要求不匹配的顾客。如果有顾客频繁地呼叫客服中心（公司处理一个顾客来电平均花费 5.25 美元），或者想要得到超出企业服务规则的特殊待遇，银行经理就会建议顾客前往社区银行办理业务。因此，这家银行的顾客维护成本远低于银行业的平均水平。[17]

12.3.4　顾客满意和服务质量是忠诚的先决条件

建立顾客忠诚的基础在于顾客满意。高度满意或感到愉悦的顾客更有可能坚持在一个企业持续购买服务，积极为这个企业传播好口碑，并成为该企业的忠诚顾客。[18] 相反，不满意的顾客会选择离开，进而选择其他的企业。

顾客满意与顾客忠诚的关系可以分为以下三个区域：背弃、中立和情感（见图 12-6）。在背弃区域，顾客满意度水平较低，除非转换成本很高，或没有可行的替代方案，否则顾客会更换企业。极度不满意的顾客会传播大量的负面口碑，成为企业避之唯恐不及的"恐怖分子"。[19] 在中立区域，顾客的满意度处于中等水平，该区域内的顾客如果有更好的选择，他们也可能更换企业。最后是情感区域，在该区域中的顾客满意度很高，他们对服务型企业保持着态度忠诚，不会考虑更换企业。处于情感区域的顾客被称为"传道者"，他们会在公共场合赞美企业，主动向他人推荐企业。

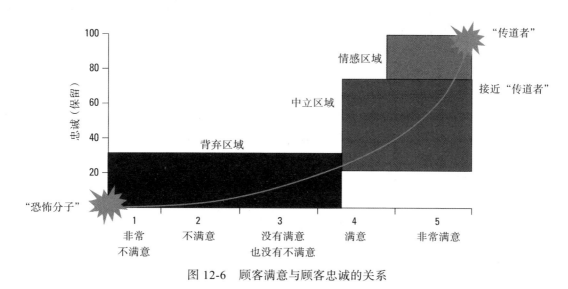

图 12-6　顾客满意与顾客忠诚的关系

资料来源：T. O. Jones and W. E. Sasser Jr., "Why Satisfied Customers Defect," © 1995 Harvard Business School.

真正的忠诚包括行为忠诚和态度忠诚，也分别称为"钱包共享"（share of wallet）和"心灵共享"（share of heart）。行为忠诚包括重复购买、大量购买以及积极的口碑传播；

态度忠诚是指顾客对企业、服务以及品牌发自内心的喜爱和情感依恋。

需要注意的是，顾客满意是形成顾客忠诚的必要不充分条件。单一使用满意度并不能解释忠诚行为，它必须与其他因素结合起来考虑，如转换成本[20]、企业竞争地位（例如，如果一家企业提供的服务比竞争者更有价值，[21]那么顾客就认为没有必要更换企业），以及本章下一节将要讨论的忠诚约束。

12.4 建立顾客忠诚的策略

如图12-4中的忠诚之轮所示，选择正确的顾客细分市场、吸引合适的顾客、对服务进行分层以及提高顾客的满意程度，都是形成顾客忠诚的坚实基础。不仅如此，企业还可以通过不同的"约束"策略来强化与顾客之间的关系。这些策略包括：①通过交叉销售和捆绑销售来深化与顾客的关系；②提供顾客忠诚奖励；③构建包括社会化联结、定制化服务、结构化约束等更高层次的约束关系。[22]下面我们将分别讨论以上三种策略。

12.4.1 深化与顾客的关系

服务型企业可以借助捆绑销售或交叉销售策略，与顾客建立更紧密的联系。例如，银行通常将尽可能多的理财产品推销给一个顾客或一个家庭。一旦一个家庭在同一家银行办理了支票账户、信用卡、储蓄账户、保险箱、汽车贷款和抵押贷款等业务，那么银行与顾客之间的关系就会更加深化，顾客更换银行的概率会大大降低，除非顾客对银行服务极其不满意。

一般情况下，顾客从单一服务型企业购买多种不同的服务也有额外的好处，毕竟一站式购物比向不同的服务型企业购买零散的服务更加方便。

12.4.2 通过财务或非财务奖励来鼓励顾客忠诚

很少有顾客只从一家服务型企业处购买服务，这在服务传递时需要独立交易的行业（如租车公司）中尤为常见，而在服务传递时具有连续性特征的行业（如保险行业）中则是例外。在很多情况下，顾客会对若干个品牌保持忠诚，而排斥另外一些品牌（有时将此描述为"一对多忠诚"）。在这种情况下，营销目标是加深顾客对某一品牌的偏好，并力争在其所属服务类别中获取顾客消费支出的最大份额。如果能实现这一目标，服务型企业就可以设计出以奖励维系的顾客关系模式（通常由忠诚计划提出），进而激励顾客消费，企业也能因此赚取更多利润。[23]激励措施是基于顾客购买频率、购买价值或是将两者结合起来所形成的基本顾客关系。奖励可以分为财务和非财务两种形式。

1. 财务奖励

财务奖励对顾客有很好的激励作用，它能为顾客带来直接的经济价值（也称为"硬利益"）。财务奖励包括购买折扣、顾客忠诚计划奖励，如航空公司为常客赠送飞行里程、银行为信用卡持卡顾客提供折返现金等。

格雷厄姆·道林和马克·昂可尔认为，为了评估顾客忠诚计划是否能改变正常行为模式，营销人员需要对三种心理效应进行分析。[24]

（1）**品牌忠诚与交易忠诚**。顾客在多大程度上对核心服务（或品牌）忠诚，而不是对忠诚计划本身忠诚？营销人员应该关注对服务产品的价值主张和定位起到直接支撑作用的忠诚计划。

（2）**购买者如何评价奖励**。顾客对忠诚计划价值大小的判断由以下几个因素决定：

1）奖励的现金价值（如顾客必须购买产品）；

2）奖励可选择的范围（例如，顾客能够在多种奖励中选择而不是只能接受一种奖励）；

3）奖励的期望价值（顾客通常不会购买的新奇事物可能比现金折返更有吸引力）；

4）顾客为获得奖励所需购买的产品数量是否在能够承受的消费范围内；

5）顾客使用忠诚计划以及兑换奖励是否简便易行；

6）忠诚计划和积分制度所产生的心理利益。

（3）**时机**。奖励的延迟满足通常会削弱忠诚计划的吸引力。一种解决方法是企业定期向顾客发送账户积分，这能让顾客清楚地了解目前还差多少积分才能领取奖励，以及奖励具体是什么。

当然，仅仅依靠精心设计的奖励计划还不足以留住企业最希望获取的顾客。如果顾客对服务质量不满意，或认为从其他服务型企业能获取更多价值，那么他们很快就会变得不再忠诚。任何一家服务型企业在为老顾客设立奖励计划的同时，都不应该忽略一个更基本的目标，那就是相对于顾客支付的价格和获取服务的成本而言，为他们提供更高质量和更高价值的服务。[25] 有时候，一些顾客之所以忠诚仅仅是因为企业能提供优质的基本服务，充分满足他们的需求，以及快速地解决他们遇到的难题。[26]

财务奖励计划在一些情境中有可能会让顾客感到受挫和不满，从而与建立顾客忠诚背道而驰。这些情境可能包括：①顾客因为账户余额较少或购买量较小，而被排除在奖励计划之外；②奖励很少或奖励本身根本没有价值；③在服务需求高峰，由于企业无法及时提供服务而导致顾客没能达到奖励要求；④兑换奖励的过程非常麻烦并且耗费时间。[27] 有些顾客已经拥有很多会员卡，那么他们也可能没兴趣再办新的会员卡（特别是当他们认为这些会员卡没什么价值时）。

2. 非财务奖励

非财务奖励（也称为"软利益"）提供的是非货币形式的奖励。例如，对于加入忠诚计划的顾客，在预约等候列表中或呼叫中心虚拟队列时将获得优先权。

重要的非财务奖励包括特别的认可和欣赏。顾客很重视企业对他们的需求给予格外关注，也会欣赏企业为满足他们偶尔的特殊要求所做的努力。参与高级忠诚计划的顾客甚至很享受隐含的服务担保。当出现问题时，一线员工会格外关注对企业最有价值的顾客，并确保将服务恢复到他们满意的水平。

对于那些位于顾客层级顶端的群体，许多忠诚计划还需要针对他们提供重要的等级利益，让他们感觉自己是贵宾（例如，在开篇案例中提到的凯撒集团七星级顾客），并享受到应有的特殊待遇。尤其是服务型企业所采用的分等级忠诚计划,可以为顾客获得更高的会员等级提供较强的激励作用,这通常能为企业带来更多的利润。

在高水平的服务情境中,非财务奖励通常比财务奖励更有效,因为非财务奖励能够为顾客创造更大的价值。与财务奖励不同,非财务奖励与企业核心服务直接相关,且能够提高顾客的服务体验和价值感知。例如,在酒店行业,顾客用积分兑换免费礼物并不能提高顾客的入住体验,但是优先预定、提前入住、晚点退房、升级房间以及特殊关照等做法则会使客人的入住体验增强,让他们感到温暖和贴心,觉得自己受到酒店的重视,从而提高再次入住的可能性。[28]

服务洞察 12-4 描述了英国航空公司如何设计高管俱乐部,有效地将财务奖励和非财务奖励结合起来。

服务洞察 12-4

英国航空公司奖励有价值的顾客,而不仅仅是常旅客

与某些航空公司仅以飞行里程作为常旅客飞行计划的奖励标准不同,英国航空公司的高管俱乐部会员不仅能获得用于兑换航空旅行奖励的航空里程,而且金卡或银卡乘客还会获取积分奖励。通过与美国航空、澳洲航空、国泰航空和其他航空公司建立"寰宇一家"联盟,高管俱乐部会员也已经能够通过搭乘这些合作伙伴航空公司的航班来赚取里程(有时甚至是积分)。

如表 12-2 所示,银卡和金卡持卡人有权享受特别优惠,例如享受优先预订和更高水平的地面服务。即使金卡会员乘坐经济舱旅行,也有权在登机和候机时享受头等舱的待遇。只要飞行常客的账户上在 3 年内至少有一笔交易,里程就不会过期。但是,会员卡仅在自生效之日起一年内有效,这意味着乘客每年必须重新积分。会员制的目的是鼓励乘客选择英国航空公司出行,而不是参加多个飞行常旅客计划并从所有联盟公司中获得里程奖励。在这些联盟公司中,很少有乘客获得金卡会员身份。

服务等级不同,乘客获取的积分也不同。长途旅行乘客比短途旅行乘客赚取更多积分。但是,购买折扣机票的乘客可能获取的里程较少,并且没有积分。对于购买高价机票的乘客,如果乘坐的是商务舱,则会获得经济舱乘客积分的 2.5 倍,如果乘坐的是头等舱,则相应获得 3 倍积分。

尽管公司没做出明确的升舱承诺,但是高管俱乐部会员相比其他乘客更有可能收到升舱邀请。在公司超额预订的情况下,会员身份是乘客能否得到升舱机会的重要因素。与许多航空公司不同,英国航空公司倾向于将升舱限制在客舱预订过多的情况下,公司不希望常客认为他们购买便宜的机票还能自动升舱。

英国航空公司甚至创建了家庭账户,这一账户最多允许六个共同居住的家庭成员共享里程并充分利用积分。

表 12-2　英国航空公司为最有价值乘客提供的利益

利　　益	银卡会员	金卡会员
预订		金卡会员订票专线
预订担保		如果航班无票，可确保经济舱、确保 24 小时提供全价机票、至少提前一小时登机
等候和待机优先权	高优先权	最高优先权
柜机值机	根据旅行舱位	优先（不管舱位）
休息室		头等舱休息室可以带一名乘客，可以随时进入，即使不乘坐公司航班
特殊服务帮助		专人负责；遇到问题，比其他顾客优先解决
里程赠送	+25%	+100%
升舱		一年的积分达到 2 500 分后，会员或同伴可以自动升舱；同一年度内，积分达到 3 500 分，可以为两人升舱
伙伴卡		积分达到 5 000 分，可以获得两张高管俱乐部银卡和一张伙伴金卡，积分可以和伴侣一起分享
特殊权益		积分达到 5 000 分，免费享用伦敦希思罗机场 5 号航站楼和纽约肯尼迪机场 7 号航站楼 VIP 休息室
终身会员		积分达到 35 000 分，将成为终身金卡会员

此外，小型企业通常不会实施正式的忠诚计划，但也能与顾客建立起有效的关系。例如，他们可以采用非正式的忠诚奖励。企业可以定期赠送老顾客一些小礼物以表达感谢、在餐厅中为他们保留最喜欢的桌位、给予他们特别的关照等。

12.4.3　建立更高层次的约束

服务型企业实施忠诚计划的目标之一就是激励顾客到企业购买服务，或至少使企业成为顾客偏爱的服务提供商。然而，基于奖励的忠诚计划很容易被其他竞争对手模仿，服务型企业需要形成高层次约束才能保持自身竞争优势，但很少有企业能做到这一点。高层次约束主要包括三种类型，分别是：①社会化约束；②定制化约束；③结构化约束。

社会化约束。社会化约束与相关的个性化服务通常建立在服务型企业的员工与顾客个人关系的基础上。与财务约束相比，社会化约束建立难度较大，而且需要花费更长时间，正因为如此，主要竞争对手模仿起来也会更加困难。能与顾客建立长期社会化约束的服务型企业更有可能留住顾客，因为社会化约束有助于顾客对企业员工产生信任感。[29]如果社会化约束还能进一步形成顾客的关系共享和良好体验，它就会成为顾客忠诚的驱动因素，乡村俱乐部和课堂情境都是这样的例子。[30]

定制化约束。当服务型企业为忠诚的顾客提供定制化服务时，就形成了定制化约束。例如，星巴克鼓励员工去了解经常光顾的顾客的偏好，并以此为依据为他们提供定制化的服务。许多大型连锁酒店通过他们的忠诚计划数据库来了解顾客的偏好。提供定制化服务的企业可能会拥有更多的忠诚顾客，例如，当客人抵达酒店时，他们发现自己的需求已经得到充分满足，从他们喜欢的房型（可吸烟房或无烟房）、床的类型（双人床还是大床房）到他们喜欢的枕头、想要晨读的报纸等。除了这些好处，费尔蒙特酒店及度假村（Fairmont Hotels & Resorts）的忠诚计划还为顾客提供慢跑鞋、合身的衣服等，顾客进入房间后还能发现配置有他们恰好想要的瑜伽垫和弹力带等健身器材。[31] 当顾客习惯这些特殊待遇后，他就很难适应那些无法为他们提供定制化服务的竞争企业（至少不会立即接受，因为新的服务型企业需要花时间了解顾客的需求和偏好）。[32]

结构化约束。结构化约束在 B2B 市场中很常见，它可以让顾客按照企业的流程来调整自己的购买行为，以此将顾客与企业联系起来。结构化约束增加了竞争对手吸引顾客的难度，例如，共同投资项目，以及采供双方在信息、流程和设备方面的共享。

结构化约束也可以应用于 B2C 市场。例如，有些租车公司在企业网站和手机软件上为旅行者设计定制化的页面，这样可以方便旅行者通过网页检索过去旅程的详细信息，包括取车地点、还车地点、租车类型、保险覆盖范围、账单地址和信用卡信息等，有助于简化新的预约业务流程。

这些约束不仅使企业与顾客之间的关系更进一步，也可以向顾客传递信心、社会和特殊待遇的价值（见服务洞察 12-1）。一般来讲，也只有服务型企业能为顾客创造价值，所有约束才能产生长期效应。

12.5 减少顾客流失的策略

到目前为止，本书已经讨论了顾客忠诚的驱动因素，以及建立企业与顾客之间关系的策略。除此之外，还需要了解导致顾客流失的因素，然后致力于消除或减少这些因素。

12.5.1 顾客流失分析与监控

顾客流失分析与监控的第一步是分析顾客更换服务供应商的原因。苏珊·凯威尼开展了一项涉及多个服务行业的大规模研究，发现顾客更换服务供应商的几个主要原因包括以下几个（如图 12-7 所示）：[33]

- 核心服务失误（44%）。
- 对服务接触不满意（34%）。
- 过高、带有欺骗性或不公平的定价（30%）。
- 服务时间、服务地点或服务延迟带来的不便（12%）。
- 没能很好地处理服务失误（17%）。

许多受访者在经历了一系列糟糕的服务后，都决定转向其他的服务型企业，如出现服务失误而且服务补救不当。还有其他一些重要因素也会导致顾客更换服务型企业，包括对现有服务型企业的综合表现不满意，或者是在顾客关注的重要服务属性方面，企业的表现不及竞争对手。[34]

具有前瞻性的服务型企业会定期开展顾客变动诊断，以及时了解顾客流失的原因。顾客变动诊断包括顾客变动和流失的数据分析、选择流失顾客进行访谈询问（当顾客取消账户时，客服人员会询问一些简短的问题），以及由第三方研究机构对这些顾客进行深度访谈，从而更详细地了解顾客流失的原因。[35]

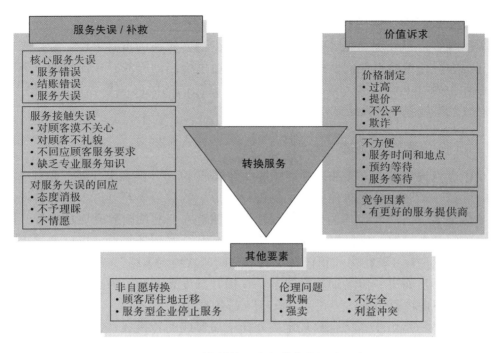

图 12-7　顾客转换服务提供商的影响因素

资料来源：*Journal of Marketing*, American Marketing Association; American Marketing Society; National Association of Marketing Teachers, reproduced with permission of American Marketing Association.

有些企业甚至会对个别顾客变动进行预测。例如，移动电话服务提供商会采用顾客流失预警系统来监控单个顾客的账户，以对顾客可能的变更进行预判从而采取预防措施。针对有可能流失的重要顾客，企业会将他们标记出来，然后采取措施挽留他们。例如，企业可以为这些顾客发放优惠券，或由顾客服务代表致电顾客，以确定双方关系是否正常，并决定是否采取必要的补救措施。

12.5.2　顾客流失关键原因的应对方法

苏珊·凯威尼的研究结果一再强调减少顾客流失对服务型企业而言极其重要，而企业可以采取的应对措施包括为顾客提供高质量的服务（见第 14 章）、尽可能减少顾客获取服务的不便性、降低顾客的非货币成本以及提供公平透明的定价（见第 6 章）。除了这些基本策略以外，还要对行业中特有的导致顾客流失的因素予以重视。例如，在手机行业中，订购新的资费套餐往往有机会以很低折扣购买新的手机，这成为手机用户更换运营商的一个常见理由。为了防止手机用户流失，许多手机运营商有预见性地推出手机以旧换新业务，定期为现有手机用户换取新机型提供折扣优惠，一些运营商甚至向高价值用户提供免费的手机，或以消费积分兑换手机。

除了这些有预判性的挽留措施，很多企业也会采取一些应对式的措施，其中包括利用经过特殊培训的客服人员组建挽留小组，与那些想要注销现有服务的顾客进行对话，努力挽留他们。挽留小组的主要任务是倾听顾客的需求和问题，想办法解决这些难题并留住顾客。

12.5.3 实施有效的顾客抱怨处理和服务补救流程

有效的顾客抱怨处理和完善的服务补救是减少顾客转换的重要策略。管理规范的企业能够让顾客轻松地倾诉他们所遇到的问题，并通过恰当的服务补救流程予以解决。这样做能够保持顾客的满意度，减少顾客更换服务提供商的倾向。[36]本书将在第13章讨论如何有效地实施服务补救措施。

12.5.4 提高顾客转换成本

减少顾客流失的另一个方法是提高顾客的转换成本。[37]很多服务型企业自身就有转换壁垒，例如，顾客想要更改他们的主要银行账户，就必须要经过许多流程，特别是所开账户与借记卡、信用卡和其他相关的银行业务捆绑在一起的时候会更加麻烦，况且很多顾客也不愿意去了解一家新银行的产品和服务流程。[38]服务型企业可以通过提高便利性、定制化和优先权（统称为"积极转换成本"或"软锁定策略"）等手段，专注于为顾客提供附加值，从而进一步增加转换成本。在提升态度忠诚和行为忠诚方面，上述策略已经被证实比下面将要讨论的"硬锁定策略"更有效。[39]

硬锁定策略是指由于违反合约规定被处罚金而形成的转换成本，例如，顾客将股票和债券转移到另一家金融机构，需要付给中介公司手续费。同样，如果手机用户在合约执行期间注销账户，那么手机运营商就会收取一定的违约金。但是，企业应当谨慎使用这些策略，以免顾客产生自己被企业挟持的感觉。如果一家企业的转换成本很高，同时提供低质量的服务，这样的企业会让顾客产生负面态度并形成坏口碑。在某些时候，如果顾客对企业的忍耐达到了极限，就算有再高的转换成本，顾客也会毫不犹豫更换到另一家企业，或者在合约到期的第一时间，顾客就立刻更换服务提供商。[40]

12.6 顾客忠诚战略的实施

在忠诚之轮部分可以看到，大多数战略都需要对顾客有深入的理解。顾客忠诚战略实施的方法包括创建"会员制"关系，如通过顾客忠诚计划、顾客关系管理系统、客户经理以及一线员工的努力等。在讨论这些方法之前，我们先关注旨在开展单笔交易（即交易营销）和致力于与顾客建立长期关系（即关系营销）之间的区别。

12.6.1 交易营销中的顾客忠诚

交易是买卖双方进行价值交换的行为。单笔甚至多笔交易不一定能形成关系，因为关系的形成需要双方了解彼此。当企业与顾客的每一笔交易都是谨慎小心并且匿名购买的，表现为企业缺失顾客的长期购买记录、顾客与企业员工之间彼此不熟悉，那么基本可以判定企业不存在有价值的营销关系。许多服务型企业都会存在以上现象（从客运服务到餐饮服务，再到电影院服务），顾客对于服务的购买和使用独立发生，没有关联。

在交易营销情境下实施顾客忠诚战略，必须尽可能聚焦于忠诚之轮中提及的基本战略，如细分市场，将顾客需求与企业能力相匹配，以及提供高质量的服务。

12.6.2 关系营销

关系营销一般是指与顾客保持长期关系的营销活动类型，理想状态是企业与顾客都对更紧密的相互关系和更高的附加价值交换同时感兴趣。服务型企业可能会采用常规交易手段对待那些既没有购买欲望也不打算在将来购买产品的顾客，但企业必须付诸努力提升其他顾客的忠诚度。[41]

关系营销需要会员制关系。有些服务行业自然而然就会形成会员制关系，而其他行业必须努力构建这种关系，接下来对此进行说明。

12.6.3 构建"会员制"关系助推顾客忠诚战略

目前顾客与企业之间的关系可以通过以下几个问题加以分析：第一，企业是否像电话订阅、银行业务以及家庭医生等服务行业那样，已经与顾客建立起正式的"会员制"关系，或者没有建立起这样的关系；第二，企业是像保险、广播以及治安保护一样提供连续性的服务，还是对每笔交易都单独记录和收费。表 12-3 显示了企业与顾客之间的关系类别。会员制关系是企业和可识别顾客之间的一种最正式关系，这种关系能让双方同时获利。

表 12-3 企业与顾客关系分类

服务传递特性	服务组织与顾客之间的关系	
	会员制关系	非正式关系
连续式服务	保险服务	广播电台服务
	有线电视服务	治安保护
	大学教育	灯塔服务
	银行服务	公共高速公路服务
间断式服务	长途电话服务	租车服务
	剧院套餐预订	邮政服务
	网上购票旅游服务	收费高速公路
	担保式维修服务	公用电话
	美国 HMO 会员医疗服务	电影院服务
		公共交通
		餐饮服务

间断式交易所涉及的情况大多是顾客向服务型企业"匿名"购买服务，这类典型行业包括交通、餐饮、电影等。这类服务型企业的营销人员所面临的一个问题是：与拥有会员制的企业同行相比，他们对自己的顾客知之甚少，如这些顾客是谁、每个顾客需要什么服务等。对于间断式交易行业中的业务经理而言，要建立起顾客关系还要更努力才行。

在理发店这样的小规模服务型企业中，老顾客会受到欢迎，他们的需求和偏好都会（也应当会）被服务人员牢牢记住。采用正式手段留存顾客需求、偏好和购买行为对小型企业来说非常重要，这些记录能够帮助员工避免在相同的服务情境下重复问同样的问题，能为每一名顾客提供个性化的服务，帮助企业预测顾客未来的需求。

在掌握大量顾客数据的大规模服务型企业中，通过为已注册的顾客提供额外利益也可以将交易转变为顾客关系。实施顾客忠诚计划可使企业了解当前顾客，掌握他们的服务交易与偏好。上述信息都极具价值，因为这些信息是企业提供定制化服务、对市场进行细分以及进行服务分层的前提。

关系营销领域的新手通常将忠诚积分与顾客忠诚计划等同起来。实际上，对顾客和企业双方而言，忠诚计划最有价值的部分往往是企业实施忠诚战略带来的其他好处。正如忠诚之轮部分所讨论的，忠诚计划强化了核心服务（从优先权到定制化服务），这也是忠诚计划最具价值的部分。你也许会问：为什么企业不放弃积分等策略？只关注其他方面的利益不是更好吗？答案与顾客的心理因素有关。顾客通常需要一些激励，才会愿意注册、安装应用软件、提供个人信息和办理会员卡。如果企业想对各个分店（通常位于不同的国家）、渠道、服务等有一个系统全局的认知，那么可靠的识别物就是顾客的忠诚卡（或会员卡卡号），或者是使用手机号码注册了的应用软件。其他包括姓名、护照和地址在内的识别物都容易出差错，因为姓名和地址可能会拼错，护照号码也可能会更改。因此，将忠诚计划的积分（或航空里程）当作激励顾客的措施，鼓励他们注册会员，并在他们预订、入住酒店和购买服务的时候，通过忠诚计划的会员号码（或会员卡、手机软件）来识别和了解顾客，是一种行之有效的方法。当然，仅有这些还不够，顾客（和企业）真正的利益来源是忠诚之轮中所描述的其他约束。

当然，忠诚计划和忠诚战略的实施通常需要通过顾客关系管理系统来实现。通过顾客关系管理系统，服务型企业可以获取、分析并将相关信息传递给一线人员和客户经理（在 B2B 市场或在高层级的顾客市场中）。第 11 章讨论了关于一线员工的问题，下面将讨论顾客关系管理系统在顾客忠诚战略实施中的作用。

12.7 顾客关系管理

服务型企业早已了解顾客关系管理（简称 CRM）的重要性，某些行业已经应用顾客关系管理系统数十年了，如街角的杂货店、附近的汽车修理店和银行为高价值顾客提供的服务。然而，一提到 CRM，企业就会想到昂贵而复杂的 IT 系统和基础设施。实际上，CRM 强调的是建立和维护顾客关系的整个过程，[42] 它应该被视为成功实施忠诚之轮的关键因素。

12.7.1 CRM 的共同目标

很多服务型企业拥有数量众多的顾客（有的可能有数百万），在不同的地理位置还存在许多不同的接触点（如出纳员、客服中心员工、自助服务机器以及网站）。在一个大型的服务场所，前台服务人员不可能连续两次为同一名顾客提供服务。过去，服务型企业缺乏在这种情境下维持顾客关系的营销工具；而如今，CRM 系统能够为企业提供顾客信息并传递到每个接触点。有效实施 CRM 系统，能帮助服务型企业与顾客进行定制化和个性化的互动。该系统也能帮助企业有效地对顾客数据进行解读、细分和分层理解顾客、细分市场以及分层顾客数据，更有针对性地开展促销和交叉销售，甚至可以建立顾客流失预警系统，在顾客将要流失的时候发出警报信号。[43] 服务洞察 12-5 展示了 CRM 系统中常见的应用程序。

服务洞察 12-5

常见的 CRM 应用程序

（1）**数据收集**。系统收集了顾客数据，如接触细节、人口统计特征、购买历史记录以及服务偏好等。

（2）**数据分析**。系统根据企业设定的标准对收集的数据进行分析和分类。这有助于顾客分类并提供相应的服务。

（3）**销售自动化**。CRM 系统可以有效地发现和处理交叉销售与追加销售的机会。也可以通过 CRM 系统，从销售开始到销售结束和售后服务的整个销售过程进行跟踪和促进。

（4）**营销自动化**。顾客数据的挖掘使服务型企业可以瞄准市场。良好的 CRM 系统通常可以在忠诚度和保留计划下使企业实现一对一的营销和成本节约。这样可以增加企业营销支出的投资回报率（ROI）。CRM 系统通过顾客响应分析来评估企业营销活动的有效性。

（5）**客服中心自动化**。客服中心的工作人员对顾客的信息触手可及，这样就可以提高顾客的服务水平。此外，呼叫者账号有助于客服人员识别顾客等级身份并提供个性化服务。例如，白金顾客在等待时可以被优先接入。

12.7.2　CRM 战略的基本构成[44]

服务型企业应该采用更具战略性的眼光审视 CRM 系统，而不是简单将其视为一项技术，这样才能将 CRM 系统聚焦于盈利性的发展和管理顾客关系。图 12-8 提供了 CRM 战略中涉及的 5 个主要流程框架。

（1）**战略规划**。该步骤涉及企业战略评估，包括评估企业愿景、行业趋势和竞争形势。业务层战略通常由企业高层管理者制定。CRM 对企业的绩效会产生积极的影响，因而企业的战略至关重要。[45] 基于此，业务层战略应该对顾客战略构建起到引领作用，包括忠诚之轮中提及的目标市场细分、顾客群体分层、忠诚约束计划的设计以及顾客流失管理。

（2）**价值创造**。该步骤主要是将服务业务和顾客战略转化成面向顾客与企业的价值主张。为顾客创造的价值包括服务优先权、忠诚奖励、定制化和个性化服务；为企业创造的价值包括降低获取和维系顾客的成本、提高利润份额以及降低顾客服务成本。顾客想从企业的 CRM 战略中获取好处，就需要参与到企业的 CRM 中去（如主动提供个人信息）。例如，如果顾客将自己的驾照、账单地址、信用卡、汽车和保险等方面的信息记录在汽车租赁公司的 CRM 系统中，那么每次预订都不再需要反复输入信息，可以简化流程和节约时间。当企业和顾客达到双赢时，CRM 系统才能发挥最佳效用。[46]

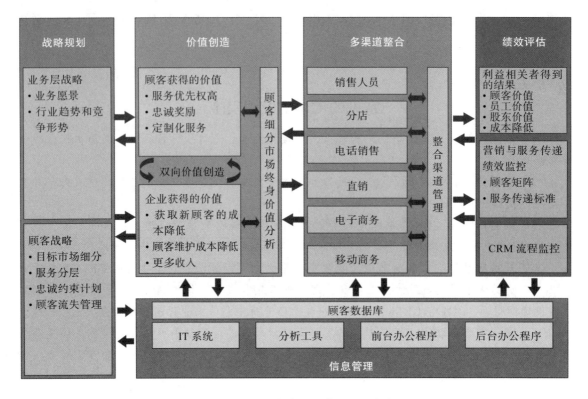

图 12-8　CRM 战略的整合性理论框架

资料来源：*Journal of Marketing*, American Marketing Association; American Marketing Society; National Association of Marketing Teachers, reproduced with permission of American Marketing Association.

（3）**多渠道整合**。大多数服务型企业通过多种渠道与顾客进行互动。服务型企业往往面临这样一个挑战：企业要在多个潜在渠道中实现顾客互动界面的一致性，同时为顾客提供定制化和个性化的服务。CRM 系统中的渠道整合有助于企业解决这一难题。

（4）**信息管理**。服务在多渠道中的传递取决于企业在所有渠道收集顾客信息的能力，并将收集的信息与其他相关信息整合到一起，及时向各个接触点的一线服务人员（或在自助服务机前的顾客）提供。信息管理流程包括：

1）包含所有顾客资料在内的数据库；

2）硬件和软件的 IT 系统；

3）分析工具，如数据挖掘包；

4）特定的应用程序，如竞争管理分析、信用评估、顾客分类、顾客流失预警系统，甚至包括顾客欺诈检测和管理；

5）前台办公程序，这类程序支持与顾客直接接触的相关活动，包括自动销售和客服中心管理应用；

6）后台办公程序，这类程序支持内部顾客的相关流程，包括物流、采购和财务等活动。

（5）**绩效评估**。必须解决三个关键问题：

1）CRM 战略是否为核心利益相关者（即顾客、员工和股东）创造价值？

2）企业的营销目标（从获取顾客数量、利润份额到保留顾客、顾客满意）和服务传递绩效目标（例如，客服中心标准，包括等待时间、掉线情况及首次呼叫问题解决率）是否完成？

3）CRM 流程本身是否已达到预期标准？（是否制定相关策略？是否为企业和顾客创造价值？信息管理流程是否有效？是否有效整合多个顾客服务渠道？）

上述绩效评估过程能够推进 CRM 系统不断完善。

12.7.3　CRM 实施过程中的常见问题 [47]

不幸的是，很多企业实施 CRM 系统都宣告失败。导致高失败率的一个关键原因在于，企业错误地以为构建起 CRM 系统就等同于拥有顾客关系战略。此外，CRM 系统牵涉不同的部门和职能（例如，从客服中心和线上服务到分支机构运营、员工培训和 IT 部门），也牵涉多种计划（从销售和忠诚计划到推出新服务和交叉销售），还牵涉不同的流程（例如，从授权信用额度到抱怨管理和服务补救）。CRM 实施的牵涉面很广，导致企业难以有效对其进行把控。除此之外，还有一个残酷的现实是 CRM 实施的成败实际上取决于最薄弱的环节。CRM 失败的常见原因包括以下几种。

（1）**将 CRM 视为一种技术创新**。在实施 CRM 的过程中，由 IT 部门主导而不是由高级营销或管理部门主导，很容易将关注重点放在技术特点上，这就导致在实施过程中缺乏战略导向，对顾客和市场理解不透彻。

（2）**缺乏对顾客的关注**。很多服务型企业在实施 CRM 战略的过程中，没有以提高服务价值为最终目标。同时，在顾客服务过程和传递渠道中，没有为有价值的顾客持续提供服务。

（3）**未充分认识顾客的终身价值（LTV）**。不同顾客的盈利点千差万别，但很多企业没能充分围绕这些差异设计有效的营销策略。

（4）**缺乏高级管理层的支持**。缺乏高级管理层的授权和积极参与，CRM 战略将难以得到完整实施。

（5）**没有重组业务流程**。如果企业没有围绕 CRM 的要求对顾客服务和后台流程进行重新设计，那么企业不可能成功实施 CRM 战略。很多企业的 CRM 实施以失败告终，原因就在于这些企业试图让 CRM 设计与现有的服务流程相适应；实际上，成功的 CRM 是以顾客为核心的，因此企业应将重心放在服务流程再造上，以适应新的情况。

（6）**低估数据整合的挑战性**。服务型企业经常无法将分散在整个企业不同部门的顾客数据整合起来，而成功实施 CRM 的一个关键就在于让需要数据的一线员工能够第一时间获取所需的数据。

总之，如果顾客认为 CRM 系统使用不当且对他们不利，那么企业实施 CRM 战略会面临潜在的风险。[48] 例如，顾客感觉没有得到公平的对待（如企业给予新顾客价格优惠和促销活动而现有顾客却没有享受到），此外还包括潜在的隐私问题。

12.7.4 如何正确实施CRM

尽管有许多企业因CRM实施失败而损失数百万美元，但也应当看到，现今越来越多的企业在CRM方面做得很好。达雷尔·理格比和戴安娜·莱丁厄姆认为："CRM系统不再是一个无底黑洞，它已经成为企业成功的基石。"[49] 从图12-8的CRM实施流程模型中可以看出，服务型企业应该重点关注顾客关系生命周期的相关问题，而不是通过大规模实施CRM战略来改造整个业务。聚焦的CRM战略有助于揭示需进一步完善的地方，如果将这些部分整合改进，就能推动CRM战略在整个组织中有效实施。[50] 同样，理格比、莱希赫尔德和谢夫特建议企业关注顾客战略，而不是技术方面。他们提出以下问题：

如果企业最有价值的顾客知道企业将花1.3亿美元来提升他们的忠诚度，那么他们会建议企业如何花这笔钱？他们想让企业创建忠诚卡，还是设置更多的收银台，抑或是在仓库存放足够的牛奶？以上答案取决于企业的类型，以及企业与顾客希望彼此建立什么样的关系。[51]

在明确打算通过CRM系统构建的顾客关系战略前，服务型企业的管理者应该讨论的关键问题包括：

（1）企业如何通过改变价值主张来提升顾客忠诚度？
（2）企业的定制化服务、一对一营销或服务传递应该提供到何种程度才是合适且有利可图的？
（3）增加来自现有顾客的收入，能为企业增加多少利润？在顾客分层和细分市场中，这方面的差距会有多大？
（4）如今企业能分配多少时间和资源到CRM中？
（5）如果企业相信CRM，那么为什么过去没有采取更多的措施？在不向技术层面投入大笔资金的前提下，企业应该采取什么措施来建立与顾客的良好关系？[52]

回答以上问题，可能会得出这样的结论：CRM系统目前也许不是最好的投资或最重要的投资，或设计一些简单措施也足以应付企业想要实施的顾客关系战略。但不管怎么样，本书在此强调，该系统只是驱动战略的一种工具，因此必须根据战略对其进行调整，才能更好地传递服务战略。

本章小结

1. 顾客忠诚是增加企业利润的重要因素。忠诚顾客的利润来源有：①增加购买；②降低顾客服务成本；③忠诚顾客会向其他顾客推荐；④忠诚顾客愿意支付溢价。此外，经过长期分摊，可以有效降低企业获取顾客的成本。

2. 为了理解顾客对企业利润的影响，企业需要学会如何计算顾客终身价值（LTV）。顾客终身价值的计算包括：①获取顾客成本；②收益流；③顾客手续费；④顾客购买企业服务的预期年限；⑤未来现金流的贴现率。

3. 顾客只有在某些方面受益时，才会产生忠诚。对企业忠诚能够为顾客带来的好处包括：
(1) 信任利益，包括顾客感知风险降低，并且对企业充满信任。
(2) 社会利益，包括一线服务人员能记住顾客的名字，双方形成良好的关系，并享受友好关系带来的其他社会利益。
(3) 特殊待遇利益，包括价格优惠、额外服务以及优先接受服务。

4. 建立顾客忠诚并非易事。忠诚之轮为服务型企业如何建立顾客忠诚提供了系统框架，这一框架中三个部分的逻辑顺序为：

首先，企业需要建立忠诚的基础，那就是信任，缺乏信任无法实现顾客忠诚。顾客忠诚基础能为忠诚顾客创造信任利益。

其次，顾客忠诚基础建立起来后，企业需要创建忠诚约束来深化与顾客之间的关系。顾客可以由此获得社会利益和特殊待遇利益。

最后，企业也需要降低顾客流失率。

为了建立顾客忠诚基础，企业需要实施一系列策略。

5. 细分市场并选择"正确的"顾客。服务型企业必须选择适合的细分市场，将顾客需求与企业能力进行匹配。企业也需要关注顾客的质量，而不是仅仅追求顾客数量。

6. 服务型企业通过服务分层管理顾客，将顾客群划分为不同层级（如白金顾客、黄金顾客、铁顾客和铅顾客），这有助于企业根据不同的顾客层级采取定制化战略。高层级顾客不仅能为企业创造更高的价值，也能享受更高水平的服务；针对处于金字塔底部的低层级顾客群体，企业可以通过增加顾客数量、提高产品价格或降低成本来增加利润，有时甚至终止与这些顾客的关系。

7. 服务型企业必须清楚，顾客满意是顾客忠诚的先决条件。顾客满意度与忠诚度的关系可以划分为以下三个区域：背弃区域、中立区域和情感区域。只有高满意度或愉悦的顾客才会进入情感区域，也才会真正保持忠诚。真正意义上的忠诚包括行为忠诚（增加购买量和推荐行为）和态度忠诚（心理占有率）。

忠诚约束可以强化顾客关系，常见的顾客约束有三种类型。

8. 交叉销售和捆绑销售能强化企业与顾客之间的关系，因为会增加顾客更换服务型企业的难度，但同时也能为顾客的一站式购物提供方便。

9. 顾客忠诚奖励计划的目的是通过财务奖励（如忠诚积分）和非财务奖励（如更高层次的服务、服务优先权、认可和优待）来使企业获利。

10. 高层次约束包括社会化约束、定制化约束和结构化约束。对于竞争企业而言，这些约束比基于财务奖励的约束更难效仿。

11. 忠诚之轮的最后一步是了解导致顾客流失的因素，以及系统地降低顾客流失率。

(1) 顾客更换服务型企业的一般原因包括：核心服务失误和不满意、受到价格欺骗和不公平待遇、造成不便、没有很好地处理服务失误，以及在关键服务要素上的表现不及可供选择的竞争对手。

(2) 为了避免顾客流失，企业应该：①分析和解决顾客流失的原因；②有效处理顾客抱怨处理和实施服务补救流程；③适度提高顾客转化成本。

12. 忠诚之轮中所讨论的大多数战略都需要深入地理解顾客，以提高顾客忠诚度。例如，只有服务型企业了解每位顾客的消费行为，才能提供服务分层、定制化与个性化服务，以及开展顾客流失管理。在这种情况下，服务型企业可以考虑构建"会员制"关系，即使在交易服务中，企业也可以通过顾客忠诚计划和CRM系统创建顾客关系。

13. CRM系统应该被视为成功实施忠诚之轮的助推器。当企业通过多种服务传递渠道为数量众多的顾客提供服务时，CRM系统的作用会更为显著。有效的CRM战略包括5个关键流程：

（1）战略规划，包括目标市场的选择、服务分层以及设立忠诚奖励。

（2）价值创造，包括通过服务分层和顾客忠诚计划为顾客传递不同的利益（如优先等候和升级）。

（3）多渠道整合，将不同的服务传递渠道整合为统一的顾客接触界面（如从网站到分支机构）。

（4）信息管理，包括顾客数据库、分析工具（如竞争管理分析和顾客流失预警系统）以及这些工具在前台和后台的使用。

（5）绩效评估，该步骤需要解决三个问题：①CRM战略为顾客和企业创造价值了吗？②是否实现了营销目标？③CRM系统运营是否已达到预期标准？

绩效评估过程能够推进CRM系统不断完善。

复习题

1. 为什么顾客忠诚是增加服务型企业利润的重要因素？
2. 为什么选择"正确的"顾客对成功的顾客关系管理如此重要？
3. 如何评价顾客终身价值？
4. 忠诚之轮中的各战略是如何相互影响的？
5. 企业如何建立顾客忠诚的基础？
6. 什么是服务分层？解释服务型企业要进行服务分层的原因。服务分层对企业和顾客有什么意义？
7. 建立顾客约束和强化顾客长期关系的主要措施有哪些？
8. 为什么与核心服务相关（如定制化服务、交易便利性以及服务优先权）的顾客利益比与核心服务无关的奖励（如航空里程）更有助于建立顾客忠诚？
9. 在构建有效忠诚战略中，顾客流失管理的作用是什么？可以使用什么工具来了解和降低顾客流失率？
10. 为什么顾客忠诚计划是顾客忠诚战略的重要组成部分？
11. 在实施顾客关系战略时，CRM系统有什么作用？

应用练习

1. 请写出你经常光顾的三家服务型企业，并完成以下句子："我忠诚于这家企业，因为……"
2. 你作为一名顾客的忠诚和上一题中的企业绩效之间有什么关系？服务型企业获得顾客

忠诚的策略能否发展为竞争优势？

3. 列出你曾光顾过很多次，但是因为某一次服务不满意，现在不会再次光顾的两家服务型企业。请完成以下句子："作为顾客，我停止（或即将停止）消费这两家企业所提供的服务，原因是……"

4. 你作为一名顾客的忠诚和上一题中的企业绩效之间有什么关系？这些企业怎样做才能挽留你？每家企业应该采取什么措施才能避免顾客流失？

5. 评价两个来自不同服务行业的忠诚计划的优缺点。分析每个忠诚计划应如何改进。

6. 设计一份调查问卷，对两个不同的忠诚计划进行调查。第一个忠诚计划是你的同学或家人对企业保持忠诚的会员制或忠诚计划；第二个是不能为顾客带来价值的忠诚计划。采用开放式问卷形式，例如"最初是什么原因让你注册企业会员？""你为什么使用这个应用程序？""加入这个计划，是否以某种方式改变了你的购买行为或产品使用方式？""这些计划是否降低了你在该企业竞争对手那里的购买率？""你认为这些奖励怎么样？""成为该企业的会员是否为你带来了直接利益？""你对忠诚计划最满意的三点是什么？""你对忠诚计划最不满意的是什么？""你对忠诚计划的改进建议是什么？"根据上述问项，分析哪些因素能影响忠诚/会员制计划的成败。利用忠诚之轮的理论框架进行分析并陈述你的观点。

7. 与两三家已经实施 CRM 系统的服务型企业员工进行沟通。询问他们使用 CRM 系统与顾客互动的情况，以及了解 CRM 系统：①是否有助于他们更好地理解顾客？②是否有助于提高顾客的服务体验？同时，询问他们企业中的 CRM 系统还存在哪些潜在问题以及如何改进。

第 13 章
顾客抱怨与服务补救

□ 学习目标

通过学习本章,你能够:
1. 认识顾客面对服务失误时可能采取的行动;
2. 理解顾客为什么抱怨;
3. 理解顾客抱怨时对企业的期望;
4. 了解顾客对有效的服务补救做何反应;
5. 解释服务补救悖论;
6. 掌握有效服务补救系统的原则;
7. 熟悉一线服务人员在服务失误中处理顾客抱怨和服务补救的原则;
8. 认识服务保证的重要性;
9. 掌握如何设计有效的服务保证;
10. 了解企业在何种情况下可以不提供服务保证;
11. 熟悉七种不良顾客群体,并了解如何对其进行有效管理。

□ 开篇案例

太少、太迟:捷蓝航空公司的服务补救[1]

在美国东海岸一场可怕的暴风雪中,数百名乘客被困在纽约肯尼迪国际机场的捷蓝航空公司飞机上长达11小时。这些乘客非常愤怒,因为捷蓝航空公司的员工没有做出任何补救措施让他们离开飞机。此外,捷蓝航空公司6天内取消了超过1 000次航班,更多的乘客滞留。这一事件使捷蓝航空公司作为最佳顾客服务品牌之一的地位大幅下降。在《商业周刊》"前25名顾客服务领导者"榜单中,原本捷蓝航空公司排名第4,但因这次的服务失误,该公司被踢出榜单。是什么原因导致这一结果?

捷蓝航空公司没有制订服务补救计划,包括飞行员、空乘人员或管理人员在内,没有一个人主动引导乘客离开飞机。捷蓝航空公司事后给乘客的赔偿和旅行优惠券似乎并没有减少乘客因为被困十几个小时而产生的愤怒感。捷蓝航空公司的CEO戴维·尼尔曼向公司数据库中的每一位乘客发了一封私人邮件,解释了造成事故的原因,诚恳地道歉并详细地描述了公司的服务补救措施。他甚至出现在午夜的电视节目中道歉,并承认公司应该制定更好的应急措施。尽管如此,公司在恢复声誉方面还有很长的路要走。

逐渐地,捷蓝航空公司制定了新的顾客权利清单,重建了公司声誉。这一清单中明确规定,当航班延误时,公司将以优惠券或赔偿的方式来弥补乘客。尼尔曼也变革了公司的信息系统来追踪乘务人员的位置;在总部培训空乘人员,以便需要时为顾客提供帮助。公司的这些行动都是为了能够恢复原有的声誉和地位。到2014年，捷蓝航空公司已连续多年重新回到了J. D.顾客服务领导者的榜单上（该榜单上的顾客满意度研究基于全球数百万的顾客调查反馈）。这表明捷蓝航空公司的顾客最终原谅了这次服务失误，并支持该公司继续提供优质的服务。

13.1 顾客的抱怨行为

服务质量和服务生产率的第一定律是：第一次就将事情做对。但是服务型企业并不能忽略这样一个事实，即服务失误无法完全避免，有时是企业无法控制的原因（如开篇案例中导致捷蓝航空公司发生事故的暴风雪）造成的。服务接触中许多"关键时刻"非常容易出现问题，诸如即时表现、顾客参与以及人是服务产品构成要素等显著的服务特性，都会极大地增加服务失误的可能性。服务型企业处理投诉和解决问题的能力，往往决定着企业是建立起顾客忠诚，还是眼睁睁地看着顾客转向其他竞争对手。本章概览见图13-1。

13.1.1 顾客对服务失误的行为反应

顾客可能并不总是对所获得的服务感到满意，当遇到这些不满意的服务时，顾客会做出怎样的反应？是对员工进行口头抱怨，要求与经理沟通或进行正式投诉，还是会私下自己抱怨，向朋友或家人发牢骚或当下次需要类似服务时选择其他企业？

有的顾客不会选择直接向企业抱怨服务有多糟糕，而且这样的顾客不在少数。一项覆盖全球范围的研究表明，大多数人不会抱怨，特别是如果他们认为抱怨毫无用处时。图13-2表明，顾客应对服务失误时，会采取至少三种主要行动措施：

（1）采取某种形式的公开行动（如向企业或第三方抱怨，诸如消费者维权组织、消费者事务或监管机构，甚至是民事或刑事法庭）。

（2）采取某种形式的私人行动（如更换供应商）。

（3）不采取任何行动。

顾客可以采取任何一种行动或是同时采取几种行动。服务型企业的管理者需要意识到，顾客流失造成的影响远远不止未来收益流的损失，生气的顾客往往会告知其他人自己的遭遇。[2]互联网成为不满意顾客传播抱怨的途径，他们可以在朋友圈、微博，甚至是建立自己的网站，向成千上万的网民谈论自己在特定企业经历的糟糕体验。

13.1.2 了解顾客的抱怨行为

为了有效处理顾客的不满意或抱怨，服务型企业的管理者必须了解抱怨行为的主要方面，可从如下问题开始。

1. 顾客为什么抱怨

一般而言，在关于顾客抱怨行为的研究中，已经确认了顾客抱怨的四种主要目的。

（1）**获得退款或补偿**。顾客通常寻求退款、补偿或重新获得服务来弥补一些经济损失。[3]

顾客对服务失误的行为反应
- 采取公开行动（向企业抱怨、向第三方抱怨、采取法律措施）
- 采取私人行动（更换服务提供商、负面口碑）
- 不采取行动

顾客一旦抱怨，他们有何期望
顾客期望获得三个维度的公平。
- 程序公平：顾客期望便捷、回应迅速和具有弹性的服务补救流程
- 互动公平：补救努力是真实的、真诚的、礼貌的
- 结果公平：反映其所遭受的损失和不便的补偿

顾客抱怨
顾客为什么抱怨？
- 获得退款或补偿
- 发泄愤怒
- 帮助改善服务质量
- 利他主义

不满意顾客抱怨的比例是多大？
- 5%～10% 抱怨率

为什么不满意的顾客不抱怨？
- 耗时耗力
- 结果不确定
- 抱怨本身是件不愉快的事情

哪些人最有可能抱怨？
- 处于更高社会经济阶层的顾客
- 拥有更多产品知识的顾客

顾客在哪里抱怨？
- 大部分抱怨来自服务接触点（面对面或者电话）
- 只有一小部分通过邮件、社交媒体、网站或者信件传达

顾客对有效服务补救的反应
- 避免背叛，重新建立企业信任
- 服务补救悖论：有效的补救措施甚至可以带来比事故发生前更高的满意水平

有效服务补救系统的原则
- 便于顾客意见反馈和减少顾客抱怨障碍
- 确保有效服务补救，确保服务补救是：①积极的；②有计划的；③训练有素的；④一线员工得到授权的
- 建立适当补偿水平，其设置应基于：①企业的定位；②服务失误的严重性；③顾客对企业的重要程度。目标是"适度的慷慨"
- 应对顾客抱怨：
  - 快速行动
  - 理解顾客的感受
  - 不要与顾客争辩
  - 从顾客的角度理解问题
  - 厘清事实、找出原因
  - 给予顾客质疑的权利
  - 提出解决问题的步骤
  - 告知顾客进展情况
  - 考虑提供补偿
  - 努力重获顾客好感
  - 改进服务传递系统

服务保证
- 将专业的抱怨处理和服务补救制度化
- 流程改进
- 服务保证的设计应该：①无条件；②易于理解；③有意义；④易于运用；⑤易于兑现；⑥可信赖。
- 不适用的企业情况包括：①享有卓越的声誉；②糟糕的服务质量；③因外部因素（如天气）而无法控制服务质量

不良顾客
存在七种类型的不良顾客：
- 骗子
- 小偷
- 违规者
- 好战者
- 家庭争执者
- 破坏者
- 赖账者

- 不良顾客给企业带来麻烦，而且会破坏其他顾客的服务体验
- 企业需要跟踪和管理不良顾客的行为，包括将他们列入黑名单，禁止他们使用企业的服务设施（作为最后选择）

图 13-1　本章概览

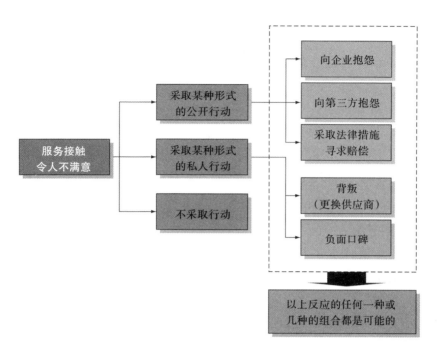

图 13-2　顾客对服务失误的反应类型

（2）**发泄愤怒**。一些顾客通过抱怨来重建自尊或释放他们的愤怒和挫败感。如果服务过程非常官僚主义、不近人情，或是员工态度粗鲁、出言恐吓或心不在焉，那么顾客的自尊、自我价值和公平感将会受到消极影响，进而导致顾客变得愤怒和情绪化。

（3）**帮助改善服务质量**。当顾客高度参与服务传递过程时（如大学、校友会），他们会进行反馈，为改善服务质量做出尝试和贡献。

（4）**利他主义**。一些顾客由利他主义驱动激发抱怨。他们想让其他顾客避免遭受同样的糟糕服务。如果因为他们没有指出该纠正的问题而导致其他顾客遭遇同样的麻烦，他们会感到不舒服。

2. 不满意顾客抱怨的比例是多大

研究表明，对服务不满意的顾客中，平均只有 5%～10% 的人会抱怨。[4] 有时，这个比例会更低。一份公交公司的评价记录显示，每 100 万次乘车记录里只出现 3 次正式的顾客投诉。假设每个人每天乘坐两次公交车，那么每位乘客需要 1 370 年（大约 27 个生命周期）才能乘坐 100 万次车。换句话说，即使是不以提供优质服务著称的公共汽车，它的投诉率也低得令人难以置信。但是，有证据表明，全球的顾客正变得更加明智、更加自信，在为自己的抱怨寻求满意的结果方面也更加积极。

3. 为什么不满意的顾客不抱怨

许多研究已经发现顾客不抱怨的一些原因。顾客可能不愿意花时间写投诉信、发送电子邮件、填写表格或打电话，特别是当他们认为这些服务并不重要时。很多顾客认为抱怨结果是不确定的，因为没有人会关心或愿意去解决这些问题。在某些情况下，顾客可能根本不知道去哪里抱怨或者应该做些什么。此外，还有很多顾客认为抱怨是令人不愉快的事情。他们可能害怕引起冲突，特别是当抱怨涉及认识的人，而且可能以后会再次打交道时。[5]

4. 哪些人最有可能抱怨

研究结果一致表明，社会经济地位较高的人比社会经济地位较低的人更可能抱怨。因为他们受过更好的教育、有更高的收入以及更多的社会参与，这些给予他们信心、知识和动力，敢于说出遭遇到的服务问题。[6] 而且，这些顾客往往对有问题的服务产品有更多的见解。

5. 顾客在哪里抱怨

研究表明，大多数抱怨发生在接受服务的地方。本书的其中一位作者完成了一个开发和实施顾客反馈系统的咨询项目，他发现99%的顾客采用面对面交流或向客服中心打电话的方式进行意见反馈。通过企业网站、社交媒体页面、电子邮件、信函或反馈卡传递的抱怨信息所占比例不到1%。一项针对航空公司飞机餐食满意度的调查发现，在对飞机餐饮不满意的顾客中，只有3%的顾客会将不满表达出来，而且他们全部是向空乘人员抱怨，没有人向公司总部或顾客事务办公室抱怨。[7] 当顾客想要解决问题时，他们倾向于使用诸如面对面交谈或电话沟通等互动渠道，但是当他们想要发泄愤怒或沮丧时，就会使用非互动渠道（如电子邮件或网站）来抱怨。[8]

实际上，大多数情况下，服务型企业的管理者通常听不到顾客反馈给一线员工的抱怨。如果缺少正式的顾客反馈系统，那么只有小部分抱怨能够传递到企业总部。[9] 如果顾客使用其他方式进行抱怨但又没有得到实质性的解决，他们很有可能转向公众进行抱怨。这种情况的发生源于"双向偏差"，企业的服务表现已经导致了顾客第一层次的不满意，而其解决问题的方式也以失败告终。[10]

13.1.3 顾客一旦抱怨，他们期望什么

无论服务失误在什么时候发生，人们都期望能够被公平对待。但是研究表明，许多顾客认为自己不仅没有得到公平对待，也没有获得足够的赔偿。当发生这种情况时，顾客的反应通常是直接的、情绪化的和持久的。相反，公平的结果对顾客满意有积极的影响。[11]

斯蒂芬·泰克斯和斯蒂芬·布朗发现公平的三个维度决定了超过85%的服务补救满意度（见图13-3）。[12]

- **程序公平**是指顾客为追寻公平而必须遵循的政策和规则。顾客期望企业承担责任，这是公平程序开始的关键。在此之后，应有具有便捷性和回应性的服务补救过程，包括具有弹性的系统以及对顾客在补救过程中投入的报酬。
- **互动公平**包括提供服务补救的员工及其对顾客展开的补救行为。企业为服务失误做出解释以及努力解决问题是非常重要的，而且，补救努力必须是真实、真诚和礼貌的。

- **结果公平**是指顾客因服务失误所导致的损失和不便而获得的赔偿。这不仅包括对服务失误的赔偿，还包括对服务补救过程中顾客花费的时间、努力和精力的赔偿。

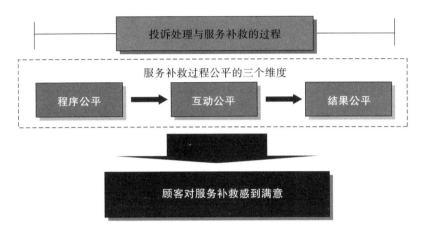

图 13-3　服务补救过程中感知公平的三个维度

13.2　顾客对有效服务补救的反应

《感谢上帝让我们有抱怨者》是一篇标题很煽情的关于顾客抱怨行为的文章，这篇文章也形象地呈现出成功管理者的感叹："感谢上帝让我接到一位不满意顾客的抱怨电话，但我担心的是那些没有打来电话的人。"[13]那些抱怨的顾客给了企业一个纠正问题（包括企业可能都不知道的一些问题）、恢复与抱怨者之间的关系以及提高顾客满意度的机会。

服务补救这一术语是描述企业在服务失误后为纠正问题和重获顾客购买意愿而做出的一系列努力。服务补救努力在获得（或修复）顾客满意和顾客忠诚方面发挥了重要的作用。[14]在每一个服务型企业中都可能发生对顾客关系有消极影响的服务失误。真正考验服务型企业对顾客满意和服务质量重视程度的，并不在于广告中的承诺，而在于当顾客遭遇服务失误问题时企业的回应方式。抱怨通常会对服务于顾客的员工产生消极的影响，但是，若员工对服务和工作抱以积极的态度，那么他们更可能将顾客抱怨视为改进服务工作的潜在资源，从而探索出能够帮助顾客的其他方法。[15]

13.2.1　有效服务补救对顾客忠诚的影响

当企业有效解决顾客抱怨时，顾客可能会对企业保持较高的忠诚度。实际上，研究表明，对服务补救满意的顾客愿意将服务或产品推荐给其他顾客的概率是对服务不满意的顾客的 15 倍。[16]知名的顾客满意度研究公司 TARP 研究发现，当顾客不满意却又不抱怨时，他们对不同类型的产品重复购买率为 9%～37%；对于重要的抱怨，当企业对顾客表示同情并倾听但未能有效解决问题时，企业的顾客保留率从顾客不满意但不抱怨的 9% 提高至 19%；如果抱怨能够得到有效解决，顾客保留率就会提升至 54%；当问题能够得到快速解决，特别是在服务现场立即纠正时，顾客保留率最高可达到 82%！[17]

通过上述研究可以得出这样的结论：顾客抱怨的处理应该被视为利润中心，而不是成本中心。当服务型企业流失不满意的顾客时，不仅损失了下一次的交易利润，还可能损失长期利润流；长期利润流的损失来自不满意顾客的流失，或是其他顾客从对该企业服务不满意的朋友那里听到抱怨而不愿光顾这家企业。然而，很多服务型企业并没有认识到投资服务补救意味着保护企业的长期利润。[18]

13.2.2 服务补救悖论

服务补救悖论描述了这样一种现象：经历了服务失误后得到了有效服务补救的顾客，比那些一开始没有遇到问题的顾客可能产生更高的满意度。[19] 例如，乘客登机后才发现由于航空公司超额预售机票而没有座位；如果航空公司为乘客免费升级到商务舱作为服务补救措施，那么乘客会比失误发生前更开心、更满意。

服务补救悖论可能会让人认为顾客遭遇服务失误也许是好事，因为在服务补救之后，他们会感到更加满意。但是，这种方式对服务型企业来说成本过于高昂。虽然服务补救悖论并非适用于所有情形，并且已有研究表明了服务补救悖论不是普遍现象，[20] 例如，一项关于零售银行业重复服务失误的研究发现，服务补救悖论在顾客第一次遭遇服务失误后得到有效解决时成立，顾客能够感到非常满意；然而，如果发生第二次服务失误，那么该悖论就会不再适用。[21] 顾客可能会原谅企业一次，但如果再次发生服务失误，顾客就会很失望。该研究还发现，进行一次有效的服务补救之后，顾客的期望值会有所提高，即他们会期望以同样的补救标准来处理未来的服务失误。

服务失误的严重性和"可补救性"也可能决定着顾客对服务补救过程是否满意。没有人能够挽救被破坏的婚纱照或被毁的假期，也没有人能够消除由于服务设备造成伤害而带来的严重后果。在这种情况下，即使进行最专业的服务补救，也难以想象顾客会感到满意。酒店预订与上述例子就是相反的情况，顾客办理酒店入住时发现自己的订单被酒店遗失，酒店可以为顾客升级到更好的房间甚至是套房来进行服务补救，即用更好的服务产品进行补救时，顾客通常是满意的，甚至会希望以后还出现类似的服务失误。

总之，最佳的服务策略是一开始就将服务做对。正如迈克尔·哈格洛夫所说的那样，"服务补救只是提供了服务失误转化成能够令顾客重新满意的服务机会"。[22] 不幸的是，实证研究表明，40%～60% 的顾客对他们所经历的服务补救流程都不太满意。[23]

13.3 有效服务补救系统的原则

服务型企业必须认识到现有顾客是有价值的资产。一旦顾客体验了不满意的服务，服务型企业就需在此基础上设计有效的服务补救程序。下面，本章将讨论三个有助于设计出有效服务补救的正确指导原则：①便于顾客给出反馈；②能够有效地进行服务补救；③建立适当的补偿机制。第四个原则是从顾客反馈中学习并驱动服务改进，我们将在第14章的顾客反馈系统中进行讨论。有效服务补救系统的构成如图 13-4 所示。[24]

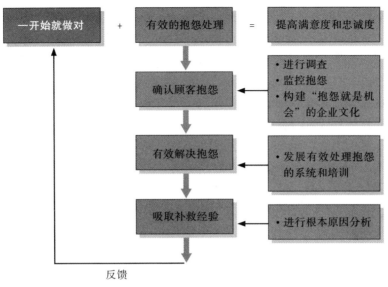

图 13-4 有效服务补救系统的构成

资料来源：Christopher Lovelock, Paul Patterson, and Jochen Wirtz, *Services Marketing: An Asia-Pacific and Australian Perspective*, 6th ed, Pearson Australia, 2015.

13.3.1 便于顾客给出反馈

服务型企业应该如何应对不满意但又对抱怨有抵触心理的顾客呢？最好的处理方法是直接针对他们不愿意抱怨的原因展开行动。表 13-1 总结了所有能够采取的措施，这些措施能够解决本章前面指出的顾客不愿意抱怨的问题。许多服务型企业改进了抱怨收集程序，例如，增设免费的客服专线、网站链接、公众平台以及在分支机构显眼的位置放置顾客意见簿。在与顾客沟通方面，一些服务型企业以"您告诉我们，我们来改进"为标题进行报道以改进服务。

表 13-1 减少顾客抱怨障碍的策略

不满意顾客遇到的抱怨障碍	减少这些障碍的策略
不方便 • 很难找到合适的抱怨程序 • 耗费精力，如写信或寄信	使反馈容易、方便： • 在所有与顾客沟通的材料（信函、网站、清单、宣传册、电话黄页等）上印上顾客服务热线号码、电子邮箱、邮政地址
对结果持怀疑态度 • 不确定企业是否会解决或采取什么措施解决顾客不满意的问题	使顾客放心，他们的反馈会得到认真对待，并会带来好处： • 按服务补救程序实施，并将其传递给顾客，如通过顾客通讯及企业官方网站 • 专门报道有顾客反馈而获得的服务改善
不愉快的感觉 • 害怕受到粗鲁的对待 • 害怕发生争执 • 感觉尴尬	让提供反馈成为顾客积极的体验： • 感谢顾客提供的反馈（可以通过公开的方式，要感谢全体顾客） • 培训服务员工不与顾客争论，让顾客感觉舒适 • 允许匿名反馈

13.3.2 进行有效的服务补救

补救服务失误或解决可能出现的问题不仅需要坚定不移的决心,还需要服务型企业做出承诺,制定规划和清晰的指导方针。具体而言,有效的服务补救程序应该具有以下特征:①积极的;②有计划的;③训练有素的;④一线员工是得到授权的。

服务补救应该是积极的。企业需要在现场开展补救措施,最好是在顾客抱怨前就将问题解决(见服务洞察13-1)。一线服务人员应该时刻注意顾客不满意的迹象,以便及时询问顾客是否遇到问题。例如,服务员也许会问晚餐只吃了一半的顾客:"先生,一切都合您的胃口吗?"顾客也许会说"是的,谢谢,我不太饿",或"这牛排味道不错的,但是我点的是五分熟"。第二个回答就给了服务员进行服务补救的机会,而不是让顾客不满意地离开,甚至以后可能再也不会光顾。

服务补救程序需要进行计划。服务型企业应该根据服务失误来制订应急预案,特别是针对那些经常发生且不能通过已设计好的补救系统进行处理的服务失误。[25]例如,旅游业和酒店业的收益管理通常会导致超额预订,即便顾客已经确认了位置和订单,也会出现乘客无法上车、酒店客人滞留大厅等情形。为了简化一线员工的任务,企业应该识别最常见的服务问题(如超额预订),为员工制订相应的解决方案。在客服中心,顾客服务代表准备了相应的服务脚本,以指导员工进行服务补救。

必须教授员工服务补救技巧。遇到服务失误时,顾客可能会很快感到不安,因为事情没有按照预期发展,进而顾客会向服务人员请求帮助,但是服务人员愿意且有能力帮助顾客吗?对处理常规服务失误(如服务洞察13-1)和非常规服务失误的补救方案进行有效培训,能够培养一线员工服务补救的能力并建立信心,让沮丧的顾客高兴起来。[26]

服务补救需要给员工授权。服务补救措施应该是富有弹性的,员工应该被赋予权力,运用他们的判断力和沟通技巧来找到令抱怨的顾客感到满意的方案。[27]特别是在非常规的服务失误中,由于企业可能没有制订和培训解决方案,员工需要有做出决策和使用经费的权力,以便快速地解决问题并修复对顾客的信誉。在当今时代,线上公众抱怨变得流行起来,员工需要在网上回复,例如,如果抱怨以微博的形式呈现,那么员工需要对每一条评论进行回复来解决问题。[28]

服务洞察 13-1

有效的服务补救措施

波士顿的万豪长码头酒店(Marriott Long Wharf Hotel)大厅里空无一人,前台接待员正在和晚到的顾客沟通交流。

"琼斯博士,我们一直在等您,我知道您在我们酒店预订了三晚住宿。但是很抱歉,先生,今晚我们的房间全满了,我们以为今晚会有很多客人退房,但是没有。先生,请问您明天在哪里开会呢?"

博士告诉了前台人员会议的地址。

"就在欧米帕克豪斯酒店(Omni Parker House)附近,离这儿不远,我给他们打个电话为您预订今晚的房间,我马上就回来。"

几分钟后，接待员带着好消息回来了。

"先生，我们在欧米帕克豪斯酒店为您预留了一个房间。当然，我们会支付房费。我会为您转接所有您的电话。给您这封信，以便说明情况和快速办理入住。这是我的名片，如果您有任何问题，可以直接打电话到前台找我。"

听到这里，琼斯博士的情绪由愤怒转为平静。然而，接待员并没有结束服务补救，他从抽屉里拿出现金，说道："这是50美元，它应该能够支付往返欧米帕克豪斯酒店的车费，明晚会有房间。另外，这有一张优惠券，明早您可以在员工餐厅免费享用早餐，再次向您表达歉意。"

当琼斯离开后，酒店夜班经理对前台人员说："15分钟后打电话确认他是否顺利到达。"

一周后，这座城市的各个酒店仍处于客流高峰期。一位无意中听到接待员与琼斯之间谈话的顾客坐在前往波士顿万豪酒店的出租车上。一路上，他向他的同伴讲述了上周他看到的服务补救过程。两名顾客到达酒店后径直走向前台，办理入住手续。

迎接他们的是意想不到的消息："先生们，我很抱歉。我知道你们已经预订了两晚住宿。但是我们今晚的客房都满了。请问你们明天的会议地址在哪里？"

两位顾客用遗憾的眼神看向对方，并告诉前台接待员这几天的行程计划。"会议地址就在艾美酒店（Méridien）附近。我打电话问问他们能否为你们预留房间。我很快就回来。"当接待员走开时，讲故事的人说："我敢打赌他会带着一封信和一张名片回来"。

不出所料，前台接待员带着解决方案回来了。这不是一个固定的服务脚本，但是这与上一周的场景一模一样。讲故事的人认为前台接待员在前一周主动解决问题的行为是对特定服务问题的预定反应。

资料来源：Ron Zemke, "Knock Your Socks off Service Recovery," reproduced with permission of AMACOM Books.

13.3.3 补偿应该有多慷慨

显然，不同的服务补救策略需要不同的成本。当出现服务失误时，服务型企业应该给予顾客多少补偿？一个道歉就足够了吗？以下的经验规则能够帮助管理者回答这些问题。

（1）**企业的定位是什么？** 如果企业以卓越的服务而闻名，并且为高质量的服务收取额外的费用，顾客就会期望企业很少发生服务失误，那么企业应该做出显著的努力来补救，对极少的服务失误给顾客提供高价值的补偿。然而在大众市场业务中，顾客可能认为道歉和再次服务就已经足够了。

（2）**服务失误有多严重？** 总的指导方针是"罪罚相称"。顾客对服务失误造成的轻微不便不会期望太多的补偿（一个真诚的道歉就可以了），但是如果服务失误对顾客的时间、精力等方面造成重大损失，顾客会期望得到更多的补偿。

（3）**受到影响的顾客是谁？** 长期顾客和大量购买的顾客会期望得到更多的补偿，因此企业值得付出努力去维持与他们的业务往来；一次性消费的顾客所期望的补偿较少，并且这部分顾客的消费额对企业而言经济价值不高，因此企业给他们的补偿也相应较少，但仍然需要公平。如果第一次消费的顾客得到了满意的补偿，那么他很可能会成为常客。

对服务失误补偿的总体经验法则应该是"适度慷慨"。如果让顾客觉得企业过于吝啬，无疑会使情况更加糟糕，因此企业与其提供最小量的赔偿，还不如向顾客真诚地道歉；而过于慷慨的补偿不仅对企业造成财务压力，同时还会使顾客消极地理解这一行为，顾客可能会质疑企业业务是否正常，还会怀疑背后的动机。顾客也许还会担心如此慷慨的补偿对企业员工和业务的影响。相较于适度补偿，慷慨补偿似乎并没有提高重复购买率。[29] 此外，过多的补偿会带来风险，因为这鼓动不诚实的顾客积极地"寻求"服务失误。[30] 事实上，顾客真正想要的往往是解决服务失误的满意方案，而不是花哨无用的粉饰！[31]

13.3.4 应对抱怨的顾客

管理者和一线员工都必须准备好应对焦虑的顾客，其中包括不良顾客，他们会与那些没有犯错的服务人员发生冲突、针锋相对（关于不良顾客的内容将会在下一章进行讨论）。

良好的沟通技巧和现场反应对于一线服务人员来说至关重要。服务洞察 13-2 为有效解决服务失误提供了具体的指导方针，这些指导方针旨在平息顾客不满情绪，并提供一个他们认为公平和满意的解决方案。

服务洞察 13-2

一线员工的指导方针：如何应对顾客抱怨和补救服务失误

（1）**快速行动**。如果顾客抱怨是在服务传递过程中发生的，那么时间对于全面补救服务非常重要。如果顾客抱怨是在服务传递结束后发生的，许多企业制定了 24 小时内或更快的反应机制。尽管全面解决问题可能需要更长的时间，但是快速承认失误也非常重要。

（2）**理解顾客的感受**。员工要么非常理解顾客的感受，要么就很明确地表示理解（例如，"我能理解你为什么如此心烦"），它有助于建立融洽的关系，也是重建受损关系的第一步。

（3）**不要与顾客争辩**。企业的目标应该是收集事实，达成一个双方都能接受的解决方案，而不是赢得一场辩论或证明顾客是错的。争论会阻碍沟通，也不能平息顾客的愤怒。

（4）**从顾客的角度理解问题**。企业员工从顾客的角度了解发生的事情以及他们不高兴的原因是解决问题的唯一方法。服务人员应该避免以自身的理解做结论。

（5）**厘清事实、找出原因**。失误可能是由服务效率低、顾客误解或第三方的不当行为造成的。如果做错了事，那么请立即道歉，以赢得顾客的理解和信任。顾客越能原谅你，他期望得到的补偿就越少。不要做出抵御行为，因为这可能表明企业想要隐藏什么，或者不愿全面了解情况。

（6）**给予顾客质疑的权利**。并不是所有的顾客都是诚实的，也不是所有的抱怨都是真实的。然而，在有确凿的证据证明之前，顾客的抱怨都应视为有效的。如果存在损失金钱的风险（如保险索赔或潜在的诉讼），企业就需要对此进行详细的调查。如果涉及的金额很小，可能就不值得为退款或其他补偿讨价还价。但是，检查同一顾客是否有过可疑的记录仍然是一个好方法。

（7）**提出解决问题的步骤**。当不能马上获得解决方案时，员工就需要告诉顾客企业打算如何解决这一问题。顾客也对解决时间抱有期望，因此企业不能做出任何超越能力的承诺。

（8）**告知顾客进展情况**。没有人想要被蒙在鼓里，不确定性会使人感到焦虑和承受压力。如果人们了解发生了什么情况，并得到定期的反馈报告，那么他们就会更愿意接受意外情况的发生。

（9）**考虑提供补偿**。当顾客没有得到他们所期望的服务回报，或因为服务失误带来严重的不便或时间和金钱上的损失时，无论是经济补偿还是其他一些物质补偿（例如，升级机舱或餐厅的免费甜点）都是可以采取的。这一类型的服务补救策略还可以降低愤怒的顾客采取法律行动的风险。服务保证通常会预先规定补偿内容，企业应确保履行所有的服务保证。

（10）**努力重获顾客的好感**。当顾客感到失望时，最困难的事情就是重获他们对企业的信心并保持良好的关系。服务型企业需要坚持不懈地努力去平息顾客的愤怒，让他们相信企业正在采取行动，避免问题再次发生。真正卓越的补救措施可以非常有效地建立顾客忠诚和传播良好的口碑。

（11）**改进服务传递系统**。顾客离开后，服务人员应该检查服务失误是由意外错误引起的，还是由系统故障造成的。利用每一次顾客抱怨来完善整个服务体系。即使发现顾客抱怨是由误解引起的，这也意味着沟通系统在某些方面存在问题或不足。

13.4 服务保证

提供服务保证是以顾客为导向的服务型企业将专业的抱怨处理和有效的服务补救进行制度化的一种方法。事实上，越来越多的企业向顾客提供服务保证，承诺如果提供的服务没有达到预先设定的标准，顾客有权得到一种或多种形式的补偿（如简单的更换或退款）。设计良好的服务保证不仅使服务补救更有效，而且还能从服务失误中获取经验，并改善后续服务系统的制度。[32]

13.4.1 服务保证的作用

服务保证是确保并提升服务质量的有力工具：[33]

（1）服务保证促使企业关注在每个服务要素中顾客想要什么和期望什么。

（2）服务保证设定了明确的标准，告知顾客和员工企业所支持的是什么。对服务质量差而做出的补偿会使管理者认真对待服务保证，因为他们也关注服务失误的经济成本。

（3）服务保证要求开发出能够产生有意义的顾客反馈并采取措施的系统。

（4）服务保证促使服务型企业及服务人员找出失误的原因，并且鼓励其识别和解决潜在的失误点。

（5）服务保证通过降低购买决策风险和建立长期忠诚来构建营销能力。

从顾客的角度来看，服务保证最主要的功能是降低与购买行为相关的感知风险。服务保证的存在也许会让顾客认为一线员工准备解决问题并且会提供适当的补偿，使顾客更容易也更倾向于表达出他们的不满。[34]

服务保证的优点在汉普顿酒店的"百分之百服务满意保证"中清晰地表现出来："如果您对服务不是百分之百满意，您可以不付费。"作为一项商业建设计划，退还房费给不满意顾客这一策略不仅吸引了新顾客，而且还是保留老顾客的有力工具。顾客选择入住汉普顿酒店是因为他们相信在那里能够享受到满意的服务。同样，服务保证也帮助服务型企业的管理者发现服务质量改进的新机会。

13.4.2 如何设计服务保证

有些服务保证很简单而且没有附加条款，另一些则像是出自律师之手，包含很多限制条件。最理想的服务保证设计应该符合以下标准[35]：

- **无条件**——服务保证中的任何承诺必须是无条件的，不应该给顾客增加意料之外的条件。
- **易于理解和沟通**——顾客必须清晰地意识到保证带来的好处。
- **对顾客有意义**——服务保证必须让顾客觉得很重要，补偿应该足以弥补服务失误带来的潜在损失。
- **易于运用**——顾客应该很容易运用服务保证。
- **易于兑现**——如果发生服务失误，顾客应能够顺利地要求企业兑现服务保证承诺。
- **可信赖**——服务保证应该是可信的。

13.4.3 完全满意是最好的服务保证吗

完全满意的服务保证通常被认为是最佳设计。但是，有研究表明，服务保证的模糊性会使顾客的感知价值变低。例如，顾客可能会提出诸如"完全满意是什么意思"或"即使失误不是由企业造成的，我也可以在不满意时运用服务保证吗"的问题。[36]关于特定属性的保证（如承诺24小时内发货）就是很明确的，不会让顾客感觉模棱两可，虽然它们的覆盖面还不够全面。完全满意与特定属性保证结合的联合保证能够解决上述问题，它结合了完全满意的广度和特定属性的不确定性。事实证明，联合保证优于纯粹的完全满意保证和特定属性保证。[37]具体特性的保证作为服务保证（如及时交付），如果顾客对服务的其他方面不满意，那么完全满意则可以涵盖联合保证中的其他内容。表13-2列举了服务保证的各种类型。

表13-2 服务保证的类型

名称	保证范围	举例
特定属性保证	服务保证中包含一个关键服务特性	"在三款指定的普通比萨中，在工作日中午12点到下午2点之间选择其中任何一款，保证10分钟内供应。如果不能准时供应比萨，顾客下次可以免费点餐。"
多特性保证	服务保证中包含多个重要的服务特性	明尼阿波利斯万豪酒店保证："我们对您做出如下质量保证： • 态度友好、高效的入住服务； • 客房整洁舒适、设施无异常； • 态度友好、高效的退房结账服务。 如果您认为我们的服务没有达到该保证的要求，我们将给您20美元现金，并且不会提出任何异议。该保证完全按照您的理解实施。"

(续)

名称	保证范围	举例
完全满意保证	服务保证中包含服务的所有方面，无一例外	兰兹角（Lands'End）保证："如果您在使用的任何时间内，对在我方购买的任何产品感觉不满意，我们将为您全额退款。我们说到做到，无论何事、无论何时一贯如此。但是为确保本保证完全清晰明确，我们决定对其进行进一步简化。"
联合保证	服务的各个方面都得到完全满意的承诺保证。为了减少不确定性，服务保证包含了针对重要属性的、明确的最低性能标准	数据处理信息服务公司（Datapro Information Services）保证："准时交付高质量的包含本保证中所列内容的报告，如果我们未能交付符合本保证的服务，或者您对我们工作的任何方面感到不满意，您可以从最后付款中扣除您认为合理的任何额度的费用。"

资料来源：Jochen Wirtz and D. Kum, "Designing Service Guarantees—Is Full Satisfaction the Best You Can Guarantee?" *Journal of Services Marketing* 15(14): 282–299, © 2002 Emerald Group Publishing Ltd.

13.4.4 引入服务保证总是合适的吗

服务型企业的管理者在决定是否引入服务保证时，应该仔细考虑企业的优势和劣势，在很多情况下，引入服务保证是不合适的：[38]

- 那些已经拥有优质服务声誉的企业可能不需要服务保证。事实上，服务保证可能与它们的形象不符，因为这可能混淆市场。[39] 相反，顾客期望服务型企业在没有服务保证时也能提优质的服务。
- 相比之下，如果一家企业现有的服务很差，那首先必须把服务质量提高到服务保证的水平。否则，太多的顾客会要求履行服务保证，将会产生大量成本支出。
- 由于外部因素而使得质量无法控制的服务型企业考虑引入服务保证是不明智的。例如，美国国家铁路客运公司因为服务失误而向顾客支付了大量赔偿金，但导致服务失误的原因在于公司对铁路基础设施缺乏足够的控制，因此它最终放弃了服务保证，包括火车晚点需要赔付给乘客费用。
- 在有些服务市场，顾客购买和使用服务的财务风险、人身风险或生理风险微乎其微，这种情况下服务保证难以为企业增加价值，相反还会导致设计、运行和管理方面的成本上升。

此外，在竞争企业之间感知服务质量差异很小的市场中，第一家提供服务保证的企业可能会获得先发优势，并为其服务创造有价值的差异化。如果有多家企业已经实施了服务保证，提供服务保证可能会成为行业的必备条件。在这种情况下，服务保证产生影响的唯一方法是提供一个与竞争对手截然不同的服务保证。

13.4.5 阻止滥用和机会主义消费行为

我们主张服务型企业应该欢迎甚至鼓励顾客抱怨和运用服务保证。但是必须承认，并非所有抱怨都是真实的。当企业制定慷慨的服务补救政策或提供服务保证时，总是存在被某些顾客利用的可能性。而且，并非所有抱怨的顾客的行为都是正确的或合理的，某些抱怨实际上还可能引起其他顾客的抱怨，我们称此类顾客群体为不良顾客。

每一种服务都存在不良顾客,这类顾客并不受欢迎,最好的办法是企业一开始就要避免吸引他们,最差的方法是企业需要控制或防止他们的不良行为。在讨论如何处理不良顾客之前,我们先介绍不良顾客的类型。

13.4.6 不良顾客的七种类型[40]

我们确定了七类不良顾客群体并为其分别命名,但是许多与顾客接触的员工对这些群体可能有自己独特的称谓。

(1)**骗子**。顾客可以通过多种方式欺骗服务型企业。欺骗的方法从利用服务补救措施写投诉信和利用服务保证行骗,到夸大、伪造保险索赔和退货诈骗(例如,晚上使用完晚礼服之后再退还给商家)。以下引文很好地描述了这些顾客的想法:

在入住酒店时,我注意到它有"百分之百满意,否则退款"的保证,就会忍不住想要抓住这个机会。所以,在退房时,我向接待人员抱怨说因为交通噪声吵得我一晚上没有睡着。于是他们立马给我退款了。这些企业太傻了,他们需要提高警惕。[41]

我已经抱怨服务太慢、太快、太热、太冷、太明亮、太暗、太友好、太不人性化、太公开、太私密……没关系,只要你抱怨了,就会收到表达歉意的信件和礼品券。[42]

企业无法轻易地辨别顾客到底是伪装的不满意还是真的不满意。在本节的最后,将会讨论如何应对这种类型的顾客欺诈。

(2)**小偷**。小偷型的不良顾客不愿意付款,只想偷取商品或服务(或通过偷换价格标签从而支付低于全款的价格,或无理由地砍价)。入店行窃是零售商店中的主要问题。那些具有技术技能的顾客,有时候可以绕开电表用电、盗拨免费电话或盗用有线电视信号。免费乘坐公共交通、偷偷潜入电影院以及吃霸王餐等行为都很常见。服务型企业首先需要发现这类不良顾客是如何窃取服务的,这样才能阻止盗窃、抓住小偷并在必要时起诉他们。但是,企业不应该通过降低服务质量来流失诚实的顾客,还必须为那些因恍惚大意而忘记付款的诚实顾客做出特别的规定。

(3)**违规者**。许多服务型企业需要为顾客建立行为规则,以引导他们顺利地完成服务传递过程中的各个步骤。其中一些规则是出于健康和安全原因,由政府机构制定的,例如,旨在确保航空旅行的安全而制定的系列规则。

服务型企业制定的规则有助于企业运营顺畅,避免顾客对员工提出不合理要求,防止对产品和设施的滥用,合法地保护企业并阻止不良顾客的不当行为。例如,对那些可能给自己和他人带来危险的粗心滑雪者,滑雪场的管理越来越严格。滑雪中的碰撞可能会导致严重伤害甚至死亡,因此滑雪巡逻员必须以安全为准则,甚至可能需要承担警务职责。就像危险的驾驶员会被吊销驾驶证一样,危险的滑雪者也会被禁止进入滑雪场。同时,需要注意的是,从顾客的角度看,服务型企业制定大量的规则是有风险的,较少的规则有助于使重要的规则更加清晰。

(4)**好战者**。有的顾客经常会在商店、机场、酒店或饭店中大吼大叫,或是说着侮辱、威胁和淫秽等话语。当服务人员没有过错时,他们也经常遭受辱骂。如果员工没有解决问题的权力,好战型的不良顾客可能会更加疯狂,甚至对员工进行人身攻击。不幸的是，当生气的顾客激怒服务人员时，后者有时会回应，因此加剧了顾客与员工之间的矛盾冲突，进而降低了解决问题的可能性。

当激进的顾客拒绝平息局面时，员工应该怎么做？在公共场合中，一个优先法则是让好战者远离其他顾客。有时，服务型企业的管理者可能不得不解决顾客与员工之间的纠纷；在其他时候，他们需要支持员工的做法。如果顾客对员工进行人身攻击，则可能有必要呼叫保安或警察。

电话里的粗鲁话语为服务人员应对不良顾客带来了另一个挑战。员工在应对持续在电话里大喊大叫的不良顾客时，应该坚定地说："这样的对话不能实质性地解决问题，在你情绪平复之后，消化一下这些信息，我再给你拨打过来好吗？"在很多情况下，思考和冷静才是需要做的事情。

（5）**家庭争执者**。与自己的家庭成员（或更糟的是与其他顾客）发生争执的人构成了好战者的一个子类别，我们将其称为"家庭争执者"。员工的干预可能会使情况缓和或加剧。在某些情况下，需要详细分析和仔细考虑应对措施。但另一些情况下，比如顾客在一家较好的餐厅里打起食物战（是的，这样的事情确有发生），在这种情况下，服务管理者需要快速反应并立即解决。

（6）**破坏者**。有些顾客会做出各种破坏行为：将饮料倒入银行的自动提款机中；设施的内外部都填满了涂鸦；地毯、桌布、床单被香烟烧出洞；汽车座位被划破；酒店的家具被破坏；其他顾客的车被故意破坏；砸碎玻璃、撕破窗帘，等等。当然，破坏者并不全是顾客，无聊或醉酒的年轻人也是主要的外部破坏者。然而，大部分问题确实源于那些行为不当的不良顾客。

阻止破坏最好的方法是预防，提高安全性可以防止破坏；良好的灯光和公共区域的开放式设计也有助于解决这一问题。服务型企业可以选择防破坏的墙面、给设备装上保护罩以及安置坚固的家具。教会顾客正确使用设施设备（而不是粗鲁对待它）、贴上易碎物品的警告，可以减少对设备的滥用和粗心操作。此外，还可以采用经济惩罚，例如，收押金或签署协议，让顾客同意造成破坏后会原价赔偿。

（7）**赖账者**。他们是延迟付款的人，采取预防措施胜过事后补救。越来越多的服务型企业开始主张实行预付款制，任何形式的预售都是预防赖账的好方法。例如，直销企业或电商企业在接受顾客的订单时会要求记录顾客的信用卡号。最好的办法是在服务完成后立即向顾客出示账单，如果邮寄账单，那么企业应在顾客对服务记忆犹新的时候将账单快递过去。

顾客也许有延迟付款的理由，因此服务型企业可以制定顾客可接受的付款规则。如果顾客的问题只是暂时的，那么维持这种关系的长期价值是什么？这些规则能否为企业赢得良好的信誉和口碑，并帮助顾客解决问题？这些问题都需要进行考虑并做出判断。如果建立和维持长期关系是企业的最终目标的话，那么为此进行不断探索是必要的。

13.4.7 解决顾客的欺诈行为

不良顾客可能会偷东西、拒绝为服务买单、假装不满、故意致使服务失误或在服务失误时夸大损失。服务型企业可以采取哪些措施来保护自身免受不良顾客的机会主义伤害呢？

可行的假设应该是"如果有疑问，请相信顾客"。但是，正如服务洞察 13-3 所示，企业追踪那些反复遇到"服务失误"并要求赔偿或要求企业提供服务保证的顾客非常重要。例如，一家亚洲航空公司发现，同一位乘客连续三趟航班都丢了行李箱，由于遭遇连续丢失行李的概率比中彩票的概率还要低，因此一线员工需要注意这位乘客的情况。下一次他托运行李时，安检人员从他登机、到达目的地、转盘处领取行李等全过程进行录像。结果发现，当乘客前往行李遗失处报告行李失踪时，他的同伙悄悄地拿走了行李箱。这次，警察将他们逮了个正着。

服务洞察 13-3

追踪行骗的顾客

作为担保追踪系统的一部分，汉普顿酒店已经开发出有效识别有欺骗意图的顾客的方法。表现出高调运用服务保证的顾客会受到企业顾客协助团队的关注和跟进。只要有可能，高级经理就会打电话给这些顾客，询问他们最近的入住情况。他们之间的对话可能是这样的："您好，琼斯先生，我是汉普顿酒店顾客协助部门的经理，我了解到您之前四次入住我们酒店遇到了一些问题，因为我们会认真履行我们酒店的服务保证，所以我给您打电话是想确认一下哪里出了问题。"

顾客一般会在电话里面保持沉默。有时沉默之后会有人问，总部怎么可能知道他们的问题？在电话里也会有幽默时刻，如一名顾客在往返美国的旅途中，曾 17 次运用酒店的服务保证。当被问到"您旅行时喜欢住在哪里"时顾客热情地回答："汉普顿酒店。"经理说道："但是，我们的记录显示，您最近 17 次入住汉普顿酒店时，都使用了'百分之百服务满意保证'。"这位顾客（原来他是一名长途卡车司机，其住宿费用按日计算）宣称："这就是我喜欢你们酒店的原因！"

在另一个例子中，美国大陆航空公司将大约 45 个独立的顾客数据库整合到一个数据库中，用以改善服务并检测不良顾客的欺诈行为。通过这个数据库，航空公司发现一位顾客在 12 个月内因祖父去世而获得了 20 次死亡赔偿！

为了能够有效预防顾客欺骗行为，企业必须建立一个总的数据库，其中包括赔偿费用、服务补救、退货以及根据特殊情况给予顾客的其他任何收益（例如，交易结果不仅在当地或分级机构保留，还需保留在总系统中）。跨部门与跨渠道地合并各类顾客数据，对企业有效检测不寻常的交易以及允许这些交易的系统非常重要。[43]

研究表明，顾客认为受到了任何形式的不公平待遇时（请参阅本书之前讨论的结果公平、程序公平和互动公平），更有可能要求企业采取服务补救措施。另外，相比小企业，顾客更倾向于对大企业抱怨，因为他们认为大企业能够承担补救的成本。一次性消费的顾客比忠诚顾客更有可能进行欺骗行为，并且那些与服务人员没有良好个人关系的顾客更容易利用企业的服务补救政策。

服务保证经常用于服务补救，而且研究表明，服务保证赔偿额度（例如，无论是 10% 还是 100% 的退款保证）对防止顾客欺骗行为没有任何区别。似乎在 100% 退款额度中行骗的顾客在退款额度仅为 10% 时也会行骗，而在只有 10% 退款额度时不会做出欺骗行为的顾客在面对全额退款时也不会行骗。但是，重复购买的顾客会降低欺骗意愿。另一个研究表明，如果提供的服务质量远高于顾客满意的水平，那么顾客也不愿意欺骗。[44]

这些研究发现为服务型企业提供了许多重要的管理启示：

（1）企业要确保服务补救程序公平。

（2）大企业应该认识到顾客更容易欺骗他们，所以需要建立完善的防欺骗系统。

（3）企业可以实施 100% 退款保证并因此从中获得更大市场收益，而不必担心大笔赔付会增加顾客的欺骗行为。

（4）服务保证可以提供给长期顾客，也可以作为会员计划的一部分，因为重复购买的顾客不太可能会利用服务保证。

（5）真正卓越的企业不会像一般企业那样担心顾客欺骗行为。

本章小结

1. 当顾客不满意时，他们有多种选择：

   （1）采取某种形式的公开行为（如向企业或第三方抱怨，甚至采取法律措施）。

   （2）采取某种形式的私人行动（如更换服务企业或传播负面口碑）。

   （3）不采取任何行动。

2. 为了有效地补救服务失误，企业需要了解顾客抱怨的行为和动机，以及顾客期望企业做出的回应。

   （1）顾客抱怨通常是基于以下四个原因：①获得退款或补偿；②发泄愤怒；③帮助改善服务质量；④避免其他顾客遭受同样的问题（如出于利他主义而抱怨）。

   （2）实际上，大多数不满意的顾客不会抱怨，因为：①他们可能不知道在哪里抱怨；②他们认为抱怨需要花费精力并且让人不愉快；③他们不确定通过抱怨可以获得补偿。

   （3）具有良好教育背景、较高收入、更多社会参与以及对产品更加了解的顾客更有可能进行抱怨。

   （4）顾客更倾向于服务视角的抱怨（面对面或电话沟通）。只有很小比例的抱怨是通过电子邮件、社交媒体、网站或信件实施的。

3. 当顾客发出抱怨后，他们期望企业以公平的方式来处理，公平包括三种维度：

   （1）程序公平——顾客希望得到便捷、迅速和具有弹性的服务补救。

   （2）互动公平——顾客希望得到诚实的解释、真诚的解决以及礼貌的对待。

   （3）结果公平——顾客期望得到的赔偿能够弥补由于服务失误而遭受的损失和不便。

4. 在大多数情况下，有效的服务补救可以避免顾客流失并恢复顾客对企业的信心。顾客抱怨意味着企业有机会纠正问题，恢复与抱怨者关系并提高顾客满意度。因此，服务补救是留住有价值顾客的重要机遇。

5. 服务补救悖论是指，经历了服务失误后得到有效服务补救的顾客，比那些一开始没有遇到问题的顾客可能产生更高的满意度。

6. 有效的服务补救系统应该具备以下条件。

（1）便于顾客给出反馈（例如，在所有沟通材料上提供热线电话号码、电子邮件地址和社交媒体渠道）并鼓励顾客积极地进行反馈。

（2）有效的服务补救应该是：①积极的；②有计划的；③训练有素的；④一线员工得到授权的。

（3）建立合理的补偿标准。在以下情况下，企业应建立更高的补偿标准：①企业以卓越的服务而闻名；②出现严重的服务失误；③该顾客对企业而言非常重要。

7. 一线员工处理顾客抱怨和服务补救应遵循的指导方针包括：①快速行动；②承认顾客的感受；③不要与顾客争论；④表明从顾客的角度理解问题；⑤厘清事实，找出原因；⑥给予顾客质疑的权利；⑦提出解决问题的步骤；⑧告知顾客进展情况；⑨考虑提供补偿；⑩努力重获顾客好感；⑪自我检查服务传递系统并加以改善。

8. 服务保证是制度化、专业化处理顾客抱怨和服务补救的强有力手段。服务保证为企业设定了明确的标准，也降低了顾客的感知风险，以保持顾客长期忠诚。

9. 服务保证应：①无条件；②易于理解和沟通；③对顾客有意义；④易于运用；⑤易于兑现；⑥可信赖。

10. 并非所有企业都能从服务保证中受益。特别是在以下情况下，企业应该谨慎地提供服务保证：①企业已经拥有优质服务的声誉；②服务质量过低且必须首先加以改善；③因外部因素而无法控制服务质量（如天气）；④顾客购买服务时感知风险很低。

11 并非所有顾客都是诚实的、礼貌的、讲道理的。有些顾客可能想占服务补救措施的便宜，而另一些顾客可能会给一线员工和其他顾客带来不便和压力。这样的顾客称为不良顾客。

（1）有七种类型的不良顾客：①骗子；②小偷；③违规者；④好战者；⑤家庭争执者；⑥破坏者；⑦赖账者。

（2）不同类型的不良顾客会给企业带来不同的问题，并可能破坏其他顾客的服务体验。因此，服务型企业需要有效管理不良顾客的行为，甚至跟踪顾客运用服务保证的频率，或最终不得不将他们列入企业的黑名单。

复习题

1. 顾客对服务失误的典型反应是什么？
2. 为什么很多不满意的顾客不会抱怨？顾客一旦进行抱怨，他们对企业有何期待？
3. 为什么企业更愿意让不满意的顾客进行抱怨？
4. 什么是服务补救悖论？这一悖论在什么情况下最有可能成立？即使这一悖论在特定的情况下成立，为什么按计划提供服务仍是最好的选择？
5. 企业如何才能使不满意的顾客更方便地进行抱怨？
6. 为什么服务补救策略应该是积极的、有计划的、训练有素的、一线员工得到授权的？
7. 与服务补救相关的补偿应该达到何种慷慨程度？
8. 如何设计服务保证？服务保证对顾客抱怨处理和服务补救系统有什么作用？

9. 在什么情况下服务型企业不适合提供服务保证?
10. 不良顾客有哪些类型?企业应该如何应对不良顾客?

▶ 应用练习

1. 回想一下你最近一次不满意的服务经历,你抱怨了吗?为什么?如果没有抱怨,请解释原因。
2. 你最近一次对企业的服务补救措施感到满意是什么时候?详细描述一下发生了什么,什么让你感到满意。
3. 对于当地的储蓄银行、大型国内银行和针对高收入人群的私人银行而言,对一份被错误地退回的支票,最恰当的服务补救措施分别是什么?说明你的理由,并计算其他备选补救措施的经济成本。
4. 为具有高感知风险的服务设计一个有效的服务保证,并解释以下问题:①你的服务保证为什么能够降低潜在顾客的感知风险;②为什么现有顾客也希望得到服务保证,并以此来降低感知风险。
5. 服务补偿应该慷慨到什么程度?看看下列事件并做出评论,然后评估每个选项,选择最好的服务补救措施,解释说明理由。

"鸡尾酒虾只解冻了一半,服务员为此道歉并为我免单。"这是一位顾客对所接受的服务补救措施非常满意的回应。看看以下连锁饭店所采取的服务补救措施,并试着确定每种措施的成本。

选项1:微笑并道歉,将鸡尾酒虾解冻后为顾客送去,再次微笑并道歉。

选项2:微笑并道歉,换上一份新的鸡尾酒虾,再次微笑并道歉。

选项3:微笑并道歉,换上一份新的鸡尾酒虾,并赠送一份免费的咖啡或甜点。

选项4:微笑并道歉,换上一份新的鸡尾酒虾,结账时为顾客减免80美元。

选项5:微笑并道歉,换上一份新的鸡尾酒虾,免收顾客全部餐费,并赠送一瓶免费的香槟。

选项6:微笑并道歉,换上一份新的鸡尾酒虾,免收顾客全部餐费,并赠送一瓶免费的香槟和一张3个月内有效的代金券。

6. 识别你选择的服务中可能存在的顾客不良行为。如何设计服务流程使得顾客的不良行为最小化或得到有效控制?

《服务营销精要》基本框架

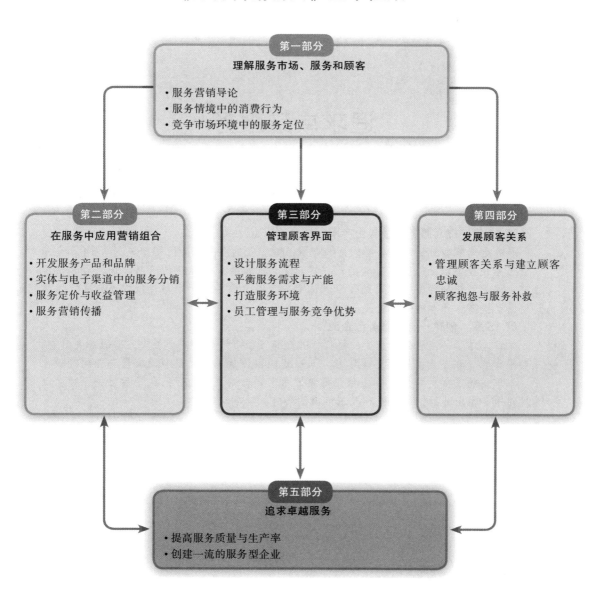

PART 5

第五部分

追求卓越服务

第五部分聚焦服务质量和生产率,以及服务型企业如何获取服务领导力。本部分由以下两章组成:

第 14 章 提高服务质量与生产率

服务生产率和质量都是必要的,并与服务型企业的财务成功密切相关。第 14 章介绍了使用差距模型诊断服务质量缺陷,并提出了消除服务质量差距的策略。引入顾客反馈系统,作为系统地倾听和学习顾客意见的有效工具。服务生产率与降低成本有关,本章还讨论了提高生产率的主要途径。

第 15 章 创建一流的服务型企业

本章总结了一流服务型企业的特征,并介绍了服务绩效的四个层次,即服务失败者、服务平庸者、服务专家和服务领导者,同时还提供评估工具,以帮助衡量企业的绩效水平。本章讨论了如何帮助服务型企业将绩效水平提升到更高的级别,最后讨论了顾客满意度对服务型企业的财务绩效和股东价值的影响。

第 14 章

提高服务质量与生产率

□ **学习目标**

通过学习本章，你能够：
1. 解释服务质量、生产率和利润率之间的关系；
2. 熟悉服务质量的测量维度；
3. 演示如何使用差距模型诊断和解决服务质量问题；
4. 区分服务质量的硬性测量和软性测量；
5. 解释有效的顾客反馈系统的关键目标；
6. 描述关键顾客反馈的收集工具；
7. 熟悉服务质量硬性测量方法和控制图；
8. 选择合适的工具来分析服务问题；
9. 了解质量回报并确定最优的信任水平；
10. 定义和测量服务生产率；
11. 理解生产率、效率和效益之间的区别；
12. 掌握提高服务生产率的关键方法；
13. 了解生产率的提高如何影响服务质量和服务价值；
14. 了解如何整合所有的工具来提高顾客服务流程的质量和生产率；
15. 解释全面质量管理（TQM）、ISO 9000 国际质量管理体系、六西格玛、美国国家质量奖（MBNQA）和欧洲质量管理奖（EFQM）如何与管理和提升服务质量及生产率相关联。

□ **开篇案例**

改善轮渡公司的服务质量[1]

　　海联英国轮渡公司经营的航线连接了英国、爱尔兰和几个欧洲国家，它所提供的服务质量很差。公司使用自上而下的、军事化风格的组织结构，很注重船只的调度运营，而顾客体验的服务质量则放在了次要位置。海联后来被瑞典的斯坦纳轮渡公司收购，斯坦纳是世界上最大的汽车轮渡运营商之一。与海联不同的是，斯坦纳有一个专门致力于改善服务质量的部门。

　　在收购之前，海联并不注重准时或可靠的运营，渡轮也经常晚点，忽略顾客投诉，客服经理不必承担改善问题的任何压力。在收购之后，情况开始发生变化。轮渡运营商开始专注个别的问题区域，着力解决离港及抵港延误的问题。例如，在某条航线上，码头经理让所有操作人员参与其中，并让每个人负责改进过程中的具体问题，从而赋予员工操作的"所有权"。员工对每一次航行都做了详细的记录，并说明了延误起锚的原因。他们还需要观察竞争对手的表现。不同岗位的工作人员保持密切的沟通交流，服务人员也从经验中学习。只花了两年时间，这条航线上的斯坦纳渡轮几乎做到百分之百准点运行。

船上服务是另一个被单独列出的需要改进的方面。之前，客服经理所做的事情是为了方便员工而非方便顾客，如将午餐休息时间安排在顾客需求最旺盛的时段。正如一位观察员所言："顾客刚登船的半小时和下船前半小时完全被忽略了，因为这个时候船上的设施都处于关闭状态，顾客只能在船上自己想办法解决遇到的问题，员工只会对那些提出迫切要求或者努力吸引他们注意的顾客做出回应。"

船上负责不同领域工作的员工必须以小组形式工作，以提高该部门的服务质量和生产率。最初，一些团队比其他团队更成功，导致一艘船和另一艘船的服务水平不一致。随后，管理者分享想法和经验，从彼此的成功和失败中学习，使每艘船上的服务水平一致。头两年的关键变化，有助于最终实现一致的服务水平。2006年以来，员工们总共提出了近1 500条改进意见。

到2015年，斯坦纳已经成为世界上最大的轮渡运营商之一，拥有35艘船在22条航线上航行，每年运送超过700万名乘客和150万辆汽车。作为市场的领军者，斯坦纳强调持续的服务和产品改进。公司的官网上有这样一句话：

"当顾客选择斯坦纳进行旅行、度假、休闲或运输时，他们一定会拥有最好的体验。斯坦纳的核心是不断改善服务，其中包括开发与创新产品和服务，来为顾客创造价值。"

14.1 整合服务质量及服务生产率战略

开篇案例中斯坦纳公司取得成功的例子，很好地展示了如何通过提高服务质量和生产率来扭转衰败。在本章中，我们将讨论服务质量和生产率能够为顾客和企业创造价值的两条路径。图14-1是对本章内容的概述。接下来我们先深入探讨服务质量、生产率和利润率之间的关系。

服务质量、生产率和利润率[2]

服务质量、生产率和利润率之间的逻辑关系如图14-2所示。当审视单个关系时，可以看到在所有条件相同的情况下，高水平的顾客满意能够通过高水平的重复购买、钱包份额和顾客推荐来增强底线中服务质量与生产率的关联。同样，随着成本的降低，生产率的提高会带来更高的利润率。

服务质量与生产率之间的关系更为复杂。一种常见的观点认为，服务质量与生产率之间是平衡关系。然而，尽管生产率、服务质量和利润率之间可能会有冲突，但也有三者同时提升的例子：如果一家服务型企业重新设计更精简、更快捷、更方便的顾客服务流程，那么生产率和服务质量就有可能会提升，并且也对利润率有积极影响。例如，自助式酸奶店用相对便宜且易于使用的自助机代替了店员。

相反，如果生产率的提高导致了顾客对服务体验的不满意，顾客的满意度就会下降。例如，为了减少员工人数在需要人工服务的地方改成语音提示，为了提升教学服务的产能而将班级规模翻倍，为了减少火车的频率而增加载客率，这些做法都会对顾客体验产生负面影响。在这些例子中，生产率的提高对利润率有直接的正面影响，然而却导致顾客满意度降低，从中长期发展看，还可能会降低顾客的忠诚度和推荐率。

整合服务质量和生产率
- 质量和生产率是为顾客和企业创造价值的双路径
- 服务质量和生产率的提升能够互相补充、独立或者影响对方对利润率的作用

什么是服务质量
- 顾客定义的服务质量
- 持续满足和超越顾客的期望

差距模型
通过微观水平的差距分析,差距模型帮助确定质量问题原因。
- 差距1:知识差距
- 差距2:标准差距
- 差距3:传递差距
- 差距4:沟通差距
- 差距5:感知差距
- 差距6:服务质量差距

每一种差距都有不同原因,针对每一种差距的成因提出解决方案。

测量服务质量

顾客反馈
- 作为"软性测量"目标
- 评估服务质量和绩效
- 通过聚合力量和改正缺点来改善绩效
- 创造顾客导向的服务文化

使用混合工具获得信赖和动态反馈,例如:
- 调查、反馈卡、网络/手机信息、抱怨和称赞
- 神秘购物
- 焦点小组讨论和服务评论
- 在线评论和讨论

运营测量
- 流程和结果测量
- 作为"硬性测量"
- 与流程活动和结果有关,可以计数、有时效或者量变(如系统更新时间、服务反应时间和失败率)

分析、报告和公布顾客反馈与运营测量
- 一线员工每日清晨简报
- 为流程负责人和服务团队提供月度服务表现更新
- 为中层管理者和流程负责人提供季度服务表现评论
- 为高层管理者和整个企业提供年度服务表现报告

分析服务质量问题

分析工具:
- 鱼骨图分析具体原因
- 帕累托图确定失败点和根本原因
- 服务蓝图

服务质量回报:
- 评估质量措施的成本和效益
- 重要性-绩效矩阵
- 基于服务补救成本的可靠性最优水平

提升服务质量和生产率的系统方法
服务质量提升九步法:
1. 决定提高的优先流程
2. 针对以下几点设置目标:①顾客满意;②缺点;③循环时间;④生产率提高
3. 确定质量关键要素
4. 评估流程绩效
5. 识别质量差距
6. 识别质量差距的根本原因
7. 提高流程绩效
8. 控制和协调
9. 从头开始,服务质量提升过程本身就是目标

广泛使用组织范围内的系统方法:
- 全面质量管理
- ISO 9000 认证
- 六西格玛(包括 DMAIC)
- 美国国家质量奖(MBNQA)和欧洲质量管理奖(EFQM)方法

定义、测量和提高服务生产率
- 生产率:投入产出比
- 效率:与标准对比(如正确地做事)
- 有效性:与目标对比(如做正确的事)
- 以上三项必须均衡

生产率提高策略:
- 通用策略(如更好、更快、更低成本地做同一件事)
- 顾客驱动方法(如改变时间需求、使用低成本传递渠道和自助服务)
- 第三方外包
- 监控服务生产率提升的潜在顾客影响

图 14-1 本章概览

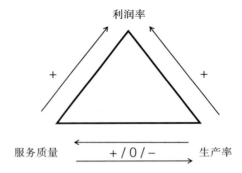

图 14-2　服务质量 – 生产率 – 利润率三角关系

同样，如果没有仔细考虑运营和人力资源的影响，旨在提高顾客满意度的营销策略可能会造成成本过高和运营混乱。例如，增加客服中心的员工数量或增加列车的班次以方便乘客，这样的做法在中长期有助于通过提高顾客满意度来实现利润率提升。然而，这些改变同样会在短期内对利润率产生消极影响。两者相权衡，利润率的最终结果取决于直接和间接的相关影响。

最后，某些质量的提高可能对生产率没有任何影响（例如，改进前台流程不会改变其成本），反之亦然（例如，后台操作部门的改进不会对顾客接触点有任何影响）。在这些情况下，仅存在生产率或质量对利润率的积极影响。

因此，生产率和服务质量之间的关系可以是积极的、中性的，也可以是消极的。从广义上讲，质量关注的是为顾客创造利益，而生产率则关注企业的财务成本。如果没有恰当地安排，这两者可能会发生冲突。归根结底，服务型企业必须综合地考量服务质量和生产率战略，而不是将两者孤立起来考虑。接下来，本章将继续讨论在既定生产率下如何提升服务质量。

14.2　什么是服务质量

什么是服务质量？对质量的理解大多以制造业为基础，聚焦于工程和制造业实践的情境，通常将质量解释为生产质量是否在一定的容忍水平之内（例如，汽车制造中焊缝的缝隙大小）按照可测量的标准交付。本书则从顾客的视角，将服务质量定义为始终满足或超过顾客期望的高标准服务表现（关于从顾客视角出发的服务质量讨论，请参见第 2 章）。顾客对质量认知的主观性等，可能会使服务质量在任何时候都很难管理。

14.3　识别并纠正服务质量问题

接下来，本书将解释一个可以从企业层面识别和纠正服务质量问题的模型。

14.3.1　服务设计和传递中的差距模型

泽丝曼尔、帕拉苏拉曼和贝里指出了服务型企业内部的四个潜在差距，这可能导致第五种也是最严重的决定性差距——顾客期望的和他们接受并实际感知到的服务之间的差异。[3] 图 14-3 扩展并优化了这个框架，展示了发生在服务设计和服务传递各个阶段的六种差距。

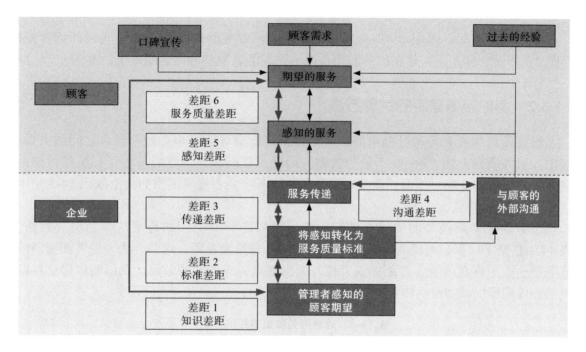

图 14-3　差距模型

资料来源：Valarie A. Zeithaml, A. Parasuraman, and Leonard L. Berry, *Delivering Service Quality: Balancing Customer Perceptions and Expectations*. New York: The Free Press, 1990, Chapters 4–7; Valarie A. Zeithaml, Mary Jo Bitner, and Dwayne D. Gremler, *Services Marketing: Integrating Customer Focus across the Firm*, 5th ed. New York: McGraw-Hill, 2013, Chapter 2.

- **差距 1：知识差距**是指服务型企业的高层管理者对顾客期望的认知与顾客实际需要及期望之间的差距。
- **差距 2：标准差距**是指企业管理者对顾客期望的理解与他们为服务制定的服务标准之间的差距。之所以称之为"标准差距"，是因为管理者已经制定出的标准与他们对顾客期望的理解并不一致。服务型企业可能制定出低于顾客期望的标准，往往是因为考虑降低成本和提高可行性。
- **差距 3：传递差距**是指特定的服务标准与服务人员或服务设备在这些标准上实际表现之间的差距。
- **差距 4：沟通差距**是指服务型企业宣传的内容与顾客理解以及随后体验到的服务之间的差异。这个差距由两个小差距造成。[4] 一方面是内部沟通的差距，是企业广告宣传的和销售人员所认为的产品特点、性能和服务质量水平与企业实际能够提供的产品之间的差距。另一方面是外部沟通的差距（也称为过度承诺差距），是由于销售人员为产生更高的销售业绩而做出的过度承诺，甚至是虚假承诺。

- **差距 5:感知差距**是指服务型企业或服务人员实际传递给顾客的服务与顾客自身所感受到的服务之间的差距,因为顾客有时无法准确地评价服务质量。
- **差距 6:服务质量差距**是指顾客期望获得的服务与他们对实际所得的服务感知之间的差距。

在这个模型中,差距1、差距5和差距6表示顾客和服务型企业之间的外部差距。差距2、差距3和差距4是在服务型企业内不同职能领域和部门之间产生的差距。

14.3.2 消除服务差距的关键方法

服务设计和服务传递过程中的任何差距都可能破坏服务型企业与顾客之间的关系。其中,服务质量差距(差距6)最为关键。因此,提高服务质量的最终目标是尽可能地消除或缩小这一差距。然而,要实现这一点,服务型企业通常需要努力消除图14-3中描述的其他五种差距。

服务质量差距模型的优势在于它提供了可以跨行业应用的普遍认知和解决方法。表14-1总结了一系列通用的有效策略来消除这六种质量差距,这些方法为思考如何消除服务型企业中存在的特定差距提供了很好的出发点,在本章的后面,我们还将讨论在微观层面或流程层面如何具体实施这些方法。

表 14-1 消除服务质量差距的方法

差距类型	建议的解决方案
差距1:知识差距	建议:让高层管理者了解顾客的期望 • 执行有效的顾客反馈系统,包括顾客满意度调查、抱怨内容分析与专门的顾客小组讨论 • 加强市场调研的程序,包括问卷调查和访谈设计、抽样、现场实施与定期重复市场研究 • 增加顾客与管理者间的互动(例如,"现场的一天"项目和部门经理在顾客服务中心接电话一天) • 改善上行沟通,促进和鼓励一线员工与管理者之间的沟通
差距2:标准差距	建议:基于顾客需求和期望建立合适的服务产品、流程和标准 • 正确执行顾客服务流程: — 采用严谨的、系统的、以顾客为中心的服务和顾客服务流程设计或再造 — 使重复的工作任务标准化以确保一致性与可靠性,并用技术代替人际接触,改进工作方法(软性技术) • 在所有工作单元中,建立、传播并强化可衡量的、以顾客为导向的服务标准: — 为服务传递的每个步骤建立一套明确的服务质量目标,该目标应具有挑战性、可实现性,以及明确地针对满足顾客期望而设计 — 确保员工理解并接受目标、标准和其他优先事项 • 开发一系列能够满足顾客期望的服务产品: — 基于优质、标准和经济水平的产品差异,允许顾客依据其需求进行自我细分 — 为顾客提供不同价格的多种水平服务

（续）

差距类型	建议的解决方案
差距3：传递差距	建议：确保服务表现符合标准 • 确保顾客服务团队士气高昂，能够达到服务标准： 　— 通过关注员工与工作匹配提高招聘质量；按照工作表现优秀的标准选拔具备相应能力和技能的员工 　— 培训员工有效执行任务所需的技术与软性技能，包括人际沟通技能，特别是在有压力的情况下服务顾客的技能 　— 明确员工角色，并确保员工理解其工作如何对提升顾客满意度发挥作用；传授给员工关于顾客期望、感知与问题的相关知识 　— 建立能够以顾客为中心传递服务和解决问题的跨职能服务团队 　— 通过下放组织的决策权，向一线管理者和员工授权 　— 测量绩效，提供定期反馈，奖励那些质量达标的顾客服务团队、员工及管理者 • 配备合适的技术、设备、支持流程与生产能力： 　— 挑选最合适的技术和设备以提高绩效 　— 确保内部支持岗位上的员工为其内部顾客和一线员工提供优质的服务 　— 平衡服务需求与产能 • 为服务质量进行顾客管理： 　— 教育顾客，从而使其在有效传递服务的过程中扮演好相应的角色并承担相关的责任 • 与服务传递涉及的中间商和第三方有效结盟： 　— 与中间商结盟的目标、绩效、成本和奖励（就像对客服中心或者航空公司登机柜台的服务传递进行外包） 　— 监管和激励服务质量
差距4：沟通差距	建议：消除内外部沟通差距的方法是，保证沟通承诺是现实的，且能够被顾客准确理解 • 确保沟通内容体现顾客期望，培训负责销售和营销传播的管理者有关运营能力的知识： 　— 当开发新的营销传播项目时，从一线员工和运营人员那里获取信息 　— 在顾客看到广告和其他营销信息之前，让服务运营人员先进行预览 　— 使销售人员参与到运营人员与顾客面对面的接触和沟通之中 　— 发展内部培训和激励活动，以加强对营销、运营和人力资源职能的理解与整合，从而在不同服务网点进行标准化的服务传递 • 激励销售团队与服务传递团队结盟。避免销售团队过分关注销售额（如过分承诺）和忽视顾客满意度（如额外的预期） • 保证营销传播内容能够使顾客形成合理和现实的服务期望： 　— 在进行外部发布之前，预先测试所用的公告、手册、电话脚本和网站内容，以确定目标受众的理解是否符合企业的设想（如果不符合，进行修改和再测试）。确保广告内容正确地反映那些对顾客最为重要的服务特征。让顾客知道什么是不可能的，并告知其原因 　— 确认并及时解释服务表现中的不足，指明企业不能控制的因素 　— 有关服务内容和服务保证的内容应事先写入服务协议或合同中
差距5：感知差距	建议：使传递的服务质量有形化和可沟通 • 使服务质量有形化，并且对所传递服务的质量进行沟通： 　— 开发服务环境，以及与所提供的服务水平相一致的有形证据 　— 对于复杂的信任型服务，在服务传递过程中使顾客知道正在进行的事情，并在服务传递后做任务报告，以便顾客能够感知到他们所获得的服务 　— 服务传递完成后，详细解释与账单明细相关的任务和工作 　— 提供有形证据（以修理为例，让顾客看已被更换的损坏部件）
差距6：服务质量差距	建议：消除差距1至差距5，始终如一地满足顾客期望 • 差距6是前面所有差距积累起来的结果。在差距1至差距5都被解决后，差距6也将不复存在

14.4 测量服务质量

没有测量，管理者就不能确定服务质量差距是否存在，更不用说明确差距的类型、了解差距出现在哪个环节以及应该采取哪些可能的纠正措施。

服务质量的软性测量和硬性测量

从顾客角度定义的服务质量标准和测量可以分为两大类：软性测量和硬性测量。软性标准及其测量难以通过简单的观察实现，通常需要通过与顾客沟通交流才能完成。软性标准及其测量能为员工实现顾客满意提供方向、指导和反馈，并通过测量顾客的感知和信念来实现对这些标准的量化。[5] SERVQUAL（见第2章）是一个成熟的软性测量系统的例子。本书将在本章之后讨论其他的顾客反馈工具。

相反，硬性标准与硬性测量通常是可以计算、计时或度量的过程活动和产出结果。这些测量可能包括填写的订单数量、完成特定任务所需的时间以及顾客在服务传递阶段必须排队等候的分钟数。制定标准通常需要考虑特定的措施能够实现的比例，服务营销人员面临的挑战在于确保服务质量的可操作性测量能够准确地反映顾客需求。

14.5 从顾客反馈中学习[6]

服务型企业如何根据服务质量的软性标准来衡量绩效？在开始讨论不同类型的测量之前，我们先回顾一下测量的目标。

14.5.1 有效的顾客反馈系统的关键目标

查尔斯·达尔文写道："生存下来的不是最强大的物种，也不是最聪明的物种，而是能够适应改变的物种。"同样，许多战略家已经得出结论，在竞争日益激烈的市场中，企业的最大竞争优势是比竞争对手更快地学习和改变。[7]

顾客反馈系统是顾客驱动学习型组织的关键因素，有效的顾客反馈系统有助于组织快速学习。有效顾客反馈系统的目标一般可分为以下三大类。

（1）**评估服务质量和绩效**。其目标是回答"我们的顾客有多满意"。该问题包括与主要竞争对手相比企业的绩效如何，或与前一年（或季度、月度）相比，是否在某些服务方面的投资得到了顾客满意度方面的回报，接下来企业该如何发展。通常，与其他单元（分支机构、团队、服务产品、竞争对手）进行比较的一个关键目标是激励管理者和服务人员提高服务绩效，特别是当结果与薪酬挂钩的时候。

（2）**以顾客为导向的学习与提升**。其目标是回答"是什么使顾客高兴或不高兴"以及"企业要巩固的优势和需要改进的劣势分别是什么"。为此，需要更具体或更详细的流程和产品信息，来指导企业努力改进服务质量。

（3）**构建以顾客为导向的服务文化**。这一目标涉及将"顾客的声音"引入企业，将企业的重点放在顾客需求和顾客满意上，并将整个企业凝聚到服务质量文化中。该目标还包括培养一种持续改进和变革的企业文化。

14.5.2 使用顾客反馈收集工具组合

素有"美国最动听声音"之称的女高音歌唱家蕾妮·弗莱明曾经说过:"我们歌手很不幸的事情是无法听到自己唱歌。你听你自己唱歌完全不一样,我们需要外界的倾听。"同样,企业也需要倾听顾客的声音。表 14-2 总结了通常使用的反馈工具及其满足各种需求的能力。在认识到不同工具的优劣势之后,服务型企业应该选择组合式的顾客反馈收集工具,以获得所需的信息(见图 14-4)。正如贝里和帕拉苏拉曼所观察到的那样,"将不同的方法结合起来,可以让一家企业扬长避短"。[8]

表 14-2 关键顾客反馈收集工具的优缺点

收集工具	测量层次							
	公司	流程	交易具体性	可操作性	代表性和可靠性	服务补救的可能	直接学习	成本有效性
全面市场调研(包括竞争者)	●	○	○	○	●	○	○	○
年度调研	●	◐	○	○	●	○	○	○
交易调研	●	●	◐	◐	●	○	○	○
服务反馈卡和其他针对交易的反馈工具	◐	●	●	◐	◐	●	◐	●
神秘购物	○	◐	●	●	○	○	●	○
顾客主动反馈(如抱怨)	○	◐	●	●	○	●	●	●
焦点小组讨论	○	◐	●	●	○	○	●	◐
服务评价	○	◐	●	●	○	○	●	◐
网上评论和论坛	○	○	●	●	○	◐	◐	●

注:● 表示完全满足要求;◐ 表示基本满足要求;○ 表示几乎或完全不能满足要求。

资料来源:Jochen Wirtz and Monica Tomlin, "Institutionalizing Customer-driven Learning through Fully Integrated Customer Feedback Systems," *Managing Service Quality* 10(4):210, ©2000 Emerald Group Publishing Ltd.

图 14-4 定性和定量反馈收集工具相辅相成

1. 全面市场调研、年度调研和交易调研

全面市场调研和年度调研通常用于衡量主要顾客对服务流程和产品的满意度。[9] 这通常是高阶层的测量，其目标是为整个企业获得全面的服务满意度指数或指标。这样的全面指数反映了顾客的满意程度，但没有说明他们满意或不满意的原因。对于单个服务流程或产品，可以提出的问题的数量是有限的。例如，一个典型的零售银行可能有30～50个关键客户服务流程（从汽车贷款申请到出纳的现金保管），由于流程数量众多，许多调研针对每个流程只能提出1～2个问题（例如，您对ATM服务的满意度如何），也不能就每个问题进行详细讨论。

相反，交易调研也称为拦截调查，通常是在顾客完成具体的交易之后进行的。如果时间允许，可能会对顾客进行一些深入访谈。以银行为例，自动柜员机服务的所有关键属性和有关方面都可以体现在调研中，包括一些如"最喜欢""最不喜欢""改进的建议"等开放式问题。这样的反馈更具可操作性，可以告诉企业为什么顾客对服务流程满意或不满意，通常还会对如何提高顾客满意度给出具体的见解。

许多市场研究机构提供了低成本、效率高的交易调研工具，包括电子邮件、短信、电子终端和在App上开展调研。例如，在酒店结账离开后，顾客会收到带有在线调查链接的自动电子邮件或消息。酒店集团的数据在后台汇总后会自动生成月度电子报告，其内容涵盖了连锁酒店中每个单独的酒店，甚至每个酒店中的单个部门（如前台、客房、餐厅、水疗中心和健身房）。这样的调研方法是完全自动化的，因此可以以较低的成本实施。

与此相类似，服务终端的交易调研可以在交易发生后立即测量顾客满意度。同样地，其收集、分析和报告是完全自动化的，并且具有成本效益，这样的调研甚至可以分析服务终端上单个服务员工的情况。

如果以上三种调研设计得当，就会具有代表性和可靠性，原因如下：

（1）参照质量目标，准确评估企业、流程、分支机构、团队或员工的服务绩效表现。要做到这一点，关键在于要进行有代表性的和可靠的样本抽样，以确保所观察到的质量评分变化不是由样本偏差或随机误差所造成的。

（2）对单个服务人员、服务传递团队、分支机构或流程的评估，特别是当激励计划与此类评估相关联时，更需要具有代表性和可靠性的评价。如果要员工信任并接受评价结果，尤其是当调查结果并不理想时，需要评价方法做到精确可靠。

通过顾客调研发现服务补救的可能性也很重要。如果可能的话，应该将服务失误及顾客抱怨的相关内容设计在反馈收集工具中；但是，由于许多调查是匿名进行的，因而难以确认并对不满意的受访者做出回应。

2. 服务反馈卡和其他针对交易的反馈工具（如短信、电子邮件、社交媒体等）

功能强大且成本低廉的顾客反馈收集工具包括向顾客提供使用反馈卡、在线表单、电子邮件、信息或App，[10] 这些工具通常提供以顾客为中心的服务反馈。例如，可以将反馈卡附在每份住房贷款批准函或每张医院发票上。这些卡片是衡量质量过程的有效指标，可以获得哪些工作做得好、哪些工作有欠缺的具体反馈。但是，满意或不满意的顾客很可能在被访者中占比过高,从而降低了服务反馈卡的可靠性和代表性。

3. 神秘购物

服务型企业经常使用"神秘顾客"来确定一线员工是否表现出企业所期望的行为(见服务洞察 14-1)。银行、零售商、汽车租赁公司和酒店等行业都在积极利用神秘顾客。例如,一家全球连锁酒店的中央预订办公室向一个专业调研机构外包了大规模的月度神秘顾客电话调查,以评估个人助理在电话销售过程中的技能、衡量各种产品的正确定位、追加销售和交叉销售以及完成交易等行为。调研还从"热情友好的问候"和"与来电者建立良好关系"等方面评价电话交谈的质量。神秘购物为服务人员的训练、培训和绩效评估提供了具有高度可操作性的深刻见解。

 服务洞察 14-1

顾客是质量控制的检验员吗

在检查一线员工是否展现出所期望的行为以及是否遵守了规定的服务流程等方面,神秘购物是一种很好的方式,但是顾客调查不应该用于此目的。Up Your Service! 的创始人罗恩·考夫曼描述了大学时的一次服务经历:

"我们从机场出来,乘坐酒店的汽车,经历了一次很棒的旅程。司机很友好,他为我们提供冰镇毛巾和冷饮。他让我们选择音乐,和我们一起谈论天气,并调试出让我们感到舒适的空调温度。他的微笑和好心情感染了我们,我喜欢这样!"

"到达酒店,我在客人登记表上签了字,服务员还回了信用卡。然后柜台工作人员让我再填一张表。"上面写着:

豪华轿车司机情况调查表

1. 我们的机场代表向您问好了吗?	是 / 否
2. 您收到冰镇毛巾了吗?	是 / 否
3. 您收到冷饮了吗?	是 / 否
4. 您有选择音乐的机会吗?	是 / 否
5. 司机询问您对空调温度的意见了吗?	是 / 否
6. 司机是以安全速度行驶的吗?	是 / 否

房间号: 轿车号: 日期:

考夫曼接着说:"当我看到表格时,之前的所有好心情都消失了。司机的热情似乎突然变成了一种伪装,他对我们的关心只是为了完成一份行动清单,他的好心情只是一种符合标准的表演,而与他的顾客无关。我感觉自己就像酒店的质检员,但我不喜欢这样。如果酒店需要我的意见,应该请我做顾问,而不是检验员。他们应该问我,从机场到酒店的旅途中最喜欢什么?(我向他们讲了很棒的司机)。我们还能做些什么让你的旅程更愉快呢?(我会建议他们使用手机服务)。"

资料来源:Copyright. 2009 Ron Kaufman.

由于神秘电话或访问的数量通常很少，因此单独的调研是不可靠的，也不具有代表性。但是，如果一个特定的员工月复一月地表现良好（或糟糕），管理者则有充分的理由相信这个员工的表现是好（或差）的。

4. 顾客主动反馈

顾客的抱怨、赞扬和建议可以转化为信息流，用于监控服务质量，突显服务设计和传递的所需改进之处。

与服务反馈卡一样，顾客的主动反馈并不能可靠地衡量顾客的整体满意度，但它是提高顾客满意度的有效手段。如果收集反馈的主要目的是获得关于如何改进的想法（而不是作为基准或评估工作人员），那么可靠性和代表性就不是必要的，诸如抱怨、赞美或焦点小组等定性工具通常就足够了。

此外，详细的顾客投诉信和表扬信、电话交谈录音和来自员工的直接反馈都是有效的工具，可以用于在企业内部交流顾客的需求是什么，使所有级别的员工和管理者都亲自倾听顾客的需求。与使用客观统计数据和报告相比，这种经验学习对塑造服务人员的思维和顾客导向更有帮助。例如，新加坡航空公司在员工月刊上刊登了一些投诉信和表扬信的摘录，让员工看到顾客对其服务的评价（正面和负面），能够留下比任何统计分析都更深刻、更持久的印象，并鼓励他们进一步改进自己的服务。

为了使投诉、建议和询问成为有用的研究成果，它们必须汇集到一个中心收集点进行记录、分类和分析。[11] 这就需要一个系统当场获取顾客反馈，然后将其报告给中心部门。有些服务型企业使用简单的内部网点来记录所有员工收到的反馈。协调这些活动不是一件简单的事情，因为有许多接入点，既包括服务型企业的一线员工，他们可能与顾客面对面接触，也可能通过电话、邮件与顾客接触，也包括代表服务型企业从事服务传递的各类中间商。尽管管理者通常在后台工作，但他们也可能会面对要求与更高层级管理者对话的顾客。

5. 焦点小组讨论、服务评价

这两种工具都能对潜在的服务改进和方法提供具体的见解。一般而言，焦点小组是根据关键的顾客细分市场或用户群体来组织的，以深入了解这些用户的需求。服务评价是深度的、一对一的访谈，一般是与企业最有价值的顾客进行每年一次的访谈。通常情况下，服务型企业的高级主管会拜访这些顾客，就特定的问题进行讨论，比如企业去年的服务表现如何、哪些应该保留或哪些应该改变等。访谈结束后，高级主管会返回企业与顾客经理围绕访谈反馈进行讨论，然后写信给顾客，详细说明企业将如何满足他们的服务需求以及来年如何进行管理。

除了提供一个极佳的学习机会（尤其是当所有顾客评论得到整理和分析时），服务评价还关注保留最有价值的顾客，并在提升企业的服务补救潜力方面表现突出。

6. 网上评论和论坛

在有关一家企业及其竞争对手的质量感知方面，用户生成内容和数据能够为其提供更深刻的理解。随着时间的推移，网上评论和论坛还能呈现出上述比较在越来越细微的属性和时间维度上发生变化。[12] 对帖子和自动文本处理的情感分析，往往能够实时洞察顾客观念的改变。[13] 一项研究表明，对顾客在线情绪的监测已被证明是线下品牌追踪调查乃至股市价格变化的重要指标。[14] 在线监控工具与大数据分析相结合，可以实时感知信息。基于位置和用户生成内容的信息将越来越多地通过文本挖掘、图像处理和分类、社会地理标记、人工标注和地理地图等技术进行分析。[15]

然而，这些分析应该视为对调查和焦点小组等更传统工具的补充。例如，一个高质量、高价格的快餐企业显示出了高增长（它们的顾客肯定很喜欢这家企业提供的服务），但是网上的评论颇具争议（例如，"如果你有钱可以挥霍，你可以做得更糟"和"价格太贵了"），在重要的评论网站上，这家企业的评级只有 3 星。这家快餐企业的一位合伙人会见了该网站的评论精英，令他惊讶的是，这些评论人与它们的顾客完全不同，顾客往往是 30 多岁或更年长的专业人士，而这些评论者大多 20 岁出头，有大量的空闲时间撰写评论，而且看起来比顾客更熟悉。合伙人从谈话中得知，评论者对价格非常敏感，不愿意为优质食品支付高价，这些因素无疑影响了他们的评论。事实上，这些评论者很喜欢那里的食物，但因为觉得价格太高，就把企业的评价降级了。该企业的管理层对这些发现做出了回应，增加了对传统焦点小组的投入，以确保他们能够正确应对核心顾客的需求。[16] 重要的是，如果一家企业的核心目标顾客与在网上发表评论的人不是同一类群体，那么就不要过分依赖在线的用户生成内容。

14.5.3 分析、报告和公布顾客反馈

如果服务型企业无法将信息公布给相关方并采取行动，那么仅仅选择相应的反馈工具和收集顾客反馈是没有意义的。因此，为了推动持续的改进和学习，报告系统需要进行反馈和分析，并将结果向一线员工、流程负责人、分支机构或部门经理以及高层管理者公布。图 14-5 概括了流向企业不同利益相关者的信息类型。它还说明了不同的工具如何在不同管理层级中相互补充：高层级工具提供不同时点的对标和竞争者的相关信息，而低层级的工具有助于识别顾客对企业评价的变动，进而提供关于如何改进服务的视角和想法。

顾客的投诉和表扬应该立即反馈到一线，就像在许多服务行业中所做的那样，在每天早间晨会上与员工讨论顾客的投诉、表扬与建议。此外，有三种服务表现报告可以为服务管理和团队学习提供所需信息：

（1）月度服务表现的更新向流程负责人及时反馈顾客意见和运营流程效果。反馈要逐字传递给流程经理，以便他们转而与一线服务人员讨论。

（2）季度服务表现评估为流程负责人、分支机构或部门经理提供流程运营效果和服务质量的变动趋势。

（3）年度服务表现向高层管理者提供了具有代表性的、关于顾客对企业服务满意度的现状和长期趋势的评估。

这些报告应该简短且通俗易懂，聚焦关键指标，为各级服务运营及管理负责人提供易于理解的评论。除了顾客反馈之外，这些报告还应该包含关键测量（将在下一节中讨论）。

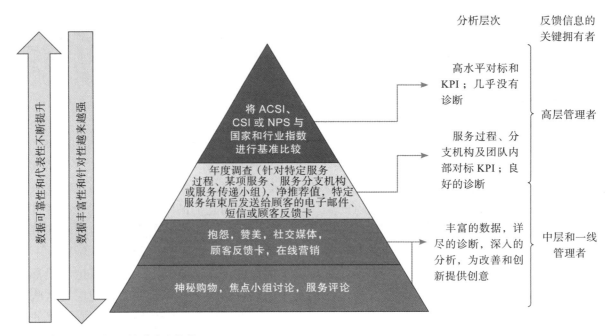

图 14-5　不同管理层级的报告工具

14.6　服务质量的硬性测量

在了解收集软性服务质量指标的方法之后，我们接下来进一步详细探讨硬性测量。硬性测量通常指运营流程或结果，包括正常运营时间、服务响应时间和服务失误率等数据。在复杂的服务运营过程中，将使用不同的服务质量测量方法记录各个阶段的情况。在接触度较低的服务中，顾客并没有深入地参与服务传递过程，许多运营流程的测量适用于对顾客仅有**次要影响**（second-order effect）的后台活动。

联邦快递是很早便意识到需要在全企业范围内建立服务质量指数的服务型企业之一，它的服务质量指数涵盖了所有影响顾客的关键活动。通过频繁发布单一的综合指数，高层管理者希望所有联邦快递的员工都能努力提高服务质量。企业认识到，使用百分比作为目标可能会导致员工产生自满情绪。像联邦快递这样每天运送数百万件包裹的大型企业，即使是99.9%的包裹准时送达（这意味着每1 000件包裹中仅有1件延误），或者99.9%的航班安全抵达，都会导致可怕的问题。相应地，企业决定以零出错率为基准线着手进行服务质量测量（见服务洞察14-2），一名高级执行官指出：

只有当你检查服务失误的类型、每种类型出现的数量及原因时，你才会开始改进服务质量。我们的诀窍在于用绝对数字来表示质量问题。这促使我们开发了服务质量指数（SQI），该指数涵盖了每天发生的12个不同事件，将这些事件的数量乘以一个权重，权重根据对顾客造成烦恼的程度来确定——这一点可以从他们给联邦快递写信抱怨的倾向中得到证明。[17]

服务洞察 14-2

联邦快递倾听顾客声音的方法

作为一家企业,联邦快递一开始就相信服务质量必须通过数字来测量。企业致力于明确质量目标,并根据这些目标持续测量其进展。这种做法构成了联邦快递测量服务质量的基础。

联邦快递最初设定了两个雄心勃勃的质量目标:每一次与顾客的互动和交易都要让对方100%满意,每一次运输包裹都要达到100%的服务效果。顾客满意度是通过准时投递的百分比来衡量的,即准时投递的包裹数量占总包裹数量的百分比。然而,事实证明,准时投递率只是一项内部标准,不能等同于顾客满意度。

由于联邦快递系统地对顾客投诉进行了分类,因此它能够形成一个"恐怖等级",这指的是最常见的八种顾客抱怨:①错误的时间送货;②时间正确,但送货延误;③未收取包裹;④包裹丢失;⑤向顾客报错信息;⑥账单和文件错误;⑦员工服务失误;⑧包裹损坏。换句话说,这些"硬性"指标的设计反映了广泛的"软性"顾客研究的结果。"恐怖等级"是联邦快递建立其顾客反馈系统的基础。

联邦快递完善了"恐怖等级"清单,并开发了服务质量指数(SQI),该指标由12项从顾客角度测量满意度和服务质量的指标构成。每个指标事件的原始数据乘以一个权重,该权重强调该事件对客户的重要性(见表14-3),结果即为每个项目的分数。然后,将这些得分相加生成当天的指数。就像打高尔夫球的计分一样,指数越低,成绩越好。然而,与打高尔夫球不同的是,SQI涉及大量的数字——通常是6个数字——反映了每天运输的大量包裹。企业对SQI的总数及其12个项目实施每天追踪,从而实现对连续的指数进行计算。

表 14-3 联邦快递服务质量指数(SQI)的构成

服务失误的类型	权重因素 × 事件发生的次数 = 每天的得分
递交延误——日期正确	1
递交延误——日期错误	5
未回复追踪请求	1
再次抱怨	5
遗失递送的证明材料	1
发票修正	1
错过取件	10
丢失包裹	10
包裹损坏	10
航班延误(分钟)	5
超载(包裹丢失了标签)	5
废弃呼叫	1
服务失误总分(SQI)	×××,×××

为减少失误发生次数,联邦快递为平均每日SQI设定了年度目标。为了确保持续关注SQI的每个独立部分,联邦快递成立了12个质量行动小组,每个小组负责一个部分,这些小组承担的任务是对所观察到的问题背后的根本原因进行分析和纠正。

联邦快递除了采用 SQI 反映流程、服务和顾客优先级的变化，还使用其他多种方式来获取反馈：

忠诚度和满意度调查。这项电子调查每年进行一次，随机选择几千名包裹托运者和取件者，调查结果向企业高级管理层递交。

目标顾客满意度调查。对一些正在进行的顾客调查，使用定期报告来测量特定的顾客服务流程，这些调查针对的是那些近期体验过联邦快递服务流程的顾客。

在线顾客反馈调查。对于一些在官方网站或通过其他技术形式有过互动的顾客，联邦快递会对他们展开具体的在线顾客调查。

顾客服务。对联邦快递免费服务热线电话进行检测，了解顾客致电的类型和原因，以便评估和测量有问题的电话。

专项研究。联邦快递还会开展一些专项研究，用来确定新服务产品的接受程度，测试潜在的产品和服务、品牌和声誉分析，以及广告研究。

采用多样化的顾客反馈方法获取信息，有助于联邦快递在运输服务行业中保持领先地位，这些方法也为联邦快递获得久负盛名的美国国家质量奖（Malcolm Baldrige National Quality Award，MBNQA）发挥了重要作用。

资料来源: " Blueprints for Service Quality: The Federal Express Approach, " *AMA Management Briefing* (New York: American Management Association, 1991), 51-64; Linda Rosencrance, " Beta Sphere Delivers FedEx Some Customer Feedback, " *Computerworld* 14, no. 14 (2000): 36; Madan Birla, *Fedex Delivers: How the World's Leading Shipping Company Keeps Innovating and Outperforming the Competition* (John Wiley, 2005), 91-92; Madan Birla, *FedEx Delivers: How the World's Leading Shipping Company Keeps Innovating and Outperforming the Competition* (Wiley, 2013).

硬性测量如何体现服务表现呢？**控制图**（control charts）是一种依据具体服务质量指标显示长期表现变化的简单方法。控制图可用于监控和传达单个变量或整体的指数，因为该图是可视的，所以很容易识别出发展趋势。图 14-6 反映了航空公司在准点起飞这一重要硬性指标上的表现，该图所显示的趋势表明，服务表现并不稳定而且难以令人满意，因此管理部门需要解决这一问题。当然，控制图的效果取决于它所依据的数据。

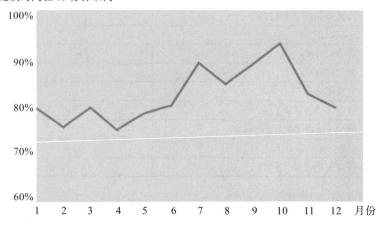

图 14-6　航班延误控制图（显示航班在 15 分钟内起飞的百分比）

14.7 分析和解决服务质量问题的工具

在使用软性和硬性测量法评估服务质量后,如何进一步深入探讨质量不足的常见原因,并采取纠正措施?当一个问题是由可控的内部原因引起的时,就没有理由允许同样的问题再次发生。毕竟,在服务失误后还想维持与顾客的良好关系,取决于企业能否信守承诺——"我们正在采取措施确保此类事件不再发生"。以预防为目标,简要介绍一些工具,用以确定具体服务质量问题的根本原因。

14.7.1 根本原因分析:鱼骨图

因果分析使用的是日本质量专家石川馨开发的技术。服务型企业的管理者和员工可以进行头脑风暴,找出所有可能导致具体问题的原因,然后将这些原因分为五类——设备、人力(或人员)、物资、流程及其他——显示在因果图上,形成了因其形状而得名的鱼骨图。这种方法最初应用于制造业,但现在广泛用于服务业。

为了更好地将此工具应用于服务型企业,我们展示了一个扩展框架,其中包含八个因素。[18] "人员"被分为"前台人员"和"后台人员",以突出顾客通常直接经历前台服务的问题,而后台的服务失误则往往是由一系列连锁反应间接地显现出来的。

此外,"信息"已经从"流程"中分离出来,许多服务问题都是由信息失败引起的。例如,这种失误通常是因为前台人员缺失所需的信息,或者没有告诉顾客做什么和什么时候做。

"顾客"在服务脚本中被赋予更深刻的意义。在高接触服务中,顾客会参与前台的运营活动。如果他们不能正确地发挥自己的作用,可能会降低服务效率,并给自己和其他顾客带来服务质量的问题。例如,如果一名乘客试图在最后一分钟托运一个超大的行李箱,飞机很可能就会被延误。图14-7是一个扩展的鱼骨图示例,分析了航班起飞延误的可能原因。[19]

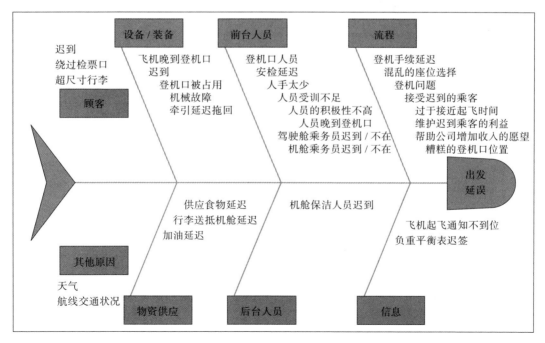

图 14-7 航班起飞延误的鱼骨图

一旦确定了可能造成航班延误的所有主要原因，就需要评估每个原因对实际延误的影响程度。这可以通过帕累托频率计数分析来确定，下面将围绕这一问题进行讨论。

14.7.2 帕累托分析

帕累托分析（以最先提出该理论的意大利经济学家的名字命名）是从可观察到的结果中识别主要原因的一种方法。它将重要的因素从琐碎繁杂中分离出来，用来帮助服务型企业将改进服务的努力集中到最重要的问题上。该分析方法以所谓的 80/20 原则为基础，因为它通常反映了大约有 80% 的变量值（在本例中的服务失误数量）是由 20% 的因果变量（例如，根据鱼骨图找出可能的原因数量）解释的。结合鱼骨图和帕累托分析，服务型企业的管理者就可以确定服务失败的主要原因。

在航空公司的例子中，根据调查结果，在该公司提供服务的航班中，88% 的晚点航班是由所有可能原因中的四个（15%）引起的（见图 14-8）。实际上，超过一半的延误是由单一因素造成的：接受迟到的乘客（例如，工作人员在规定的登机时间过后又为一名迟到的乘客办理登机手续，导致航班延误）。然而，进一步的分析显示，各机场之间的延误原因有很大区别（见图 14-9）。这一发现表明，各个机场应该有针对性地改善服务。

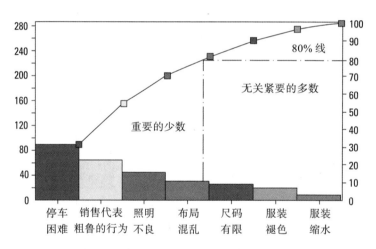

图 14-8　航班出发延误原因的帕累托分析

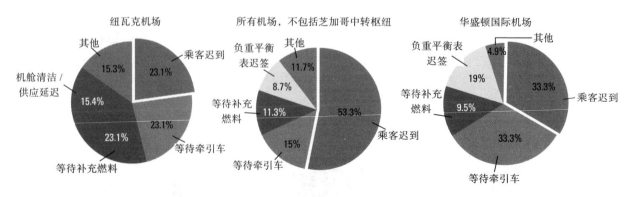

图 14-9　航班出发延误的原因分析

14.7.3 绘制服务蓝图：识别失误点的强大工具

鱼骨图和帕累托分析可以发现质量问题的原因和重要程度，而服务蓝图将进一步分析和确定质量问题在服务流程中发生的确切位置。如第8章所述，一个精心设计的服务蓝图能够将服务流程形象地展示出来，它包含：①顾客在接触服务提供者、设施和设备时所体验的前台互动，使服务传递过程可视化；②顾客看不到的、也不属于服务体验部分的，却起到支持性作用的后台活动。

服务蓝图可用于识别潜在的失误点，它能帮助服务型企业了解某一点上的失误如何对流程的后续阶段产生连锁反应。通过统计蓝图中的失误点频率次数，管理人员可以确定频率次数最高的具体失误类型，从而对这些问题给予特别关注。明白什么问题可能发生失误以及在哪里发生失误，是预防服务质量问题的重要的第一步。

一种理想的解决方案是在服务系统或流程设计时有意识地排除或应对服务失误点（参见第8章讨论的自动防差错装置：防呆设计）。在某些情况中，服务失误难以通过设计手段排除在流程外或不易预防（如与天气或公共基础设施有关的问题），那么解决方案可能会倾向于发展应急计划和服务补救指南（参见第13章"如何设计服务补救的政策和流程"）。

14.8　服务质量的回报

现在我们已经知道如何深入了解具体的服务质量问题，并可以使用从第8章学到的设计和再造服务流程的内容。然而，如果没有很好地理解与质量改进相关的财务问题，那么这套整体流程并不算完整。许多服务型企业非常重视服务质量的提高，但相当多的企业对结果感到失望，即使是服务质量得到认可的企业，有时也会遇到财务困难，部分原因是他们在质量改进上花了太多钱，而顾客却没有意识到这一点。这样的结果表明质量项目本身有缺陷或是执行得很差。

14.8.1 评估质量计划的成本和收益

质量回报（ROQ）方法用于评估质量计划的成本和收益。该方法基于以下假设：①质量是一项投资；②提高质量的努力在财务上必须是可计算的；③在质量上可能会花费很多；④并非所有与质量有关的支出都是有效的。[20] 因此，服务质量改进的支出必须与预期盈利能力的提高相一致。

为了确定新的质量改进措施的可行性，必须事先仔细地估算相关成本，然后与预期的顾客响应联系起来。如果拥有丰富的资料，那些在多个地点同时运营的服务型企业有时可以检查过去的经验，并判断特定服务质量的改进和收入之间的关联性（见服务洞察14-3）。事实上，能够帮助服务型企业识别如何提高顾客满意度和改善购买行为的方法有很多，其中最具影响力的方法包括重要性–绩效矩阵（见图14-10），或是用多元回归分析检验对顾客整体满意度影响最显著的服务属性，以及一种名为边际效用分析的新方法，该方法通过直接向顾客提问来确定服务质量改善各方面的优先顺序（例如，"如果你可以改进……，哪四项是你优先考虑的"）。[21]

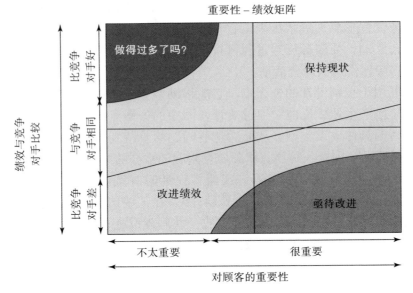

图 14-10　竞争和顾客需求的企业服务重要性－绩效矩阵

服务洞察 14-3

假日酒店的设施质量和客房收益

为了找出酒店产品质量和财务绩效之间的关系，谢丽尔·基梅斯分析了美国和加拿大共计 1 135 家特许假日酒店近三年的质量和运营绩效数据。

产品质量指标选取自特许经营者的质量保证报告，这些报告基于受过培训的质量审核员未发布的半年度检查报告，审核员在不同的地区轮岗，并对每家酒店的不同质量维度进行检查和评级。谢丽尔·基梅斯在她的研究中使用了 12 个质量维度：2 个与客房有关（卧室和浴室），10 个与商务区域有关（外部装修、大堂、公共卫生间、餐饮设施、休息室设施、走廊、会议区、娱乐场所、厨房和后院）。每个质量维度通常包含 10～12 个单独项目。审核员记录了每个维度的缺陷数量和整个酒店的缺陷总数。

全球假日酒店还提供了每家酒店的每间可用客房收益（RevPAR）数据。为了根据不同地区实际情况的差异进行调整，基梅斯对美国和加拿大数千家酒店以及《史密斯旅游接待报告月报》（Smith Travel Accommodation Reports，旅游业中广泛使用的报告）上的销售和收入数据进行分析。这些数据能够计算出每家假日酒店的中等规模竞争对手的平均每间可用客房收益，使样本中所有假日酒店的收益具有可比性。当时的平均每日房价约为 50 美元。

为了达到研究目的，一家酒店在某一方面只要有一项不合格，该酒店就会被认为在这个方面存在"缺陷"。结果表明，随着酒店缺陷数量的增加，每间可用客房平均收益相应减少。对每间可用客房收益影响最大的质量维度包括外部装修、客房和客房浴室。即使是一个单独的缺陷也会导致每间可用客房收益显著降低，如果这三个领域都存在缺陷，则会对每间可用客房收益产生更大的影响。根据基梅斯的计算，与没有缺陷的酒店相比，存在缺陷的酒店年平均收入的损失为 204 400 美元。

以上研究表明，从服务质量回报的角度来看，客房管理和预防维护方面增加的支出应将重点放在酒店的外部装修、客房和浴室上。

资料来源：Sheryl E. Kimes, " The Relationship between Product Quality and Revenue per Available Room at Holiday Inn," *Journal of Service Research* 2 (November 1999): 138-144.

14.8.2 确定最优的可靠性水平

在提高服务可靠性方面应该达到什么程度呢？服务质量差的企业通常可以在服务改进方面以相对较少的投入来实现可靠性的大幅提升。如图 14-11 所示，在减少服务失误方面的初始投资总是会带来显著的成效。但是，在服务可靠性达到某种程度后，还需要提高投资水平（甚至这种投资昂贵得令人望而却步）来进一步改善服务时，收益却逐渐减少。那么应该将服务可靠性定位在什么水平呢？

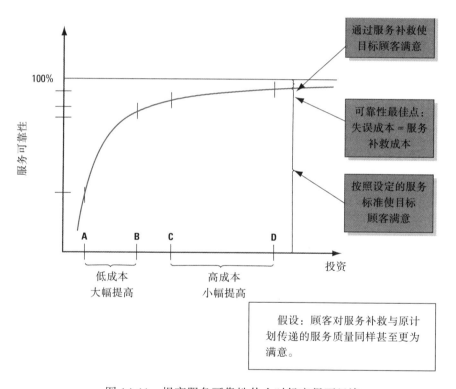

图 14-11　提高服务可靠性什么时候变得不经济

通常，服务补救的成本低于不满意顾客的成本。这表明服务企业应该提高可靠性，直到递增投资额等于服务补救或服务失误的成本。虽然这种策略不能使服务达到无缺陷，但企业仍要致力于满足所有目标客户。要做到这一点，企业可以确保顾客接收到的服务是经过精心安排的，或者在服务失败时为顾客提供令人满意的服务补救。

14.9 生产率的定义与度量

从历史发展的角度看，服务业的生产率增长一直落后于制造业，但麦肯锡全球研究所的一项研究表明，自 2000 年以来，在美国对劳动生产率增长贡献最大的七个行业中，有五个来自服务业，其中包括零售和批发贸易、金融和保险、行政管理支持，以及科学和技术服务。[22] 技术的进步使服务生产率有了显著的提高。本章强调从整合的视角审视服务质量与服务生产率改进策略，而不是单独讨论。服务型企业需要确保能够提供高质量的服务体验，以提升企业的长期盈利能力。接下来，我们首先讨论什么是生产率，以及如何测量生产率。

14.9.1 服务行业中生产率的定义

简单地说，生产率是衡量相对于企业的资源投入量而言的绩效产出水平的。因此，生产率的提高最终反映在产出投入比的增加上。这意味着，提高生产率的方法包括减少资源投入量，或在一定投入量的基础上增加绩效的产出量。

在服务业中，"投入"指的是什么？投入根据行业的性质而有所不同，它可能包括劳动力、材料、能源和资本（包括土地、建筑物、设备、信息系统和金融资产）。服务业表现的无形性使得衡量服务业生产率的难度大于制造业，这个问题在信息化服务业中尤为突出。

14.9.2 生产率的测量

正是由于服务业的产出很难界定，所以在服务业中测量生产率非常困难。以医院为例，在这样的服务行业中，我们可以查看一年中接受治疗的病人数量和医院的"人口普查"或平均床位占用情况。然而，我们如何考虑不同类型的医疗活动，比如癌症肿瘤的切除、糖尿病的治疗或者骨折的复位等有何区别呢？病人之间有什么不同？相对而言，极少有标准化的医疗程序能够提供高度可预测的结果。

测量生产率的工作在以过程为主的服务中更容易实施，因为这些服务具有制造业的特征，它们的日常任务是测量相对容易量化的投入和产出。例如，汽车修理厂的工作是更换汽车机油和矫正轮胎，快餐店提供的菜单有限且简单。然而，当修车厂的技工要找出并修理漏水的地方，或者当顾客与一家以菜品多样、烹饪独特而闻名的法国餐厅打交道时，任务就变得更加复杂了。

不考虑更具体的细节，劳动生产率（如每名员工的收入、每名员工的附加值和每名员工服务的顾客数量）和资本产出（如资产回报率）经常被用来衡量服务产能水平。

14.9.3 服务生产率、效率与效益

如前所述，当探讨生产率问题时，需要区分生产率、效率和效益这几个概念。[23] 生产率是指从特定水平的投入（如劳动生产率和资产生产率）中所能获得的产出。效率通常是以时间为基础，通过与某个标准相比较以衡量事情完成的程度，例如，与行业平均水平或其他标准相比，员工完成一项具体任务需要多长时间？任务完成得越快，效率

就越高。效益可以定义为企业实现目标和期望结果的程度，通常包括顾客满意度。彼得·德鲁克简洁地表达了这一点："效率是正确地做事，效益是做正确的事。"

生产率和效率的传统测量技术关注的是产出和标杆管理，而不是结果。这意味着强调产能和效率，但忽略了效益。例如，在货物运输业中，延迟运输的货物每吨英里的产量与准时交货的货物在生产率方面是一样的。同样，假设理发师通常每小时服务三个顾客，但是他们可以通过减少与顾客的对话和快速地完成任务，将他们的产出提高到每15分钟服务一个顾客，但即使理出的发型也很好，服务过程也可能被认为质量降低了，导致顾客对整体服务体验的评价并不满意。在这个例子中，生产率和效率得到了提高，但效益却没有提高。

从长期来看，在持续交付顾客所期望的结果方面更有效的服务型企业，应该能够为其产出获得更高的价格，并建立忠诚和有利可图的顾客基础。因此，除了生产率和效率之外，还需要强调效益和结果。

14.10　提高服务生产率

服务行业的激烈竞争促使企业不断寻求提高生产率的方法。[24] 本节将讨论服务型企业提高生产率的通用策略和可能的方法。

14.10.1　提高生产率的通用策略

传统上，运营经理负责提高服务生产率，他们的关注点可以总结为"更好、更快、更便宜"地实现相同的产出。其策略通常包括：

（1）每个步骤都要仔细控制成本。许多部门经理赞同这样的说法："成本就像指甲，你必须不断地修剪它们。"

（2）减少材料和劳动力的浪费。

（3）培训和激励员工更快、更好、更高效地工作。

（4）拓宽服务人员的工作范围（可能需要修改劳动协议），这样能够让管理者将员工安排到最需要的岗位和工作上，以消除生产瓶颈和停工时间。

（5）通过更好地匹配供需关系，或将产能与平均需求水平而非峰值水平相匹配，来提高产能利用率，这将确保不会造成员工和设备的长时间浪费。

（6）使用机器、设备、技术和数据，使员工更快地工作或达到更高的质量水平。

（7）建立专家系统，使非专业人员可以从事以前由更有经验的员工从事的工作，后者需要更高的工资。

（8）再造顾客服务流程，使其更高效（如通过六西格玛方法）。

（9）用自动化设备和由顾客操作的自助服务技术（SST）替代服务人员。

（10）分类服务，更准确地将关键资源分配给更具有价值的顾客。

（11）非核心商业活动可以外包给更具成本效益的第三方。

虽然提高生产率可以逐步实现，但主要收益通常需要靠顾客服务流程再造来实现。例如，当顾客面临难以忍受的长时间等待时，就意味着需要重新设计服务流程，这种情况在医疗行业中经常发生。本书在第 8 章已经深入讨论了服务流程的再造。

14.10.2 以顾客为主的提高生产率的方法

在顾客深入参与服务传递过程的情况下，运营经理还应该考虑如何使顾客的投入更有成效，营销经理也要考虑采用什么营销策略来影响顾客，使其行为更有助于提高服务生产率。其中一些策略包括：

（1）**改变顾客需求的时间**。通过鼓励顾客在非高峰时段使用服务，并为此提供激励措施，服务型企业的管理者可以更好地利用企业的经营性资产，提供更好的服务。本书在第 9 章中已经讨论了在产能受限的服务型企业中管理需求的相关问题，在第 6 章也探讨了收益管理的策略。

（2）**鼓励使用低成本的服务传递渠道和自助服务**。将交易转移到更具成本效益的服务传递渠道，如互联网、应用程序或自助服务设备，这样可以提高服务生产率。许多技术创新的目的在于让顾客完成以前由人工操作的任务。在本书第 8 章中，已经讨论了在服务流程中顾客作为服务共同创造者发挥更积极作用的相关问题。

（3）**要求顾客使用第三方服务**。在某些情况下，管理者可以通过将一个或多个服务支持功能授权给第三方来提高服务生产率。专业的中间商可能具有规模经济效应，这使其能够比提供核心服务的企业以更低的成本、更高的效率完成任务，而企业则可以聚焦于核心服务领域的质量和生产率。

14.10.3 生产率的提高如何影响质量与价值

服务型企业的管理者可以从更广泛的业务流程视角来提高生产率，将资源投入转换为顾客期望的服务效果。对于那些不仅跨部门，有时还跨区域，而且将服务运营的后台和前台相关联的服务流程而言，提高生产率尤为重要。因此，当服务型企业进行生产率改进时，管理者需要考虑对顾客体验的影响。（参见本章关于服务质量、生产率和利润率三角关系的讨论。）

（1）**前台提高生产率的措施**。在高接触服务中，许多生产率的提高是显而易见的。有些变化仅仅需要顾客接受，而有些变化则要求顾客在与企业及服务人员打交道时采用新的行为模式。如果服务型企业要实施根本性的变革，那就应该首先进行市场调查，以确定顾客会对此做何反应。如果不考虑对顾客的影响而贸然进行改变，可能会导致业务损失，并抵消预期的生产率收益。（参阅第 8 章，了解如何管理和克服顾客不愿改变服务流程的情绪。）

（2）**后台变革如何影响顾客**。后台变革的营销效果取决于是否影响顾客或被顾客察觉到。如果航空力学开发出快速维修喷气式发动机的工艺，同时不会引起工资率或原材料成本的增加，那么航空公司就实现了生产率的提高，对顾客的服务体验也没有影响。

但是，其他后台的变化可能会产生连锁反应，波及前台服务并影响顾客。服务营销人员应该时刻关注后台可能的变化，不仅要识别这些连锁反应，还要为顾客做好准备。例如，在一家银行里，安装新电脑和打印机等外围设备是出于改善内部质量控制和减少编制月度报表成本的考虑，但是，这些新设备可能会改变银行对账单的外观和每月寄出的时间。如果顾客注意到这些变化，或许银行就需要对此进行解释。如果新的对账单更易于阅读和理解，那么这种改变就值得作为服务改善的一种方式进行推广。

（3）**警惕降低成本战略**。在缺乏新技术的情况下，大多数提高服务生产率的尝试往往集中在消除浪费和降低劳动力成本上。削减前台人员意味着，要么剩下的员工必须更努力、更快速地工作，要么在繁忙时段没有足够的人员及时为顾客提供服务。虽然员工可以在短时间内工作得更快，但很少有人能在长时间内保持快速的工作节奏。那些试图同时做两件或三件事情的员工——例如，在接听电话和整理文件的同时，还需要面对面地为顾客服务——可能会在每件事情上都做得很差。过度的压力会导致不满和挫败感，尤其是与顾客接触的员工，会陷入满足顾客需求和实现企业生产率目标的两难境地。

一种更好的方法是寻求重新设计服务流程的机会，这样可以极大地提高生产率，同时提高服务质量。生物识别技术被认为是一种可能同时实现这两个目标的新技术（见服务洞察14-4）。

服务洞察 14-4

生物识别技术：驱动生产率和服务质量的下一个前沿技术？

服务行业激烈的竞争压力和极其微薄的利润，不允许企业毫无节制地增加成本来提高质量。相反，企业要不断地寻求新的方法来同时实现服务质量和效率的改善。互联网和服务应用程序使许多企业做到了这一点，并重新定义了包括金融服务、音乐销售和旅行社在内的服务业。生物识别技术可能是下一个驱动服务质量和生产率同时提高的主要技术。

生物识别是以人的身体特征或特性为基础，对个体进行认证和确认的技术。身体特征包括指纹、面部识别、手形和虹膜形态图像；特性识别包括签名、按键模式和语音识别。生物识别，作为一种证明"你是谁"的技术，比你知道的东西（密码或个人信息碎片）或你拥有的东西（磁卡钥匙、智能卡或代币）更方便、更安全。它不存在遗忘、丢失、复制、借用或窃取生物特征的风险。

生物识别技术的应用包括控制服务设施的访问（迪士尼乐园采用该技术，向季度通卡持有者提供特殊的入园方式）、语音识别呼叫中心（家居购物网和嘉信理财采用该技术，实现了快速的、一站式服务的顾客端身份验证）、银行里的保险箱自助服务（夏威夷银行和田纳西州第一银行使用了该技术），甚至运用在学校里（借助指纹扫描）进行图书馆借书和账户贷款。随着技术的不断进步，生物识别技术的使用将变得更加普遍。

生物识别技术显然有令人兴奋的安全应用前景。然而，如果应用不当，潜在的损害也可能更为严重。生物识别技术也是可以被克隆的，例如，指纹可以从一个人触摸过的东西上复制（或"伪造"）；重置泄露的密码只是件麻烦事，但如果有人盗走了数字指纹或虹膜图像，会有什么后果呢？在应用生物识别技术时，对于高风险的应用应当被附加安全特性。未来的服务创新将展示生物识别技术在哪些领域能为服务型企业及其顾客带来最大的附加价值。

14.11 提高服务质量和生产率的集成与系统化方法

14.11.1 质量和生产率

本书已经讨论了一些关于提高服务质量和服务生产率的工具与概念。表 14-4 将讨论的关键方法列入通用的九步法框架中,服务型企业可使用该框架对服务流程的质量和生产率进行改进和提升,此类项目通常由经验丰富的内部团队或外部顾问联合开展。但是,服务流程的持续改进(如步骤 9)通常应该由企业内部团队负责。

表 14-4 顾客服务质量提升九步法

步骤	目标	应用的潜在工具
1	确定需要优先改进和再造的服务流程	• 根据流程发生概率和每个流程抱怨数量决定优先流程 • 利用优化矩阵(实施难易度和潜在业务影响大小)来寻找用最少的精力就能轻易实现的目标作为流程改进的起点
2	针对筛选后的流程,为顾客满意度、缺点、服务周期时间、生产率提高设置目标	• 通过内部标杆管理决定目标 • 决定绩效水平目标(例如,你的目标是行业最优还是达到行业平均水平) • 使用项目图表管理顾客服务流程设计
3	确定优先服务流程的关键因素并决定顾客需要和期望	• 使用蓝图确定顾客流程中的接触点并考虑顾客流程的线性可视化 • 针对每一个接触点,确定质量在顾客眼中意味着什么。例如,使用服务质量的 5 个维度(见第 2 章)覆盖所有重要领域,分析顾客反馈(包括对赞扬和抱怨的内容分析,以理解顾客满意或不满意的驱动因素),以及开展焦点小组讨论
4	评估流程绩效	• 进行硬性运营流程测量(如服务周期时间、顾客等待时间、一次性解决时间等) • 测量流程绩效的顾客感知(如特定流程顾客满意度调查) • 与一线员工进行对话,了解哪些工作可行,哪些工作不可行,哪些方面迫切需要改进
5	确定绩效和质量差距	• 依据流程绩效测量记录、顾客需要和期望,确定绩效和质量差距 • 明确主要绩效差距,例如在服务蓝图上标记服务失败(或抱怨)频次,以理解服务流程失败的关键
6	明确质量差距的根本原因	• 在顾客服务质量感知中使用差距模型捕捉所有可能的差距来源 • 使用全面质量管理工具缩小特定差距,例如,使用帕累托图了解主要缺陷,使用鱼骨图定位导致缺陷的关键因素,再次使用帕累托图理解导致缺陷的根本原因
7	提高流程绩效	• 使用差距模型缩小 6 种服务质量差距(见表 14-1) • 使用顾客服务流程设计和再造的工具(见第 8 章) • 所有失误点的服务补救计划都不能超出流程(应是主动的、预先计划的、训练有素的和授权的,见第 13 章)
8	控制和微调并进一步改进流程	• 再设计后,使用运营测量和顾客反馈监控再造后的服务流程绩效 • 使流程达到一种新的更高水平绩效 • 要求企业通过逐步改进来调整服务流程(例如,利用看板或其他工具促使团队监控并对其所负责的流程进行持续改进)
9	从头开始,服务质量提升过程本身就是目标	• 通过持续工作和再造顾客服务流程,创造一种以顾客为中心、聚焦流程改进和变革的企业文化,成为顾客驱动的学习型组织

14.11.2 改善服务质量和生产率的系统化方法

有很多系统的方法可以帮助服务型企业形成聚焦顾客、服务质量及生产率的企业文化。事实上，本章介绍的许多观点、工具和概念都源于这些方法。下面简要地介绍这些关键的方法。

全面质量管理（total quality management，TQM）起源于日本，是率先应用于制造业持续改进的一种广为人知的方法，该方法最近也被服务业所采用。全面质量管理可以帮助企业优化服务，提高服务生产率，并通过创新性的流程改进持续创造价值。[25] 本章讨论的许多工具都来源于全面质量管理，包括控制图、帕累托分析、服务蓝图和鱼骨图。

ISO 9000 认证[26] 包含了所有关于质量管理的要求、定义、指导方针和相关标准，为企业的质量管理体系提供独立的评估和认证。ISO 9000 采用了许多全面质量管理工具，并将其内部化应用于企业中。它还使用了 PDCA 循环，即"计划—执行—检查—行动"循环。

六西格玛被许多拥有大量流程的服务型企业所采用，这些企业通过该方法减少缺陷、缩短周期以及提高生产率。[27] 从统计上看，六西格玛将质量水平控制在缺陷率只有百万分之 3.4 的水平上（defects per million opportunities，DPMO）。要理解这个目标有多严格，可以想象一下邮件投递业务：如果邮件投递服务的准确率达到 99%，那么它在 30 万份邮件中就会遗失 3 000 份；如果它达到了六西格玛的服务水平，则只会丢失 1 份邮件。在分析和改进业务流程时，应用最广泛的六西格玛工具是"定义—测量—分析—改进—控制（DMAIC）"模式，如表 14-5 所示。

表 14-5 在流程改进与流程设计/再设计中应用 DMAIC 模型

六西格玛工具	流程改进	流程设计/再设计
定义	• 确认问题 • 定义要求 • 设定目标	• 确认具体的或广泛的问题 • 定义目标/改变愿景 • 明确范围与顾客要求
测量	• 验证问题/流程 • 改进问题/目标 • 测量关键步骤/投入	• 根据要求测量绩效 • 收集流程效率数据
分析	• 提出因果假设 • 确认根本原因 • 验证假设	• 确认最佳实践 • 评估流程设计 • 改进需求
改进	• 开发消除根本原因的方法 • 测试解决方案 • 测量结果	• 设计新流程 • 实施新流程、结构、系统
控制	• 制定措施以保持绩效 • 根据需要纠正问题	• 建立评价和回顾机制以保持绩效 • 根据需要纠正问题

资料来源：Reproduced from P. Pande, R. P. Neuman, and R. R. Cavanagh, The Six Sigma Way (New York: McGraw-Hill, 2000).

美国国家质量奖（Malcolm Baldrige National Quality Award，MBNQA），也称鲍德里奇模式，是由美国国家标准与技术研究院（National Institute of Standards and

Technology，NIST）设立的，其目标是促进质量管理的最佳实践，并认定和公开美国公司的质量成就。除美国以外的其他国家也有类似的质量奖，其中应用最广泛的可能是**欧洲质量管理奖**（European Foundation for Quality Management，EFQM）。[28]

获得美国国家质量奖的服务型企业包括普华永道、丽思卡尔顿酒店、联邦快递、威斯康星大学、施乐商业服务公司、波音航空航天支持公司、卡特彼勒金融服务公司和美国电话电报公司。

鲍德里奇模式从以下七个方面对企业进行评估：

（1）管理层致力于建立服务质量文化；

（2）将提高服务质量作为优先发展规划，包括服务标准、绩效目标，以及对顾客满意度、缺陷、服务周期时间及生产率的测量；

（3）信息与分析系统有助于企业收集、测量、分析和报告战略性与运营性指标；

（4）能够使企业传递卓越服务的人力资源管理，从雇用合适的员工到发展、参与、授权和激励机制；

（5）流程管理，包括监控、持续改进、流程再造；

（6）以顾客和市场为中心，使企业能够明确顾客的要求和期望；

（7）商业效果。[29]

14.11.3 服务型企业应该采用哪种方法

上述多种方法都可以系统地提高企业的服务质量及生产率，那么服务型企业应该采用哪种方法呢？全面质量管理、ISO 9000 认证、鲍德里奇模式，还是六西格玛？最好的做法是将这些方法视为相互补充和相互依存的。全面质量管理可用于复杂程度不同的质量管理问题，诸如流程图、频率图和鱼骨图等基本工具可以被各种服务型企业所采用。六西格玛和 ISO 9000 认证似乎更适合投入水平和复杂程度较高的服务型企业，关注流程改进和遵守性能标准。随后是鲍德里奇模式和 EFQM 方法，它们为组织如何变得更优秀提供了一个全面的行动框架。

上述任何一种方法都可以成为了解顾客需求、分析服务流程、提高服务质量和服务生产率的有用框架。服务型企业可以根据自身的需求和预估的复杂程度，来选择一种特定的方法。每种方法各有优势，因此企业可以同时使用多种方法。例如，ISO 9000 认证可用于使程序和流程文件标准化；六西格玛和鲍德里奇模式可以用于改进流程，并关注整个企业的绩效改进。

成功的关键在于，企业具体的质量改进计划在多大程度上与整体业务战略相匹配。卓越的服务型企业会将服务质量管理的最佳实践作为其企业文化的核心部分。[30] NIST 跟踪了获得美国国家质量奖的企业股票指数，该指数被称为鲍德里奇指数；根据观察，获奖企业的表现总是优于标准普尔 500 指数（S&P 500）。[31]

然而，具有讽刺意味的是，两届美国国家质量奖得主、六西格玛方法的先驱者摩托罗拉公司却在财务上损失巨大，失去了市场份额，部分原因是由于企业未能跟上新技术的发展。此外，因为同行的压力或仅仅将其视为一种营销工具而运用这些方法的企业，与将这些方法视为重要发展工具的企业相比，其成功的可能性会小很多。[32] 显然，任何时候都不能把成功当成理所当然的事情，承诺、实施，以及随着市场、技术与环境的变化进行持续改进，才是持续成功的关键。

⇒本章小结

1. 质量和生产率是为顾客和企业创造价值的两条路径。然而，生产率和服务质量（以及对收益的影响）之间的关系可以是积极的、中性的，也可以是消极的，因此需要谨慎管理。
2. 服务质量有不同的定义。本书采用了以顾客为中心的服务质量定义方法，即质量就是始终满足或超越顾客的期望。
3. 差距模型是在企业宏观层面诊断和解决服务质量问题的重要工具。本书确定了可能导致质量缺陷的六种差距：差距1——知识差距；差距2——标准差距；差距3——传递差距；差距4——沟通差距；差距5——感知差距；差距6——服务质量差距（这是最重要的差距，为了缩小这一差距，其他五个差距就必须首先消除）。
   本书总结了引起每种差距的一系列潜在原因，并提供了识别这些原因进而消除差距的一般方法。这些都是从企业整体的角度出发的。
4. 服务质量既有软性测量，也有硬性测量。软性测量通常基于顾客和员工的感知与反馈，硬性测量与流程及其绩效结果相关。
5. 顾客的反馈意见（大部分基于软性测量）应通过顾客反馈系统（CFS）进行系统收集，其主要目标包括：
   （1）服务质量及表现的评估与测量标准；
   （2）以顾客为导向的学习与提升；
   （3）创建以顾客为导向的服务文化和变革文化。
6. 服务型企业可以使用各种工具来收集顾客的反馈，这些工具包括：①全面市场调研；②整体满意度的年度调研；③交易调研；④服务反馈卡和其他针对交易的反馈工具（如短信、电子邮件、社交媒体等）；⑤神秘购物；⑥顾客主动反馈（如赞扬和抱怨）；⑦焦点小组讨论；⑧服务评论；⑨网络评论和论坛。
   报告系统能够将来自不同渠道的反馈及其分析结果提供给相关方，以便他们采取行动。
7. 硬性测量与运营流程和绩效相关，可以被计算、计时或观察。控制图是一种可以依据具体的服务质量标准来显示一段时间内表现发生变化的简单办法。
8. 分析和识别关键服务质量问题的主要工具如下：
   （1）鱼骨图显示了质量问题的根本原因；
   （2）帕累托分析评估出现质量问题的频率，并找出最主要的原因；
   （3）服务蓝图确定顾客服务流程中失误点的准确位置，并有助于服务流程再造。
9. 改善服务质量对财务有影响。质量回报方法能够评估特定质量计划的成本和收益。服务型企业应该将服务可靠性提高到递增投资额等于服务补救成本（即失误的实际成本）的程度，这样在服务出现失误时，顾客便可以接受满意的服务补救。
10. 生产率衡量的是相对于投入的产出水平。要改善这一比率，可以减少创造特定产出所需的资源，或增加从特定投入水平获得的产出。企业的投入因行业而异，包括劳动力、材料、能源和资产等。

11. 区别以下三个概念非常重要：
    （1）生产率指的是基于特定投入水平的产出水平（即投入产出比）。
    （2）效率通常是在特定时间内，企业产出与行业平均水平等特定标准的比较结果（如传递速度）。
    （3）效益指的是企业达成目标的程度（如顾客满意度）。
    生产率与效率和效益密不可分。努力提高生产率、效率和持续提高顾客满意度的企业将取得更大成功。

12. 提高生产率的一般方法包括：
    （1）控制成本；
    （2）减少材料和劳动力浪费；
    （3）培训员工提高工作效率；
    （4）拓展员工的工作范围，以减少瓶颈和等待时间；
    （5）提高产能利用率；
    （6）为员工提供使其更快、更好地工作的设备和所需信息；
    （7）建立专家系统，这样辅助专职人员就可以接手以前由高薪专家所从事的工作；
    （8）用自动化机器和顾客操作的自助服务技术（SST）替代服务人员；
    （9）对服务水平划分层级，更好地将资源分配给高价值的顾客；
    （10）将非核心业务外包给成本效益更高的第三方。
    以顾客为主提高生产率的方法包括：
    （1）改变顾客需求的时间，以更好地匹配需求能力；
    （2）鼓励使用低成本的服务渠道，以及采用机器和自助服务技术（SST）代替人工；
    （3）让顾客使用成本效益更高的第三方所提供的部分服务。

13. 在提高生产率的同时，企业应当了解前台和后台的改进都可能对服务质量和顾客体验产生影响。

14. 顾客服务流程改进的九步法包括：
    （1）确定需要优先改进的服务流程（例如，通过流程发生的频率和抱怨数量，使用优先级矩阵）；
    （2）为顾客满意度、缺点、服务周期时间和生产率改进设定目标（例如，通过对标和项目图表）；
    （3）确定服务质量的关键要素（例如，通过服务蓝图寻找接触点，然后利用服务质量的五个维度以及顾客和员工的反馈，掌握顾客如何理解服务质量）；
    （4）评估流程绩效（例如，通过硬性运营指标和软性顾客反馈指标）；
    （5）识别绩效和质量差距（例如，根据流程绩效映射顾客需求和需要；将服务失误的频率计数映射到服务蓝图上，以了解服务流程的具体失误点位置）；
    （6）确定差距的根本原因（例如，使用差距模型找出所有可能的差距来源；使用全面质量管理工具，如鱼骨图、帕累托图和服务蓝图进一步发现特定的差距）；

（7）提升服务流程的绩效（例如，使用差距模型来弥补质量差距；运用第 8 章所讨论的顾客服务流程再造工具和第 13 章讨论的服务补救方法来提高服务流程的绩效）；

（8）控制和微调（监控重新设计的服务流程绩效，并进一步调整）；

（9）从头开始，服务质量提升过程本身就是目标。

15. 全面质量管理、ISO 9000 认证、六西格玛、美国国家质量奖和欧洲质量管理奖是系统性和补充性的方法，用于管理和提高服务质量及生产率。这些方法整合了本章所讨论的多种工具。

复习题

1. 解释服务质量、生产率和利润率之间的关系。
2. 识别服务质量中可能出现的各类差距，解释服务营销人员可以采取哪些措施来预防这些差距。
3. 为什么服务质量既需要软性测量又需要硬性测量？
4. 有效的顾客反馈系统的主要目标是什么？
5. 收集顾客反馈的主要工具有哪些？这些工具的优缺点是什么？
6. 服务型企业可以使用哪些主要工具来分析和解决服务质量问题？
7. 为什么服务业生产率的测量比制造业更难？
8. 针对改进顾客服务流程中的质量与生产率这一问题，你如何将所有工具整合为包含九个步骤的方法？
9. 全面质量管理、ISO 9000 认证、六西格玛、美国国家质量奖和欧洲质量管理奖等方法，与管理和提升服务质量及生产率有什么关系？

应用练习

1. 回想你最近作为顾客的服务消费经历。在哪些服务质量维度上，你感到自己的期望与服务实际表现有很大差距？你认为其内在的原因是什么？企业的管理层应该采取什么措施来提高服务质量？
2. 收集一些顾客反馈表格和工具（顾客反馈卡、问卷、在线表格和应用程序），解释如何使用这些工具收集信息来实现有效顾客反馈系统的主要目标。
3. 对于一家大型比萨连锁店而言，有哪些关键措施可以用来监控服务质量、生产率和利润率？具体来说，考虑到管理成本，你会为这家企业推荐什么措施？应该获取何种结果反馈？由谁来获取？为什么？分店员工的部分薪酬体系应当建立在何种措施基础之上？为什么？
4. 作为顾客，你可以通过什么方式帮助至少三家你经常光顾的服务型企业提高服务生产率？每家企业的哪些显著特征能够使这些行为成为可能？
5. 查阅文献，找出服务型企业中成功实施 ISO 9000 认证或六西格玛所需要的关键因素。

第 15 章

创建一流的服务型企业

□ 学习目标

通过学习本章，你能够：
1. 了解一流服务型企业的特点，熟悉服务绩效的四个层次；
2. 明确如何使一个失败的服务型企业走向成功；
3. 理解以顾客为中心对企业盈利能力和股东价值的长期影响。

15.1 概述

这是本书的结尾部分，服务营销课程的学习也临近尾声。在最后一章中，我们将对已学过的诸多议题进行整合，对什么是一流的服务型企业做出一个概述，并为读者评估一家企业提供有用的工具。接着，我们还将讨论成为服务行业的领导者会对企业经济带来何种影响。本章的最后，我们呼吁读者身体力行，知行合一。

15.2 什么是一流的服务型企业

一个不断突破创新的服务型企业应该是什么样的？对服务营销领域研究了几十年之后，我们发现，要成为突破创新的服务型企业应该具备一些特征（但仅有这些特征可能还不够）。下面，我们将对以下两个问题进行具体分析：①如何将企业的服务绩效划分为四个层次？②服务型企业如何登上更高层级的绩效阶梯？

15.2.1 从失败者到领导者：服务绩效的四个层次

服务领先不是意味着某个方面的杰出表现，而是反映为多层面的卓越绩效。为了获得这样的绩效表现，首先需要对服务型企业在三种关键职能方面的表现进行评估，这三种职能分别是营销、运营和人力资源管理。表 15-1 将服务型企业划分为四个层次：失败者、平庸者、专家和领导者。[1] 在每一层次中，都从 12 个维度对一个典型的服务型企业进行简短描述。

在营销职能层面，考察市场营销、竞争诉求、顾客画像和服务质量的作用。在运营层面，考虑运营的作用、服务传递（前台）、后台流程、生产率和新技术引入。最后，在人力资源管理层面，考虑人力资源管理的作用、劳动力和一线管理的角色。显然，这些维度和职能之间存在重叠；此外，在不同的行业和不同的传递系统中，各维度的相对重要性也可能有所不同。例如，在高接触服务中，人力资源管理的战略作用更加突出。整体服务绩效框架的目的是观察服务领导者如何表现得如此出色，以及那些表现不佳的组织可以从哪些方面改进。

如果想深入评估某个行业的一家企业，将表 15-1 作为起点将会是有帮助的。服务型企业也可以根据企业内部环境，修改某些要素来创建一个更适合的评估工具。

表 15-1 服务绩效的四个层次

层次	1. 失败者	2. 平庸者	3. 专家	4. 领导者
营销职能				
市场营销	仅是战术角色；广告和促销缺少焦点；不介入产品或定价决策	使用销售和大众传播组合，使用简单的市场细分战略；选择性地使用价格折扣和促销；进行基础的满意度调查并汇总信息	有明确的应对竞争的战略定位；利用有焦点、具有鲜明吸引力的传播，来明确顾客期望并教育顾客；以价值为基础定价；监测顾客使用，实施顾客忠诚计划；利用多样化的研究手段测量顾客满意度，获得服务改进的想法；与运营协同，以引入新的传递系统	特定细分市场中创新的领先企业，因营销技巧而著名；在产品/流程层面树立品牌；执行复杂的关联数据库分析，将其作为一对一营销和积极顾客管理的投入；使用一流的研究手段；利用概念测试、观察、领先顾客作为新产品开发的来源；与运营/人力资源管理紧密联系
竞争诉求	顾客光顾企业不是因为服务绩效	顾客既不主动寻求也不回避此类企业	顾客因其满足期望的持久信誉而主动寻求此类企业	企业的名称就是其卓越服务的代名词；愉悦顾客的能力使其期望值达到竞争对手无法企及的高度
顾客画像	不明确的；以最低成本服务的大众市场	了解一个或多个细分市场的基本需求	企业清晰地了解顾客群体的需求差异和他们各自对企业的价值	顾客的选择与保留基于其未来对企业的价值，包括顾客为企业提供新的服务商机的潜力，以及刺激创新的能力
服务质量的作用	极具变动性，通常是不令人满意的；服从运营优先	满足一些顾客的期望；在一个或两个关键维度上保持一致，但不是全部	在多个维度上持续满足甚至超越顾客期望	将顾客期望提升到新的水平；持续改进
运营职能				
运营的作用	被动的；成本导向	作为管理职能的主线，创造并传递服务产品，将标准化视作生产率的关键，从内部角度定义服务质量	在竞争战略中扮演战略角色；认识到生产率和顾客服务质量之间的平衡；愿意外包；监测竞争性行动的思路和威胁	因创新、专注和卓越而闻名；与营销和人力资源管理是平等的搭档；具备内部研究能力和学术联系；不断地试验
服务传递（前台）	视为不可避免的灾难；定位和安排与顾客偏好无关，顾客经常被忽视	守旧的企业："够用就行""没坏就不修"；对顾客建立严格的规则；传递过程中的每一步都独立运行	受顾客满意度而非传统驱动；愿意定制化，接受新的方法；强调速度、便捷和舒适	围绕顾客组织无缝的传递流程；员工了解自己的服务对象；专注于持续的改进

（续）

层次	1. 失败者	2. 平庸者	3. 专家	4. 领导者
后台流程	与前台运营脱节；在机制中无足轻重	有助于前台的服务传递步骤，但与前台是割裂的；对顾客不熟悉	流程明确地同前台联系在一起；将自身角色视作服务"内部顾客"，即反过来服务外部顾客	即便地点相隔万里，也与前台传递紧密地整合在一起；理解自身角色如何同服务外部顾客的整体流程联系在一起；不断地进行对话
生产率	不明确的；管理人员因不能严格控制预算而受到处罚	基于标准化；因保持成本低于预算而获得奖励	专注于重新构建后台流程；避免出现生产率提升却降低顾客服务体验的情况；为了效率持续地改善流程	理解质量回报的概念；积极寻求顾客参与生产率提升；不断地尝试新流程和新技术
新技术引入	较晚的采用者，为了生存才采用	为了节约成本而随大流	当IT技术能够增强顾客服务以及提供竞争优势的时候，就早早地采用该技术	同技术领先者一起开发新应用，以创造先驱者优势；追求竞争对手无法匹敌的绩效水平
人力资源管理职能				
人力资源管理的作用	提供足够满足工作最低技能要求的廉价劳动力	招聘、培训能够胜任的员工	投资于选择性招聘和持续培训；保持贴近员工，促进向上的流动性；努力提高工作生活质量	视员工质量为战略性优势；企业因其杰出的工作环境而闻名；人力资源帮助高层管理者培育企业文化
劳动力	消极约束；糟糕的执行者，无所谓的态度，不忠诚	资源充足，遵循程序，但缺乏创新性；离职率通常较高	积极性高，工作努力，在流程选择上被授予一定的自主权，向企业提供建议	具有创造力，授权程度高；非常忠诚，认同企业价值和目标；创造流程
一线管理的角色	控制员工	控制流程	倾听顾客；指导并帮助员工	高层管理者新理念的来源；指导员工的职业发展，提升员工对企业的价值

注：每一部分的得分根据组织的表现评估（1～4分）。求得每一部分的平均分即为对应职能的得分，求得每种职能的平均分记为总得分。总得分在3.5分以上，说明表现优秀；总得分为2.5～3.4分，说明表现良好；总得分为1.5～2.4分，说明表现糟糕；总得分在1.4以下，说明表现很差。
资料来源：Richard Chase and Robert Hayes在服务运营管理方面的研究成果。

1. 服务失败者

从顾客、员工和管理的视角来看，服务失败者是最底层的企业，它们在市场营销、运营和人力资源管理方面的绩效都不达标。顾客光顾它们往往不是因为其表现可以接受，而是因为没有其他选择。这些企业的管理者甚至可能将服务传递视为一种灾难，在迫不得已的情况下才会引入新技术，而心不在焉的员工也是服务绩效提升的制约因素。

2. 服务平庸者

尽管它们的绩效仍有许多不足之处，但已经摆脱了失败者最糟糕的特征。平庸者采用传统的运营思维模式，即依赖服务标准化来缩减成本。它们的营销策略很简单，人力资源管理和运营的角色可以分别用"够用就好"和"没坏就不修"的理念来概括。管理者可能也会讨论提高质量和其他目标，却没有为目标设定清晰的优先顺序，缺乏一个明确的努力方向，也无法获得员工的尊重和承诺。这样的企业在特定市场的竞争中通常碌碌无为，顾客可能很难从竞争者中将其区分开来，这类企业也只能将定期的价格折扣作为吸引新客户的主要手段。

3. 服务专家

服务专家与服务平庸者截然不同,它们有明确的市场定位战略。由于这类企业持续不断地满足顾客的期望而建立起声誉,因此目标细分市场中的顾客会主动寻求这些企业。服务专家会对营销策略进行精心设计,通常使用有针对性的营销传播和基于顾客价值的服务定价;通过市场调查测量顾客满意度,并寻找改善服务的方法。服务专家整合运营和营销,并将其引入新的服务传递系统,实现生产率和顾客服务质量之间的平衡。服务专家的后台活动与前台活动之间存在明显关联;同时,与服务平庸者相比,这类企业对人力资源管理有更积极主动的、以投资为导向的路径。

4. 服务领导者

服务领导者被视为一流的服务领先企业,它们在各自的行业中都属于佼佼者。虽然服务专家已经表现得很好,但是服务领导者更杰出。当提到服务领导者时,顾客会立即想到亚马逊、麦肯锡、丽思卡尔顿、美国西南航空、星巴克和美捷步,它们是卓越服务的代名词,是永远使顾客愉悦的企业。服务领导者之所以家喻户晓,是因为它们在各个管理职能方面的创新,以及在三种职能之间体现了出色的内部沟通及协调。上述能力的形成通常是组织结构相对扁平和广泛使用团队的结果,而服务传递也能够围绕顾客建立起紧密衔接的流程。

服务领导者在营销工作中广泛使用顾客关系管理,通过一对一的服务方式,形成关于顾客的战略性见解。在面对先前未被意识到的顾客需求时,服务领导者通常会采用概念测试、观察以及与关键顾客沟通等方式,开发出创新的、突破性的服务产品。运营专家与全球技术领导者通力合作,开发能够创造先发优势的新技术应用领域,帮助企业将服务运营提升到竞争对手在未来相当长一段时间内无法企及的水平。企业的高管们将员工的服务质量视为一种战略优势,人力资源管理致力于构建和维持一种以服务为导向的企业文化,同时创造舒适的工作环境,使吸引和留住最优秀的员工变得简单。[2] 同时,员工认可企业的价值观和目标,当其参与进来,被赋予权力并勇于接受变化时,员工将成为企业新理念创造和服务改进的不竭源泉。

15.2.2 向高绩效层次迈进

几乎所有的服务型企业都想成为服务行业的领导者。企业都想赢得顾客忠诚,想要顾客为自身传播好口碑,如果能够实现这些目标,企业的市场份额、股东价值和企业声誉都会有所提升,因此,这些目标成为服务型企业向更高绩效迈进的强有力理由。这一观点正在被广泛接受,在大多数市场中,顾客可以发现企业正在通过有意识的努力来改善和协调它们的营销、运营和人力资源管理职能,从而提升绩效。这样的做法有助于企业建立更有利的竞争地位,更好地满足顾客需求。

要实现这些目标,它需要服务型企业所有层级的管理者将企业带向正确的方向,设置正确的战略优先顺序,并确保相关战略在整个企业中得到实施。本书的各个章节中讨论了实现这些目标的方法,这些工具、概念和理论将成为推动企业变革的重要力量。

15.3 顾客满意度与组织绩效

本书的理念是将"以顾客为中心,为顾客创造价值"作为企业长期的核心战略。该理念贯穿了本书所讨论的许多关键概念和模型,包括服务利润链、成功的循环、服务人才循环、忠诚之轮和差距模型等。因此,本书将用最后一个证据来结尾:对服务型企业而言,长远的眼光和以顾客为中心在经济上是值得的。

有充分的证据表明,顾客满意度水平与企业总体绩效之间存在战略性关联。密歇根大学的研究人员发现,顾客满意度每增加1%,企业的投资回报率(ROI)就会增加2.4%。[3]对美国顾客满意度指数(ACSI)的分析表明,就上市公司的平均水平而言,顾客满意度每变动5%,公司市值就会变动19%。[4]换句话说,通过为顾客创造更多的价值,提升顾客满意度,企业也会为股东创造更多的价值(见服务洞察15-1)。

服务洞察 15-1
顾客满意度和华尔街:高回报、低风险

企业的顾客满意度和它的股价有关系吗?克拉斯·福内尔和他的同事对此问题进行了研究。具体而言,他们检验了对顾客满意度进行投资是否实现了较高的股价回报;如果答案是肯定的,这些回报是否会带来金融理论所预测的高风险。

研究人员设计了两种股票组合:一种是基于历史数据假设的股票组合,另一种是真实的股票组合,并对真实组合的股价表现进行长达数年的实时追踪。这两种股票组合仅包括那些在顾客满意度评级方面表现良好的企业,顾客满意度评级采用美国顾客满意度指数(以下简称ACSI)衡量。

基于ACSI的股票组合每年在年度ACSI结果公布当天进行一次重新调整。只有顾客满意度排名前20%的企业才会出现在组合内:如果企业在上一年已经进入前20%,它们就会被保留下来;如果原组合外企业的顾客满意度评分进入前20%,它们也会被加入股票组合。而对于那些低于20%下限的企业,则会被出售。研究人员对这两种股票组合的回报和风险进行测量,然后将它们经风险调整后的回报与标准普尔500指数(S&P 500)和纳斯达克(NASDAQ)等大盘指数进行比较。

研究的结果让管理者和投资者都大为吃惊。福内尔和他的同事们发现,ASCI股票组合经风险调整后的回报率明显高于其市场基准指数,且表现优于市场。个别企业的ACSI评级变化与它们未来的股价走势高度相关,另一项研究发现,ACSI评级变化甚至与CEO薪酬也有显著关系。[5]

然而,与有效市场理论所预测的不同,仅仅公布ACSI指数的最新数据并不能立即影响股价。相反,随着企业公布其他结果(可能是收益数据或是其他可能滞后于顾客满意度变化的"硬性"因素),股价似乎会随着时间缓慢调整。最近一项针对零售业的研究证实了这一点,股票价格变动滞后于顾客满意度和企业盈利状况。因此,企业要想成为服务行业的领头羊,必须具备长远的战略眼光。[6]

从上述结论可以看出,那些在ACSI指数上的响应快于市场变化的企业,能够产生超额的股票回报。这种收益反映了股票市场的不完善,但它与市场营销的研究是一致的,即满意

的顾客提高了现金流的水平和稳定性。

在后来的一项研究中,勒赞·阿克索伊和她的同事在上述发现的基础上,以 10 年为周期证实了基于 ACSI 数据的投资组合的表现优于标准普尔 500 指数,并带来了风险调整后的更高回报。

对于营销管理者来说,这两项研究的结果都证实了对顾客关系管理的投资(或会计术语中的"支出")和由此产生的现金流对企业而言是至关重要的,因此也是股东创造价值的基础。

虽然上述研究结果是有说服力的,但如果想利用这种明显的市场低效性,并在未来的 ACSI 名单中投资那些顾客满意度有显著提高的企业,那么也应该小心谨慎。财务人员会告诉你,高效率的市场变化瞬息万变。当看到股票价格随着未来 ACSI 名单发布而变动时,你就会知道这已经发生了。

15.4 结论

到此,这本书也即将结束。我们希望这本书能超出读者的预期,让读者对服务营销和服务管理有新的认识,并且成功掌握所需的工具和技能。即使对颇具天赋的领导者来说,改变一家企业并保持服务领导力也不是一件容易的事。我们希望这本书能帮助读者成为服务型企业(或组织)的有效营销人员和领导者。我们也希望,本书不仅提供了必要的知识和洞察力,也能帮助读者树立新的理念和态度,从而推动企业成为服务行业的领导者。如果这本书能够激励读者成为服务业的佼佼者,就实现了我们作为作者最初的目标。

最后以托尼·罗宾斯的一句话来结束这本书:"如果不知道该做什么,那么就做你所知道的。"我们衷心地希望,应用你所学到的知识能让你怡情悦性、实现自我并取得成功。

➲ 本章小结

1. 服务绩效有四个层次,后面两个是本书重点讨论的内容:

   (1)**服务失败者**。服务失败者在营销、运营和人力资源管理方面均表现不佳,它们之所以能生存下来,是因为垄断的局面让顾客别无选择,只能从他们那里购买。

   (2)**服务平庸者**。服务平庸者的表现还有很多不足之处,但它们已经摆脱了服务失败者最糟糕的特征。

   (3)**服务专家**。服务专家有明确的市场定位,这类服务型企业持续不断地满足顾客的期望,建立起了较好的声誉。它们在市场营销、运营和人力资源管理方面表现出色,而且这些职能是紧密结合在一起的。

   (4)**服务领导者**。这些服务领导者被视为全球服务领先者,在它们各自的行业中属于佼佼者,这些服务型企业的名称是卓越服务和愉悦顾客能力的代名词。

   按照表 15-1 中的三个职能领域的描述和行为,将服务领导者与服务专家、服务平庸者和服务失败者进行对比分析。服务领导者需要跨多维度的高绩效,这些可能包括复杂的营销手段,管理和激励员工,服务质量和生产率的持续改进。
2. 各个层级的管理者需要为服务型企业确定正确的方向,并确保相关战略在组织中得以实施。本书的各个章节讨论了实现这些目标的方法、工具、概念和理论,它们将成为推动企业变革的重要力量。
3. 服务领导者的长期战略视角和以顾客为中心的态度会带来经济上的回报。实际证据已经表明,高水平的顾客满意度会给企业带来更高的财务回报。

复习题

1. 如何界定服务绩效的四个层次?根据自己的服务体验,对每个层次举出实例进行说明。
2. 是否有证据表明提高顾客满意度会为股东带来更高的财务回报?

应用练习

1. 选择你熟悉的企业,并从文献、网站、企业出版物、微博等渠道获取相关信息。尽可能全面地评估该企业的服务绩效,对照表15-1看其属于哪一个层次的服务绩效。
2. 根据你从本书中所学到的知识,服务型企业成功的关键驱动因素是什么?尝试构建整合性的短期模型,解释服务型企业成功的关键驱动因素。

案例研究

扫码阅读本书案例。

术 语 表

A

作业成本法（activity-based costing, ABC） 一种基于既定的已执行活动，进而确定每项活动所需资源投入的成本计算方法。

适当服务（adequate service） 顾客能接受而不会感到不满意的最低服务水平。

广告（advertising） 营销人员为告知、教育或说服目标受众而进行的任何付费的非人际传播形式。

环境条件（ambient conditions） 服务环境的氛围，包括灯光、空气质量、音乐、气味和配色方案。

远距离交易（arm's length transactions） 顾客和服务型企业之间通过邮件或电子手段的互动，使面对面的交流需求最小化。

态度（attitude） 一个人针对某个事物或观点的有利或不利的一贯评价、情感和行动倾向。

拍卖（auction） 由专业中介机构管理的一种销售程序。在这种程序中，允许潜在购买者对卖方提供的产品相互竞价以确定销售价格。

广义产品（augmented product） 核心产品（有形产品或服务）加上能为顾客增加价值的附加要素。

B

后台（技术核心）[backstage（technical core）] 顾客无法看见的服务运营部分或环节。

旗帜广告（banner ads） 网站上小型的矩形框，内容包含支持某个品牌的文字和／或图片。

标杆管理（benchmarking） 将一个组织的产品和过程与其他行业的竞争对手或领先企业的产品和过程进行比较，以寻找提升绩效、质量和成本效益的方法。

利益（benefit） 顾客从享受服务或使用有形产品中获得的好处或收益。

博客（blog） 一种公众可访问的网络日志，包括期刊、日记、新闻列表等形式经常更新的页面；被称为博主的作者通常关注特定的话题。

蓝图（blueprint） 描述服务传递所需活动顺序的可视图，它界定了前台和后台要素以及它们之间的联系。

跨边界职位（boundary spanning positions） 跨越外部环境（顾客接触的地方）和组织内部运营之间边界的工作。

品牌（brand） 名称、短语、设计、标志，或这些要素的组合，体现企业的服务并将其与竞争对手区隔开来。

商业模式（business model） 企业通过选择定价机制和目标顾客（如用户、广告商或赞助商及其他第三方），从销售和其他来源获得收入的方式，理想情况下足以支付成本并为所有者创造价值。（注：对于非营利机构和公共机构，捐款和特定的税收收入可能是该模式的一个组成部分。）

C

连锁商店（chain stores） 由同一所有者控制的、使用相同品牌的、销售相似的商品和服务的两家或两家以上经销店。

追赶需求策略（chase demand strategy） 调整产能水平以满足任何给定时间的需求水平。

流失（churn） 失去现有顾客，需要用新顾客来弥补。

鼠标加水泥（clicks and mortar） 通过实体店和网络上的虚拟店来共同提供服务的策略。

服务氛围（climate for service） 员工对能得到组织奖励的服务实践、程序和行为所秉持的共同信念。

基于竞争的定价（competition-based pricing） 根据竞争对手的价格策略来确定本企业价格的定价方法。

竞争优势（competitive advantage） 企业在一个或多个方面的绩效能力，是竞争对手无法或不愿与之匹敌的。

抱怨（complaint） 顾客对服务体验任何方面不满的正式表达。

抱怨记录（complaint log） 服务型企业收到的所有客户投诉的详细记录。

联合分析（conjoint analysis） 一种确定顾客对不同水平的产品属性所赋予效用价值的研究方法。

消费（consumption） 购买和使用服务或商品。

控制图（control charts） 相对于预先设定的标准，反映服务绩效在某一特定变量上发生数量变化的图表。

管理的控制模式（control model of management） 一种基于明确界定的角色、自上而下的控制系统、层级的组织结构以及管理层最了解情况这一假设的管理方法。

核心能力（core competency） 作为竞争优势来源的一种能力。

企业文化（corporate culture） 作为组织特征的共同信念、规范、体验和故事。

企业设计（corporate design） 与众不同的颜色、符号和字母的一致应用，使企业具有易于识别的特征。

成本领导者（cost leader） 将定价策略建立在获取行业最低成本上的企业。

基于成本的定价（cost-based pricing） 将价格制定与产品的生产、传递和销售相关成本相联系的定价方法。

信任属性（credence attributes） 顾客在购买和消费后都可能无法评估的产品特性。

关键事件（critical incident） 顾客与服务人员之间的一种特定接触，在这种接触中，结果对一方或双方都特别满意或不满意。

关键事件技术（critical incident technique, CIT） 一种收集、分类和分析顾客与服务人员之间发生的关键事件的方法。

顾客关系管理系统（CRM system） 支持顾客关系管理策略实施和传递的 IT 系统及基础设施。

交叉销售（cross-sell） 让顾客比以往更多地从企业购买新产品。

顾客流失（customer churn） 顾客取消合同协议，然后与相同的服务提供商或新的提供商签署新的合同。

顾客接触人员（customer contact personnel） 直接与个别顾客进行交流的服务人员，可以是面对面交流，也可以是通过邮件或电话交流。

顾客资产（customer equity） 企业整个顾客基础的顾客终身价值总和。

顾客界面（customer interface） 顾客与服务型企业进行互动的所有接触点。

顾客终身价值（customer lifetime value, CLV） 每个顾客在其预期的生命周期内作为企业顾客所购买的未来贡献或利润的净现值。

顾客关系管理（customer relationship management, CRM） 通过提供更高的顾客价值和满意度来建立与维持有利可图的顾客关系的整个过程。

顾客满意（customer satisfaction） 对一项特定服务绩效的短期情感反应。

顾客培训（customer training） 服务型企业为顾客提供的关于复杂服务产品的正式培训课程。

定制化（customization） 根据顾客的具体需求和偏好量身定制服务特性。

虚拟信息空间（cyberspace） 一种术语，用以描述开展电子交易或通信的，没有实体存在的无形空间。

D

数据挖掘（data mining） 从大量顾客数据中提取

有关个人、趋势和细分市场的有用信息。

数据仓库（data warehouse） 包含顾客信息和交易数据的综合数据库。

数据库营销（database marketing） 建立、维护、使用顾客数据库和其他数据库的营销过程，用于联系、销售、交叉销售、向上销售和建立顾客关系。

背离（defection） 顾客将品牌忠诚从现有服务供应商转移至竞争对手的决定。

传递渠道（delivery channels） 服务型企业（有时得到中间商的协助）向顾客交付一个或多个产品要素的方式。

需求曲线（demand curve） 显示在不同价格水平下市场购买单位数量的曲线。

需求周期（demand cycle） 在特定时间段内，服务需求水平以某种可预测的方式增加或减少的波动过程。

人口统计细分（demographic segmentation） 根据人口统计变量，如年龄、性别、家庭生命周期、家庭规模、收入、职业、教育、宗教和种族，将市场划分为若干群体。

理想服务（desired service） 顾客认为可以和应该提供的"期望的"服务质量水平。

折扣（discounting） 把商品的价格降到正常水平以下的策略。

动态定价（dynamic pricing） 一种主要由网络零售商使用的技术，根据收集到的关于顾客的购买历史、偏好和价格敏感度等信息，对相同的产品向不同的顾客收取不同的价格。

E

电子商务（e-commerce） 由互联网支持的购买、销售和其他营销过程（也称网络零售）。

情绪劳动（emotional labor） 在服务交易过程中对顾客表达社交上合适的（但有时可能是不真实的）情绪的行为。

授权（empowerment） 允许员工寻求服务问题的解决方案，并做出适当的决定以及时回应顾客的关切，而不必征求主管的批准。

赋能（enablement） 向员工提供其工作所需要的技能、工具和资源，让他们能够自信和有效地使用自己的判断力。

增强性附加服务（enhancing supplementary service） 能够为顾客增加额外价值的补充服务。

网络零售（e-tailing） 通过互联网而不是实体店进行零售。

过剩产能（excess capacity） 一个组织创造服务输出的能力没有得到充分利用。

过剩需求（excess demand） 在既定的时间内，顾客的服务需求超过了企业的服务产能。

期望（expectations） 顾客用来判断服务体验质量的内部标准。

体验属性（experience attributes） 顾客只能在服务传递过程中评估的服务产品性能特征。

专家系统（expert systems） 交互式计算机程序，它能够模仿人类专家的推理，从数据中得出结论，解决问题，并给出定制化建议。

F

便利性附加服务（facilitating supplementary service） 辅助使用核心产品或提供服务所需的补充服务。

失误点（fail point） 流程中存在可能影响服务质量的重大问题风险点。

财务支出（financial outlays） 顾客在购买和使用一项服务时发生的全部货币支出。

鱼骨图（fishbone diagram） 一种基于图表的展示技术，将特定的服务问题与不同类别的潜在原因（也称为因果图）联系起来。

固定成本（fixed costs） 不随生产或销售收入变化的成本。

固定费率定价（flat-rate pricing） 在服务传递之前给它定一个固定价格的策略。

流程图（flowchart） 向顾客传递服务所涉及步骤的可视化展示（另见蓝图）。

服务之花（flower of service） 用于理解围绕核心服务，并增加其价值的附加服务要素的一个可视化框架。

聚焦（focus） 为特定的细分市场提供相对狭窄的产品组合。

焦点小组（focus groups） 研究人员根据特定的特

征（如人口统计学、心理地图或拥有产品）精心挑选 6～10 人组成的小组，对特定的主题进行深入的、由主持人主导的讨论。

特许经营（franchise） 特许经营方（通常是制造商、批发商或服务型企业）与特许经营体系中购买拥有和经营一个或多个单位的独立法人（特许加盟方）之间的契约关系。

常客计划（frequency programs, FP） 用于奖励经常和大量购买的顾客的项目或计划。

前台（front stage） 对顾客来说是可见的或明显的服务运营和传递的一些方面。

G

地理细分（geographic segmentation） 依据不同的地理单位对市场进行划分，如国家、地区或城市。

全球产业（global industry） 一种产业状态，该产业中竞争对手在主要地理或国家市场上的战略地位从根本上会受其整体全球地位的影响。

商品（goods） 通过拥有或使用为顾客提供利益的有形物品或设备。

H

晕轮效应（halo effect） 顾客对某一产品显著特征的评价影响对该产品其他属性评价的倾向。

高接触服务（high-contact services） 涵盖顾客、服务人员、服务设备与设施之间重要互动的服务。

人力资源管理（human resource management, HRM） 协调与工作设计、员工招聘、甄选、培训和激励相关的工作；它还包括规划和管理与员工相关的其他活动。

I

形象（image） 对一个事物的一套信念、观念和印象。

非人际传播（impersonal communications） 针对与信息源没有人际接触的目标受众而进行的单向传播（包括广告、促销和公共关系）。

信息处理（information processing） 针对顾客资产的无形行为。

信息搜寻（information search） 顾客购买决策过程的一个阶段，在这个阶段中，顾客搜索信息以帮助做出购买决定。

基于信息的服务（information-based service） 主要价值来自向顾客传递数据的所有服务（包括精神刺激处理和信息处理）。

流程内等待（in-process wait） 在服务传递期间发生的等待。

投入（inputs） 创造服务供给所需的全部资源（劳动力、材料、能源和资本）。

无形性（intangibility） 一种独特的服务特征，使顾客无法像接触有形产品那样触摸和拥有它们。

无形的（intangible） 可以体验但无法触摸或保存的事物。

整合营销传播（integrated marketing communications, IMC） 服务型企业有效地整合和协调其众多的传播渠道，以传递有关企业及其产品的清晰、一致和令人信服的信息。

内部传播（internal communications） 在服务型企业中，从管理层到员工的所有传播形式。

内部顾客（internal customers） 接受内部供应商（另一名员工或部门）的服务，将其作为完成编制工作必要输入的员工。

内部营销（internal marketing） 服务型企业对其员工进行培训和激励，并灌输以顾客为中心的营销理念。

内部服务（internal services） 任何类型业务中的服务元素，可以促进业务最终输出的实现或增加其价值。

互联网（Internet） 一个大型的公共计算机网络，把世界各地的用户相互联结起来，并与一个巨大的信息储存库相连。

库存（inventory） 对制造业而言，指有形产出在生产后进行储存，以供日后销售；对服务来说，指未预先预订的未来产能，如既定时间仍可售出的酒店房间数量。

管理的参与模式（involvement model of management） 一种基于员工能够自我导向假设的方法，如果经过适当的培训、激励和告知，员工就能够做出有关服务运营和传递的适当决策。

互动电视（interactive television, iTV） 允许观众

通过控制电视节目的传送（如 TiVo、视频点播）或内容来改变观看体验的程序。

J

不良顾客（jaycustomer） 行为轻率或粗暴，给企业及其员工，以及其他顾客带来麻烦的顾客。

L

顾客接触水平（levels of customer contact） 顾客与服务型企业各个节点直接互动的程度。

低接触服务（low-contact services） 顾客和服务型企业之间不需要或需要很少直接联系的服务。

忠诚（loyalty） 顾客在一段时间范围内持续光顾某个特定企业的承诺。

M

市场聚焦（market focused） 一个企业服务少数或多数市场的程度。

市场细分（market segmentation） 把一个市场划分为不同群体的过程。在这些顾客群体中，所有的顾客都有相类似的特征，这些特征将他们与其他顾客群体区分开来。

营销传播组合（marketing communications mix） 营销人员可用的一整套传播工具（有偿的和无偿的），包括广告、销售促进、公共关系和宣传、直接营销和人员推销。

营销执行（marketing implementation） 将营销计划转化为项目并确保这些项目得以执行的过程，旨在实现营销计划所制定的目标。

营销研究（marketing research） 系统地设计、收集、分析和报告与一个企业所面临的特定市场状况有关的顾客和竞争对手的数据。

市场（marketplace） 企业和顾客接触并进行交易的物理地点。

大规模定制（mass customization） 以较低的价格向大量的顾客提供具有一些个性化产品要素的服务。

最大产能（maximum capacity） 服务型企业在特定时间内满足顾客需求的服务能力上限。

中等接触服务（medium-contact services） 顾客和服务型企业各节点之间仅存有限数量联系的服务。

会员关系（membership relationship） 企业与特定顾客之间的一种正式关系，可以为双方提供特殊利益。

精神无形性（mental intangibility） 对于顾客来说，在购买前将一种体验形象化、理解过程甚至结果的性质是很困难的（参见物理无形性）。

精神刺激服务（mental stimulus processing） 针对个体思想的无形行为。

使命陈述（mission statement） 对组织做什么、组织的标准和价值观、组织为谁服务以及组织想要实现什么目标的简明描述。

分子模型（molecular model） 一种使用化学类比来描述服务产品结构的框架。

关键时刻（moment of truth） 在服务提供过程中，顾客与服务人员或自助设备进行互动，其结果可能会影响顾客对服务质量认知的接触时间点。

神秘购物（mystery shopping） 一种利用个人假扮普通顾客，以获取对服务环境，以及顾客与员工互动反馈的研究方法。

N

需要（needs） 潜意识的、深切感受到的欲望，通常涉及长期生存和自我认知问题。

净价值（net value） 所有可感知收益（总价值）减去所有可感知支出的总和。

非财务支出（nonfinancial outlays） 见"非货币成本"。

非货币成本（nonmonetary costs） 与搜索、购买和使用某项服务相关的时间支出、体力和脑力的投入以及不必要的感官体验。

O

机会成本（opportunity cost） 因选择一种行动而放弃其他选择所失去的收入或其他利益的潜在价值。

最优产能（optimum capacity） 一旦超过服务型企业的产能，努力服务额外顾客将导致感知服务质量的下降。

组织氛围（organizational climate） 员工对特定环境下能获得奖励和支持的实践、程序和行为类型的共同认知。

组织文化（organizational culture） 基于对"组织中什么重要"和"为什么它重要"进行理解的共同价值观、信仰和工作风格。

重振的机会（opportunity to screw up，OTSU） 见"失误点"。

产出（outputs） 顾客感知和评价的服务传递过程最终结果。

P

帕累托分析（Pareto analysis） 一种分析程序，用以确定问题事件中有多大比例是由几种不同因素造成的。

人员（people） 参与服务生产过程的顾客和员工。

个人服务（people processing） 针对人的身体展开行动的服务活动。

感知（perception） 个体选择、组织和解释信息，以形成有意义的外部世界图景的过程。

感知地图（perceptual map） 有关顾客如何看待竞争服务的可视化阐释和说明。

许可营销（permission marketing） 一种营销传播策略，鼓励顾客自愿允许企业通过特定渠道与他们进行沟通，以使其更多地了解企业的服务产品，继续获得有用的信息及对其有价值的特定供给。

人际传播（personal communications） 营销人员和顾客之间的直接沟通，包括双向对话（如面对面交流、电话和电子邮件沟通）。

人员推销（personal selling） 服务人员和顾客之间的双向沟通，将直接影响购买过程。

体力付出（physical effort） 由于参与服务传递过程而对顾客的身体造成不希望的后果。

有形展示（physical evidence） 为服务质量提供证据的可视或其他有形线索。

物理无形性（physical intangibility） 五种感官中任何一种都无法感知的服务要素，顾客不能接触或保存的要素。

地点、空间和时间（place, cyberspace, and time） 关于何时、何地以及如何向顾客传递服务的管理决策。

定位（positioning） 相对于竞争产品，在顾客心目中建立一个独特的位置。

所有物服务（possession processing） 针对顾客拥有的货物和其他有形财产的有形行为。

接触后阶段（post-encounter stage） 服务购买过程中的最后一个阶段，顾客对所体验到的服务进行评价，并对服务结果形成满意或不满意的判断。

流程后等待（postprocess wait） 服务传递完成后发生的服务等待。

交易后调查（posttransaction surveys） 当特定服务体验刚结束时，立即测量顾客满意度以及服务质量感知的技术。

期望服务（predicted service） 顾客认为企业实际将传递的服务质量水平。

流程前等待（preprocess wait） 服务传递开始之前的等待。

购买前阶段（prepurchase stage） 服务购买过程中的第一个阶段，顾客在此阶段识别备选方案，权衡利弊，并做出购买决定。

价格和其他顾客支出（price and other user outlays） 顾客在购买和消费服务时所花费的金钱、时间和精力。

价格木桶（price bucket） 以特定价格出售的服务产能（如座位）的分配。

捆绑定价（price bundling） 对核心产品收取基本价格，并对可选的附加服务收取额外费用的定价方法。

价格弹性（price elasticity） 价格的变化导致需求在相反方向发生相应变化的程度。（当价格变化对需求的影响很小或没有影响时，需求被描述为缺乏价格弹性。）

价格领导者（price leader） 在其市场领域主动调整产品价格，并被其他企业模仿的企业。

服务流程（process） 一种操作或一系列行动的特定方法，通常包括需要按已确定顺序发生的步骤。

产品（product） 企业生产的核心产出（一项服务或一类制成品）。

产品属性（product attributes） 顾客可以评估的商

品或服务的所有特征（有形的和无形的）。

产品要素（product elements） 能够为顾客创造价值的服务绩效所有构成要素。

生产能力（productive capacity） 企业为顾客创造产出的设施、设备、劳动力、基础设施和其他资产的水平。

生产率（productivity） 如何有效地将服务投入转化为能为顾客增加价值的产出。

促销和教育（promotion and education） 旨在建立顾客对特定服务或服务型企业偏好的全部传播活动和激励措施。

心理细分（psychographic segmentation） 根据个性特征、社会阶层或生活方式将市场划分为不同的群体。

心理负担（psychological burdens） 服务传递流程使顾客经历不期望的心理或情绪状态。

公共关系（public relations） 通过发布新闻稿、举行新闻发布会、举办特别活动和赞助第三方的有新闻价值活动来激发公众对企业及其产品产生积极的兴趣。

购买过程（purchase process） 顾客在选择、消费和评估服务时所经历的系列阶段。

Q

质量（quality） 服务满足顾客的需要、愿望和期望并使其满意的程度。

排队（queue） 人、车辆、其他有形的物体或无形的项目排成统一队伍，等待被服务或被加工。

排队方式（queue configuration） 等候服务时队列的组织方式。

R

价格栅栏（rate fences） 区分顾客的技术，使高价值的顾客细分市场无法利用低价优惠来获得服务。

双边营销（reciprocal marketing） 一种营销传播策略，在线零售商允许其付费顾客收到另一家在线零售商的促销信息，反之亦然，双方都不需要预付任何费用。

流程再造（reengineering） 对业务流程进行分析和重新设计，以在成本、质量、速度和顾客服务体验等方面实现显著的性能提升。

关系营销（relationship marketing） 旨在在企业与顾客之间建立长期的、具有成本效益的联系，以实现双方的利益。

违约（reneging） 由于等待的时间比原先预期的更长或更繁重，顾客在等候队列到达前决定离开。

重新定位（repositioning） 改变企业在顾客心目中相对于竞争性服务的位置。

零售陈列（retail displays） 在商店橱窗和其他位置展示商品、服务体验和利益。

零售引力模型（retail gravity model） 一种零售店选址的数学方法，为锁定目标人群以及定位设施以优化顾客易用性而计算引力的地理中心。

质量回报（return on quality） 从投资服务质量改进所获得的财务回报。

收益管理（revenue management） 一种定价和产品设计策略，它基于针对不同细分市场定制不同的价格，实现在任何特定的时间范围内企业可用产能的收益最大化（也称为收入管理）。

角色（role） 在特定的环境或情境中，引导个体行为的各类社会提示性要素的组合。

角色一致性（role congruence） 顾客和员工在服务接触过程中扮演指定角色的符合程度。

S

销售促进（sales promotion） 向顾客和中间商提供短期激励，以促使其更快或更多地购买。

满意（satisfaction） 当一个人将他对产品性能或结果的感知与他的期望进行比较时，从消费体验中产生的愉悦或失望的感觉。

脚本（scripts） 通过个人经验或与他人交流获得的习得性行为模式。

搜寻属性（search attributes） 顾客在购买前可以轻易评估的产品特性。

搜索引擎优化（search engine optimization, SEO） 增强网站或网页在搜索引擎非付费结果中的可见性。它通常被称为"自然的"或"应该的"结果。

细分市场（segment） 具有共同的特征、需求、购买行为或消费模式的当前或潜在顾客群体。

感知负担（sensory burdens） 在服务传递过程中，顾客的五种感官所产生的负面感觉。

服务（service） 一种由一方向另一方提供的经济活动，最常见的是采用基于时间的绩效，以便在购买者及拥有的财产或其他资产中产生预期结果。作为金钱、时间和精力的交换，服务顾客期望从商品、劳动、专业技能、设施、网络和系统中获得价值；但是，顾客通常不会拥有任何所涉及的有形要素。

服务蓝图（service blueprint） 见"蓝图"。

服务传递系统（service delivery system） 在整个服务系统中最终组合各个要素，并将产品传递给顾客的部分；它包含服务运营中的可见要素。

服务主导逻辑（service dominant logic） 主张所有产品（商品和服务）的价值取决于它们所提供的服务，这种价值是共同创造的。例如，剃刀最终提供的是与使用者共同创建的理发服务，其价值是由服务而不是由产品本身传递的。

服务接触（service encounter） 顾客与一项服务直接互动的一段时间。

服务接触阶段（service encounter stage） 服务购买过程的第二阶段，服务传递通过顾客与服务人员之间的互动来实现。

服务工厂（service factory） 发生服务运营的有形网点或地点。

服务失误（service failure） 顾客认为所传递的服务有一个或多个具体方面没有达到他们的期望。

服务聚焦（service focused） 企业提供较少或较多服务的数量程度。

服务保证（service guarantee） 如果服务传递未能达到预定的标准，顾客有权获得一种或多种形式补偿的承诺。

服务营销系统（service marketing system） 整个服务系统中企业与顾客产生任何形式联系的部分，从广告到账单；它包括在传递地点所产生的联系。

服务模式（service model） 服务理念（企业提供什么、提供给谁、通过什么过程提供）、服务蓝图（如何将理念传递给目标顾客），以及随之而来的商业模式（如何产生足够的收入来支付成本并确保财务可行性）。

服务运营系统（service operations system） 整个服务系统中处理输入和创建服务产品要素的部分。

服务预览（service preview） 对服务如何运营的演示，以教育顾客在服务传递中扮演企业所期望的角色。

服务利润链（service-profit chain） 一个将员工满意度与服务绩效、顾客满意度、顾客保留以及利润联系起来的战略框架。

服务质量（service quality） 顾客对企业服务传递开展的长期认知评估。

服务质量信息系统（service quality information system） 一个持续进行的服务研究过程，为服务型企业管理者提供关于顾客满意度、顾客期望及其对质量看法的及时有用的数据。

服务补救（service recovery） 在服务失误后，企业为纠正问题并保持顾客信誉所做出的系统努力。

服务科学、管理和工程（service science, management and engineering，SSME） 结合管理科学（包括服务营销）、计算机科学、运筹学、工业工程、社会与认知科学、法律科学，以及创新和设计复杂服务系统的其他学科。

服务部门（service sector） 所有种类服务所代表的国民经济的部分，包括由公共和非营利组织提供的服务。

服务营销组合"7P"（services marketing mix） 服务营销组合中的7个战略要素，每一个都以P开头，代表了在竞争市场中为满足顾客需求而制定可行战略的关键要素。

服务场景（servicescape） 顾客来下订单并获得服务的任何有形地点的设计。

服务质量评价（SERVQUAL） 一套包含22个问项的标准量表，以衡量顾客对服务质量五个维度的期望和感知。

社会营销（social marketing） 利用社交网络增加

企业的在线表现，包括在社交网站上投放广告、病毒式营销，以及围绕所推广的服务提供社交网站。

标准化（standardization） 减少服务运营和传递的变动。

黏性（stickiness） 一个网站为用户提供简单的导航和无差错的任务执行，以及用具有吸引力的方式呈现互动交流，实现鼓励用户重复访问和购买的能力。

持续竞争优势（sustainable competitive advantage） 一种在短期内不会被竞争对手夺走或削弱的市场地位。

T

有形的（tangible） 能够随时间推移以物质形态被触摸、持有或保存的。

目标市场（target market） 企业决定服务的、具有共同需求或特征的合格可用市场的一部分。

目标细分市场（target segments） 由于需求和其他特征与特定企业的目标和能力非常契合，进而锁定的细分市场。

第三方支付（third-party payments） 由顾客以外的一方（可能做出或没有做出实际购买决定）来支付服务或商品的全部费用。

服务消费三阶段模型（three-stage model of service consumption） 一个描述顾客如何从购买前阶段（在这个阶段中，顾客意识到自己的需求，搜索和评估替代解决方案，并做出决定）过渡到服务接触阶段（在这个阶段中，顾客获得服务传递）和接触后阶段（在这个阶段中，顾客依据期望评估服务绩效性能）的逻辑框架。

时间支出（time expenditures） 顾客在服务传递流程的各个方面所花费的时间。

总成本（total costs） 在任何给定的生产水平下固定成本和可变成本的总和。

交易（transaction） 双方进行价值交换的活动。

U

非理想需求（undesirable demand） 与企业的使命、目标或能力相冲突的服务请求。

向上销售（up-sell） 说服顾客购买额外的东西，或者在顾客已消费服务基础上的更贵版本。

V

价值链（value chain） 企业内部或外部合作伙伴和分包商的一系列部门，负责实施围绕产品或服务的设计、生产、销售、传递和支持的价值创造活动。

价值交换（value exchange） 转让卖方提供的利益和解决方案，以换取买方提供的财务价值和其他价值。

价值网（value net or value network） 企业为获取、扩展和传递服务而建立的伙伴关系和联盟体系。

价值主张（value proposition） 企业承诺提供的全部利益集合。

基于价值的定价（value-based pricing） 依据顾客愿意为自己的感知价值而支付的费用来确定价格的方法。

变动性（variability） 在服务生产过程中，投入和产出缺乏一致性。

变动成本（variable costs） 直接取决于生产或服务交易数量的成本。

病毒式营销（viral marketing） 利用互联网创造口碑效应，以支持营销努力。

W

忠诚之轮（wheel of loyalty） 一种用于定位、获取、发展和保持有价值顾客基础的系统的综合方法。

口碑（word of mouth） 顾客（通常是现在的或以前的顾客）向其他顾客传递对某项服务的正面或负面评价。

Y

收入（yield） 出售单位产能所能获得的平均收入。

收入管理（yield management） 见"收益管理"。

Z

容忍区域（zone of tolerance） 服务传递过程中，顾客愿意接受的服务水平变化范围。

注 释

扫码阅读本书注释。

推荐阅读

书名	书号	作者	定价
品牌管理：塑造、提升与维护	978-7-111-69321-5	主编 黄永春 李光明	55
消费者行为学 第2版	978-1-111-69066-5	主编 周欣悦 副主编 王丽丽	55
市场学：市场经营战略与策略	978-1-111-68389-6	苏朝晖 编著	50
品牌管理（第2版）	978-1-111-68336-0	苏勇 史健勇 何智美 编著	49
客户关系管理：理念、技术与策略 第4版	978-1-111-67827-4	苏朝晖 编著	49
营销策划：方法、技巧与文案 第4版	978-1-111-67266-1	孟韬、毕克贵 编著	55
市场营销管理：需求的创造与传递（第5版）	978-1-111-67018-6	钱旭潮 王龙 编著	49
营销功夫：一心九式	978-1-111-66985-2	周文辉 著	59
零售学	978-1-111-66441-3	白玉苓 陆亚新 编著	49
服务营销学（第3版）	978-1-111-65885-6	主编 李克芳 聂元昆	49
国际市场营销学（第4版）	978-1-111-65639-5	李威 王大超 主编	49
人人学点营销学	978-7-111-65038-6	杜鹏 樊帅 著	69
品牌管理	978-1-111-64653-2	王新刚 编著	49
市场营销：网络时代的超越竞争（第3版）	978-1-111-63363-1	杨洪涛 等编著	55
服务营销管理：聚焦服务价值	978-1-111-61959-8	李巍 编著	55
消费者行为学 第4版	978-1-111-60721-2	王曼 白玉苓 编著	49
广告策划：实务与案例（第3版）	978-1-111-58622-7	吴柏林 编著	45
新媒体营销：网络营销新视角	978-1-111-58304-2	戴鑫 编著	55